교리문답으로 배우는
장로교 신앙

교리문답으로 배우는 장로교 신앙

초판 1쇄 발행	2017년 4월 11일
초판 2쇄 발행	2020년 3월 3일

지은이	김진흥
펴낸곳	도서출판 생명의 양식
주소	06593 서울특별시 서초구 고무래로 10-5 (반포동)
전화	(02)533-2182
팩스	(02)533-2185
디자인	강민구
ISBN	978-89-88618-96-7 03230
가격	25,000원

이 책은 저작권법에 의해 보호를 받는 출판물입니다.
기록된 형태의 저자의 허락이 없이는 무단 전재와 복제를 금합니다.
www.kosinbook.com

이 도서의 국립중앙도서관 출판시도서목록(CIP)은 서지정보유통지원시스템 홈페이지(http://seoji.nl.go.kr)와 국가자료공동목록시스템(http://www.nl.go.kr/kolisnet)에서 이용하실 수 있습니다.(CIP제어번호: CIP2017009065)

교리문답으로 배우는
장로교 신앙

김진흥 지음

생명의 양식

추천의 글

종교개혁 500주년이라는 뜻 깊은 해에 소중한 책이 출간되어 기쁩니다. 루터의 대교리문답이 개신교회 교리문답의 시작이라면 웨스트민스터 신앙고백서와 대소교리문답은 개혁교회를 세우는 교리표준문서의 완성본이라고 할 수 있습니다. 우리를 장로교인, 개혁교회 교인이라 부르는 이유는 개혁교회의 고백문서들 위에 우리 신앙의 뿌리를 두고 있기 때문이라고 해도 과언이 아닙니다. 김진흥 교수가 깊이가 있으면서도 쉽고 재미있게 쓴 본 교재를 추천하는 이유는 다음과 같은 좋은 특징을 가지고 있기 때문입니다.

첫째, 성경본문 중심의 교리를 가르치고 배우게 합니다. 아무리 중요한 교리라 할지라도 성경에 뿌리를 두지 않는다면 그것은 허구입니다. 본 교재는 교리의 시작과 완성을 철저하게 성경본문에서부터 출발해서 완성에 이르게 합니다. 바른 교리가 인간의 사상 아니라 성경에서 나왔다는 것을 보여줍니다.

둘째, 신앙의 뼈대를 세우는 요소들이 다 들어 있습니다. 우리의 신앙을 튼튼하게 세우게 하는 내용물은 사도신경, 십계명, 주님이 가르치신 기도를 떠나서 생각할 수 없습니다. 이 책은 40주면 다 다룰 수 있는 40과의 묵상 속에 이 모든 것을 다 담아 가장 짧은 시간에 건강한 신앙인을 세우도록 돕는 교재입니다.

셋째, 기도가 삶이 되는 신앙인을 세우게 합니다. 아무리 좋은 것을 배워도 실천하지 않으면 무익합니다. 진리에 대한 깨달음이 삶으로 완성되기 위해서는 말씀을 붙드는 기도가 최우선입니다. 본 교재의 특징은 각 과의 마지막 부분이 "교리문답에 따라 드리는 우리의 기도"로 구성되어 기도를 강조하고 있습니다. 이 책은 교리공부를 통해 메마르지 않고 뜨거운 가슴을 소유한 신앙인으로 세우도록 돕는 교재입니다.

주님이 세워 가시는 교회를 함께 세우는 일꾼된 목회자와 성도들이 본 교재를 잘 활용한다면 자기 자신의 신앙은 물론 다른 사람의 신앙을 함께 세워주는 복을 누리게 될 것입니다. 개혁주의 교회건설이라는 사명을 가진 우리들에게 본 교재는 장로교회가 철저하게 하나님 중심, 성경중심, 교회중심이라는 확신을 갖게 해줄 것입니다.

창원새순교회 박영호 목사
종교개혁 500주년 준비위원회 위원장

김진흥 박사의 신간 《교리문답으로 배우는 장로교 신앙》이 출간된 것을 저자 다음으로 기뻐해야 할 사람은 아마도 바로 제가 아닐까 싶습니다. 왜냐하면 저자에게 집필을 의뢰했고, 저자와 집필 방향을 의논했으며, 때로는 출판 시기를 위해 저자를 독촉하기도 했기 때문입니다. 뿐만 아니라, 저자는 고등학교 동창으로 저의 오랜 친구이자, 저와 함께 종교개혁을 전공한 탁월한 신학자이기 때문입니다.

이 책의 첫 번째 장점은 지금까지 한국교회에 선보이지 않은 형식과 내용으로 구성된 저술이라는 사실입니다. 본서는 웨스트민스터 대교리문답의 내용을 중심으로 장로교 신앙을 해설하되, 웨스트민스터 소교리문답뿐만 아니라, 하이델베르크 교리문답까지도 충실하게 반영했습니다. 웨스트민스터 대교리문답을 설명한 해설집이 한글로 출간된 적이 없기 때문에, 아마도 이 책이 최초일 것입니다. 대교리문답 해설서는 다른 언어로 된 것조차 흔하지 않습니다.

이 책의 두 번째 장점은 이 책의 구성 요소인데, 이 책이 웨스트민스터 대교리문답을 중심으로 한 해설서이긴 하지만, 대교리문답의 형식을 순서대로 해설하지 않고, 기독교 교리의 3대 요소라 할 수 있는 사도신경과 십계명과 주기도문을 해설하는 형식으로 구성되어 있다는 사실입니다. 또한 이 책이 40과로 구성되어 있는 것은 1년 52주 가운데 행사 등으로 빠질 경우를 감안하여 1년간 그룹스터디를 할 수 있도록 하기 위해서입니다.

이 책의 마지막 장점이자, 가장 큰 장점은 이 책이 교리를 설명하는 해설집임에도 불구하고 내용이 아주 분명하고 쉽다는 것입니다. 그러면서도 장로교 교리의 전체적인 숲과 개별적인 나무가 무엇인지 균형 있게 이해할 수 있도록 친절하게 안내하는 최고의 안내서라고 감히 말하고 싶습니다. 장로교의 신앙 원리를 이렇게 쉽게 저술할 수 있다는 것은 하나님께서 저자에게 주신 특별한 은사임에 틀림없지만, 이 책을 읽는 독자 역시 그 특별한 은사를 저자와 함께 누릴 수 있게 될 것입니다.

개혁주의학술원 황대우 박사

| 저자 서문 |

 예수 그리스도의 사도들은 교회에 보내는 편지에서 하나님의 은혜와 평강으로 인사를 나누었습니다. 500주년을 맞은 종교개혁은 바로 그 '은혜와 평강의 복음'을 회복하는 참된 교회 (true Church)의 부흥이었습니다. 하나님의 말씀이 가르치는 온전한 복음을 다시는 놓치지 않기 위하여, 종교개혁의 교회들은 무수한 신앙고백서들과 교리문답들을 작성하여 복음의 진리를 힘써 가르치고 선포하였습니다. 장로교회의 웨스트민스터 표준문서는 바로 그런 종교개혁의 정신을 힘써 실천한 소중한 열매입니다. 따라서 우리 교회(대한예수교장로회, 고신)가 개혁주의 교리문답을 다시 한 번 깊이 묵상하기 위하여 장년교리공부 교재를 발간하기로 한 것은 종교개혁 500주년을 올바르게 기리기 위한 뜻 깊은 일입니다.

집필원칙

 이 교재는 장로교회의 개혁주의 신앙과 신학에 따라 성경의 핵심적인 교리들을 살펴보기 위한 지침서입니다. 개혁주의 신앙과 신학에 입각한 올바른 장로교회를 이 땅에 세우려 하였던 우리의 신앙의 선진들의 정신을 충분히 담아내기 위하여, 필자는 이 교재에서 웨스트민스터 대/소교리문답과 더불어 하이델베르크 교리문답을 주된 자료로 사용하였습니다. 이 세 교리문답들은 종교개혁의 개혁주의 노선을 대표하는 소중한 보물이며, 오늘날에도 개혁주의 신앙을 파수하는 교회들에서 널리 이용되는 뛰어난 지침서들입니다. 이 역사적인 유산들을 잘 활용하여 종교개혁의 정신을 다시 회복하기 위하여, 필자는 다음과 같은 몇 가지 집필 원칙을 염두에 두고 이 교재를 작성하였습니다.

첫째, 그동안 장로교회에서 상대적으로 소홀히 여겨졌던 웨스트민스터 대교리문답의 내용을 적극 활용하며 소개하려고 하였습니다. 대교리문답은 칭의와 성화의 관계, 십계명에 대한 해설 등에서 역사상 가장 탁월한 교과서로 널리 인정되고 있는데, 그런 장점들을 새롭게 주목할 수 있기를 바랍니다.

둘째, 서술의 방식에 있어서, 교리의 뿌리인 성경에 대한 이해가 깊어질 수 있도록, 각 과마다 먼저 교리와 관련된 성경 본문에 대한 묵상으로 시작하여 교리적 설명으로 이어지는 방식으로 구성하였습니다. 교리공부에서 가장 기본적인 것은 그 증거구절들을 부지런히 살피는 것입니다. 교회가 고백하는 교리는 언제나 성경의 계시에 대하여 '아멘'이어야 하기 때문입니다.

셋째, 학습자들이 직접 성경 및 교리문답을 통하여 발견할 수 있게 하는 부분과, 그에 대한 필자의 해설 및 참고자료가 균형을 이루도록 구성하여, 학습자 홀로 교재를 사용하여 공부할 경우에도 올바른 학습이 이루어지도록 배려하였습니다. 기존의 많은 교리공부 교재들의 경우, 주로 질문으로만 구성되거나 혹은 설명이 대다수인 경우가 왕왕 있습니다. 그 양쪽 모두 장단점이 있는데, 교리공부가 한편으로는 너무 지식적으로 흐르지 않도록, 다른 한편으로는 너무 가볍게 흘러가지 않도록 고려하였습니다. 종교개혁자들이 그러했듯이, 교리는 우리의 실제적인 삶을 인도하는 지침이 되어야 하기 때문입니다.

넷째, 이 교재에서는 '사도신경'을 적극 활용하였습니다. 이것은 장로교회의 대소교리문답이 의도적으로 사도신경을 그대로 사용하지 않은 것과는 다른 접근 방식입니다. 십계명이나 주기도문과는 달리 사도신경은 성경 본문에 기록되어 있지 않으므로, 교회의 교리문답에서 직접적으로 활용하지 않기로 한 웨스트민스터 신학자들의 판단은 존중할만한 성경 중심의 사고라고 평가할 수 있습니다. 또한 실제로 기독교회의 역사를 보면, 삼위일체 하나님에 대한 신앙을 사도신경보다 더 잘 표현하는 공교회적 신조들도 있습니다. 그렇지만, 한국 장로교회의 현실에서 사도신경은 예전의 주요한 부분으로 거의 빠짐없이 사용하고 있다는 사실을 중요하게 고려하였습니다. 많은 장로교인들이 주일 오전 예배때마다 사도신경으로 신앙을 고백하고 있습니다. 그런데 그 가운데 상당수가 사도신경의 12조항들의 핵심적인 성경적 교훈을 여전히 잘 모르고 있는 현실을 고려할 때, 사도신경을 신앙고백의 소재로 적극 활용하는 것이 오늘날 한국 장로교회에는 더 유익하다고 판단하였습니다. 아울러, 사도신경의 의의와 역할을 의도적으로 폄하하며 그 가치를 평가 절하하는 재세례파적인 흐름이 한국 개신교회에 있으며, 성경과 신앙고백의 관계를 잘못 가르치고 있는 실태를 고려할 때, 장로교회 예전의 중요한 내용으로 굳게 자리잡은 사도신경을 오히려 강조하는 것이 오늘 한국교회에는 오히려 유익하다고 판단하였습니다. 그래서 필자는 하이델베르크 교리문답을 만든 개혁신학자들의 입장을 적극 활용하였습니다. 이 교재에서 하이델베르크 교리문답을 함께 활용한 것은 개혁주의 신앙과 신학을 좀 더 깊이 있고 포괄적으로 이해하려는 의도입니다. 그러므로 사도신경을 직접 다루는가 아니면 풀어서 가르치는가의 방법론 차이에 지나지 않습니다. 중요한 것은 세 개의 개혁주의 교리문답들을 함께 살핌으로써 성경이 가르치는 올바른 개혁주의 신앙과 신학을 다시 확립하는 것입니다.

교재구성과 활용

이 교재는 모두 40과로 이루어져 있습니다. 개혁주의 교리문답들은 일반적으로 기독교 신앙의 핵심을 가르칠 때, (1) 사도신경 (2) 십계명 (3) 구원의 교리 (4) 주기도문의 큰 주제들을 반드시 포함하고 있습니다. 그것을 고려하여, 이 교재는 서론(1-2과), 사도신경(3-13과), 십계명(16-26과), 구원의 교리(14-15과, 27-31과), 그리고 주기도문(32-40과)으로 구성되었습니다. 그리고 각 과의 구성은 (1) 도입부 (2) 해당 교리와 관련된 성경 본문 묵상 (3) 개혁주의 교리문답들의 핵심 교훈 소개 (4) 교리문답에 따른 우리의 기도로 이루어져 있습니다. 도입부에서는 각 과에서 중요하게 다룬 주제(topic)가 무엇인지 소개하고, 성경 본문 묵상에서는 대표적인 증거 본문을 통하여 교리의 뿌리를 하나님의 말씀에서 확인합니다. 이 항목은 교리 교육 혹은 교리 설교는 언제나 성경의 증거 본문들에 근거하여 강해하는 방식이 가장 효과적이고 올바르다는 종교개혁적 신념의 표현입니다. 그런 다음에 성경의 여러 다른 증거들을 아우르는 교리문답의 교훈들을 세 개의 개혁주의 교리문답을 활용하여 두루 살핍니다. 마지막에 있는 '교리문답에 따른 우리의 기도' 부분은 교리 공부가 '지적인 작업'에 그쳐서는 결코 안되며, 신앙의 궁극적인 목적인 '하나님께 영광을 돌리며 감사하는 경건의 실천'으로 연결되도록 하기 위한 것입니다. 말씀의 교훈이 우리의 개인적 가정적 교회적 삶에서 어떻게 실천되어야 하는지 함께 묵상하는 기도가 풍성해지길 소원합니다.

종교개혁의 모범에 따라 주일 오후 혹은 저녁 예배 때 교리문답 설교를 실천할 때, 교회력의 주요한 절기들을 제외하면 40주 구성이 도움이 됩니다. 장로교 신학자 존 머레이 박사가 탄식하였듯이, 영미권의 장로교회에서 주일 오후/저녁 예배의 교리 설교가 비교적 일찍 사라진 것은 참으로 아쉬운 일입니다. 반면에 대륙의 개혁교회들은 여전히 하이델베르크 교리문답을 활용한 교리문답 설교가 유지되고 있습니다. 종교개혁 500주년을 기념하여 우리 교회가 교리 교육의 중요성을 다시 한 번 일깨우고, 교회적으로 실천하는 일에 이 교재가 작은 도움돌이 될 수 있으면 좋겠습니다. 그리고 지난 수십 년 동안 한국 장로교회에서 소홀히 여겨졌던 세례 교육을 위해서도 잘 활용되면 좋겠습니다. 하나님의 뜻을 무엇보다도 소중히 여기는 신실한 말씀의 사역자들, 주일학교 교사들, 신실한 부모들에게도 이 교재가 좋은 소식으로 다가갈 수 있기를 진심으로 바랍니다.

감사의 말씀

은혜, 곧 받을 자격이 없는 자에게 주시는 값없는 선물이 얼마나 소중한지 집필 기간에 거듭 묵상하게 되었습니다. 그래서 무엇보다도 성삼위 하나님께 감사와 찬송을 올려 드립니다. 주님만을 의지하고 섬기는 신앙이 무엇인지 한 걸음 더 깊이 깨닫게 해주셔서 감사합니다.

뜻 깊은 사업으로 종교개혁 500주년을 올바르게 기념할 수 있도록 해주신 고신 종교개혁 500주년 준비위원회(위원장 박영호 목사)와 수고하신 모든 동역자들께 감사의 말씀을 전합니다. 졸고를 읽고 고쳐준 윤웅열 강도사님과 여러 편집위원들에게도 고마운 마음을 전합니다. 우리 모두 마음을 들어(*sursum corda*) 하늘에 계신 우리 주님을 바라보며 찬양드리길 소원합니다. *Soli Deo Gloria!*

2017년 3월 4일
김진흥 목사

일러두기

약어표시

BC = Belgic Confession (네덜란드 신앙고백서)

CD = Canons of Dort (도르트 신경)

HC = Heidelberg Catechism (하이델베르크 교리문답)

WCF = Westminster Confession of Faith (웨스트민스터 신앙고백서)

WLC = Westminster Larger Catechism (웨스트민스터 대교리문답)

WSC = Westminster Shorter Catechism (웨스트민스터 소교리문답)

목 차

추천의 글　4

저자 서문　6

일러두기　11

제 1장_인생의 목적	'하나님의 영광을 보게 하옵소서'　16	
제 2장_성경	성경, 신앙과 순종의 유일한 규범　30	
제 3장_사도신경 서론	사도신경 서론　45	
제 4장_사도신경 묵상 01	"내가 믿나이다" (Credo)　59	
제 5장_사도신경 묵상 02	창조주 하나님, 유일하신 참 하나님　71	
제 6장_사도신경 묵상 03	하나님의 섭리에 대한 신뢰　82	
제 7장_사도신경 묵상 04	하나님과 악마 사이의 인간　94	
제 8장_사도신경 묵상 05	우리의 구주는 이런 분이십니다!　105	
제 9장_사도신경 묵상 06	낮아지신 그리스도의 사역　119	
제 10장_사도신경 묵상 07	믿음의 주요 온전케 하시는 예수　133	

제 11장_사도신경 묵상 08	보혜사 성령 하나님	146
제 12장_사도신경 묵상 09	성령의 은사와 교회	159
제 13장_사도신경 묵상 10	삼위일체 하나님을 믿는 신앙	172
제 14장_그리스도와의 연합	'그리스도 안에'	186
제 15장_칭의와 성화의 관계	'칭의와 성화의 관계'	200
제 16장_십계명 묵상 01	거울과 등불	214
제 17장_십계명 묵상 02	오직 하나님만을!	229
제 18장_십계명 묵상 03	'올바른 예배'로 이끄시는 하나님	243
제 19장_십계명 묵상 04	'그 이름'에 합당한 예배의 태도	256
제 20장_십계명 묵상 05	언약의 표징인 안식일	270

제 21장_십계명 묵상 06	권위와 순종과 사랑	283
제 22장_십계명 묵상 07	인간, 그 존엄한 생명	296
제 23장_십계명 묵상 08	성결하신 하나님의 성결한 백성	311
제 24장_십계명 묵상 09	재물의 청지기	325
제 25장_십계명 묵상 10	사랑을 말하는 입	338
제 26장_십계명 묵상 11	내 마음을 주님께	353
제 27장_구원의 교리 01	새로운 순종의 길	366
제 28장_구원의 교리 02	믿음과 회개	380
제 29장_구원의 교리 03	은혜의 방편론: 말씀	393
제 30장_구원의 교리 04	은혜의 방편론: 성례 일반 및 세례	407

제 31장_구원의 교리 05	은혜의 방편론: 성찬	421
제 32장_주기도문 묵상 01	'바른 기도, 열정적 기도'	437
제 33장_주기도문 묵상 02	'하늘 아버지'에게 드리는 기도	450
제 34장_주기도문 묵상 03	거룩하신 하나님의 이름	464
제 35장_주기도문 묵상 04	하나님의 나라의 완성을 위한 간구	478
제 36장_주기도문 묵상 05	그리스도인의 감사와 순종의 삶	492
제 37장_주기도문 묵상 06	아굴의 기도가 전해주는 지혜	506
제 38장_주기도문 묵상 07	하나님의 나라와 용서	521
제 39장_주기도문 묵상 08	악한 자와의 영적 전투를 위한 간구	534
제 40장_주기도문 묵상 09	교회의 아멘	548

제 1장
인생의 목적

'하나님의 영광을 보게 하옵소서'
요 17:21-24

성경의 첫 권인 창세기에서 우리는 하나님이 천지를 창조하시고 주재하시는 유일하신 분이며, 그분이 지은 모든 만물 중에 오직 인간만이 하나님의 형상으로 지음받은 존재라는 중요한 사실을 배웁니다. 히브리어의 용법을 따르면, 하나님의 '형상'이란 하나님을 '반영'하는 존재입니다. 따라서 인간은 하나님이 어떤 분이신지, 무슨 일을 하시는지 드러내는 존재로 지음받은 것입니다. 창세기부터 계시록에 이르기까지 성경 전체는 하나님이 누구신지, 그 성품과 속성들이 무엇인지 잘 가르쳐줍니다. 그것들을 대표하는 표현이 '하나님은 거룩하신 분'이라는 교훈입니다. 다른 모든 피조물과 구별되게 하나님의 형상으로 지음받은 인간은 지식과 의와 거룩을 가진 존재로서, 바로 그 하나님의 거룩하심을 깨닫고 감사하고 찬양하는 '예배자'로 부름받았습니다. 그것이 바로 인생의 존재 이유이며 참된 본분입니다.

아담의 타락 이래로, 인간은 자신의 존재 이유를 하나님과 분리하였습니다. 더 이상 하나님을 예배하는 자가 아니라, 자신을 위한 자기중심적인 삶을 추구하였습니다. 그러나 생명의 근원이시며 모든 좋은 것들의 원천이신 하나님과의 관계가 끊어진 결국은 죽음과 그 그림자들밖에 없었습니다. 죄의 삯은 사망이었고, 죄를 즐기며 살아가는 삶은 실제로는 사망의 권세를 잡은 자 마귀의 종노릇하는 처지로 전락하였습니다. 그런 죄와 비참의 상태에서 우리를 구원하시러 성육신 하신 예수 그리스도는 인간의 본분이 무엇인지 친히 보여주셨고, 그를 힘입어 하나님께로 돌아온 그리스도인들에게 하나님의 영광을 볼 수 있도록 이끌어 주셨습니다. 요한복음 17장에서 예수님은 우리가 본래 지음받은 목적을 회복할 수 있도록 대제사장의 중보 기도를 드립니다.

I. 성경 본문 묵상

1. 17장 전체에 걸친 기도에서 예수님께서 중요하게 간구하는 내용은 무엇입니까?

   (1) 예수님 자신을 위한 간구(1-5절) :

   (2) 제자들을 위한 간구(6-19절) :

   (3) 모든 그리스도인들을 위한 간구(20-26절) :

2. 21-24절에 기록된 기도의 내용은 '인생의 목적'에 관하여 무엇을 가르쳐 줍니까?

   (1) 예수님은 우리가 무엇을 믿기를 기도하십니까?

   (2) 예수님은 우리가 무엇을 보기를 원하십니까?

   (3) 그 간구의 내용은 '사람의 제일 되며 가장 높은 목적'과 어떤 관계가 있습니까?

대제사장의 기도

　오늘 본문 말씀은 십자가의 길을 목전에 두신 예수님께서 제자들을 위하여 드리는 중보의 기도 가운데 일부입니다. 사도 요한은 주님께서 지상에서 보내시는 마지막 유월절을 앞둔 중요한 시절을 13장부터 상세하게 기록하였습니다. 제자들과 함께 하신 마지막 유월절 만찬(13장), 예수님께서 떠나신 후에 두려워할 제자들에게 보내주실 보혜사 성령에 관한 약속(14장), 포도나무 비유(15장), 장차 임할 박해(16장)에 관하여 상세히 말씀하신 후에, 17장에 이르러 제자들을 위한 기도를 드립니다. 그런데 그 기도는 예수님을 친히 뵙고 가르침을 받은 제자들뿐 아니라, 그 제자들을 통하여 복음을 전해듣고 예수 그리스도를 믿게 될 모든 사람을 위한 기도이기도 했습니다(17:20).

　우선 예수님은 하나님의 뜻을 온전히 순종하여 하나님을 영화롭게 하였으니, 창세 전부터 원래 가지고 있었던 영광의 상태로 회복시켜주실 것을 하나님께 간구합니다(4-5절). 이 첫 번째 단락에서 예수 그리스도의 성육신의 근본적인 목적을 깨닫게 되는데, 그것은 하나님을 영화롭게 하는 것이 참 사람의 도리라는 것을 친히 보여주시기 위함입니다. '유일하신 참 하나님과 그의 보내신 자 예수 그리스도를 아는 일'이라는 '영생'에 대한 예수님의 유명한 정의도 바로 이런 점에서 인생의 본분과 밀접하게 연관됩니다(3절). 하나님의 택한 자들에게 영생을 주시려고 성자 하나님이 사람이 되어 이 땅에 오셨고, 그 영생이 무엇인지 바르게 가르치기 위하여, 성자께서 이 땅에서 하나님을 영화롭게 하였습니다(2, 4절)!

　제자들을 위한 기도(9-19절)에서는 두 가지의 간구가 돋보입니다: 첫째, '제자들이 악에 빠지지 않도록 지켜주시옵소서'(15절), 그리고 둘째, '진리 곧 아버지의 말씀으로 그들을 거룩하게 하옵소서'(17절). 제자들은 예수 그리스도의 사역을 이어받아 하나님의 말씀이 가르치는 진리로써 다른 사람들을 그 참된 인생의 본분으로 돌아오도록 인도하는 '사람을 낚는 어부들'이 되어야 합니다. 예수 그리스도를 본받아 하나님을 거룩하게 하는 참된 삶을 살아가는 제자들은 '세상에 있으나 세상에 속하지 않은'(16절) 사람들이므로, 하나님을 대적하는 악한 세력의 미움과 공격의 대상이 됩니다. 그래서 예수님은 주기도문의 여섯째 간구를 여기서도 간절히 드리고 있습니다.

하나님의 영광을 즐김

예수님의 기도는 제자들뿐 아니라 그들의 복음 전파로 하나님의 백성이 될 모든 사람들을 위한 것입니다. 예수님은 그들이 온전히 하나가 되도록 간구하시는데, 그것은 성부와 성자께서 온전히 연합하여 하나가 되신 일에 뿌리를 두고 있습니다(21절). 그러므로 교회가 하나가 되는 것은 하나님의 중요한 속성을 드러내는 일입니다! 이와 연관하여 예수님은 하나님한테 받은 영광을 그들에게 주셔서, 교회가 하나님의 하나 되심을 본받아 하나 되고, 하나님의 사랑을 체험하고 증거하기를 기원하십니다(22-23절). 예수 그리스도를 통하여 하나님의 영광을 보는 것은 또한 그분의 구속의 사역으로 잘 나타난 하나님의 사랑을 받아 누리는 일입니다. 예수님은 우리에게 하나님의 '이름'을 알려주셨는데, 그것은 하나님에 대한 깊은 사랑의 사귐과 뗄 수 없는 영생의 지식입니다: "내가 아버지의 이름을 그들에게 알게 하였고 또 알게 하리니 이는 나를 사랑하신 사랑이 그들 안에 있고 나도 그들 안에 있게 하려 함이니이다"(26절). 교회는 하나님을 영화롭게 하면서 그의 사랑을 즐기는 자들의 신령한 공동체입니다. 그렇게 되도록 교회의 머리이신 예수 그리스도께서 대제사장의 기도를 드리셨고, 지금도 여전히 영광의 보좌에 오르셔서 우리가 인생의 참된 본분을 실천하고 또 누리도록 기도하고 계십니다!

II. 교리문답이 가르치는 인생의 참된 목적

1. 인생의 제일되는 목적: 섬김과 즐김

장로교회의 대/소교리문답은 '인생의 제일되는 목적'을 가르치는 문답으로 시작합니다. 개혁주의 신학의 '하나님 중심주의적' 특징을 첫 교훈부터 뚜렷하게 드러내 보여주는 것입니다. 그런데, 인생의 본분에 대한 성경의 교훈은 두 측면으로 이루어져 있습니다: 하나님을 영화롭게 하는 우리의 섬김과 그 하나님을 영원토록 즐기는 것! 그러므로 장로교회가 이해하고 가르치는 성경의 교훈은 '하나님 중심주의'야말로 '인간의 참된 행복'과 분리할 수 없을 정도로 연결되어 있다는 것입니다. 이 두 가지 측면을 균형 있게 이해하지 못하면, 자신의 구원을 무엇보다도 앞세우는 이기적인 신앙으로 전락하거나 혹은 신앙생활과 일상생활이 분리되어 삶의 즐거움은 교회 밖에서 찾는 이원론적 신앙에 빠지기 쉽습니다.

(1) 하나님을 영화롭게 하는 삶

구약과 신약 성경은 일관되게 하나님을 영화롭게 하는 인생의 본분을 강조하여 가르칩니다. 이스라엘 백성은 하나님을 찬송하도록 지음을 받았으며, 하나님의 영광을 드러내기 위한 목적을 향하여 나아간다고 선지자 이사야를 통하여 하나님이 친히 선포하시며(사 43:12; 60:21), 하나님의 크신 구원의 은혜를 입은 이스라엘 백성도 '전심으로 주를 찬송하고 영영토록 주의 이름에 영화를 돌릴 것'을 서원합니다(시 86:8-13). 사도 바울은 모든 만물의 기원이자 결국이 되시는 주님께 세세에 영광을 돌리며(롬 11:36), 구원받은 성도는 그 몸으로, 즉 모든 삶을 드려서 하나님께 영광을 돌려야 한다고 권면합니다(고전 6:20). 사도 요한은 만물을 지으시고 섭리하시는 하나님께서 '영광과 존귀와 능력을 받으시는 것이 합당하다'는 천상의 예배 장면을 우리에게 소개합니다(계 4:11). 구원의 참된 은혜를 온전히 받아누리는 그리스도인은 자신의 삶의 진정한 의의를 하나님을 영화롭게 하는 일에서 찾습니다! 신앙의 성숙, 참된 경건은 바로 이런 삶의 목적이 바로 서는 것과 밀접한 관계가 있습니다.

(2) 영원토록 하나님을 즐기는 삶

인생의 참된 목적의 다른 측면은 하나님을 '즐기는' 것입니다. 장로교회의 두 교리문답들이 이런 정의를 뒷받침하는 성경의 증거구들을 살펴보면, 구원의 은혜와 하나님의 기업으로서 누리는 축복들을 되새기게 해줍니다. 죄와 사망에서, 환란과 고난에서, 심령의 고뇌에서 우리를 건져주시는 주님, 우리가 의지하고 신뢰하고 믿을 수 있는 주님, 우리를 친 백성으로 삼아주셔서 이땅에서의 복락과 영원한 나라에서의 축복을 맛보며 살아가게 하신 하나님에 대한 성경의 고백들이 '영원토록 하나님을 즐기는 삶'이 인생의 최고 목적이라는 사실을 확증해 줍니다. 사도 요한은 장래의 일을 비전으로 보는 중에 '하나님이 우리와 함께 하심' 곧 임마누엘의 축복이 온전히 이루어질 것이라는 하나님의 약속을 선포합니다: "보라 하나님의 장막이 사람들과 함께 있으매 하나님이 그들과 함께 계시리니", 그 결과 타락으로 말미암은 죽음과 그 모든 악한 결과들이 완전히 사라지는 세상을 기대합니다(계 21:3-4).

칼빈과 사돌레토 추기경

칼빈과 파렐을 비롯한 개혁자들이 교회 헌장 및 성찬과 권징을 둘러싼 문제로 제네바에서 추방된 이후, 로마 카톨릭 교회의 추기경이자 온건한 에라스무스주의자로 명성이 높았던 사돌레토(Jacopo Sadoleto)는 제네바를 다시 로마 카톨릭교회 진영으로 되돌리기 위하여 제네바 시민들에게 편지를 보냈습니다. 거기서 사돌레토는 '오직 자신의 영예와 이익을 위하여 책동하였던 자들에게 유혹을 받은' 시민들이 이제 '영원한 구원'을 생각하여 다시 '어머니 교회'의 품으로 돌아오라고 친절하게 권유하였습니다. 그러나 종교개혁의 노선을 유지하기를 원하였던 제네바 시 당국은 염치불구하고 스트라스부르크에 있는 칼빈에게 사돌레토의 주장을 반박하는 글을 써 달라고 부탁하였습니다. 칼빈은 사돌레토 추기경의 편지를 전해 받은 지 엿새 만에 자신의 답변서를 완성하였고, 시 당국은 칼빈의 답변서를 추기경의 편지와 함께 묶어 출판하였습니다. 칼빈의 답변은 아주 훌륭하였으며, 나중에 루터조차 그 글을 읽고 아주 감탄하면서 '상대방을 꼼짝달싹 할 수 없게 만드는' 훌륭한 답변이라고 칭찬하였습니다.

오직 하나님께 영광 (*soli Deo gloria*)

이 답변서에서 우리가 인생의 제일되는 목적과 관련하여 주목할 내용이 있습니다. 무엇보다도 칼빈은 '영생의 가치'를 다른 무엇보다도 높이 강조하는 사돌레토의 태도를 비판합니다:

"사람이 오직 자신의 문제에만 골몰하여, 하나님의 영광을 위한 열정이 그의 삶의 기초가 되지 못하는 그런 신학은 결코 좋은 신학이 아니다. 왜냐하면 우리는 무엇보다도 하나님을 위하여 태어난 것이지, 자신을 위해 태어난 것이 아니기 때문이다…

사도 바울이 롬 11:36("이는 만물이 주에게서 나오고 주로 말미암고 주에게로 돌아감이라 그에게 영광이 세세에 있을지어다 아멘")에서 말하듯이 모든 것이 하나님에게서 기원하고, 하나님으로 말미암아 존재한다면, 또한 모든 것을 하나님과 관련하여 생각해야 한다…

하나님의 이름을 영화롭게 하는 일을 사람들이 마음에 더 잘 새길 수 있도록 하기 위하여, 주님께서 그 일을 촉진하고 확장시키기 위한 열망을 우리의 구원과 불가분리하게 연결시켜두셨다는 것은 틀림없는 사실이라고 나는 인정한다. 그러나 주님께서는 하나님을 영화롭게 하려는 열정이 우리 자신의 유익과 복락을 위하는 모든 생각들을 능가해야 한다고 가르치신다. 그러므로 그리스도인의 마음은 단지 그 자신의 영혼의 구원을 추구하며 그것을 위하여 씨름하는 것보다 더 높은 것을 추구해야 한다."

칼빈은 우리의 구원이 정말로 중요한 문제이며, 성경의 중요한 메시지라는 사실을 인정합니다. 그러나 성경은 항상 인간의 구원과 인생의 참된 목적인 '하나님의 영광을 결코 따로 떼어' 이야기하지 않는다는 사실을 칼빈은 잘 지적합니다. 그리고 둘 사이의 우선순위를 따져야 한다면, 무엇이 더 중요한 것인지에 대하여 분명한 인식이 있어야 한다고 강조합니다. 성경이 가르치는 참된 신앙은 '인간중심적인 것이 아니라 하나님 중심의 삶'이라는 인식입니다!

사돌레토 추기경의 편지에 대한 답변서에서 칼빈은 이신칭의의 교리와 같은, 종교개혁의 핵심적인 여러 교리들에 대해서도 아주 뛰어난 표현들을 들어 잘 설명하고 있습니다. 그러나 우리는 '하나님의 영광'을 강조하는 이 부분을 이 답변서의 백미로 볼 수 있습니다. 칼빈은 일찍부터 '하나님의 영광의 신학'을 '우리의 구원'보다 더 높은 가치로 가르치는 성경의 가르침에 철저하게 순종하고 있었습니다. 우리 장로교회는 바로 그런 '하나님 중심의 신학'을 신실하게 전수받아 파수하고 있습니다.

2. 사람의 제일되는 목적을 지도하는 원리인 하나님의 말씀

(1) 대/소교리문답의 서론

소교리문답은 제1-3문답이 전체의 서론 역할을 하며, 전체의 구성을 소개합니다:

- 사람의 제일되는 목적(제1문답)
- 그 목적을 이룰 수 있도록 주신 지침, 성경(제2문답)
- 성경이 가장 중요하게 가르치는 두 가지(제3문답):
  우리가 하나님에 대하여 믿을 바(제4-38문답)
  하나님께서 우리에게 요구하시는 본분(제39-107문답)

그런데 대교리문답은 하나님의 존재에 관한 증거들과 성경에 대한 설명을 제시하는 두 문답을 추가하여 모두 다섯 개의 문답으로 전체의 서론을 구성하고 있습니다. 소교리문답으로 가르치는 사람들이 좀 더 알고 있어야 할 내용을 추가한 것입니다. 이 추가된 두 문답들은 하나님의 말씀인 '성경'과 관련하여 중요한 교훈을 담고 있습니다. 첫째, 제2문답은 하나님의 존재를 알리는 일반계시에도 불구하고 '말씀과 성령'만이 구원에 관한 하나님의 특별계시를 효과있고 충분하게 증거합니다. 둘째, 제4문답은 성경이 하나님의 말씀이라는 확증은 '사람의 마음 속에서 성경에 의하여 그리고 성경을 가지고 증거하시는 성령 하나님의 역사하심'이라고 가르칩니다. 이 두 가지는 장로교회의 성경관의 든든한 기초를 이룹니다.

(2) '유일한' 준칙

대/소교리문답은 모두 '구약과 신약 성경에 기록된 하나님의 말씀'이 인생의 본분을 실천하도록 지도하기 위하여 우리에게 주신 '유일한' 준칙이라고 가르칩니다. 모세를 통하여 내려주신 율법에 '더하거나 빼지 말고' 하나님 여호와의 명령을 지키라(신 4:2)는 말씀이나 '부자와 거지 나사로의 비유'에서 '모세와 선지자들' 곧 구약 성경의 말씀을 듣지 않으면 죽은 자가 살아나서 증거하더라도 받아들이지 않을 것이라는 말씀이 성경의 독보적인 기능과 권위를 잘 증거합니다. 달리 말하자면, 하나님을 영화롭게 하는 일이나 그분을 영원토록 즐기는 일 모두에서 우리는 성경의 가르침에 따라 실천해야 한다는 말입니다.

성경에 기록된 구속의 역사와 또 그 이후의 교회의 역사에서 '하나님의 말씀의 가르침'에 유의하지 않고 세상의 기준이나 그 자신의 생각으로 하나님께 영광을 돌리려 했던 사례들을 자주 발견할 수 있습니다. 구약의 역사에서 십계명의 제2계명을 따르지 않은 경배들을 하나님께서 단호하게 거부하시고 징계하신 사례들을 우리는 잘 알고 있습니다. (대표적인 사례들은 십계명 묵상 편에서 소개합니다.) '하나님이 원하시는 일'(*Deus vult*)이라고 이구동성으로 외치며 시작된 십자군 전쟁이 얼마나 하나님의 영광을 가리웠는지 교회의 역사가 아프게 증거합니다. 그러므로, 하나님을 '영화'롭게 하는 일이 무엇인지, 어떻게 그것을 실천할 수 있는지에 관하여 무엇보다도 성경이 가르치는 바를 살펴보는 것이 올바른 첫 걸음이 될 것입니다.

(3) 성경이 말하는 섬김과 즐김

다음 성경 본문들에서 '영광을 돌리는 일'과 '하나님을 즐기는 것'이 무엇을 뜻하는지 살펴봅시다.

〈막 2:1-12〉

이 본문은 예수 그리스도에 관한 중요한 계시의 진리들을 가르쳐 줍니다. 중풍

병자에게 신유의 이적을 베푸시기 전에 먼저 사죄를 베푸심으로서, 예수님은 자신의 참된 신분이 무엇인지 증거하려 하셨습니다. 거기에 있던 서기관들은 '하나님 한 분 외에는 죄를 사할 분이 없다'는 올바른 판단 기준을 가지고 있었습니다(7절). 예수님은 신유의 은사를 통하여 자신이 바로 그런 하나님의 사죄의 권능을 가지신 분임을 증거하셨습니다(9-10절). 이 모든 일이 일어난 후에 '하나님께 영광을 돌린다'는 표현이 나타납니다: "그들이 다 놀라 하나님께 영광을 돌리며 이르되 우리가 이런 일을 도무지 보지 못하였다 하더라"(12절).

여기서 '영광을 돌린다'는 표현은 그 문맥을 고려할 때 중요한 의미를 담고 있습니다. 그 무리들은 자신이 어떤 일을 함으로써 하나님께 영광을 돌린 것이 아니라, 땅에 오신 하나님 곧 예수 그리스도께서 드러내 보여주신 하나님의 일을 보고 '그것이 참으로 하나님의 일'이라고 인정한 것입니다. 이것은 성경에서 말하는 '영광을 돌림'의 중요한 성격을 대표적으로 가르쳐줍니다. 하나님께 영광을 돌리는 일은 우리에게서 시작되는 일이 아니라 하나님의 은혜에서 시작된다는 사실입니다! '먹든지 마시든지 무엇을 하든지 다 하나님의 영광을 위하여 하라'(고전 10:31)라는 명령을 받은 그리스도인은, 그 이전에 하나님의 은혜로 지음을 받은 피조물이며, 예수 그리스도의 대속의 공로를 힘입어 죄와 사망의 권세에서 벗어나 하나님의 자녀되는 큰 권세를 선물로 받아누리는 사람입니다. 창조와 구속의 은혜를 깊이 맛보고 체험한 사람들이 하나님께 영광을 돌리는 삶을 사는 것입니다! 그리스도인이야말로 자연에 나타난 하나님의 영광을 바르게 알고 찬송합니다! 그들이야말로 예수 그리스도를 자신의 목숨보다 소중히 여기고 그의 나라와 그 의를 위하여 살아갑니다! 은혜를 입은 하나님의 백성에게 하나님께 영광을 돌리는 삶은 의무가 아니라 감사로 나타나는 것입니다!

〈눅 10:38-42〉

　　하나님을 '즐기는' 인생의 본분이자 축복을 아주 잘 누린 사람들 가운데 하나가 바로 베다니의 마리아입니다. 마르다는 우리가 일반적으로 생각하는 '섬김'에 헌신하여 예수님과 그 일행을 대접하느라 마음이 분주하였습니다(40절). 그런 마르다가 보기에 동생 마리아는 마땅히 해야 할 일을 저버리고 엉뚱한 곳에 가 있었습니다. 그래서 예수님에게 동생을 권면하여 섬기는 일을 도우도록 부탁드렸습니다. 그런데 예수님의 대답은 마르다의 예상과는 전혀 다른 것이었습니다: "마리아는 이 좋은 편을 택하였으니 빼앗기지 아니하리라"(42절). 예수님은 우리가 섬김에 분주하게 헌신하는 것보다 그 말씀을 경청하고 예수님의 교훈을 즐겨 듣는 것을 더 좋게 평가하십니다! 마리아는 예수님과의 만남을 아주 잘 즐겼는데, 그런 태도를 예수님은 칭찬하셨습니다. 인생의 본분으로서 하나님을 섬기는 일과 그분을 즐기는 것은 본래 서로 상반되지 말아야 하지만, 마르다와 마리아의 경우처럼 그 선택이 분명하게 갈라졌을 때 예수님은 '말씀으로 하나님과 사귀는 일'을 더 본질적인 것으로 좋게 평가하셨습니다!

　　시편 전체의 서론이라고 할 수 있는 1-2편은 복 있는 사람을 첫째, '여호와의 율법을 주야로 묵상하는 자'로, 성경을 통하여 하나님의 뜻을 깨닫고 그에 따라 살아가는 삶을 복되다고 가르칩니다. 둘째로, 그 말씀이 교훈하는 바 하나님이 세운 왕, 곧 '하나님의 아들에게 입맞추는 자'를 복된 자라고 가르칩니다. 임마누엘의 하나님, 곧 우리와 함께 하시는 하나님과 사귐을 갖는 것, 그것이 복된 삶이며 영생의 삶입니다. 또한 그것이 인생의 제일되는 목적이며 본분입니다. 그러므로 우리의 의무는 무거운 짐이 아니라 기쁨으로 감당하는 복된 헌신이라는 사실을 다시 한 번 되새깁니다.

종교개혁자 버미글리의 시편 1편 묵상 기도

"전능하신 하나님, 우리가 악한 자의 꾀를 깨닫는 순간 바로 돌아서야 했는데도 종종 그것에 굴복하였기 때문에, 얼마나 심각한 환란과 비참한 재난들이 교회를 그토록 고통스럽게 하는지 우리는 이미 아주 분명하게 이해하고 있습니다. 우리는 악한 자의 길에서 돌이키기는커녕 당신의 계명들을 계속하여 범함으로써 그들의 길을 바짝 따라갔습니다. 더구나 우리는 오랫동안 건전한 훈계들과 건강한 습관들을 경멸해 왔습니다. 우리는 상당한 나태함과 심지어 오만함으로 당신의 말씀을 무시해왔으며 그 말씀이 우리에게 제공하신 것은 무엇이나 조롱했습니다. 아, 우리가 그토록 오랫동안 남용해온 행복과 평온함 대신 이제 우리가 각종 무겁고 성가시며 쓰라린 체험을 겪어야만 하는 것은 전혀 놀라운 일이 아닙니다. 그러나, 오 하나님, 이제 우리는 탄원하는 자들로서, 우리가 범한 악한 행동들을 고백하며 당신께 피합니다. 절박하고 간절한 기도로써 당신께서 우리에게 친절을 베푸시고 또 우리가 어리석고 악하게 저지른 죄악들을 사해주시기를 간구합니다. 우리의 심령이 당신의 율법에 최대한 헌신하게 하셔서 우리가 밤낮으로 오로지 당신의 성경의 말씀들만 우리 마음 속에 묵상하게 해 주시옵소서. 그렇게 하면, 당신의 말씀에 대한 우리의 믿음으로써, 적절한 때에 우리가 달콤한 열매를 맺게 될 것이며, 우리는 성령의 선물들을 빼앗기지 않을 것입니다. 실로 우리의 수고는 항상 복된 결과를 얻을 것입니다. 그러나 지금 우리는 우리의 죄악으로 심하게 눌려 있으며, 시련의 바람에 이리저리 날려 다니는 겨와 다를 바 없습니다. 선한 아버지시여, 최소한 우리에게 이것을 허락해 주시옵소서: 우리의 삶이 악한 자들처럼 죄악에 탕진되지 않게 해 주시옵소서. 오히려, 의인의 길과 같이, 지극한 돌보심과 보호로써 우리의 삶을 보호해 주셔서, 우리가 심판대 앞에 서고 의인의 회중에 들게 해 주옵시고, 또한 우리의 길에서 벗어나지 않게 해 주시옵소서. 우리 주 예수 그리스도로 말미암아 기도합니다. 아멘.

(Peter Martyr Vermigli, *Sacred Prayers Drawn from the Psalms of David*)

III. 교리문답에 따른 우리의 기도

1. 하나님의 형상으로 지음받은 우리의 본분을 말씀과 성령으로 깨우쳐 주시옵소서!

(1) 우리의 참된 의의와 행복이 하나님 안에 있다는 사실을 깨닫게 하옵소서!

"오 하나님, 당신은 당신을 위하여 우리를 지으셨나이다. 그러므로 우리 영혼이 당신 안에서 참되게 안식하기 전까지는 진정으로 안식할 수 없나이다." (교부 아우구스티누스)

(2) 하나님을 영화롭게 하는 삶과 영원히 하나님을 즐기는 삶이 서로 밀접하게 연결되어 있음을 깨닫게 하옵소서!

"하나님이 인간을 창조하신 그 목적에 따라 살아가는 삶이야말로 인간의 영광입니다. 그 목적에 의식적으로 헌신하려는 삶을 떠난다면, 거기에는 참되고 깊이 있고 만족할 만한 행복이 없습니다." (J. 보스)

2. 풍성한 감사와 찬양을 통하여 우리의 본분을 다 할 수 있도록 은혜 내려 주시옵소서!

(1) 말씀과 성령으로 우리와 함께 하시는 하나님을 깊이 체험하고, 누리며, 즐거워하게 해 주시옵소서!

(2) 교회의 예배와 집회들이 이런 신령한 교제를 더욱 깊이 체험하는 기회들이 되게 해 주시옵소서!

(3) 우리를 위한 대제사장 예수 그리스도의 기도를 항상 기억하고 의지하며, 온 교회가 그 약속하신 축복을 바라보며 나아가게 해 주시옵소서!

제 2장
성경

성경, 신앙과 순종의 유일한 규범
딤후 3:13-17

지난 과에서 살펴보았듯이, 장로교회의 대/소교리문답은 구약과 신약에 기록된 하나님의 말씀이 신앙과 순종의 유일한 규범이라고 가르칩니다. 이번 과에서는 그 성경을 올바르게 활용하는 방법이 무엇인지 살펴보려고 합니다. 그 유일한 규범인 성경의 기능에 관하여, 즉 성경을 올바르게 활용하는 방법에 관하여 성경과 교리문답들이 가르치는 바를 살펴보려 합니다. 우리에게 훌륭한 신앙의 지침서로 웨스트민스터 표준문서들을 남겨준 청교도들은 성경을 잘 활용하여 그 유익을 맛보는 일에도 탁월하였습니다. 제네바에서 영어로 번역되어 흠정역(KJV)이 나오기까지 영어권에서 널리 사랑받았던 주석성경인 '제네바 성경'(The Genevan Bible, 1560)의 시편 서문에서 우리는 그분들이 누렸던 풍성한 축복의 일단을 엿볼 수 있습니다:

"이 시편의 책은 성령께서 우리에게 주신 것으로서 가장 귀한 보물로 여겨져야 합니다. 그 속에는 참된 행복에 관한 모든 것들이 담겨 있으며, 이 세상에서도 우리에게 열려있어, 아주 풍성하게 얻을 수 있습니다. 만일 우리가 하나님의 위대하심과 장엄하심을 알려면, 바로 이 책에서 그 밝은 빛을 가장 뚜렷하게 볼 수 있습니다. 만일 우리가 하나님의 심오막측한 뜻을 찾으려 한다면, 여기 바로 그 풍성한 고백이 있습니다. 만일 우리가 하나님의 측정할 수 없는 관대하심을 이해하려고 그분께 가까이 다가가서 그 보화를 손으로 만져보려 한다면, 바로 여기에서 우리는 그 가장 생생하고 안락한 맛을 볼 수 있습니다. 만일 우리의 구원이 어디에 있으며 영생을 어떻게 얻을 수 있을지 알고 싶다면, 여기에 우리의 유일한 구속자이자 중보자이신 예수 그리스도께서 가장 분명하게 그려져 있습니다. 부자는 자신의 재산을 참되게 사용하는 방법을 배울 수 있을 것입니다. 가난한 사람은 온전한 만족을 발견할 수 있을 것입니다. 기뻐하려는 사람은 참된 기쁨을 알게 되고 그 기쁨을 계속 더 깊이 누리는 방법을 알게 될 것입니다. 괴로움과 압제를 당하는 사람들은 그 속에 그들의 위로가 있음을 보게 될 것이며 하나님께서 그들을 구원하실 때 어떻게 찬양해야 할 지를 알 것입니다. 악한 자들 그리고 하나님의 자녀를 박해하는 자들은 하나님의 손이 항상 그들을 대항하시며, 하나님께서 잠시 그들이 번영하도록 참아주시지만 그러나 그들을 억제하시며, 그 결과 하나님께서 허락하지 않으시면 머리털 하나라도 건드릴 수 없음을 깨닫게 될 것이며, 또한 결국 그들의 멸망이 가장 비참할 것이라는 사실을 알게 될 것입니다. 간단히 말해서, 우리는 시편에서 모든 유혹들과 마음과 양심의 근심들에 대한 가장 즉각적인 치료약들을 가지고 있습니다. 그 결과 시편을 잘 묵상하면, 우리는 이생에서의 모든 위험에 맞서 확신을 얻을 수 있으며, 하나님에 대한 참된 두려움과 사랑 안에서 살 수 있으며, 마침내 저 썩지 않을 영광의 면류관에 도달할 수 있는데, 그 영광의 면류관은 우리 주 예수 그리스도의 오심을 사랑하는 모든 자들을 위하여 준비되어 있는 것입니다."

I. 성경 본문 묵상

1. 디모데의 신앙의 기초

    (1) 누가 디모데에게 신앙을 가르쳐주었습니까? (14절, cf. 1:13-14)

    (2) 디모데가 어려서부터 배워 알던 성경이 담고 있는 지혜는 무엇입니까? (15절)

2. 하나님의 감동으로 기록된 성경

    (1) 모든 성경은 '하나님의 영감'으로 된 것이라는 말은 무슨 뜻입니까? (16절)

    (2) 그렇다면, 성경에 대한 우리의 태도는 어떠해야 마땅할까요?

3. 성경의 네 가지 용법

    (1) 사도 바울은 성경을 활용하는 네 가지 방식을 무엇이라고 소개합니까? (16절)

    (2) 그 네 가지 용도를 통하여 성경이 하나님의 사람을 어떻게 변화시킵니까? (17절)

성경, 영감된 하나님의 말씀

바울이 자신의 영적인 아들로 여겼던 디모데는 복음의 사역을 이어받은 다음 세대의 지도자였습니다. 디모데의 신앙과 경건에 대한 바울의 신뢰는 오늘 본문에서도 뚜렷하게 나타납니다. 첫째, 디모데는 속고 속이는 악한 자들과 거짓교사와는 달리, 사도 바울로부터 그리스도 복음을 배웠으며, 그렇게 전해받은 '아름다운 것' 곧 올바른 사도적 교훈의 체계를 성령의 도우심을 힘입어 굳게 지키도록 위탁받은 사역자입니다. 둘째, 디모데는 '그리스도 예수를 믿음으로 구원에 이르는 지혜를 가르치는' 성경을 어릴 적부터 익숙하게 알고 있었습니다. 그 성경은 모두 '하나님의 영감'으로 기록된 것입니다. 여기서 바울이 말하는 성경은 물론 구약성경입니다. 그러나 신약성경 역시 예수님의 약속에 따라 오신 두 번째 보혜사 성령께서 사도들을 주장하셔서 기록하게 한 복음의 메시지입니다: "보혜사 곧 아버지께서 내 이름으로 보내실 성령 그가 너희에게 모든 것을 가르치고 내가 너희에게 말한 모든 것을 생각나게 하리라"(요 14:26). 성령 하나님의 역사하심에 따라 하나님의 구속의 메시지를 선포하고 또 글로 기록한 것이 영감된 모든 성경이라면, 성경 말씀은 사람의 지혜나 주장이 아니라 하나님의 메시지인 것입니다. 따라서 성경에 대한 우리의 태도는 다른 서책들을 대하는 태도와 근본적으로 달라져야 마땅할 것입니다. 우리는 성경을 통하여 하나님의 말씀을 듣습니다!

성경의 네 가지 용법

어릴 적부터 성경을 배워 말씀의 수종자가 된 디모데에게 사도 바울은 성경의 네 가지 기능들 혹은 유익들을 소개합니다. 그것은 '교훈'(teaching)과 '책망'(rebuking)과 '바르게 함'(correcting) 그리고 '의로 교육하는 것'(training in righteousness)입니다(16절). 먼저, 성경은 하나님의 뜻을 우리에게 가르칩니다. 하나님이 누구시며 우리를 위하여 하신 큰 구원의 일이 무엇인지 깨우쳐주고, 그에 합당한 반응을 하도록 가르칩니다. 둘째로, 성경은 마치 거울이 우리의 외모를 보여주듯이, 우리의 영혼이 어떤 상태인지를 뚜렷하게 보여주는 영혼의 거울처럼 작용합니다. 그래서 하나님의 뜻을 저버리고 다른 길로 걸어가고 있는 나의 삶을 꾸짖고 책망합니다. 셋째로, 성경은 잘못된 방향으로 가고 있는 우리를 올바른 방향으로 되돌아오게 합니다. 구약 성경은 이것을 '돌아오다'라는 뜻의 회개(*subh*)라는 단어로 표현합니다. '바르게 함'이라는 바울의 표현은 우리를 끊임없이 회개의 자리로 인도하는 성경의 기능을 가리킵니다. 그리고 성경은 하나님이 기뻐하는 온전한 삶 가운데 머물도록 우리를 계속 훈련시킵니다. 하나님과의 샬롬, 곧 평강을 누리는 삶 속에서 벗어나지 않으려면 성경이 주는 이 네 번째 유익을 잘 받아누려야 합니다. 그런데 이 네 가지 유익들 혹은 기능들은, 우리 편에서 볼 때, 우리의 경건을 위하여 성경을 올바르게 활용하는 네 가지 방법이기도 합니다. 우리는 이런 유익을 얻기 위하여 성경을 적극적으로 활용해야 합니다. 왜냐하면 성경이 주는 이 네 가지 유익들을 통하여 우리가 '하나님의 사람으로 온전하게 되며 모든 선한 일을 할 능력을 갖출 수 있기 때문'입니다(17절).

그러므로, 오늘 본문의 말씀은 우리가 개인적으로나 교회적으로 성경을 어떻게 대하고 활용하는지 진지하게 돌아보게 해 줍니다. 주일 설교를 통하여 우리는 지식을 쌓아갑니까, 도덕적 교훈을 얻습니까, 혹은 마음의 감동을 찾습니까? 다가오는 형태가 어떻든지, 설교나 성경공부나 혹은 개인적인 묵상을 통하여 성경이 주는 네 가지 유익을 받지 못하고 있다면, 심각하게 자신을 돌아볼 필요가 있습니다. 우리가 하나님의 영감된 말씀을 함부로 대하고 있지는 않은지, 성경의 네 가지 유익에 크게 관심이 없이 말씀을 읽고 듣고 있는 것은 아닌지!

II. 교리문답이 가르치는 성경의 역할

1. 세 가지 구원의 지식

　개혁교회의 유서 깊은 교리문답인 하이델베르크 교리문답은 '유일한 위로'라는 주제로 시작합니다. 살거나 죽거나 간에 당신의 유일한 위로는 '나의 몸과 영혼이 모두 신실하신 구주 예수 그리스도의 소유'라는 유명한 고백을 맨 처음부터 가르칩니다(HC 제1문답). 그것이 왜 강력한 위로가 되는지, 성경의 증거구절들에 근거하여 성부 성자 성령 삼위 하나님의 은혜의 사역들을 들어 설명합니다. 그리스도의 완전한 구속, 성부 하나님의 놀라우신 섭리, 그리고 우리 안에 거하시는 성령이 주시는 확신과 순종의 마음이 바로 그 유일한 위로가 근거하고 있는 든든한 기초입니다.

　두 번째 문답에서는 이런 위로 가운데 복된 인생을 살고 또 죽기 위하여 알아야 할 세 가지 지식을 가르칩니다: '나의 죄와 비참'(Misery), '나의 모든 죄와 비참으로부터의 구원'(Deliverance), 그리고 '구원을 주신 하나님에 대한 감사의 삶'(Gratitude)입니다. 우리가 잘 알고 있듯이, 이 세 가지 지식은 로마서의 구조에서 가져온 것입니다. 이 세 가지 구원의 지식은 사도 바울이 말하는 성경의 네 가지 용법과 서로 밀접하게 연관됩니다. 예수님이 가르치신 사랑의 이중계명으로 대표되는 하나님의 율법은 우리를 향한 하나님의 뜻을 가르쳐줄 뿐 아니라(HC 제3-4문답), 동시에 그 뜻대로 살 수 없는 우리 자신의 죄악된 모습을 드러내고 책망합니다: '나는 본성적으로 하나님과 이웃을 미워하는 성향을 가지고 있습니다'(HC 제5문답). 그러나 스스로 헤어날 수 없는 죄와 비참의 처지에서 우리를 건져주신 하나님의 긍휼이 유일하신 중보자를 통하여 나타납니다. 우리는 에덴 동산 이래로 인류에게 계시된 이 구원의 은혜, 곧 '하나님에게서 오신 우리 주 예수 그리스도께서 우리의 지혜와 의로움과 거룩함과 구속이 되셨다'는 사실을 성경에 기록된 거룩한 복음을 통하여 알고 믿고 의지합니다(HC 제18-19문답). 그리고 구원의 은혜를 받은 하나님의 백성으로서 우리는 '옛사람이 죽고 새사람으로 살아가는' 진정한 회개의 삶을 열심히 실천합니다(HC 제88-90문답). 그래서 십계명의 교훈을 통하여 끊임없이 우리의 죄를 슬퍼하고 미워하고 벗어버리고, 주께서 가르치신 기도를 드리면서 거룩한 하나님이 자녀로 변모해 가는 것입니다.

우리는 성경을 통하여 이런 구원의 진리를 배우고 마음에 새기고 삶에 실천하면서 살아가야 합니다. 성경을 우리에게 주신 목적이 바로 거기에 있습니다. 교훈과 책망과 바르게 함과 의로 훈련하는 성경의 기능과 유익을 풍성하게 활용할 때, 우리는 '영생을 맛보며 주 안에서 살아가는' 참된 생명의 길을 걸어갈 수 있습니다!

2. 하나님 말씀에 대한 사랑

하나님의 영감으로 기록된 성경, 예수 그리스도를 믿는 믿음을 통하여 우리를 구원에 이르도록 지혜롭게 만들어 주는 성경, 하나님의 백성답게 모든 착한 일을 할 수 있도록 우리를 갖추어 주기 위하여 교훈과 책망과 바르게함과 의로 훈련하는 네 가지 기능 혹은 유익을 제공하는 성경! 이 소중한 하나님의 선물을 우리는 과연 어떤 태도로 대하고 있습니까?

하나님의 말씀에 대한 뜨거운 사랑이 우리 마음 속에 자리잡고 있지 않다면, 우리는 신앙의 선진들이 율법을 얼마나 소중하게 여기며 사랑하며 즐겨 이용하였는지 돌아볼 필요가 있습니다. 유명한 율법 찬가들인 시편 19편과 119편의 주옥 같은 말씀들을 찾아 읽으며, 우리의 마음을 하나님께 다시 드려야 할 필요가 있습니다. '많은 순금보다 더 사모할 것이며 송이꿀보다 더 달다'는 시인의 고백이 나의 고백이 되기를 바라며 성령님이 우리의 마음에 빛을 비추어주시기를 간구해야 할 것입니다. "고난 당하기 전에는 내가 그릇 행하였더니 이제는 주의 말씀을 지키나이다"(시 119:67)라는 체험적 고백이 우리의 마음과 입술로 다시 고백되어야 할 것입니다. 하나님 말씀에 대한 사모함을 가르치고 격려한 신앙의 선진들의 영적인 분투를 우리도 마땅히 본받아야 할 것입니다. 몇 가지 사례를 함께 살펴봅시다.

(1) 요한 크리소스톰(Johan Chrysostom)의 충고

고대교회의 콘스탄티노플 대주교였던 요한은 성경적이고 감동적인 설교 덕분에 '황금의 입'이라는 존칭을 얻었습니다. 하나님의 말씀에 대한 사랑으로 가득하였던 이 고대교회의 박사는 설교자들뿐 아니라 모든 그리스도인이 성경에 대한 사랑과 헌신을 가져야 한다고 촉구하였습니다:

"설교를 주의 깊게 듣는 것만으로 그치지 말아야 합니다. 집에서 규칙적으로 성경을 읽는 시간을 가지십시오 … 어떤 사람도 이런 저런 변명을 하지 못하게 하십시오… '해야 할 다른 공적인 일들이 있습니다'라든가, '나는 숙련공으로 내일을 감당하기 위해서는 성경읽을 시간이 없습니다'라든가, '아내와 자녀들을 먹여살리기 위해 애쓰느라고 시간을 낼 수 없습니다'라는 등의 변명말입니다. 달리 말하자면, '나는 평신도이므로 성경을 읽는 일은 내 일이 아닙니다. 수도사나 수녀나, 사제나 혹은 신학생들과 같이 직업적인 그리스도인들이나 규칙적으로 성경을 읽으면 되는 것 아닙니까?'라는 변명입니다. 도대체 이게 무슨 말입니까?

해야 할 다른 일들이 너무 많이 있으므로 '성경을 읽는 일은 내 일이 아니다'라고요? 그러나 바로 그것이 당신이 성경을 읽어야 하는 이유입니다! 근심거리가 많으면 많을수록 당신은 성경을 계속 읽어야 할 필요가 있습니다!… 당신은 이 불경건한 세상의 폭풍 치는 바다 한 가운데 있습니다. 그렇기 때문에 당신은 영적인 도움과 영적 양식이 한층 더 절실하게 필요한 것입니다."

(2) 버미글리의 시편 기도

개혁파 종교개혁자로서 스트라스부르크 옥스포드 취리히 등지에서 구약과 조직신학을 가르쳤던 피터 마터 버미글리(Peter Martyr Vermigli)는 강의 시간에 항상 시편 묵상에 근거한 기도를 드렸습니다. 그 가운데 율법 찬가로 유명한 시편 19편의 교훈을 따라 드린 그의 기도는 성경에 대한 사랑이 부족한 우리들의 반성을 모범적으로 실천하고 있습니다. 개혁주의 성찬론과 예정론의 대가이자, 구약과 신약의 여러 중요한 책들을 가르치고 주석한 당대 최고의 신학자 버미글리의 이런 겸비한 기도를 읽으면, 오늘 우리는 과연 얼마나 새로운 순종의 자세로 말씀 앞으로 나아가야 할지 깊이 반성하게 됩니다.

"오 전능하신 하나님, 당신의 피조물들의 아름다운 모습과 배열과 장식에 의하여 당신에 대한 지식이 우리의 영혼에 생겨날 수 있도록 당신께서 지고한 선하심으로 갖추어 주신 것을 우리가 알고 있습니다. 하늘의 별들과, 밤과 낮의 영원한 교차와, 태양의 지고한 밝음은 당신을 증거하며, 우리가 당신을 아주 뚜렷하게 인식하게 만들며, 가장 지혜로우신 창조주로서 경탄하게 만듭니다. 이런 것들에 덧붙여, 죽을 인생인 우리에게 참된 지혜를 전해주는 당신의 거룩한 율법들은 당신의 뜻과 변함없는 즐거움과 하늘의 기쁨을 증거합니다. 그러나 우리는 너무나 졸렬하여, 이 신실한 두 선생들을 쉬지 않고 오용합니다. 그래서 우리가 기도합니다. 우리가 당신께 대항하여 그리고 이런 강력한 경고를 담고 있는 교훈들에 반대하여 저질렀던 모든 죄를 감히 용서해 주시기를 간구합니다. 그리고 이제부터는 우리가 세상의 구조를 유익하게 묵상하여, 당신의 율법을 열렬히 지지하는 사람들이 되게 해 주시옵소서. 우리 주 예수 그리스도로 말미암아 기도합니다. 아멘." (Peter Martyr Vermigli, *Sacred Prayers Drawn from the Psalms of David*)

3. '솔라 스크립투라'(*sola scriptura*): 성경의 권위와 충족성

(1) 성경의 권위

　종교개혁의 근본적인 원리는 '오직 성경으로써'라는 뜻의 솔라 스크립투라 원칙입니다. 이 원리는 우선 '성경이 신앙과 순종의 유일한 규범'이라는 대교리문답 제3문답의 교훈에 잘 반영되어 있습니다. 이 원리는 성경과 더불어 교회의 전통과 결정을 신앙과 순종의 원리로 내세우는 로마 카톨릭교회의 주장을 배격합니다. 또한 다양한 재세례파 그룹들에서 주장하듯이 각 사람이 체험하는 '성령의 내적인 빛'을 성경보다 앞세우는 다른 한 편의 극단도 반대합니다. 오늘날 많은 신학자들과 목사들이 성경 밖에 있는 어떤 원리나 주장들에 따라 혹은 자신의 개인적인 체험에 따라 성경에 기록된 복음 메시지를 해석하는 것 역시 종교개혁의 이 근본적인 원리에 비추어 주의해야 마땅합니다.

　종교개혁 시절에 많은 신앙고백서들과 교리문답이 작성되고 가르쳐진 까닭은, 성경에 대한 자의적인 해석을 막고 '성경 자체가 가르치는 정신에 따라' 바르게 복음을 전파하기 위함이었습니다. 종교개혁자 칼빈은 사도 바울이 로마서 12장

6절에서 제시한 지침, 곧 '예언이면 믿음의 분수(the analogy of faith)에 따라'라는 기준을 중요하게 여겼고, 그 기준에 따라 로마 카톡릭교회의 신학자들과 논쟁을 한다면 '승리는 종교개혁자들의 것'이라고 자신하였던 것입니다. 바로 그런 '성경의 원리에 근거한 성경 해석'의 축적이 오늘날 장로교회의 '웨스트민스터 표준문서'와 개혁교회의 '일치를 위한 세 표준'으로 열매맺은 것입니다. 그러므로 신조와 교리는 '성경의 가르침'을 올바르게 반영하는 한 우리의 신앙과 순종의 규범으로서 권위를 가집니다. 대교리문답에서 성경을 '유일한' 권위라고 하였을 때, 그것은 성경이 모든 다른 권위들을 확정하고 지도하는 '최고의'(supreme) 권위라는 의미로 이해할 수 있습니다. 성경의 가르침을 바르게 반영하지 않는 모든 신조와 교리와 교회적 전통은 아무런 구속력도 발휘할 수 없습니다.

(2) 성경의 충족성

솔라 스크립투라 원리의 또 하나의 중요한 교훈은 '우리의 믿음과 순종에 필요한 모든 계시의 내용이 성경에 다 포함되어 있다'는 사상입니다. 개혁교회의 '일치를 위한 세 표준' 가운데 하나인 네덜란드 신앙고백(the Belgic Confession)은 제7조항에서 '성경의 충족성'을 분명하게 가르칩니다:

"우리는 성경이 하나님의 뜻을 완전히 담고 있으며, 사람이 구원을 위하여 믿어야 할 모든 것을 충족하게 가르치고 있다고 믿습니다. 하나님께서 우리에게 요구하시는 예배의 전체 방식이 성경 안에 상세히 기록되어 있기 때문에 심지어 사도라 할지라도 지금 성경이 우리에게 가르치는 내용과 다르게 가르치는 것은 부당합니다. 사도 바울이 말하듯이 '혹 하늘로부터 온 천사라도' 다를 것이 없습니다. 하나님의 말씀에 무엇을 보태거나 거기서 무엇을 빼는 일이 금지되어 있으므로, 성경의 교훈은 모든 면에서 가장 완전하고 완성된 것입니다." 그 뒤에 이어지는 내용은, 아무리 거룩한 사람이 쓴 글이라도 성경과 동등한 가치를 갖지 못하며, 또한 '관습이든 다수의 의견이든, 오래된 것이든, 공의회의 결정이든 간에 하나님의 진리와 동등한 무게를 가질 수 없다고 선언합니다. 그러므로 이 조항은 어떤 형태의 인간적인 권위도 성경의 가르침을 대신하거나 흔들지 못하게 막아주는 역할을 하는데, 종교개혁 당대의 형편을 살펴보면 로마 카톡릭교회의 비성경적인 교리들과 재세례파의 개인주의적 체험 우선의 신앙을 경계하는 조항입니다.

(3) 성경과 성령 하나님

이처럼 '오직 성경으로써'라는 원리는 성경의 유일한 권위와 충족성을 기반으로 하여, 올바른 성경적 경건이 좌로나 우로나 치우치지 않게 해 주는 역할을 하는 것입니다. 종교개혁 시대와 마찬가지로 오늘날에도 참된 경건은 항상 성경의 가르침과 인도를 신실하게 따라가야 합니다. 그런데 안타깝게도 많은 사람들이 성경의 가르침을 충실하게 배우고 묵상하지 못하는 형편에서 소위 '성령 체험'이라는 현상에 쉽사리 이끌려 가서 성경이 가르치지 않는 잘못된 신앙에 빠져드는 일이 일어납니다. 성령의 인도하심을 성경의 가르침과 분리시키는 이런 왜곡된 신앙은 하나님의 말씀이 올바르게 선포되고 받아들여지지 않을 때, 즉 교회가 영적인 건강을 잃어버릴 때 거듭 일어나는 일입니다. 종교개혁자 칼빈은 '성령 하나님을 구실로 하여 성경의 복음적 진리에서 이탈하는 오류'를 강하게 책망하였던 고대 비잔틴 교회의 지도자 요한 크리소스톰의 경고를 종교개혁의 시대에 다시 반복하여 제기하였습니다. 오늘 우리도 이런 성경적 경고를 받고 우리와 교회가 올바른 방향으로 가고 있는지 돌아볼 필요가 있습니다!

성령과 성경, 올바른 이해

사돌레토 추기경은 제네바 교회에 보낸 편지에서 영생을 얻기 위해서는 무엇보다도 '바른 예배', 곧 로마 카톨릭교회의 예전을 따라 드리는 예배를 드려야 한다고 주장하였습니다. 그에 대하여 칼빈은 성경이 가르치는 올바른 예배가 무엇인지 설명하면서 반박합니다. 칼빈이 말하는 그 올바른 예배는 당연히 성경에서 가르치는 예배입니다. 성경을 기준으로 삼아 평가할 때, 로마 교회와 종교개혁의 교회 중에 과연 어느 쪽이 올바른 예배를 드리고 있을까요?

사돌레토가 주장하는 어머니 교회로서의 로마 교회는 '하나님의 말씀'이라는 토대가 빠져 있다고 칼빈은 날카롭게 지적합니다. 종교개혁의 교회는 항상 교회 안에 계시는 성령께서 '그 말씀을 가지고'(*cum Verbo*) 다스리신다고 믿고 고백하는 반면에, 로마 카톨릭교회는 오순절에 강림하신 성령께서 교회 안에 거하신다고 주장하면서, 그 성령 하나님의 영감으로 이루어진 성경을 오히려 무시하는 오류에 빠져 있다는 것입니다. 바로 여기서 칼빈은 좌로 혹은 우로 치우치는 당대의 거짓 교회들의 공통된 특징을 날카롭게 지적합니다. 극우에 해당하는 로마 카톨릭교회나 극좌에 자리잡은 재세례파의 무리들은 놀랍게도 '성령을 강조하면서 성경은 무시하는' 동일한 오류에 빠져 있다는 것입니다:

"우리는 서로 하늘과 땅만큼 차이가 나는 것처럼 보이는 두 분파로부터 공격을 당합니다. 사실 교황과 재세례파 사이에 어떤 외적인 일치가 있겠습니까? 그럼에도 불구하고 이 두 분파가 우리를 공격하는데 사용하는 주된 무기는 동일합니다. (이런 점에서 우리는 마귀가 얼마나 능숙하게 이런저런 방법으로 그 자신의 본질을 가리면서 변장할 수 있는지 똑똑히 보게 됩니다.) 성령께 대한 그들의 정도를 넘은 호소를 통하여 그 두 분파는 불가피하게 하나님의 말씀을 끌어내려 매장시켜버리는 경향에 빠져들며, 바로 그럼으로써 그들 자신의 거짓말들을 내

세울 공간을 마련합니다."

　성경보다도 성령에 더 강조를 두고 있다는 점에서 재세례파와 로마 카톨릭교회의 입장은 동일합니다. 로마 카톨릭교회는 '교회의 선언'에서 성령의 음성을 들을려고 하는 반면에, 재세례파는 '그 자신의 마음의 움직임'에서 성령의 음성을 들으려고 하는 차이가 있을 뿐입니다. 그러나 두 분파 모두 성령께서 교회에 은혜의 수단으로 베풀어 주신 그 말씀에는 귀를 기울이려 하지 않습니다! 칼빈은 고대교회의 유명한 설교자인 교부 요한 크리소스토무스의 충고를 인용하여 그런 잘못을 따끔하게 지적합니다: "성령의 구실 하에 복음의 단순한 교리들로부터 호도하려는 자를 용납해서는 안 된다!"

　오늘 우리의 교회는 '성령을 구실 삼아 성경을 소홀히 하는' 오류에 빠져 있지 않습니까?

III. 교리문답에 따른 우리의 기도

1. 성경에 대한 사랑과 헌신하는 마음을 허락해 주시옵소서!

    (1) 성경에 대한 열심이 식어지고, 말씀을 간절하게 사모하지 못하는 경건치 못한 삶을 고쳐 주시옵소서!

    (2) 주일설교, 성경공부, 개인적인 말씀 묵상을 통하여 주님의 뜻을 깨우쳐 주시옵소서!

    (3) 하나님의 말씀이 주는 네 가지 유익들을 사모하며, 간절한 마음으로 말씀을 대하게 하소서!

2. 말씀과 성령으로 다스리시는 주님의 은혜를 간구합니다!

    (1) 성경이 나와 우리 교회의 신앙생활에서 좀 더 중요한 한 부분이 될 수 있도록 은혜 내려 주시옵소서!

    (2) 말씀의 유익을 더욱 풍성히 누릴 수 있도록, 나와 교회의 삶에 필요한 변화들을 깨닫게 해 주시옵소서!

    (3) 삶의 다양한 문제들을 성경의 가르침에 비추어 생각하고 결정할 수 있는 지혜를 더하여 주시옵소서!

3. 말씀의 사역자들이 성경을 올바르게 수종들 수 있도록 인도하여 주시옵소서!

    (1) 장로교회의 성경적인 신앙고백과 교리문답을 통하여, 성경의 온전한 교훈을 잘 가르치는 말씀의 종들이 되게 해 주시옵소서!

    (2) 목사후보생들이 신학교에서 성경을 깊고 풍성하게 배우고, 말씀으로 역사하시는 성령의 능력을 체험하게 해 주시옵소서!

제 3장
사도신경 서론

사도신경 서론
눅 5:1-11

이번 주부터 우리는 기독교회의 가장 유서 깊은 신앙고백인 '사도신경'(The Apostles' Creed)을 묵상합니다. '예수 그리스도의 열두 사도들의 고백'이라는 뜻을 가진 이 신앙고백의 원래 명칭은 '크레도'(Credo)입니다. 이 라틴어 이름은 '내가 믿습니다'(I belive)라는 뜻을 가진 동사에서 유래한 명사입니다. 이 이름이 알려주듯이, 사도신경은 신앙의 '고백'(Confession)인데 특히 세례를 받아 그리스도인이 될 때 하나님과 교회 앞에서 공개적으로 드린 믿음의 고백이었습니다. 그 고백의 내용은 우리의 하나님, 곧 창조주 성부 하나님과 구속주 예수 그리스도, 그리고 우리를 거룩하게 하시는 성령 하나님에 관한 성경의 핵심 계시를 마음으로 믿고 입으로 고백한 것입니다. 그러므로 사도신경은 우리보다 먼저 이 세상에서 천국의 나그네로 살아간 신앙의 선진들이 남겨준 소중한 영적인 보물입니다. 이 사도신경을 통해 성삼위 하나님을 함께 묵상하게 되어 참으로 기쁘니

다. 보혜사 성령 하나님께서 우리 마음에 역사하셔서, 이 신앙고백이 바로 우리 자신의 것이 되기를 소원합니다!

I. 성경 본문 묵상

1. 다음 복음서의 구절들을 통하여 나사렛 예수에 대한 시몬 베드로의 신앙의 발전 과정을 살펴봅시다.

   (1) 요 1:40-42 (첫 만남):

   (2) 눅 5:1-11 (갈릴리에서):

   (3) 요 6:60-70 (따르던 무리 중 많은 제자들이 예수님을 떠나갈 때):

   (4) 마 16:13-20 (가이사랴 빌립보에서):

   (5) 마 26:69-75 (대제사장의 관저 뜰에서):

   (6) 요 21:15-19 (부활 후 갈릴리 호수가에서):

2. 사도행전과 서신서들의 기록을 통하여 사도 베드로의 신앙의 성숙에 관하여 살펴봅시다.

   (1) 행 10:34-48 (고넬료의 집에서):

   (2) 행 11:1-18 (예루살렘 교회에서 고넬료 사건을 설명하면서):

   (3) 행 15:7-11 (예루살렘 공의회에서):

   (4) 갈 2:11-21 (안디옥 교회에서):

   (5) 벧후 3:14-16 (바울을 통하여 주신 계시에 대하여):

베드로의 신앙의 성숙 과정

복음서와 사도행전 및 서신서에서 우리는 시몬 베드로의 신앙이 어떻게 성숙되어 가는지 살펴볼 수 있습니다. 동생 안드레를 통하여 나사렛 예수를 '메시야'로 소개받은 시몬은 첫 만남에서 '반석'이라는 뜻의 게바(베드로)라는 이름을 받게 됩니다. 그런데, 수 개월이 지난 후 예수님이 시몬을 다시 찾았을 때 그는 자신의 직업인 어부로 돌아가 있었습니다. 예수님의 말씀에 의지하여 낮에 그물을 내렸던 시몬은 심히 많은 물고기를 잡고는 '주여 나를 떠나소서 나는 죄인이로소이다'(눅 5:8)이라고 엎드려 고백합니다. 자신의 죄인됨을 깨우쳐주시는 나사렛 예수의 정체, 곧 하나님의 거룩하신 분이심을 이렇게 표현합니다. 그때 예수님은 시몬에게 '사람을 낚는 어부'의 소명을 주십니다. 우리는 가이사랴 빌립보에서 베드로가 모든 제자들을 대표하여 교회의 기초가 되는 신앙고백을 한 것을 잘 알고 있습니다: '주는 그리스도시요 살아계신 하나님의 아들입니다'(마 16:16). 그러나 그것은 베드로의 첫 신앙고백은 아니었습니다. 오병이어의 이적, 물 위로 걸어오심(베드로도 물 위로 걸어감), 그리고 생명의 떡 설교를 함께 기록한 요한복음 6장을 보면, 그 일로 많은 제자들이 예수님을 떠나갈 때 베드로는 예수님이 하나님의 거룩한 자이심을 고백하였습니다: "시몬 베드로가 대답하되 주여 영생의 말씀이 주께 있사오니 우리가 누구에게로 가오리이까 [69]우리가 주는 하나님의 거룩하신 자이신 줄 믿고 알았사옵나이다"(요 6:68-69). 그러나 베드로는 예수님이 심문받던 그 자리에서 세 차례나 예수님을 부인하였고, 그래서 사탄의 체질의 결과 그 자신의 노력으로는 구원받을 자격이 없는 자임을 드러냈습니다. 오직 그의 믿음이 떨어지지 않도록 기도해 주시고, 고난 중에도 부인하는 그 가련한 자를 돌아보아 주신 예수 그리스도의 은혜로 그는 다시 회개하고 사도의 직분으로 다시 돌아올 수 있었습니다. 갈릴리 호수에서 예수님이 그에게 세 차례 '나를 사랑하느냐, 내 양을 먹이라'고 말씀해 주셨던 것입니다.

오순절 성령강림으로 예수 그리스도의 대위임령을 앞장서서 실천하던 사도 베드로는 로마인 백부장 고넬료의 집에서 "참으로 하나님은 사람의 외모를 보지 아니하시고, 각 나라 중 하나님을 경외하며 의를 행하는 사람은 다 받으시는 줄" 깨달았습니다(행 10:34-35). 그래서 기꺼이 그 이방인들에게 예수 그리스도의 복음을 전파하였고, 오순절의 성령 강림이 다시 고넬료의 집에 모인 이방인들에게도 재현되는 놀라운 사건을 체험하였습니다(행 10:45-46). 그리하여 베드로는 그들에게서 예수 그리스도의 이름으로 세례를 주어, 한 형제됨을 인정하였습니다. 수 천년의 유대교적 인식을 완전히 뒤집어놓는 이 사건에 관하여 예루살렘 교회의 할례파 그리스도인이 비난하였을 때, 베드로는 하나님의 놀라운 새 역사를 담대하게 증거하였습니다: "그런즉 하나님이 우리가 주 예수 그리스도를 믿을 때에 주신 것과 같은 선물을 그들에게도 주셨으니 내가 누구이기에 하나님을 능히 막겠느냐 하더라"(행 11:17). 아울러 이 문제가 공교회의 공적인 논쟁거리가 되었을 때, 예루살렘의 공의회에서 믿음으로 말미암는 구원의 복음을 분명하게 옹호하였습니다(행 15장). 그러나, 놀랍게도, 안디옥 교회에서 베드로는 유대인 출신 그리스도인들의 비난을 두려워 하여, 이방인 형제들과의 식사 교제에서 물러나 외식하는 행동을 취하였습니다. 그 일에 대하여 늦게 사도된 바울이 신랄하게 비판하는 안쓰러운 모습을 우리는 갈라디아서에서 찾아볼 수 있습니다. 나중에 자신의 서신에서 베드로는 성령 하나님이 바울을 통하여 주신 계시의 지혜를 언급합니다: "우리가 사랑하는 형제 바울도 그 받은 지혜대로 너희에게 이같이 썼고 [16]또 그 모든 편지에도 이런 일에 관하여 말하였으되"(벧후 3:15-16). 이것을 보면, 베드로는 사도 바울의 서신들을 읽고 그 계시의 지혜들을 배우며 인정하였던 것으로 보입니다.

우리가 사도신경을 비롯한 교리를 꾸준히 가르치고 배워야 하는 까닭

베드로의 신앙의 성숙에 관한 이야기를 대략 살펴본 까닭은, 우리의 신앙 성숙을 위하여 하나님의 말씀을 부지런히 그리고 끊임없이 배워야 한다는 진리를 되새기기 위함입니다. 이것은 성경에 등장하는 모든 경건한 하나님의 사람들이 공통적으로 보여주고 또 우리에게 교훈하는 중요한 진리입니다.

장로교회가 교리문답과 신앙고백서를 만들어 교회에서 가르치고 배우게 한 목적도 마찬가지입니다. 사도신경을 도구로 삼아, 성경 말씀 전체에 풍성하게 녹아 있는 참된 신앙과 경건을 교회와 가정에서 잘 가르치고 배우기 위함입니다. 거기에 풍성한 생명으로 우리를 인도하는 길이 있습니다.

II. 사도신경 소개

1. 성경과 신앙고백: 사도신경의 권위

"신앙고백은 성경과 무슨 관계가 있나요? 우리는 성경만 열심히 배우면 되지 않나요? 성경에 덧붙여 사도신경이라는 신앙고백을 배워야 할 필요가 무엇일까요?" 어떤 그리스도인들은 이런 질문을 제기합니다. 그런 질문의 밑바탕에는 '성경은 하나님의 계시인 반면, 신앙고백(신조)은 인간이 만든 것'이라는 생각이 깔려 있습니다. 그래서 '신조가 아니라 성경'(not doctrine but Bible)이라는 주장도 나오는 것입니다. 이런 주장이 옳을까요?

신약성경에 기록된 중요한 신앙고백들을 살펴보면, 이 질문에 대한 대답을 얻을 수 있습니다. 가이사랴 빌립보에서 '너희는 나를 누구라 하느냐'는 주님에 질문에 '주는 그리스도시요 살아 계신 하나님의 아들이시니이다'라고 베드로가 고백한 내용(마 16:16), 부활하신 주님께서 그 손과 옆구리의 못자국을 확인시켜 주셨을 때, 사도 도마가 고백한 '나의 주님, 나의 하나님'이라는 고백(요 20:20)은 모두 하나님의 구원의 계시를 보고 들은 그 백성이 '아멘'(참됩니다!)이라고 대답한 내용입니다. 즉, 성경에 무수하게 기록된 이런 고백들은 하나님의 참된 백성에게 반드시 나타나는 소중한 신앙의 체험입니다. 그래서 사도 바울도 "네가 만일 네 입으로 예수를 주로 시인하며 또 하나님께서 그를 죽은 자 가운데서 살리신 것을 네 마음에 믿으면 구원을 받으리라"(롬 10:10)이라고 선언하는 것입니다.

신앙고백은 하나님의 계시의 말씀에 대한 반응입니다. 신앙고백이 참되고 의미있는 것은 바로 그 하나님의 말씀을 반영하고 있기 때문입니다. 우리가 사도신경을 소중하게 여기는 것은 그 신경 자체의 어떤 권위 때문이 아니라, 사도신경의 내용이 성경의 핵심 교훈을 잘 반영하고 있기 때문입니다! 만일 사도신경이 우리에게 성경을 올바르게 깨우쳐주지 못한다면, 그것은 교회에서 아무런 가치도 권위도 가질 수 없을 것입니다.

신앙고백이란, 성경이 계시한 진리를 '아멘'하고 받아 고백하는 것입니다! 이 사실을 초대교회 그리스도인이 사용한 '물고기' 상징에서 확인해 봅시다.

그리스어로 물고기(fish)는 '익투스'(ICHTHUS)라고 합니다. 그런데 이 단어의 철자들은 다음과 같은 간결하고 명확한 신앙고백의 첫 글자를 이룹니다:

I(esos)　　　Jesus (예수)
Ch(ristos)　 Christ (그리스도)
Th(eou)　　　God's (하나님의)
U(ios)　　　 Son (아들)
S(oter)　　　Saviour (구세주)

로마제국이 심하게 박해하던 시절에는 단지 '그리스도인'(Christian)이라는 이유 때문에 감옥에 갇히고 심지어 사형을 당하기까지 하였습니다. 따라서 그리스도인들은 자신의 신앙을 공공연히 드러낼 수 없었습니다. 그런 어려운 형편 속에서도 이 물고기 표시를 통하여 그리스도인들은 같은 하나님을 믿는 믿음의 형제 자매들을 알아보았습니다. 그리고 그 형제나 자매가 어려움에 처해 있으면, 기꺼이 물심양면으로 그들을 도왔습니다. 이 '표지'(symbol)를 통하여 그들이 자신과 동일한 천국의 소망을 가진 하나님의 백성이며 형제 자매라는 사실을 확인하였기 때문입니다. 이처럼 신앙고백은 그 사람이 누군지 알려주는 '뱃지'의 역할을 하기도 합니다. 사도신경을 고백하는 것은 우리가 어떤 사람인지를 알려줍니다.

2. '사도신경' = 사도들이 만든 신앙고백?

사도신경의 권위에 관하여 미리 알아두어야 할 역사적 사실이 또 한 가지 있습니다. 이 신앙고백은 예수 그리스도의 열두 사도들이 만들었기 때문에 권위가 있다는 주장이 오랫동안 내려왔습니다. 열두 사도가 예루살렘을 떠나 각자의 선교지로 가기 전에, 함께 모인 자리에게 각각 한 가지 고백을 한 결과 12개 조항으로 이루어진 사도신경이 만들어졌다는 전설입니다. 그래서 '사도들의 신조'(Apostles' Creed)라는 이름도 생겨난 것입니다. 그러나 이런 주장은 일찍이 중세 말에 역사적 허구라는 사실이 밝혀졌습니다. 오늘날 우리가 사용하는 사도신경의 공식적인 본문(*Textus Receptus*)은 약 6세기 경 프랑스 남부 지역에서 나타났고, 가장 오래된 형태는 3세기 로마에서 사용된 로마신경(*Symbolum Romanum*)으로 알려져 있습니다. 사도신경이 라틴 서방교회에 공식적인 신조의 자리에 오른 것은 7-8세기의 샤를마뉴 대제의 예전 통일 정책에 크게 힘입은 것입니다.

사도들이 직접 사도신경을 만들지 않았다면, 왜 이 신앙고백의 이름을 '사도신경'이라고 할까요? 이것은 역사적으로 잘못된 이름이므로 바꾸어야 마땅하지 않을까요? 이렇게 주장하는 사람들은 실제로 이 신앙고백을 더 이상 '사도신경'이라고 부르지 않고 '12개 조항'(The Twelve Articles)이라는 이름으로 부르고 있습니다. 그렇다면, 우리는 이 신앙고백을 계속 '사도신경'이라는 이름으로 불러도 괜찮을까요? 그런 명칭이 오히려 선입견을 심어주지는 않을까요?

신약성경과 초대교회의 역사를 주의 깊게 살펴보면, 우리는 '사도적'(apostolic)이라는 말을 이 신앙고백에 여전히 사용할 수 있다는 사실을 알 수 있습니다. 사도 바울은 성경을 해석하는 올바른 기준으로 '믿음의 분수'(롬 12:6)를 말하고, 각 교회에 전해준 사도적 '전통'(고전 11:2)을 말하며, 다음 세대 목회자 디모데에게 '성령으로 말미암아 네게 부탁한 아름다운 것'(딤후 1:14)을 지적합니다. 이런 것들은 모두 사도들을 통하여 교회에 전달된 하나님의 계시의 핵심 내용들을 가리킵니다. 그리고 바로 이런 믿음의 분수(*analogia fidei*), 그 전통

(tas paradoseis), 아름다운 것들(the good deposit)이 교회의 신앙고백의 기초가 되었습니다. 교리 혹은 신앙고백은 바로 이런 사도들이 전해준 기독교 신앙의 핵심 교훈들입니다. 그 근원을 찾아 거슬러 올라가자면 '하늘에 계신 하나님의 뜻'을 우리에게 분명하게 밝혀주신 '예수 그리스도의 가르침'입니다. 사도신경의 12조항들은 바로 그 계시의 핵심들을 표현하고 있기 때문에 '사도적'입니다. 비록 열두 사도들이 직접 만든 것은 아니지만, 교회의 머리이신 예수 그리스도께서 그 사도들을 통하여 교회에 전해준 참된 신앙의 골자를 잘 표현하고 있기 때문에 우리는 이 신앙고백을 여전히 '사도신경'이라고 부를 수 있습니다. 달리 말하자면, 그 저자가 사도들이라서 사도신경이라고 불리는 것은 아니지만, 그 내용이 참으로 사도들이 우리 주님한테서 받아 교회에 전한 진리이므로 '사도신경'이라고 부를 수 있는 것입니다.

사도신경은 참된 구원의 신앙을 어지럽히는 거짓 교사들의 잘못된 가르침에 맞서, 창조주 성부 하나님, 구세주 성자 예수 그리스도, 성화주 성령 하나님을 가르치고 믿고 고백한다는 점에서 사도신경은 성경의 핵심 진리를 잘 반영하고 있습니다.

이제 우리는 성경과 사도신경 사이의 관계를 올바르게 이해할 수 있습니다. 사도신경을 포함하여 모든 신앙고백과 교리문답은 '성경의 진리를 올바르게 반영하는 한'에서 권위가 있습니다. 바로 그런 점에서 신앙고백 혹은 신조는 하나님의 계시의 말씀인 '성경에 대한 교회의 아멘'과도 같습니다.

그렇다면 우리 교회가 성경의 진리를 올바르게 반영한다고 인정하는 중요한 신앙고백들은 무엇일까요? 크게 두 부류로 나누어 소개하면 아래와 같습니다.

(1) 보편교회의 신앙고백들(The Ecumenical Creeds)

· 사도신경(*Apostolicum*, The Twelve Articles)

· 니케아-콘스탄티노플 신조(*Niceanum*, the Nicene-Constantinopolitan Creed)

· 아타나시우스 신경(The Athanasian Creed, *Quicumque*)

(2) 개혁주의 신조들 (The Reformed Confessions)

· 장로교회: 웨스트민스터 신앙고백서, 대교리문답, 소교리문답

· 개혁교회: 네델란드 신앙고백서, 하이델베르크 교리문답, 도르트 신조

3. 웨스트민스터 표준문서와 사도신경

웨스트민스터 대/소교리문답은 하이델베르크 교리문답과는 달리 사도신경을 직접 해설하지 않습니다. 웨스트민스터 공의회에서 교리문답을 준비하는 책임을 맡은 위원회는 사도신경을 교리문답에 포함할지 여부를 두고 토론을 하였는데, 그들이 내린 결론은 (십계명이나 주기도문처럼) 영감된 성경에 직접 포함된 내용이 아니므로 사도신경 주해를 교리문답에 포함시키지 않는 것이었습니다. 그래서 대/소교리문답에는 사도신경 자체를 해설하는 방식이 아닌, 그 내용을 풀어서 성삼위 하나님의 존재와 사역을 가르치는 방식을 택하였습니다.

이런 결정은 오늘 우리에게도 중요한 의미를 가집니다. 무엇보다도, 이것은 영국뿐 아니라 대륙의 모든 개혁주의 종교개혁자들이 근본적으로 동의하는 신념을 잘 표현해 줍니다. 예를 들어, 네델란드 신앙고백서(BC)은 '성경의 충족성에 관하여' 가르치는 제7조항에서 이렇게 고백합니다:

· 우리는 이 성경이 하나님의 뜻을 충분히 담고 있으며, 구원받기 위하여 믿어야 할 바가 그 속에 충분히 가르쳐져 있다고 믿습니다.

· 우리는 사람의 저작들을, 비록 그 저자가 아무리 거룩한 사람이라고 하더라도, 성경과 동등한 가치를 지닌 것으로 간주할 수 없습니다. … 그러므로 우리는 이 오류가 없는 기준(성경)과 일치하지 않는 것은 무엇이라도 온 맘으로 거부합니다. 왜냐하면 사도들이 우리에게 가르친 것처럼, 영들이 하나님께 속하였는지 시험해 보아야(요일 4:1) 하기 때문입니다.

개혁교회의 이 고백은 종교개혁의 근본적 원리인 '솔라 스크립투라'(오직 성경으로써, *sola scriptura*)의 의미가 무엇인지 잘 가르쳐 줍니다. 사도신경과 같은 유서깊은 신앙고백(신조)이라고 하더라도, 그 내용이 성경과 일치하지 않으면 권위가 없습니다. 그리스도인의 신앙과 생활의 유일하고 궁극적인 척도는 하나님의 계시의 말씀, 성경입니다. 바로 이 '솔라 스크립투라' 원리가 종교개혁의 토대가 되는 근본 원리입니다.

그런데, 바로 그런 의미에서, 사도신경은 대단히 권위 있고 소중한 것입니다. 왜냐하면 사도신경의 12조항들은 모두 궁극적인 권위인 성경의 빛 아래에서 기독교 신앙을 바르게 고백하고 있기 때문입니다. 교회의 역사에서 초기의 교부들로부터 종교개혁자들에 이르기까지 사도신경을 중요하게 여기고 열심히 가르친 까닭이 바로 여기에 있습니다. 물론, 사도신경이 성경의 모든 교훈을 다 담아낼 수는 없습니다. 그것은 어떤 신조라도 불가능한 일입니다. 그래서 교회의 역사를 통하여 신앙고백서들과 신조들이 계속하여 만들어져 온 것입니다. 교회의 그 어떤 고백도 성경 자체를 대체할 수는 없습니다. 그러나 성경의 진리를 잘 반영하는 신앙고백이라면, 그 권위와 가치를 인정하고 받아들여야 합니다.

4. 사도신경의 구성

사도신경의 구성은 대체로 다음 세 가지 방식으로 나누어 볼 수 있습니다: 첫째, 전통적인 12조항들로 구성된 것으로 보는 견해. 둘째, 성삼위 하나님에 대한 고백으로서 사도신경을 세 부분으로 구성된 것으로 보는 견해. 셋째, 고백의 주제들을 따라 다섯 부분으로 이루어진 것으로 보는 견해. 대표적인 이 세 가지 구분방식을 아래 사도신경 본문에서 확인해 봅시다:

(첫째: "1." 둘째: 'I.', 셋째: 'ㄱ',)

I.　ㄱ　1. 전능하신 성부 하나님, 천지의 창조주를 나는 믿습니다.

II.　ㄴ　2. 그의 독생자 우리 주 예수 그리스도를 믿습니다.

　　　　3. 그는 성령으로 잉태되셨고, 동정녀 마리아에게서 나셨으며,

　　　　4. 본디오 빌라도 치하에서 고난을 받으셨고,

　　　　십자가에 못 박히시고 죽으시고 장사되셨고, 음부에 내려가셨으며,

　　　　5. 제3일에 죽은 자들 가운데서 부활하셨고,

　　　　6. 하늘에 오르셨고, 전능하신 성부 하나님 우편에 앉아 계시며,

　　　　7. 그곳으로부터 살아 있는 자들과 죽은 자들을 심판하러 오실 것입니다.

III.　ㄷ　8. 나는 성령을 믿습니다.

　　　ㄹ　9. 거룩한 보편적 교회와 성도의 교제와

　　　ㅁ　10. 죄 사함과

　　　　　11. 육신의 부활과

　　　　　12. 영원한 생명을 믿사옵나이다. 아멘.

사도신경의 구조에서 두드러지는 특징 가운데 하나는 성자 하나님, 곧 우리 주 예수 그리스도에 관한 고백의 내용이 압도적으로 많다는 점입니다. 바로 그 때문에 어떤 분들은 사도신경이 잘못되었거나 혹은 결함이 있다고 비판하기도 합니다. 그런 분들은 '오늘날은 성령 하나님의 시대인데, 성령에 관해서는 단 한 줄밖에 없는 사도신경이 과연 올바르고 충분한가?' 하고 지적합니다.

이런 지적은 일견 타당해 보이지만, 그러나 다른 한 편으로는 사도신경의 역사와 성격에 대한 이해가 부족한 까닭에 제기되는 의견입니다. 따라서, 앞으로 사도신경을 따라 장로교회의 신앙을 함께 묵상해보면, 어렵지 않게 그 대답을 찾을 수 있을 것입니다. 여기서는 다만 몇몇 성경구절들을 통해 사도신경이 왜 그렇게 예수 그리스도를 중요하게 고백하는지 살펴봅시다:

- "너희가 성경에서 영생을 얻는 줄 생각하고 성경을 연구하거니와 이 성경이 곧 내게 대하여 증언하는 것이니라"(요 5:39)

- "예수께서 이르시되 내가 곧 길이요 진리요 생명이니 나로 말미암지 않고는 아버지께로 올 자가 없느니라 7너희가 나를 알았더라면 내 아버지도 알았으리로다 이제부터는 너희가 그를 알았고 또 보았느니라 8빌립이 이르되 주여 아버지를 우리에게 보여 주옵소서 그리하면 족하겠나이다 9예수께서 이르시되 빌립아 내가 이렇게 오래 너희와 함께 있으되 네가 나를 알지 못하느냐 나를 본 자는 아버지를 보았거늘 어찌하여 아버지를 보이라 하느냐 10내가 아버지 안에 거하고 아버지는 내 안에 계신 것을 네가 믿지 아니하느냐 내가 너희에게 이르는 말은 스스로 하는 것이 아니라 아버지께서 내 안에 계셔서 그의 일을 하시는 것이라 11내가 아버지 안에 거하고 아버지께서 내 안에 계심을 믿으라 그렇지 못하겠거든 행하는 그 일로 말미암아 나를 믿으라"(요 14:6-11)

• "옛적에 선지자들을 통하여 여러 부분과 여러 모양으로 우리 조상들에게 말씀하신 하나님이 2이 모든 날 마지막에는 아들을 통하여 우리에게 말씀하셨으니 이 아들을 만유의 상속자로 세우시고 또 그로 말미암아 모든 세계를 지으셨느니라 3이는 하나님의 영광의 광채시요 그 본체의 형상이시라 그의 능력의 말씀으로 만물을 붙드시며 죄를 정결하게 하는 일을 하시고 높은 곳에 계신 지극히 크신 이의 우편에 앉으셨느니라"(히 1:1-3)

III. 교리문답을 따라 드리는 우리의 기도

1. 사도신경을 통하여 성경 전체가 가르치는 삼위 하나님을 잘 알고 사랑하며 순종하게 해 주소서!

2. 하나님의 말씀의 진리가 우리 교회와 가정과 교육기관들에서 풍성하게 선포되며 가르쳐지게 하소서!

제 4장
사도신경 묵상 01

"내가 믿나이다" (Credo)
(막 9:14-29)

사도신경은 우리의 믿음을 고백하는 것이면서 동시에 그 믿음을 북돋워 주고 확증하는 기능을 가지고 있습니다. 믿음은 본래 우리 속에서 저절로 우러나오는 것이 아니라, 성령 하나님이 말씀을 들어 증거하시는 은혜의 역사의 열매입니다. 따라서 우리가 공적인 예배 시간에 사도신경으로 우리의 신앙을 함께 고백할 때, 그것은 이미 받은 은혜에 따라 우리의 믿음을 공개적으로 표명하는 것입니다. 그런데, 그와 동시에 사도신경의 열두 조항에 담긴 삼위일체 하나님의 사역을 묵상하면서, 우리의 신앙이 더욱 굳건해지고 자라게 됩니다. 이처럼 사도신경은 우리의 믿음의 고백이면서 동시에 그 믿음을 양육해주는 기능을 가지고 있습니다.

그런 양면적인 모습은 '내가 믿나이다'라는 고백이 오늘 본문에서도 잘 나타납니다. 간질병 앓는 소년의 아버지는 나사렛 예수, 곧 이 땅에 오신 성자 하나님 앞에 나아와서 '내가 믿나이다'라고 고백했을 뿐 아니라, '나의 믿음 없는 것을 도와주소서'라고 간구하였던 것입니다. 오늘 본문을 통하여 우리는 사도신경을 통한 믿음의 고백을 교회적으로 함께 드릴 때마다, 이런 신앙의 고백과 성숙을 동시에 체험할 수 있도록 지혜를 발휘할 필요가 있습니다. 이번 과부터 본격적으로 진행되는 사도신경 묵상을 통하여, 사도신경이 그냥 암송이 아니라 깊은 신앙적 진리를 담고 있다는 사실을 다시 한 번 확인하고, 예배를 통하여 그 풍성한 유익을 함께 나누는 예전으로 이어지길 기대합니다.

I. 성경 본문 묵상

'간질병 앓는 소년을 고치신 이야기'는 공관복음서에 모두 기록되어 있는데(마 17; 눅 9), 그 가운데 마가복음의 본문이 그 일을 가장 자세하게 소개해 줍니다. 변화산 체험으로 시작하는 마가복음 9장은 예수님과 그 제자들 사이의 뚜렷한 대조를 보여주며, 예수 그리스도를 통하여 하나님의 능력을 힘입을 수 있는 길에 관하여 빛을 우리에게 비추어 줍니다.

· 막 9:14-29을 읽고 다음 물음에 답하시오.

1. 9장 초반부의 '변화산 사건'과 본문은 무엇을 뚜렷하게 대조시켜 줍니까? (3, 7절 vs. 18, 28절)

2. 변화산 아래의 제자들은 서기관들과 무슨 논쟁을 벌이고 있었을까요? (14절)

    (1) 누구의 불신앙이 예수님의 마음을 슬프게 하였습니까? (19절)

    (2) 예수님의 아홉 제자들이 귀신을 쫓아내지 못한 까닭은 무엇입니까? (29절)

3. "내가 믿나이다, 나의 믿음 없는 것을 도와주소서!"(24절)라는 귀신들린 소년의 아버지의 '모순적인 고백'은 무슨 뜻일까요?

"그 아버지는 자신의 부족한 믿음을 정직하게 고백하면서 하나님의 도움을 외쳐 구한다. 그리고 주님께서는 그 가난한 요청에 따라 응답하시지 않고, 그 은혜의 풍성함을 따라 대답하신다. 그 아버지는 정확하게 막 7장에서 이방여인이 하였던 것과 똑 같은 일을 하고 있다: 그는 주님께서 자신을 평가하신 바를 겸비하게 받아들이며, 자신이 당연히 받을 것이 아니라 하나님의 긍휼을 탄원한다. '이신칭의' 교리(*sola fide*)에 대한 이보다 더 좋은 예시를 여기 이 사람의 고백 말고 어디서 발견할 수 있겠는가. 이것은 22절에서 사용한 '도와주소서'(*boetheo*)라는 동일한 동사를 여기서도 사용하고 있다는 사실에서 분명히 드러난다. 앞에서 그는 "당신이 무엇을 하실 수 있거든, 도와주소서"라고 말하였다. 주님께서는 '무엇을 하실 수 있거든'이라는 표현에 대하여 꾸중하셨다. 그래서 그 아버지는 '눈물을 흘리며' 고백하였다: "그렇다면 의심하는 부족한 나를 도와주소서."

달리 말하자면, 그 사람은 자신의 신앙이 하나님의 응답에 부응할 정도에 이르도록 도움 받기를 구한 것이 아니다. 우리는 구원을 얻을 가치가 있을 때까지, 즉 일종의 '적합한 신앙'(congruent faith)으로, 우리의 믿음이 자라도록, 하나님께서 우리의 신앙을 증진시켜 주시기를 간청할 필요가 없다. 그것은 행위로 의롭다 함을 얻는 것이지 믿음으로 의롭게 되는 것이 아니다. 그 대신에 이 사람은 그 아들의 치유로 증시되는 실제적인 도움을 구하고 있었다. 그리고 격동된 마음으로 그는 자신이 그것을 구할 가치가 전혀 없는 자라는 사실을 고백하였다. 그리스도 앞에 나온 그의 모습은 전율하는 믿음을 보여준다. 그것으로 충분하다. 이것이 바로 이신칭의이다."   (Alan Cole, *Tyndale Commentary on Mark*)

본문의 '내가 믿나이다'(*credo*, 막 9:24)라는 고백의 역설은 그것이 간절하게 고백하는 그 아버지의 고백이면서 동시에 하나님의 은혜의 계시라는 점에 있습니다. '나의 믿음 없는 것을 도와주소서'라는 절실한 간구에 대한 하나님의 응답이 신앙고백으로 표현되는 것은 본문의 이 아버지뿐 아니라 모든 참된 그리스도인의 진실한 체험입니다. 이런 의미에서 구원 얻는 참된 신앙의 '고백'은 내 것이 아니라, 하나님의 선물입니다. '믿음 없는 나를 도와주시는 주님'을 통하여 우리는 성삼위 하나님에 대한 참되고 풍성한 믿음으로 나아갈 수 있습니다. 그리고 바로 여기에 사도신경을 깊이 배우고 묵상할 이유가 있습니다. 사도신경은 우리가 믿고 의지하는 하나님께서 어떤 분이신지, 우리를 위한 삼위 하나님의 은혜로우신 사역이 무엇인지 계속 깨우쳐주어서, 우리를 거듭하여 참된 구원 얻는 신앙으로 깊이 들어가게 이끌어 줍니다.

4. "믿는 자에게는 능히 하지 못할 일이 없느니라"(23절)는 예수님의 말씀을 생각해 봅시다.

   (1) 본문에서 그것은 누구의 믿음입니까? (예수님? 아버지? 병든 아들?)

   (2) 누구에 대한 믿음입니까?

   (3) 제자들에게 '기도'(와 '금식')의 중요성을 강조하신 이유(29절)와 이 믿음은 어떻게 연결될까요?

5. 이 본문은 우리의 신앙고백인 사도신경(Credo, '내가 믿나이다')을 이해하는데 어떤 빛을 던져 줍니까?

마가복음 9장은 신약성경에서 '내가 믿나이다'(credo)라는 말이 처음으로 언급된 본문입니다. 사도신경의 원래 라틴어 명칭이 간질병을 앓는 소년의 아버지의 입에서 처음으로 고백되는 셈입니다. 그런데 가만히 살펴보면, 이 고백은 참으로 기묘합니다. '내가 믿습니다'라고 고백하면서, 동시에 자신의 믿음 없음을 인정하고 도와달라고 간구하는 기도이기도 하기 때문입니다. 얼핏 보면, 대단히 모순적인 고백입니다. 신앙이 있는 것도, 없는 것도 아닌 상태처럼 보입니다. 그러나, 그 고백은 예수님의 따끔한 책망을 받은 후에 간절한 마음에서 솟아나온 진실된 고백이기도 합니다.

바로 이점에서, 우리는 사도신경을 배우는 우리 자신을 돌아보게 됩니다. 우리의 믿음 역시 연약하여, 주님의 꾸중을 받아 마땅합니다. 우리는 예배를 드릴 때마다 사도신경을 암송하면서 하나님에 대한 우리의 사랑(신뢰와 순종)을 고백합니다. 그런데, 우리의 그 고백은 사도신경이 가르치는 성삼위 하나님의 존재와 사역에 대한 성경적 교훈으로 더 분명해지고 굳세져야 할 필요가 있습니다. 사도신경을 묵상함으로써 우리 역시 '내가 믿나이다, 나의 믿음 없는 것을 도와주소서!'라고 고백과 간구를 함께 드리는 간절하고 겸비한 자세를 가지길 소원합니다.

"기적은 사람의 믿음의 정도, 질 혹은 양에 달려 있지 않고, 자신을 예수님의 사역에 효과적으로 연결시킬 만한 믿음을 가지고 있는 것에 달려 있다는 것이다. '겨자씨만한 믿음'의 원리 말이다(마 17:20; 눅 17:6). 즉 '우리의 믿음의 질'이 아니라 우리가 믿음으로 연합하는 '주님의 권능'을 강조하고 있다. 더구나 그 관계 안에서는 우리의 믿음이 자랄 수 있는 여지도 있다. '내가 믿나이다. 나의 믿음 없는 것을 도와주소서'(막 9:24). 우리는 혼자 버려져 있지 않다."

(Donald English, *The Message of Mark: The Mystery of Faith*)

II. 교리문답의 사도신경 해설

1. 참된 믿음을 고백하고 인도하는 사도신경

개혁교회의 교리문답인 하이델베르크 교리문답은 제7주일의 교훈을 통해, 구원받는 사람은 오직 참된 믿음으로 그리스도와 연합되어 그분의 은덕을 받는 사람이며(HC 제20문답), 참된 믿음은 성경의 계시에 대한 확실한 지식과 성령께서 우리 마음 속에 일으키신 복음에 대한 굳센 신뢰이며(HC 제21문답), 그 복음은 사도신경에 요약되어 있다(HC 제22문답)고 가르칩니다.

그리고 그 다음 주일(Lord's Day 8)에서는 그 사도신경의 조항들을 성삼위 하나님에 따라 세 부분으로 나누어진다고 가르칩니다: 성부 하나님과 우리의 창조, 성자 하나님과 우리의 구속, 성령 하나님과 우리의 성화(HC 제24문답). 이것은 삼위일체 하나님의 존재와 사역을 설명하는 기독교회의 유서깊은 가르침을 반영한 것입니다. 사도신경이 성삼위 하나님에 관하여 고백하는 바는, 우리가 그 신적 존재의 본질을 탐구하여 하나님이 과연 어떤 분인지 정의하는 내용이 아니라, 하나님께서 친히 계시를 통하여 알리신 내용, 곧 자신의 말씀과 행위를 통하여 우리에게 알리신 바를 고백하는 것입니다. 그것을 창조, 구속, 성화의 큰 세 가지 주제로 대별하여 성삼위 하나님과 연결시킨 것입니다.

성부 하나님　=　창조주 (Creator)

성자 하나님　=　구속주 (Redeemer)

성령 하나님　=　성화주 (Sanctifier)

이런 삼분법은 교육적인 관점에서 단순하고 분명한 장점이 있습니다. 그렇지만 그런 관점을 자칫 단순하게 이해하면, 성삼위 하나님의 사역을 자칫 오해할 수도 있습니다. 이 고백은 '우리를 향한 삼위 하나님의 특별한 직분들과 역할들'을 깨우쳐 줍니다: 성부 하나님은 그 능력으로 말미암아 우리의 '창조주'(Creator)로 칭해집니다. 성자 하나님은 그의 피로 말미암아 우리의 '구속주'(Redeemer)로 불립니다. 성령 하나님은 우리 마음에 거하심으로써 우리의 '성화주'(Sanctifier)로 고백됩니다. 그렇지만, 창조의 사역이 오직 성부 하나님께만, 구속의 사역이 오직 성자 예수 그리스도께만, 그리고 우리를 거룩하게 하시는 사역이 오직 성령 하나님께만 돌려지는 것이 아니라는 것을 성경이 우리에게 분명히 가르쳐 줍니다. 사도신경의 각 조항들을 묵상하면서 이것에 관하여 좀 더 자세히 살펴보도록 합시다.

2. 성경이 하나님에 관하여 알려주는 바

장로교회의 신조인 웨스트민스터 대교리문답은 사도신경을 직접 해설하지는 않지만, 성삼위 하나님에 관하여 성경이 계시하여 가르치는 내용을 자세하게 설명합니다. 제6문답은 성경이 하나님의 본성(nature)과 위격(persons), 그리고 그분의 작정(decrees)과 그 실행(execution)을 알려준다고 고백합니다. 달리 말하자면, 대교리문답은 하나님의 존재(Who is God)와 사역 (What is His work)으로 크게 두 가지로 대별하여 하나님에 관하여 성경이 계시한 바를 설명합니다. 하나님의 존재에 관한 성경의 계시는 그 본성들과 삼위 하나님의 위격들의 구별과 일치(삼위일체)에 관한 내용이고, 하나님의 사역에 관한 계시는 영원하신 작정과 시간 속에서 그 작정을 실행하신 것에 관한 내용입니다.

하나님의 존재에 관한 성경의 교훈은 제7-11문답에서 다룹니다. 제7문답은 그 첫 번째 주제인 하나님의 본성에 관하여 다룹니다. 이 문답은 영(Spirit)이신 하나님께서 가지고 계신 중요한 속성들을 성경의 증거대로 소개합니다. 그런 다음 제8문답은 성경이 계시하는 그 하나님만이 살아계시고 참된, 유일하신 하나님이라고 확증합니다. 그런 다음 제9-11문답들은 성경이 계시하는 삼위일체의 신비를 고백합니다.

하나님의 사역에 관한 성경적 교훈은 제12-14문답들에서 논의됩니다. 하나님의 영원한 작정 및 천사와 인간에 대한 특별한 작정(WLC 제12-13문답)이 창조와 섭리의 사역을 통하여 시간 속에서 실행됩니다(WLC 제14문답). 사도신경에서 '하늘에 계신 성부, 전능하신 창조주'를 곧바로 고백할 때, 대교리문답의 이 부분은 사도신경의 그 첫째 조항을 더 잘 이해할 수 있게 도와주는 디딤돌이 됩니다.

3. 교리문답에서 사도신경의 독특한 의의

종교개혁기에 만들어진 무수한 교리문답들에 빠짐없이 등장하는 중요한 토픽들은 '사도신경, 십계명, 주기도문, 구원의 교리, 성례' 등입니다. 특히 '사도신경, 주기도문, 십계명'은 가장 중요한 세 가지 구성 요소라고 할 수 있습니다. 따라서 기독교 신앙을 요약할 때 빠지지 않는 핵심이라고 할 수 있습니다. 그런데 그 가운데서도 사도신경의 '독특한 의의'를 주목할 필요가 있습니다. 이와 관련하여, 종교개혁자 마틴 루터 선생의 중요한 통찰을 함께 나누기를 원합니다. 다음 글을 읽고, 사도신경이 어떤 점에서 핵심적인 위치를 차지하고 있는지, 그리고 사도신경의 12조항들 가운데 예수 그리스도에 관한 조항이 왜 그렇게 두드러지는지 그 까닭을 생각해 봅시다.

사도신경이 가르쳐 주는 '하나님의 사랑'!

"보라, 여기 당신은 전체적이고 신적인 정수(essence), 의지(will), 사역(work)을 가지고 있다. 그것은 아주 짧지만 탁월하고 세련되게 묘사되어 있으며, 그럼에도 불구하고 인간의 모든 지혜와 정신과 이성을 초월하며 능가하는 모든 지혜가 그 속에 들어가 있는 풍성한 단어들로 이루어져 있다.

세상이 대단히 부지런하게 하나님이 누구신지, 그가 뜻하시고 행하시는 바가 무엇인지 알아보려고 노력하였지만, 그러나 세상의 지혜로는 결코 이런 것들을 깨닫지 못한다. 그러나 여기에 우리는 가장 풍성하게 모든 것들을 다 가지고 있다. 여기 사도신경의 세 조항에서 하나님께서는 자신을 계시하셨고, 그 아버지의 마음과 말로 표현할 수 없는 순전한 사랑의 가장 깊은 심연을 공개하셨다.

사실 하나님 아버지께서는 바로 이런 목적으로 우리를 창조하셨으며, 하늘과 땅의 모든 것을 주실 뿐 아니라 심지어 그의 독생자와 성령까지도 우리에게 주셔서 우리를 당신께로 인도하신다. 성부의 부성적인 마음을 비추어주는 거울이신 주 그리스도를 통하지 않고서는 우리는 결코 아버지의 은혜와 호의를 알 수 없는데, 사실 예수 그리스도 밖에서는 우리는 오직 분노하시는 무서운 심판자밖에 볼 수 없다. 또한 성령에 의하여 계시되지 않고서는 우리는 그리스도에 관해서도 아무것도 알 수 없다."

예수 그리스도! 오직 그 안에서 우리는…

"그러므로 이 사도신경의 조항들은 우리 그리스도인들을 땅 위의 다른 모든 사람들과 구별하며 분리시킨다. 왜냐하면 기독교 밖에 있는 모든 사람들은, 이교도든 투르크족이든 유대인이든 거짓 그리스도인이든 혹은 위선자든 간에, 유일하시고 참되신 한 분 하나님을 믿고 경배한다고 하지만, 사실상 그들을 향한 하나님의 마음이 무엇인지 알지 못한다. 따라서 그들은 영원한 진노와 저주 아래 거한다. 왜냐하면 그들은 주 그리스도를 소유하지 못하고 있으며, 더구나 성령의 어떤 은사로도 조명되고 호의를 받지 못하고 있기 때문이다."

그래서 사도신경과 십계명은 구별된다…

"여기서 우리는 사도신경과 십계명의 차이를 보게 된다. 십계명이 우리가 해야 할 일을 가르쳐 준다면 사도신경은 하나님이 우리를 위하여 하시는 일과 우리에게 주시는 것을 가르친다.

십계명이 모든 사람들의 마음에 새겨진 것인 반면, 사도신경은 그 어떤 인간의 지혜로도 이해할 수 없는 것으로 오직 성령께서 가르쳐 주시는 것이다. 십계명은 그리스도인을 만들어내지 못하는데, 그 까닭은 하나님이 요구하는 바를 우리가 지킬 수 없으므로 하나님의 진노와 불쾌함이 우리 위에 여전히 머물러 있기 때문이다. 반면에 사도신경은 우리에게 순전한 은혜를 가져다 주며 우리를 경건하게 만들며 하나님께서 받으실 만하게 만든다. 사도신경을 앎으로써 우리는 하나님의 모든 계명들을 사랑하고 즐기는데, 왜냐하면 여기서 우리는 하나님께서, 그분께서 가지신 모든 것과 또한 우리가 십계명을 지킬 수 있도록 돕고 지도하실 수 있는 모든 일과 더불어, 당신 자신을 우리에게 전적으로 주신 사실을 보게 되기 때문이다: 성부, 모든 피조물, 성자, 그의 모든 사역, 성령, 그의 모든 은사들.

평범한 사람들이 사도신경의 내용을 알게 되면, 그 다음에 더 많은 것을 얻으려고 힘써 노력하게 될 것이며 성경에서 그들이 배우는 바가 무엇이든지 이 사도신경에 비추어 볼 수 있을 것이며, 따라서 계속 더 풍성한 이해를 얻고 자라갈 수 있을 것이므로, 사도신경에 대한 이 정도의 소개로 토대와 기초를 삼으면 좋을 것이다. 우리가 이 땅에 살아가는 한, 우리는 이 사도신조를 매일 가르치고 배울 만큼 넉넉한 내용을 가지고 있다."

사도신경을 바르게 알고 믿고 고백하는 자는 기도한다!

"우리는 이제 우리가 '해야 할 일'(십계명) 과 '믿어야 할 일'(사도신경)이 무엇인지 들었다. 바로 거기에 가장 좋은 그리고 가장 행복한 삶이 있다. 이제 세 번째 파트가 뒤따르는데, 그것은 우리가 기도를 어떻게 하여야 하는가에 관한 내용이다. 왜냐하면 심지어 신앙 생활을 시작한 그리스도인이라고 하더라도 십계명을 완전하게 지킬 수 있는 사람은 아무도 없으며, 또한 마귀는 세상과 우리 자신의 육신과 더불어 그의 온 힘을 다하여 우리가 주의 계명을 지키며 살아가려는 노력을 저지하고 있는 것이 우리가 처해 있는 상황이기 때문에, 우리가 끊임없이 하나님의 귀에 호소해야 하며, 그분을 부르며 그분께 간구하는 일보다도 더 필요한 일은 없다: 하나님께서 우리에게 신앙을 주시고, 유지하시고 또한 자라게 하시도록, 그리고 십계명을 성취하시도록, 또한 우리의 길을 막고 방해하는 것들을 제거해 주시도록…" (마틴 루터, *대교리문답*)

III. 교리문답에 따라 드리는 우리의 기도

1. '내가 믿나이다. 나의 믿음 없는 것을 도우소서!'

    (1) 나 자신에게 적용하여 기도해 봅시다.

    (2) 우리 가족에게 이 기도제목을 적용해 봅시다.

    (3) 우리 교회를 위하여 이 기도제목에 따라 기도해 봅시다.

2. 사도신경을 통하여 성경을 통해 말씀하시는 하나님의 뜻을 올바르게 깨닫고 실천하는, 참된 구원의 신앙이 우리와 자녀와 교회에서 점점 더 자라게 하소서!

    (1) 가정과 교회에서 교리문답을 올바르게 가르치고 배울 수 있기를!

    (2) 깨닫는 마음이 삶의 실천으로, 그리고 회개와 믿음으로 끊임없이 이어지도록!

3. 복음의 교사를 양성하는 신학교들에 풍성한 말씀과 성령의 역사하심이 있기를!

    (1) 교수들이 하나님의 말씀을 성령과 능력으로 가르칠 수 있도록!

    (2) 말씀을 배우는 목사후보생들이 간절한 마음으로 묵상과 기도에 힘쓰도록!

    (3) 여러 가지 형편들을 살펴주시고, 자족하는 마음을 배울 수 있도록!

제 5장
사도신경 묵상 02

창조주 하나님, 유일하신 참 하나님
(고전 8:1-13)

성경은 종종 하나님의 작품을 통하여 그분이 누구신지 우리에게 일깨워줍니다. 창조주 하나님의 작품인 온 우주는 오늘도 여전히 그 만드신 이인 하나님의 광대하심을 놀랍게 증거하고 있습니다. 우리의 눈을 들어, 하나님께서 창조하신 우주를 한 번 바라봅시다. 성령 하나님께서 우리의 영적 눈을 밝히셔서, 하나님의 작품으로부터 그분의 놀라우심을 깨닫고 경배하도록 이끌어주시기를 바랍니다!

어마어마한 우주!

우리가 살고 있는 지구는 얼마나 클까요? 지구상의 나를 그림으로 표현한다면, 우리가 사는 이 조그만 행성의 놀라운 크기에 놀라지 않을 수 없습니다.

태양은 또 얼마나 클까요? 태양의 지름은 1.5 million km입니다. 만일 태양에 지구를 채워 넣는다고 한다면, 백만 개의 지구가 태양에 들어갈 수 있다고 합니다. 그렇게 큰 태양은 지구에서 일억 오천만 킬로미터(150 million km)나 멀리 떨어져 있습니다. 만일 걸어서 태양까지 가려면 약 35 세기가 걸립니다.

그러나 태양은 별들 가운데 그다지 큰 편에 들지는 않습니다. 북반구의 밤 하늘에서 항상 볼 수 있는 오리온 자리의 알파 별인 베텔기우스라는 별은 그 지름이 태양의 300배에 이릅니다! 그런데 베텔기우스도 큰 별이 아닙니다. 태양의 지름보다 3000배나 더 큰 별들도 많이 있습니다! 현재까지 관측된 별들 가운데 가장 큰 별 두 개 가운데 하나인 시퍼이 A 별은 그 지름이 태양의 1900배에 달하고, 그보다 더 크다고 알려진 카니스 마조리스(Canis Majoris) 별은 태양의 지름보다 2100배나 더 큽니다.

육안으로 볼 수 있는 별들은 약 5000개에 이릅니다. 일반 망원경을 사용하면 약 50,000개까지 볼 수 있습니다. 그런데, 태양계가 속한 은하계에는 약 1억 개의 별들이 있습니다. 은하계의 이쪽 끝에서 다른 쪽 끝까지 거리는 빛의 속도로도 10만 년이 걸립니다.

그런데, 허블(Hubble)과 같은 천체망원경으로 천문학자들은 이미 1억 개 정도의 은하계를 발견했습니다! 우리가 살고 있는 지구를 포함한 온 우주의 규모는 우리의 상상을 초월합니다!

창조주 하나님, 유일하신 참 하나님

우상 숭배의 헛됨을 거듭하여 지적한 이사야 선지자는 유일하신 참 하나님을 바로 이 우주의 창조주로 선포합니다. 창조주 하나님과 비견할 존재는 아무도 없습니다. 왜냐하면 다른 모든 것들은 하나님이 지으신 피조물에 불과하기 때문입니다.

"거룩하신 이가 이르시되 그런즉 너희가 나를 누구에게 비교하여 나를 그와 동등하게 하겠느냐 하시니라 26너희는 눈을 높이 들어 누가 이 모든 것을 창조하였나 보라 주께서는 수효대로 만상을 이끌어 내시고 그들의 모든 이름을 부르시나니 그의 권세가 크고 그의 능력이 강하므로 하나도 빠짐이 없느니라"(사 40:25-26).

I. 성경 본문 묵상

고린도 교회에 보낸 사도 바울의 첫 번째 서신에서 우리는 우상제물 혹은 제사 음식을 먹는 일에 관한 교회 내의 분쟁을 엿볼 수 있습니다. 사도 바울이 이 문제를 다루는 방식을 살펴보는 것은 오늘의 교회에도 실제적으로 도움이 될 것입니다. 그렇지만, 이 본문을 묵상하면서 우리는 사도 바울이 견지하고 있는 한 가지 근본적인 원리에 초점을 맞추려고 합니다. 그것은 참된 하나님은 오직 한 분이며, 다른 모든 신들은 헛된 우상이라는 근본 원리입니다.

1. 본문의 맥락: 사도 바울은 고린도 교회의 어떤 문제를 다루고 있습니까?

   (1) '우상의 제물'이 고린도 교회에서 문제가 되었던 까닭은 무엇입니까? (7, 9-12절)

   (2) 고린도 교회의 성도들 중 '우상의 제물'을 먹는 것이 기독교 신앙과 전혀 상충하지 않는다고 생각한 사람들(소위 '강한 자들')은 어떤 근거에서 그렇게 생각하였습니까? (4-6절)

   (3) 모든 그리스도인들이 다 이런 지식을 가지고 있었습니까? (7절) 이런 지식을 갖지 못한 그리스도인들(소위 '약한 자들')은 우상의 제물을 먹는 것이 그들의 신앙에 어떤 영향을 주었습니까? (7, 9, 10절)

2. 우상의 제물(제사음식)을 먹을 수 있는가에 관한 바울의 가르침은 무엇입니까?

   (1) 이 문제를 둘러싼 교회 내의 논쟁을 해결하는 사도 바울의 기본 지침들:

   - '우상의 제물' 그 자체가 악하고 더러운 것입니까? (4-6절)

   - 이 문제를 영적 지식에 따라 판단하고 해결해야 합니까? (1-2, 7, 10-11절)

- 사도 바울이 가장 중요한 지침으로 제시하는 것은 무엇입니까? (1, 3, 8, 11, 13절)

(2) '강한 자들'과 '약한 자들'의 주장들에 대한 바울의 평가는 각각 어떠합니까?

- 강한 자들에 대한 바울의 부정적 평가: 그들이 여전히 모르고 있는 것은? (2절)

- 약한 자들에 대한 바울의 견해: 그들이 오해하고 있는 바는? (7-8절)

3. '그리스도인의 영적 자유'(9절)의 역설(paradox):

(1) 본문의 문맥에서 9절의 '자유'는 누가 소유한 어떤 자유입니까?

(2) 고린도 교회에서 이 자유를 발휘하는 것에 대한 사도 바울의 태도는 무엇이며, 바울 자신은 어떻게 처신합니까? (8-9, 12-13절)

(3) 그리스도인이 자신의 영적 자유를 스스로 제한하는 까닭은 무엇입니까? (3, 11절)

"이와 같이 바울이 강한 자들이 자랑하는 유일신 사상에 대한 지식을 이위일체론적 신앙고백으로 부연하는 것은 두 가지 목적이 있습니다. 하나는 약한 자들로 하여금 올바른 기독교적 신 지식을 가지고 헬라적 다신교 우상에 대한 두려움을 없애도록 교육하는 것이고, 다른 하나는 강한 자들에게 그 지식이 요구하는 삶의 방법이 무엇인지 알도록 교육하는 것입니다. … 이 부분을 잘 생각해야 합니다. 바울은 여기서 대체로 약한 자들을 위하여 강한 자들을 나무라는 형식을 취하고 있습니다. 그러나 사실 바울은 강한 자들뿐만 아니라 약한 자들을 교육하기도 합니다. 그들에게도 하나님을 향한 올바른 지식이 필요함을 가르치고 있습니다. 그래서 8장 6절의 기본 신앙 고백을 강조합니다."   (김세윤, *고린도전서 강해*)

4. '유일하신 참 하나님'에 대한 고백 – 그리스도인의 '자유와 경건'의 근본적인 기초:

(1) 바울에 따르면, 우상의 제물 혹은 제사음식을 먹는 여부가 그리스도인의 거룩함에 어떤 영향을 줍니까?

(2) 음식규정과 거룩함의 관계에 관한 바울의 견해는 예수님의 가르침과 어떻게 연결됩니까? (마 15:11, 15-20; 막 7:15-20)

(3) 바울에 따르면, 유일하신 참 하나님을 믿는 믿음으로써 얻은 '그리스도인의 자유'를 우리가 올바르게 사용할 수 있게 해 주는 '근본 지침'은 무엇입니까?

- 우리는 어떻게 하나님께서 알아주시는 자로서 그를 사랑할 수 있습니까? (3,12절)

- 어떻게 자유와 섬김 간의 올바른 관계(우선순위)를 세울 수 있습니까? (13절)

고린도 교회는 여러 가지 문제들로 상당한 내분에 휩싸여 있었습니다. 그들은 서로 의견을 달리하는 첨예한 몇 가지 문제들에 관하여 사도 바울의 자문을 구하였습니다. 본문은 그런 문제들 중에서 '그리스도인의 경건과 식사 규정'에 관련된 고린도 교회 내부의 불일치를 보여줍니다. 고린도 교회의 성도들 중에서 하나님과 그분의 구원에 관하여 잘 이해하고 있다고 자처하였던, 소위 '강한 자들'은 음식을 가려 먹는 것이 경건을 좌우하는 문제가 전혀 아니라고 주장하였습니다. 따라서 그들은 고린도 시의 유명한 이스미안 경기(Isthmian Games) 중에 베풀어지는 축제 때 이방 신전에서 불신자들과 함께 어울려 잔치음식(제사음식)을 먹는 것을 전혀 꺼림직하게 여기지 않았습니다. 당연히 (먼저 여러 신들에게 바쳐졌다가) 시장에서 파는 고기를 사먹는 것도 전혀 개의치 않았습니다.

반면에, 과거에 우상 숭배에 빠져 있었다가 최근에 기독교 신앙으로 개종한 그리스도인들은 예전의 습관으로부터 아직 자유롭지 못하였기 때문에, 우상에 바친 음식을 먹으면 그 음식을 통하여 우상의 힘이 작용한다고 보았습니다. 이런 사고방식은 아직 그리스도인의 자유에 관한 성숙한 이해가 부족한 것이기 때문에, 이들은 고린도 교회 안에서 '약한 자들'이라고 불렸습니다. 이들은 우상의 제물을 먹으면 양심에 거리낌을 받았고, 불안한 마음을 갖게 되었습니다. 따라서 이들은 우상의 제물들을 먹지 말아야 한다고 완전한 금지를 주장하였습니다. 이들은 아마도 사도행전 15장에서 예루살렘의 사도들의 공의회에서 우상제물을 먹지 말도록 금지한 사실에 호소하였을 수도 있습니다. 사도 베드로가 고린도에 왔을 때 그런 규정들을 가르쳤을 수 있으므로, '약한 자들'은 고린도 교회의 소위 '게바파'와 동일할 수도 있습니다. 이 논란에 대하여 사도 바울은 본문에서 어떤 대답을 제시하고 있습니까? 또한 그런 와중에서 나타나는 '창조주 하나님'에 대한 초대교회 성도들의 믿음은 무엇입니까?

창조주 하나님, 유일하신 참 하나님

이와 관련하여, 종교개혁자 마틴 루터의 교리문답 해설은 의미심장하게 다가옵니다. 사도신경의 첫 조항을 해설하면서, 루터는 창조주 하나님에 관하여 이렇게 말합니다:

"어린 자녀가 '아빠, 하나님은 어떤 분이에요?' 라고 물어보면, 우리는 다음과 같이 대답할 수 있다: 첫째, 하나님은 천지를 창조하신 분이란다. 이 유일한 하나님 외에는 참된 신은 아무도 없단다. 왜냐하면 천지를 창조하신 분은 오직 하나님 한 분 밖에 없기 때문에."

(마틴 루터, *대교리문답*, 2부 사도신경에 관하여)

이것은 기독교 신앙의 '유일성'을 아주 분명하게 가르치는 고백입니다. 이 세상에 참된 신은 오직 한 분, 천지를 창조하신 하나님밖에 없습니다! 그외에 모든

> 신들은 사탄과 마귀들이 인간의 타락한 마음을 악용하여 만들어낸 거짓 신들입니다! 타락한 인간의 어둡고 허망한 마음이 창조주가 아니라 피조물을 신으로 숭배한 것에 불과합니다! 사도 바울은 제사음식을 둘러싼 고린도 교회의 분쟁을 다루면서, 기독교 신앙의 가장 근본되는 이 고백을 분명하게 제시합니다: "그러므로 우상의 제물을 먹는 일에 대하여는 우리가 우상은 세상에 아무 것도 아니며 또한 하나님은 한 분밖에 없는 줄 아노라"(고전 8:4). 그 근본 진리에 기초하여, 형제 사랑의 원리를 실제적으로 적용하여 가르칩니다. 그리스도인의 자유를 형제의 약한 양심을 상하게 하고 그를 실족하는데 사용하지 말고, 오히려 믿음이 약한 자들을 위하여 올바르게 활용하라고 권면합니다!

II. 교리문답의 사도신경 해설

1. '전능하신 성부 하나님, 천지의 창조주'를 믿는 믿음의 의미

하이델베르크 교리문답은 제26문답에서 창조주 성부 하나님을 고백하는 사도신경의 첫 조항의 의미를 다음과 같이 요약하여 설명합니다:

(1) 우리 주 예수 그리스도의 아버지께서 무에서(*ex nihilo*) 모든 만물을 창조하셨다.

(2) 영원한 작정과 섭리로써 모든 것을 보존하고 다스리신다.

(3) 그 독생자 그리스도 덕분에 이 창조주 하나님이 나의 하나님과 나의 아버지가 되신다.

(4) 창조주 하나님을 전적으로 신뢰하기 때문에, 그분이 나의 몸과 영혼에 필

요한 것을 채워주실 것과 이 눈물골짜기 같은 세상에서 당하는 어떤 악도 합력하여 선을 이루게 하실 것을 굳게 믿고 조금도 의심하지 않는다.

(5) 왜냐하면, 그분은 전능하신 하나님(능력)이시며, 동시에 신실하신 아버지(선의)이기 때문이다.

하이델베르크 교리문답은 종종 교리적 가르침을 목회적 교훈과 연결하여 고백하는데, 이것은 웨스트민스터 대/소교리문답과 비교할 때 큰 장점입니다. (그래서 흔히 하이델베르크 교리문답이 더 '목회적'이라고 평가되기도 합니다.) 사도신경의 첫 조항을 해설하면서 이 교리문답은 창조주이신 하나님의 능력(전능하심)과 그분이 우리의 아버지되심(선한 의지)를 함께 연결하여 강조합니다. 이 두 가지를 함께 강조하는 것은 대단히 중요합니다. 왜냐하면 둘 중 어느 하나라도 빠지면, 실제로 우리에게 아무런 유익이 없기 때문입니다. 창조주 하나님이 내 아버지가 아니라면, 그분의 전능하신 능력이 나를 위해 역사할 것이라는 굳센 신뢰를 가질 수 없습니다. 반면에, 우리를 지극히 사랑하시는 아버지라도 전능하신 능력이 없다면, 우리에게 닥치는 악한 일들을 선으로 바꾸실 수 없습니다. 그러나 우리 하나님은 전능하신 창조주이시므로 그렇게 하실 능력도 있고, 신실하신 아버지이시므로 그렇게 하기를 원하십니다!

2. 성경의 하나님과 그분의 창조 사역

(1) 웨스트민스터 소교리문답의 신론

웨스트민스터 소교리문답은 세 개의 문답으로써 하나님의 존재에 관하여 아주 잘 요약하여 가르칩니다. 단 세 개의 문답으로 하나님의 존재에 관해 성경이 가르치는 모든 교훈을 다 표현하기란 결코 쉽지 않은 일이지만, 소교리문답은 '하나님의 존재와 그 속성들'(WSC 제4문답), '유일하신 참 하나님'(WSC 제5문답), 그리고 '거룩한 삼위일체'(WSC 제6문답)라는 신론의 가장 핵심적인 내용을 들어 '하나님은 누구신가?' 하는 중요한 질문에 대답합니다.

이 세 문답들은 길이도 별로 길지 않지만, 신중하게 선정된 단어들로 하나님에 관해 우리가 믿어야 할 성경의 계시를 아주 '함축적'으로 잘 전달합니다. 따라서 그 문답들이 가르치는 내용을 충분히 이해하려면, 각 문답들의 내용을 지지하는 '증거구절들'을 찾아, 성경이 가르치는 관련 내용들을 전반적으로 살펴보아야 합니다. 교리문답의 고백과 교훈은 바로 이런 성경의 증거구절들을 근거로 하여 만들어졌기 때문에, 교리를 공부할 때 우리는 항상 교리문답을 디딤돌로 삼아 성경으로 돌아가야 합니다. 다시 한 번, 교리문답은 '성경의 계시에 대한 교회의 아멘'이라는 사실을 기억합시다.

신론의 둘째 부분인 하나님의 사역에 관한 내용은 제7-12문답에 걸쳐 나오는데, 하나님의 작정(WSC 제7문답)과 그 작정의 실행인 창조와 섭리(WSC 제8-12문답) 이루어져 있습니다. 역시 아주 요약적인 방식으로 하나님의 창조 일반(WSC 제9문답)과 사람의 창조(WSC 제10문답)를 가르치고, 똑같은 방식으로 하나님의 섭리 일반(WSC 제11문답)과 사람을 향한 특별한 섭리(WSC 제12문답)를 가르칩니다.

(2) 웨스트민스터 대교리문답의 보충 설명

대교리문답은 좀 더 신앙이 성숙한 자들을 위한 교리문답으로서 '신앙의 기초와 근거에 대한 숙달된 지식을 제공'하는 역할을 합니다. 매주 개혁주의 신앙을 교육하기 위하여 목회자들의 지침서 역할을 하도록 만들어진 것입니다. 따라서 소교리문답에 비하여 훨씬 자세한 내용들을 제공하고 있는데, 창조주 하나님에 관한 문답들에서도 그런 특징을 볼 수 있습니다.

예를 들어, 하나님의 존재에 관하여 그분의 본성을 훨씬 더 상세하게 서술하는 제7문답, 그리고 삼위일체에 관한 두 개의 문답(삼위 하나님의 구별되는 인격적 속성들을 설명하는 제10문답과 삼위 하나님의 동등성을 강조하는 제11문답)에서 그런 면모를 볼 수 있습니다.

삼위일체의 신비에 관해서는 사도신경의 결론에서 깊이 살펴볼 것이지만, 여기서는 삼위의 비공유적 속성, 즉 서로 구별되는 속성을 그 성부 성자 성령이라는 각 위격의 칭호로써 설명한 점(WLC 제10문답)과 삼위의 동등됨을 오직 하나님에게만 돌려지는 고유한 명칭과 속성과 사역과 경배를 성자와 성령에게도 돌리고 있는 성경적 증거들을 제시하는 점(WLC 제11문답)만 언급하고 지나갑니다.

하나님의 사역을 가르치는 제12-20문답에서도 대교리문답의 참고서적인 성격이 잘 나타납니다. 하나님의 작정에 관해서는 '천사와 인간에 대한 특별한 작정'(WLC 제13문답)이 덧붙여져 있고, 창조에 관한 교훈에는 '천사들의 창조'에 관한 내용(WLC 제16문답)이 첨가되어, 초신자들이나 자녀들의 질문에 대답할 수 있도록 준비해 줍니다. 섭리에 관해서도 '천사들에 대한 하나님의 섭리'(WLC 제19문답)를 설명함으로써, 인간의 타락 이전에 일어난 영적인 드라마를 알려 줍니다. 그리고 '창조된 상태의 인간에 대한 하나님의 섭리'에 관한 제20문답에서 '생명의 언약'(covenant of life) 개념을 설명하여, 장로교회의 개혁주의 신학에 따른 구속사적 성경 이해의 중요한 기초를 제시합니다: "생명나무를 보증으로 하는 인격적이고 완전하며 영속적인 순종을 조건으로 (하나님께서) 인간과 생명의 언약을 맺고, 선악을 알게 하는 나무의 열매를 먹는 것을 사망의 형벌로써 금지하셨다." 이 문답의 내용을 뒷받침하는 성경의 증거구절들을 잘 묵상하면, 하나님께서 에덴 동산에서 시작하신 인류의 역사의 지향점이 무엇인지, 왜 선악과 금령을 주셨는지, 예수 그리스도께서 오셔서 이루신 일이 하나님과 인간 사이의 이 근본적인 언약을 어떻게 성취하였는지, 왜 죄인은 오직 예수 그리스도의 구속의 공로를 힘입어야 하는지 등 성경의 핵심적인 교훈들을 잘 이해할 수 있을 것입니다.

III. 교리문답을 따라 드리는 우리의 기도

사도신경은 성경의 가르침을 따라 이 놀라우신 창조주, 전능하신 하나님이 예수 그리스도 덕택에 우리 아버지가 되셨다고 고백합니다! 우리에게는 엄청난 능력을 가지실 뿐 아니라, 우리에게 일어나는 모든 일들이 합력하여 선을 이루기를 원하시는 선한 뜻을 가지신 하나님 아버지가 있습니다! 그러므로 사도신경의 첫 번째 조항부터 우리는 감사와 찬양을 드리지 않을 수 없습니다!

1. 우리 모두의 마음의 눈을 열어, 전능하신 창조주 하나님 그리고 우리를 지극히 사랑하시는 하늘 아버지를 바라보는 참된 믿음을 갖게 해 주시옵소서!

2. 그 하나님의 영광과 능력과 존귀하심을 모든 피조물 앞에서 높이고 찬양하는 하나님의 친 백성이 되게 해 주시옵소서!

3. 내게 닥치는 어떤 악한 일도 그 선하신 뜻에 따라 합력하여 선을 이루게 하실 하나님 아버지를 신뢰하고 항상 그 뜻에 순종하는 자녀가 되게 하소서!

제 6장
사도신경 묵상 03

하나님의 섭리에 대한 신뢰
(에 6:1-12)

섭리 교리는 오늘날 가장 인기 없는 가르침이 되었습니다. 오늘날 교회 안팎에서 기독교를 '도덕적이며 치유적인 이신론'(Moralistic Therapeutic Deism)으로 이해하는 경향이 두드러지게 나타납니다. 많은 그리스도인들이 선하신 하나님, 나의 상처를 치유해주시는 하나님, 그러나 나의 삶에 주인으로 관여하지는 않으시는 하나님을 믿습니다. 이신론이란 하나님의 존재는 인정하지만 그분의 섭리를 부정하는 오래된 세계관입니다. 창조주 하나님을 인정하는 것처럼 보이지만, 결국에는 '우리의 일상생활에 아무런 관계가 없는 하나님'을 믿는 실천적 불신앙으로 이끌어가는 잘못된 사고방식입니다.

그에 반하여, 성경은 온 우주를 창조하신 하나님께서 지금도 여전히 그 모든 피조물에 대하여 섭리하시며, 거룩하신 뜻에 따라 그 목적으로 이끌어 가고 계신다고 분명히 가르칩니다. 달리 말하자면, 하나님이 천지를 창조하신 다음, 그 모든 피조물들이 자연의 법칙에 따라 저절로 움직이도록 그냥 내버려두시지 않으셨다는 말입니다. 이렇게 섭리의 교리란 하나님이 창조하신 모든 피조물을 그 거룩하신 뜻에 따라 여전히 다스리고 보존하신다는 사실을 가르칩니다. 성경이 말하는 하나님의 섭리란 과연 어떤 것일까요?

I. 성경 본문 묵상

구약 '에스더'서의 두드러지는 특징들 가운데 하나는 하나님의 이름이 이 책에서 한 번도 언급되지 않는다는 사실입니다. 마치 에스더서에 기록된 역사적 사건의 무대에서 하나님이 사라지신 것 같이 보입니다. 눈에 보이는 이스라엘 나라, 즉 구약의 교회는 몰락하였고 하나님의 백성들은 이방나라에 포로로 잡혀 와있는 신세입니다. 이방 신들이 이스라엘의 하나님보다 더 위대하게 보이는 그런 시대입니다. 그럼에도 불구하고, 하나님의 이름이 한 번도 언급되지 않는 이 에스더서의 역사에서 하나님의 섭리의 손길이 놀랍게 나타납니다.

1. 에스더서에 기록된 유대인 말살음모를 창세기 3:15의 예언의 관점에서 생각해 봅시다.

   (1) 하나님의 백성으로 구약의 교회를 이루었던 유대인의 현재 형편은 어떻습니까?

   (2) 하나님의 백성이 멸망한 다음, 누가 유대인을 자기 뜻대로 다스리고 있습니까?

   (3) 누가 유대인들을 모두 멸망시키려는 음모를 꾸몄습니까? 그 이유는 무엇입니까?

   (4) 유대인 말살을 지시하는 왕의 조서가 공표되었을 때, 유대인들은 어떻게 반응하였습니까? (4장)

2. 악한 자의 음모에 대하여 자기 백성을 지키시는 하나님의 섭리는 무엇입니까?

   (1) 하나님께서 미리 예비하신 일들은 무엇입니까?

      - 모르드개의 잊혀진 공로(2:21-23):

      - 왕후의 자리에 앉은 에스더(4:13-14):

   (2) 가장 적절한 순간에 섭리하시는 하나님의 손길이 6, 7장에서 어떻게 묘사됩니까?

      - 어떤 우연한 일들이 동시에 일어납니까?

         아하수에로왕(6:1-3):

         하만(5:14; 6:4-9):

         왕후 에스더의 잔치에서 일어난 일(7:3-8):

      - 하나님의 백성을 말살하려던 악한 자의 계교가 어떤 결과를 낳았습니까?

         모르드개에 대한 하만의 계략(5:113-14; 7:9-10; 8:1-2):

         유대인 말살 계획(3:13; 8:11-13):

3. 섭리하시는 하나님께 대한 신실한 자들의 믿음은 어떻게 나타납니까?

   (1) 모르드개의 신앙(4:7-13):

   (2) 에스더의 신앙(4:15-17; 8:3-5; 9:12-13):

   (3) 부림절의 정신(9:20-28):

"에스더서는 우리에게 하나님의 섭리에 관한 한 가지 작은 사례를 제시합니다. 세상이 창조된 이래로, 하나님께서는 신실하게 섭리하셔서 모든 일들이 자기 백성의 선과 하나님 당신의 영광을 위하여 작용하도록 해오셨습니다."

(Starr Meade, *Training Hearts & Teaching Minds*)

'미쁘다'는 말은 신약성경에서 하나님께 사용된 멋진 표현입니다. 하나님의 성품을 표현하는 이 말처럼 우리에게 위로를 더해 주시는 것도 없습니다! 왜냐하면 '미쁘다'는 말은 '신뢰할 만하다' 혹은 '약속한 바를 신실하게 지키는 분이다'라는 의미이기 때문입니다. 우리 아버지 하나님은 특별히 이 '미쁘심'에서 상상할 수 없을 정도입니다. 심지어 우리가 하나님과 약속한 바를 깨뜨린다고 하더라도, 하나님께서는 결국 자신의 약속을 저버리지 않으시는 분이기 때문입니다! 이것은 사람들에게서는 도무지 찾을 수 없는 성품입니다.

구약의 하나님의 백성 이스라엘은 오랜 기간에 걸쳐 여러 번 거듭하여 하나님과 맺은 언약을 깨뜨렸고 미쁨이 없는 인간의 본질을 드러내었습니다. 급기야 하나님께서 여호수아를 통하여 쫓아내신 가나안의 옛 거민들보다도 더 악한 지경에 이르자, 이스라엘은 하나님께서 주신 땅에서 쫓겨나 앗수르와 바벨론의 포로로 끌려 가게 되었습니다. 그러므로 에스더 시절의 이스라엘은 하나님께 대하여 그 어떤 권리 주장을 할 수 없는 처지였습니다. 하나님과 맺은 언약을 무수하게 깨뜨리고, 끊임없이 베풀어 주신 은혜를 거듭하여 저버렸기 때문에, 이스라엘은 이제 언약의 하나님에게 기도하거나 청원할 아무런 자격도 없었습니다.

그럼에도 불구하고, 바벨론 포로 시절에도 신실한 이스라엘 백성들이 호소하였을 때, 하나님께서는 그들을 외면하지 않으셨습니다. 인간적인 관점에서 보면, 이해하기 힘들 정도의 '미쁘심'을 보여주셨습니다. 만일 자기 백성을 향한 하나님의 사랑이 이스라엘의 신앙적 태도에 좌우되는 것이라면, 그들은 결코 그러

> 한 하나님의 사랑을 기대할 수 없었을 것입니다. 그러나, 너무나 감사하게도, 하나님의 언약적 사랑은 그분 자신의 성품에 뿌리를 내리고 있었고, 그 거룩하신 이름의 영광과 연결되어 있었습니다! 바로 그 때문에 '우리 자신은 미쁨이 없을지라도' 우리를 향한 하나님의 미쁘심을 언제든지 붙잡을 수 있는 것입니다. 우리가 신실하지 못하여 자격을 잃었을 때에도 여전히 우리를 향하신 거룩한 뜻을 철회하지 않으시는('일향 미쁘신') 하나님을 다시 바라보고 돌아올 소망이 있는 것입니다.

II. 교리문답의 사도신경 해설

1. 하나님의 섭리를 아는 지식이 주는 영적 유익

하이델베르크 교리문답은 두 문답에서 하나님의 섭리를 가르칩니다. 우선 제27문답에서 하나님의 섭리에 관한 정의를 내리고, 제28문답에서 하나님의 섭리를 아는 지식이 주는 유익을 가르칩니다.

(1) 섭리에 대한 정의와 묘사

하이델베르크 교리문답 제27문답은 신구약 성경의 여러 증거구들을 근거하여 섭리를 '하나님의 전능하고 언제 어디나 미치는 능력'이라고 정의하며, 그 능력으로 모든 피조물들을 보존하고 다스리시는 것을 말합니다. 그리고 자연과 인생의 여러 가지 일들이 우연히 일어나는 것이 아니라 하나님의 섭리 아래 있다는 사실을 가르칩니다. 모든 일을 미리 아시고(foreknowledge), 그 선하신 뜻대로 미리 정하신(foreordination) 하나님이 자연과 역사 속에 일어나는 모든 일들을 보존하시고(preserving) 다스리시고(governing) 또 협력하게(ordering) 하시는 것이 하나님의 섭리의 핵심적인 요소들입니다.

하나님이 아버지와 같은 손길로 하늘과 땅과 모든 피조물을 보존하고 다스리신다고 고백하는 기독교 신앙은 이신론이나 범신론, 그리고 유물론과 같은 세계관을 배척합니다. 이신론(Deism)은 하나님이 마치 '우주라는 시계를 제조하신 시계 제조공'과 같다고 주장합니다. 창조주 하나님이 온 우주를 만들었지만 그 이후에는 자연법칙에 따라 만물이 저절로 작용되도록 하시고, 그 만드신 우주와 거리를 두고 있다는 것입니다. 이신론이 그리고 있는 하나님은 초월적인 분이지만 이 세상에는 관여하지 않는 그런 신입니다. 반면에 범신론(Pantheism)은 하나님이 '우주 자체에 스며 들어 있는 에너지'와 같다고 봅니다. 그래서 창조주와 피조물의 구별은 사실상 사라지고, 하나님의 존재가 우주 전체에 스며들어 있다고 생각합니다. 범신론은 창조주에 대한 개념이 아예 없는 유물론(Materialism)과는 구별되지만, 초월적이고 인격적인 하나님을 믿지는 않습니다. 유물론은 우주를 만든 창조주 개념을 폐기하고, 존재하는 우주 그 자체가 신(神)이라고 생각합니다. 이 신적인 우주는 '빅뱅'(Big Bang)이라는 '우연'으로 시작하여 그 자체에 내재한 인과율에 따라 '필연'적으로 발전하고 있다고 믿습니다.

(2) 하나님의 섭리를 아는 지식이 주는 영적 유익

하이델베르크 교리문답의 '목회적' 정향을 다시 한 번 보여주는 제28문답은 하나님의 섭리를 아는 영적 지식이 주는 유익으로 '인내와 감사'를 먼저 말합니다. 전능하신 하나님, 신실하신 아버지의 섭리를 신뢰하는 그리스도인은 어떠한 역경 속에서도 인내할 수 있습니다. 성경이 말하는 인내는 무조건 참는 것도, 자포자기도 아닙니다. '환란은 인내를, 인내는 연단을, 연단은 소망을 이룬다' (롬

5:3-4)는 사도 바울의 말처럼 영적인 열매를 맺는 인내입니다. 시련에 처했을 때 믿음이 떨어지지 않고, 오히려 '이 풍랑을 인하여 더 빨리 하나님께 나아가는' 더 높은 믿음으로 승화됩니다. 그러므로 하나님의 섭리를 믿는 믿음은 역경에 처한 그리스도인에게 인내라는 소중한 열매를 맺게 해 줍니다. 특히 이 세상에서 악인들이 오히려 번영하고 올바르게 살아가려는 의인들이 도리어 고난을 당할 때, 그리스도인들이 경건하게 살려다가 도리어 역경에 처해 있을 때, 하나님의 섭리에 대한 믿음이 주는 '인내'의 열매는 참으로 소중합니다.

　섭리를 믿는 참된 신앙은 형통할 때에도 빛을 발합니다. 하나님의 선물들을 진심으로 감사하는 올바른 반응을 우리 속에 불러 일으키기 때문입니다. 그래서 사도 바울의 권고 대로 '그리스도 예수 안에서 우리를 향한 하나님의 뜻대로 범사에 감사하는'(살전 5:18) 그리스도인이 되게 합니다. 하나님의 섭리를 올바르게 알지 못하면, 형통할 때에 종종 배은망덕한 삶에 빠져들 수 있습니다. 하나님이 선물로 주신 것들에 도취하여, 정작 그것을 주신 하나님에게 감사하지 않고 그 주신 뜻을 깨닫지 못하고 탕자처럼 살아가기 쉽습니다. 그러나 섭리를 아는 지식은 형통할 때에도 우리를 교만한 자리에 빠져들지 않도록 지켜주며, 감사의 삶이라는 은혜에 합당한 열매를 맺게 해 줍니다. 하나님이 우리에게 복을 주실 때, 섭리를 믿는 믿음은 우리로 하여금 그 받은 바 선물에만 기뻐하지 않고 그것을 우리에게 주신 분을 마음 깊이 생각하게 해 줍니다. '감사'란, 우리가 받은 모든 것에서 그 주신 분을 깨닫고 인정하는 것입니다.

　하나님의 섭리를 아는 영적 지식은 무엇보다도 우리의 장래에 대한 굳건한 확신을 가져다 줍니다. 전능하신 천지의 창조주 하나님, 나를 사랑하사 독생자를 아끼지 않으신 하늘 아버지께서 우리의 삶을 인도하신다는 사실을 믿는 믿음은 '어떠한 피조물도 심지어 마귀조차도 하나님의 사랑에서 우리를 끊을 수 없다'

는 굳센 확신으로 때로는 '눈물 골짜기와 같은 이 세상의 삶'에서 하나님의 자녀들을 위로하고 격려합니다.

사도신경의 첫 조항, 곧 천지를 창조하신 전능하신 하나님을 우리 아버지로 믿고 고백한다는 것은 이처럼 엄청난 일입니다! 특히 그분의 섭리하심을 기억할 때에, 그리고 그와 대조되는 우리의 연약한 모습을 똑똑히 알게 될 때, 온 우주를 창조하시고 지금도 그 뜻대로 섭리하시는 하나님에 대한 신앙고백은 우리에게 언제나 새로운 힘과 소망을 안겨 줍니다.

2. 하나님의 특별한 섭리, 생명의 언약

웨스트민스터 대/소교리문답은 타락 이전의 사람, 곧 창조받은 지위에 있을 때의 아담에게 베푸신 하나님의 특별한 섭리를 '생명의 언약'(covenant of life)라는 개념으로 설명합니다(WSC 제12문답, WLC 제20문답). 그 첫 번째 언약을 '생명의 언약'이라고 부르는 까닭은 '생명나무'를 표(sign)로 삼은 것에서 나타나듯이 '영생'을 주시려는 하나님의 뜻을 담고 있기 때문입니다. 그 언약의 조건은 하나님의 뜻을 '인격적으로, 완전하게 그리고 항구적으로 순종'하는 것이었습니다. 이런 조건은 '하나님에 대한 참된 사랑'을 원하시는 뜻을 담고 있습니다. 기계적인 순종이 아니고, 불완전하거나 변덕스러운 순종이 아니라, 창조주 하나님을 온 마음을 다하여 신뢰하고 순종하는 사랑이 생명의 언약의 조건이었습니다. 사람이 언약을 잘 지킬 것인지 여부를 평가하는 기준이 '선악과 금령'에 대한 존중과 순종 여부였습니다. '선악을 알게 하는 나무열매를 먹는 것을 사망의 형벌로써 금하신' 것은 하나님과 맺은 생명의 언약을 얼마나 중요하게 받아들이는지 여부를 평가하는 척도로 이해할 수 있습니다.

이 생명의 언약 혹은 (WCF의 용어에 따르면) 행위 언약은 단지 아담 이후의 인류의 운명을 결정하였다는 점에서만 중요한 것이 아니라, 인류를 향한 창조주 하나님의 변함 없는 뜻을 보여준다는 점에서도 대단히 중요합니다. 무엇보다도 예수 그리스도의 성육신과 구속의 사역이 다름 아니라 이 생명의 언약을 온전히 이루신 것과 연결됩니다. 우리 주님이 하나님의 뜻을 온전히 순종하여 생명의 언약에 따라 영생을 얻지 않으셨다면, 죄인인 우리가 어떻게 영생, 곧 하나님과의 영원한 사귐을 누릴 수 있겠습니까! 바로 이런 점에서 사도 바울은 예수 그리스도를 두 번째 아담으로 소개하는 것입니다(롬 5:14-21).

3. 하나님의 섭리와 인격적 존재들

작정(decree)과 예정(predestination)은 모두 시간 속에서 장차 일어날 일들에 관한 하나님의 영원하시고 지혜로운 결정을 뜻하는 말입니다. 그런데, 예정은 특별히 '지성적 존재'들에 관한 하나님의 작정을 뜻합니다. 성경이 계시하는 바에 따르면, 피조물 가운데 지성적 존재는 천사와 인간밖에 없습니다. 지성적 존재의 핵심적인 특징들 가운데 하나는 그 자신의 판단과 선택이 가능하다는 것입니다. 천사와 인간은 '무조건 하나님을 사랑하고, 그 뜻을 신뢰하고, 그 명령에 순종하도록' 프로그램된 존재로 창조된 것이 아닙니다. 하나님은 천사와 인간이 '지성적' 존재로서 하나님의 뜻을 깨닫고, '인격적' 존재로서 하나님을 사랑하기를 원하셨습니다. 웨스트민스터 대교리문답이 천사와 인간의 창조를 설명하면서 '변화될 수 있는 존재, 타락할 수 있는 상태'로 창조되었다고 말하는 뜻이 바로 이것입니다(WLC 제16-17문답).

창조의 사역과 섭리의 사역이 구별되는 중요한 특징도 바로 여기에 있습니다.

하나님은 그 섭리하시는 일에서 지성적이고 인격적인 존재들의 동참과 협력을 원하십니다. 하나님은 '천사들 가운데 일부를 자신의 기쁘신 뜻대로 들어 쓰셔서 자신의 능력과 긍휼과 공의를 시행하게 하시며'(WLC 제19문답), 에스더와 모르드개와 같은 하나님의 백성뿐 아니라 아하수에로나 바로와 같은 이방의 주권자들도 그 뜻대로 활용하십니다. 심지어 예수 그리스도를 배반하고 팔아 넘긴 가룟 유다의 악한 행위조차도 '유월절의 어린 양'으로 십자가에 달리실 메시야에 관한 예언이 성취되도록 섭리하십니다. 따라서 모든 일이 하나님의 섭리대로 움직인다는 고백이 우리의 기도의 힘이나 순종의 의미를 없애지 않습니다. 하나님의 섭리는 우리의 기도와 헌신과 순종까지 다 포함하고 있기 때문입니다. 성경의 무수한 사례들이 분명하게 가르쳐주듯이, 하나님의 섭리를 믿는 믿음이 오히려 우리의 기도와 헌신을 강하게 격려해줍니다.

III. 교리문답에 따라 드리는 우리의 기도

1. 우리의 기도에 부여하신 놀라운 특권을 기억합시다!

"우리 하나님 여호와께서 우리가 그에게 기도할 때마다 우리에게 가까이 하심과 같이 그 신이 가까이 함을 얻은 큰 나라가 어디 있느냐"(신 4:7).

"너희가 아들이므로 하나님이 그 아들의 영을 우리 마음 가운데 보내사 아빠 아버지라 부르게 하셨느니라"(갈 4:6).

하나님의 예정과 섭리는 (우리의 제한된 사고방식과는 달리) 우리의 기도를 무효화시키지 않습니다. 온 세상을 다스리시는 창조주 하나님은 오히려 우리의 기도를 들어 쓰시길 원하십니다. 소돔과 고모라를 위한 아브라함의 거듭된 간청을 귀 기울여 들어주신 하나님은 모르드개와 에스더, 그리고 바벨론에 흩어져 살고 있었던 모든 이스라엘 백성들의 간절한 기도를 외면하지 않으시고, 섭리의 손길을 베풀어 주셨습니다.

☞ 우리는 기도라는 놀라운 특권을 얼마나 소중하게 여기고 있습니까? 우리는 하나님의 미쁘심을 기도생활에서 온전하게 신뢰하고 있습니까? 무엇보다도 하나님 나라의 일을 위하여 헌신하도록 우리를 자녀로 불러주신 뜻을 우리의 기도를 통하여 실천하고 있습니까?

2. '아버지'라는 부름으로 기도를 시작하게 하신 은혜를 기억합시다!

그리스도께서 하나님을 '우리 아버지'로 부르라 명하신 까닭을 하이델베르크 교리문답은 이렇게 설명합니다. "그리스도께서는 기도의 첫머리에서부터 우리 마음에 하나님께 대하여 '어린아이와 같은 공경심과 신뢰'를 불러일으키기를 원하셨는데, 이것이 우리의 '기도의 기초'입니다"(HC 제120문답).

그런데 그 공경심과 신뢰는 하나님의 섭리에 대한 올바른 신앙적 지식과 묵상에서 나옵니다. 섭리에 대한 우리의 믿음을 돌이켜 보는 것이 중요한 까닭은, 그것이 일상생활에서 우리가 과연 하나님을 얼마나 의지하고 사랑하며 순종하는지 보여주는 거울이 되기 때문입니다.

☞ 당신은 '전능하고 언제 어디서나 미치는 능력을 가지신' 하나님께서, 현재 나에게 닥쳐온 모든 일을 주관하고 계신다고 진심으로 믿고 고백할 수 있습니까?

- 질병과 가난과 흉년(불황), 개인적이고 가정적인 곤경과 비참, 다른 사람들과 비교할 때 채워지지 않는 소망들과 같은, 내가 지금 겪고 있는 역경들도 하나님의 섭리의 손길이라고 인정하고 받아들일 수 있습니까? 그런 때라도 하나님의 신실한 백성이자 자녀가 마땅히 보여야 할 '인내'를 발휘할 수 있습니까?

☞ 지금 내가 형통한 시절을 누리고 있다면, 그것을 자신의 능력과 노력의 결과로 여기고 당연히 받아들이고 있습니까, 아니면 모든 것을 섭리하시는 하나님의 은혜로 알고 '감사'하는 마음으로 헌신의 삶을 실천하고 있습니까? 우리가 형통할 때에 감사하며 찬송할 제목들은 무엇일까요?

☞ 인생의 굴곡뿐 아니라 삶과 죽음의 문제에서도 하나님의 섭리를 믿고 있습니까? 에스더의 시절과 같이, 하나님의 자녀인 우리의 안전과 생명을 위협하는 상황과 환경에 처해서도 섭리에 대한 우리의 믿음을 굳세게 지킬 수 있습니까?

제 7장
사도신경 묵상 04

하나님과 악마 사이의 인간
(약 4:1-10)

종교개혁자 마틴 루터에 관한 권위 있는 연구서를 저술한 네덜란드 출신의 세계적인 교회사가 헤이코 오버만은 그 책의 제목을 '루터: 하나님과 악마 사이의 인간'이라고 붙였습니다. 그런데 이 제목은 하나님의 형상으로 지음받아 생명의 언약을 맺었으나, 하나님에게 등을 돌리고 반역한 인간의 타락한 현실을 생생하게 묘사하는 표현이기도 합니다. 또한 이 표현은 성화의 길을 걸어가는 구원 받은 그리스도인들에게도 여전히 깊은 울림으로 다가옵니다.

창조주 하나님을 고백하는 사도신경의 첫 번째 부분에서 구세주 예수 그리스도를 고백하는 두 번째 부분으로 넘어가면서, 우리는 왜 구세주가 필요하게 되었는지 성경의 가르침을 살펴볼 필요가 있습니다. 장로교회의 개혁주의 신학에서는 '인간론'이라는 주제로 가르치는 부분을 이번 과에서 성경 본문과 교리문답서들을 통하여 살펴봅시다:

"그러니, 하나님께서 여러분 안에서 그분 뜻대로 일하시게 해드리십시오. 마귀에게는 큰소리로 '안돼!' 하고 외치고, 마귀가 날뛰지 않는지 주시하십시오. 하나님께는 조용히 '예!' 하고 말씀 드리십시오. 그러면 하나님께서 즉시 여러분 곁에 계실 것입니다. 죄에서 손을 떼십시오. 내면의 삶을 깨끗하게 하십시오. 여기저기 기웃거리지 마십시오. 땅을 치며 하염없이 우십시오. 놀고 즐기는 일은 끝났습니다. 신중하게, 참으로 신중하게 처신하십시오. 주님 앞에 무릎을 꿇으십시오. 여러분이 일어설 수 있는 길은 그 길뿐입니다." (약 4:7-10, 메세지 성경)

"하나님께서 사람을 어떻게 지으셨습니까? 하나님께서는 사람을 남자와 여자로 지으시되 자기의 형상대로 지식과 의와 거룩함으로 창조하시어 피조물을 다스리게 하셨습니다."

"우리의 시조가 창조받은 지위에 그대로 있었습니까? 우리 시조는 의지의 자유를 받았으나 하나님께 범죄함으로써 창조받은 지위에서 타락하였습니다."

"타락으로 말미암아 인류는 어떠한 처지에 떨어지게 되었습니까? 타락으로 말미암아 인류는 죄와 비참한 처지에 떨어지게 되었습니다." (WSC 제10, 13, 17 문답)

I. 성경 본문 묵상

1. 본문을 좀 더 넓은 문맥 안에서 살펴봅시다: 야고보서 3:13-4:10

　(1) 본문이 말하는 두 가지 대조적인 지혜들은 무엇입니까? (3:15, 17)

　(2) 인류의 대표자였던 아담은 두 가지 지혜 가운데 무엇을 선택하였습니까?

　(3) 그 선택의 결과를 야고보는 어떻게 묘사합니까? (3:14, 16; 4:1-3)

참된 지혜, 하늘로부터 온 지혜

야고보는 '땅 위의, 정욕과 귀신의 지혜'(약 3:15)와 '위로부터 난 지혜'(약 3:17)를 대조합니다. 완전히 상반되는 이 두 가지 지혜들 가운데 하나를 거부하고, 다른 하나를 받아들이도록 하는 것이 야고보서의 교훈의 목적입니다. '참된 지혜는 어디에 있는가?' 이것은 성경의 유서 깊은 질문입니다(욥 28:12). 야고보서는 '성결하고 화평하고 관용하며 양순하고 긍휼과 선한 열매가 가득하며, 편견과 거짓이 없는' 하늘로부터 난 지혜를 우리에게 가리켜 보여줍니다.

오늘 본문인 야고보서 4:1-10은 죄악된 인간의 마음 속에 있는 시기와 다툼과 악행과 혼란의 뿌리를 찾아보고, 그 문제에 대한 해결책을 제시하는 단락입니다. 야고보가 제시하는 교정책은 근본적으로 욥기의 교훈과 동일합니다: "보라, 주를 경외함이 지혜요 악을 떠남이 명철이니라"(욥 28:28).

그런데 우리의 눈을 역사의 시초로 돌려보면, 첫 사람 아담은 사람이 마땅히 선택해야 할 '위로부터 난 지혜'를 저버리고 사탄의 거짓말에 귀를 기울였습니다. 그 이래로 그의 잘못된 선택이 오늘날에도 여전히 은혜 밖에 있는 사람들의 삶에서 늘상 반복되고 있습니다. 안타깝게도 그런 잘못된 선택이 많은 그리스도인들의 삶 속에서도 종종 반복하여 나타납니다.

일상이 아니라 영적 전쟁

야고보는 그리스도인들 사이에 일어나는 논쟁들과 다툼들, 악의와 나쁜 감정을 표현하기 위해 '전쟁'이라는 강렬한 표현을 사용합니다('war in your members', 4:1). 이런 표현은 자칫 사소한 일상처럼 보이는 일의 본질을 우리에게 일깨워줍니다. 우리의 욕심과 정욕들은 마치 우리 안에 있는 무장한 군대와도 같이, 우리의 욕구를 충족하는 것을 방해하는 대상에게 언제든지 전쟁을 벌이려고 하고 있습니다. 우리 그리스도인의 생활은 믿지 않는 일반 사람들의 일상적인 삶과 동일한 것이 아닙니다. 예수 그리스도의 편에 섰을 때부터 우리는 종종 일상의 모습으로 다가오는 치열한 영적인 전쟁터에 있는 것입니다. 그런데 바로 그 사실을 잊어버리게 만드는 것이 사탄의 책략이며, 우리가 영적 전쟁에서 지고 있는 신호인 것입니다.

2. 성도들에게서 나타나는 악한 지혜의 두 가지 증상과 그 원인: 야고보서 4:1-5

(1) 야고보가 성도들의 왜곡된 현실로 지적되는 두 가지 증상은 무엇입니까? (4:1, 4)

(2) 우리의 기도가 응답이 되지 않는 까닭은 무엇입니까? (4:2b-3)

(3) 사도는 그런 심각한 상황의 뿌리가 무엇이라고 지적합니까? (4:1, 3)

(4) '간음하는 여인들아'(4절)라는 책망은 누구에게 대한 것입니까?

- 이 표현의 문자적인 의미는 무엇입니까?

- 이 구절의 뒷부분과 연결하여 볼 때, 이 표현의 영적이고 구속사적인 의미는 무엇일까요?

(5) 시기하시기까지 우리를 사모하시는 하나님: 4:5

- 구약성경은 하나님의 시기하심을 어떻게 거듭하여 가르치고 있습니까?
(출 20:5; 출 34:14; 신 32:15-16; 왕상 18:21,40; 슥 8:2)

- 그렇다면, 야고보서4:5에서 볼 수 있는 성경의 일관된 교훈은 무엇입니까?

정욕, 죄악된 자아의 표현

야고보가 지적하는 성도들 사이의 다툼(4:1)은 외적인 증상이라고 할 수 있습니다. 그런 다툼의 원인은 '세상과 벗된 것' 즉 하나님과의 관계가 잘못되어 있는 영적 현실입니다(4:4). 심지어 기도의 효력을 없애버리는 심각한 상황의 뿌리는 정욕입니다. 교회 안에서 나타나는 그런 심각한 문제를 야고보는 하나님의 계시의 말씀에 호소하여 해결하려고 깨우쳐 줍니다(4:5).

'정욕'이라는 말은 죄인인 우리의 상태를 드러내 보여줍니다. 야고보는 서로 싸우고 다투는 우리의 상태를 제멋대로 결정을 내리는 '정욕'(lust)이라는 말로 표현합니다. 죄악된 자아는 자신을 가로막는 모든 방해물들을 물리치고 그 악한 욕구를 채우기 위하여 다투며 싸웁니다. 서로 사랑해야 할 이웃과의 관계가 이렇게 왜곡되어 버립니다. 우리의 '정욕'으로 생겨난 장애물 때문에, 하나님이 기뻐하시고 받으시는 기도를 드리지 못하며, 구한 것을 하나님한테서 받지도 못합니다. 정욕에 휘둘리는 기도는 하나님이 아니라 자신의 개인적 만족에 집중합니다. 그런 기도는 하나님의 응답을 받지 못하는 것이 당연합니다.

하나님의 백성의 영적인 간음

'간음하는 여인들아'(4:4)라는 표현은 문자적으로는 '혼인 서약을 저버린 아내들' 즉 간통녀를 의미합니다. 그러나 '세상과 벗이 되고자 하는 자는 하나님과 원수가 된다'는 그 구절의 뒷부분과 연결하여 보면, 이것은 성경 전체가 강조하여 다루는 대단히 중요한 타락과 죄라는 근본 주제, 곧 하나님과 그 언약 백성 사이의 깨어진 관계에 관한 교리와 직결됩니다. 신구약성경을 일관하여, 하나님과 그 백성이 맺은 언약의 관계는 '배타적'인 것으로 강조됩니다. 특히 예레미야서와 호세아서는 '결혼의 관계'에 비유하여 하나님이 자기 백성과 맺으신 언약의 배타성을 강조합니다. 하나님이 진실하고 충실한 남편으로서 모든 일을 수행하듯이, 그의 백성들에게 순결을 요구하십니다. 야고보 역시 이 언약적 관계를 분명하게

강조합니다: 우리의 마음의 성향이 '세상'을 향하면서 하나님과 친밀한 교제의 삶을 살 수 있다고 생각해서는 안된다는 것입니다. 그것은 불륜입니다. 우리 안에 거하시는 성령 하나님은 '시기하기까지 사모'하시며, 세상과 벗된 불륜의 아내가 신랑에게 돌아오기를 원하십니다.

3. 하나님의 은혜 안에서 살아가는 지혜: 야고보서 4:6-10

　(1) 하나님이 주시는 주신 '더 큰 은혜'란 무엇입니까? 교만한 자와 겸손한 자는 누구입니까? (4:6)

　(2) '그런즉'(그러므로)으로 시작되는 7절부터 나오는 10가지 명령들을 살펴봅시다.

　(3) 하나님의 은혜 안에서 살게 해 주는 지혜의 요체는 무엇입니까?

　야고보는 잠언 3:34의 말씀을 인용하여 마치 음탕한 고멜과도 같은 하나님의 백성에게 베푸시는 더 큰 은혜를 소개합니다. 그 은혜는 교만을 버리고 겸손함으로 하나님께 돌아오는 자에게 약속되어 있습니다. '교만한 자'는 누구입니까? 교만한 자는 자신의 마음을 창조주로부터 피조물로 돌리며, 하나님에게만 간구하는 모든 경건한 자들에 반대하여 그 자신을 앞세우는 자입니다. 교만한 자는 하나님 없이도 살 수 있을 뿐 아니라 더 행복하게 살 수 있다는 사탄의 큰 거짓말을 의지합니다. 교만한 자는 어리석게도 세상과 벗하면서도 하나님과 교제할 수 있다고 착각합니다. 그러나 하나님은 그런 교만한 자에게서 눈길을 돌리십니다. 오히려 하나님은 그런 자들을 물리치시는데, 그들 위에는 하나님의 진노가 그들 위에 머물러 있습니다.

　하나님이 주시는 더욱 큰 은혜를 받을 '겸손한 자'는 어떤 사람입니까? 그는 자신의 부족을 인식하며, 피조물된 자신의 신분을 바르게 깨닫고, 모든 좋은 것의 근원이신 전능하신 창조주 하나님에게 절대적으로 의존하며, 구원에 필요한 모든 것을 하나님한테서만 기꺼이 받으려고 합니다. 그래서 그는 복받는 길로 나아갑니다: 하나님께 복종하며(4:7), 하나님을 가까이 하고, 두 마음을 버리고 성결한 마음을 품습니다(4:8). 그는 높으신 하나님 앞에서 자신을 낮출 줄 압니다(4:10).

'그런즉'이라는 말로 시작되는 7-10절에는 순종해야 할 명령이 10개나 나옵니다. 그 명령들은 하나님과 겸손히 동행하기 위한 방법들을 분명히 제시합니다. 야고보는 하나님에 대한 우리의 자세(4:7, 8, 10)와 우리를 유혹하는 마귀에 대한 대처(4:7b), 겸비한 마음을 실천하는 일들(4:8b, 9)을 잘 가르쳐 줍니다. 그런 복된 길을 완전하게 걸어간 사람이 바로 우리 주 예수 그리스도입니다. 그리고 그리스도인은 범사에 우리 주 예수 그리스도를 본받도록 부름 받은 자입니다.

II. 교리문답이 가르치는 인간의 타락과 죄의 본질

1. 타락의 끔찍한 결과

인간은 모든 피조물들과 구별되게 '하나님의 형상'으로 영광스럽게 창조되었습니다. 인간은 그 존재 자체가 하나님이 어떤 분이신지를 반영하는 고귀한 사명을 가지고 있었습니다. 첫 사람 아담과 하와는 만물에 대한 하나님의 통치와 삼위 하나님의 깊은 사랑을 직접 체험하면서 또한 드러내는 존귀한 존재였습니다. 하나님을 사랑하는 마음으로 생명의 언약을 잘 지켰더라면, 생명나무로 상징되는 하나님과의 깊은 사귐으로 들어갈 수 있었습니다. 그러나…

인류를 대표한 아담과 하와는 하나님을 사랑하는 것보다는 자신들을 더 사랑하였습니다. 선악과에 관한 하나님의 말씀을 소홀히 여기고 오히려 그 말씀의 취지와 본의를 왜곡한 사탄의 유혹을 받아들였습니다. 하나님을 가까이 하는 대신, 세상과 벗되는 사탄의 꾀를 택했습니다. 그 결정적 선택은 아담과 하와에게, 그리고 그들이 대표하였던 모든 인류에게 엄청난 결과를 가져다 주었습니다. 그렇게 타락한 결과 인간이 처한 상황을 하이델베르크 교리문답은 '본성적으로 하나님과 이웃을 미워하는 성향이 있다'(HC 제5문답)는 말로 요약하여 지적합니다. 하나님을 사랑하고 이웃을 사랑하라는 사랑의 이중계명을 마음으로부터 거부하는 그런 존재가 되었다는 것입니다!

인간의 타락의 원인은 '금하신 열매를 먹은 행위'입니다(WSC 제15문답). 이것은 자칫 사소하게 보일 수도 있습니다. 속아 넘어가서 실수한 것을 하나님이 너무 지나치게 벌하신다는 오해를 불러일으킬 수도 있습니다. 더구나 아담과 하와의 일탈행위 때문에 모든 인류가 함께 타락의 상태에 빠지게 된 것(WSC 제16문답)을 억울하고 불공평하다고 생각할 수도 있습니다. 그러나 아담과 하와의 행위는 실수도, 가벼운 일도 아니었습니다. 하이델베르크 교리문답이 강조하여 가르치는대로, 하나님은 사람이 율법을 행할 수 있도록 창조하셨지만, 사람이 마귀의 꾐에 빠져 '고의로' 불순종하였습니다(HC 제9문답). 그것은 의도적인 불순종의 행위였고, 하나님의 주권을 무시하는 반역의 행위였습니다.

모든 인류를 악하고 패역한 상태로 전락하게 만든 결과가 그 행위의 심각성을 웅변적으로 증거합니다. 소교리문답은 타락으로 말미암은 인류의 처지를 '죄와 비참'으로 설명합니다(WSC 제17문답). 죄책과 의의 상실과 성품의 부패로 이루어진 원죄와 그로부터 나오는 자범죄가 인간의 죄된 상태입니다(WSC 제18문답). 그리고 하나님과의 생명의 교제가 끊어지고 오히려 진노와 저주 아래 있으며, 결국 이 세상의 비참함과 죽음뿐 아니라 영원한 지옥의 고통을 당할 처지가 바로 타락한 인류의 비참한 처지입니다(WSC 제19문답). 하나님의 특별한 구원의 은혜 곧 성령으로 말미암는 중생이 없으면, 우리는 '너무나 부패하여 선은 조금도 행할 수 없고 온갖 악만 행하는 성향'을 가진 비참한 존재입니다(HC 제8문답).

사람들은 일반적으로 죄보다는 그 결과인 비참과 고통에 더 큰 관심을 기울입니다. 그래서 여러 가지 방법을 동원하여 그런 문제들을 해결하려고 합니다. 그러나 비참의 증상들을 치료하는 것으로는 참된 해결을 얻을 수 없습니다. 성경은 그 비참의 뿌리이지 원인인 죄의 문제를 근본적으로 해결하지 않고서는 참된 구원이 있을 수 없다고 가르칩니다.

2. 죄의 본질

소교리문답에 제시하는 죄의 정의는 성경의 교훈을 아주 잘 요약한 것입니다: "죄는 하나님의 율법을 조금이라도 부족하게 지키거나 그 법을 어기는 것입니다"(WSC 제14문답). 이 유명한 정의는 위반(적극적 죄, 작위)뿐 아니라 태만(소극적 죄, 부작위)까지 잘 지적하고 있습니다. 이것은 무슨 규칙을 위반하는 것이 죄라고 생각하는 일반적인 율법주의적 상식을 바로잡아 줍니다.

대/소교리문답이 '하나님의 명령을 순종하는데 부족한 것'을 죄의 양상으로 강조하는 것은 죄의 역동적인 성격과 밀접한 관계가 있습니다. 죄는 대단히 역동적입니다. 그래서 우리가 하나님의 법을 부족하게 지키면 쉽사리 결국 교만에 빠져듭니다. 하나님 없이도 살 수 있다고, 내 힘으로 할 수 있다고, 하나님의 도움 없이도 세상의 시스템에 따라 잘 진행된다고 착각하게 됩니다. 따라서 '온전하게 하는 율법'을 거울로 삼아 '하나님의 관점에서' 부단히 자신을 성찰하지 않으면, 우리는 곧 이 세상의 기준에 따라 자신의 경건을 잘못 평가하게 됩니다. 그것은 항상 과대평가이며, 그 결과 하나님께 대한 우리의 사랑과 순종을 약화시키는 결과에 빠지게 합니다. 바로 그런 까닭에 교부 아우구스티누스는 우리의 영혼을 겸손에 깊이 뿌리내려야 한다고 충고합니다. 태만과 부작위의 죄는 겉보기보다 훨씬 더 심각하고 무섭습니다. 그런 죄에서 벗어날 방법은 말씀과 성령으로 자신을 부단히 성찰하는 것입니다.

III. 교리문답에 따라 드리는 우리의 기도

"죄의 지배에서 벗어나서 하나님의 은혜로 들어가는 지혜를 내려 주시옵소서!"

1. 죄의 역동성에 맞서 싸우는 지혜를 주시옵소서!

☞ 일상생활에서 내가 따르는 지혜가 과연 어떤 지혜인지, 말씀과 성령으로 분명히 깨달을 수 있게 해 주시옵소서!

- 나의 삶에서 가장 소중하게 여기는 목표나 가치는 무엇입니까?
- 나의 시간과 돈을 기꺼이 내어놓는 대상은 무엇입니까?
- 내 자녀들을 향한 나의 소원들은 과연 어떤 지혜를 따르는 것들입니까?
- 나 자신과 자녀들을 위한 기도의 제목들은 과연 어떤 지혜를 따르는 내용입니까?
- 범사에 나의 부족을 깨닫고 하나님께 엎드려 간구합니까, 기도에 태만한 상태입니까?
- 간구하여도 얻지 못하는 기도의 제목들이 있다면, 그 동기가 무엇인지 살펴봅시다!

2. 아담의 어리석은 길을 버리고 예수 그리스도의 생명의 길을 뒤따르게 하소서!

☞ 야고보 사도가 명령하는 주님의 뜻을 마음에 새깁시다:

여러분 자신을 하나님께 드리십시오!

마귀를 대적하십시오!

하나님께 가까이 나아오십시오!

여러분의 삶 가운데 남아 있는 죄를 깨끗이 씻으십시오!

마음과 행실에서 정결하게 되십시오!

하나님과 세상을 동시에 쫓으려는 어리석음을 깨끗이 버리십시오!

(자신의 부족함을 깊이 깨닫고, 하나님 앞에서) 슬퍼하며 우십시오!

주님 앞에서 자신을 낮추십시오!

3. 더욱 풍성히 내려 주시는 하나님의 은혜를 사모하며 살아가게 하소서!

☞ 삼위 하나님의 이름으로 인쳐주신 언약을 항상 기억하며 의지하며 순종하게 하소서!

하나님과 맺은 언약에 관한 성경적 교훈은 개혁주의 신앙을 고백하는 장로교회의 가장 소중한 보물 가운데 하나입니다. 성경은 하나님께서 이런 언약적 관계를 대단히 중요하게 여기신다고 가르쳐 줍니다. 그것은 구약과 신약에서 이 거룩한 언약을 종종 '결혼'의 관계에 비교하여 강조하는 사례에서 분명하게 드러납니다.

그리스도인은 항상 하나님과 맺은 성약(Holy Covenant)을 마음에 새기며 살아야 합니다. 그 언약은 삼위 하나님의 놀랍고도 풍성한 언약을 되새겨주며, 그 은혜에 합당한 순종의 삶을 일깨워줍니다! 우리와 우리 자녀들이 맺은 그 언약을 항상 기억하게 해 주소서!

제 8장
사도신경 묵상 05

우리의 구주는 이런 분이십니다!
(히 1:1-2:4)

 히브리서는 구약과 신약의 관계를 탁월하게 잘 보여주는 서신입니다. 모두 7편의 설교들로 이루어진 이 독특한 서신은 구약과 신약을 그림자와 실체처럼 연결해 줍니다. 각 설교들의 구조가 '구약 → 신약 → 그 의의'로 구성되어서, 예수 그리스도에 관한 전체 성경의 중요한 교훈을 핵심적으로 잘 요약해 주고 있습니다. 특히 구약시절부터 죄인이 거룩하신 하나님에게 나아갈 수 있는 길을 열어준 제사제도의 참뜻이 무엇인지 그리스도의 십자가를 통하여 밝히 알려주기 때문에 '레위기에 대한 신약적 주석'이라고 평가되기도 합니다. 그 첫 번째 설교(1:1-2:4)의 내용을 통하여, 사도신경의 두 번째 파트, 곧 구세주 예수 그리스도에 관한 고백들을 살펴봅시다.

I. 성경 본문 묵상

1. 하나님의 뜻을 온전하게 계시하신 예수 그리스도 (히 1:1-4)

(1) 히브리서의 사도가 하나님의 계시를 두 가지로 구별하여 설명하는 내용을 살펴봅시다(1-2절).

	언제	누구에게	어떻게
1절			
2절			

(2) 중요하게 대조되는 내용은 무엇입니까?

2. 예수 그리스도는 어떤 분입니까?

(1) 2-3절에서 '그 아들'에 관하여 소개하는 내용은 무엇입니까?

- 그는 누구입니까? 또 하나님과는 어떤 관계입니까?

- 그의 지위는 무엇입니까?

- 과거에 그분은 무슨 일을 하셨습니까?

- 그분이 지금도 하시는 일은 무엇입니까?

(2) 4절 이후에서 그 아들을 천사들과 비교한 내용은 그분의 어떤 직분을 강조합니까?

(3) 그리스도와 천사를 비교하여 전하려는 히브리서 첫 설교의 메시지는 무엇입니까? (2:1-4)

- '천사들을 통하여 전하신 말씀'(메시지)은 무엇이었습니까? (cf. 행 7:53; 갈 3:19)

- 어떤 의미에서 그 메시지가 구속력(강제력)을 가지고 있었습니까? (cf. 출 20:4-5, 32:1-4, 19-28)

- 하나님의 아들의 메시지는 무엇입니까? (2:3)
- 하나님의 아들의 메시지가 히브리서 저자와 최초의 독자들에게 어떻게 확증되었습니까? (2:4)

'여러 번에 걸쳐 다양한 방법으로' vs. '그 아들을 통하여 결정적으로'

  기독교는 계시의 종교입니다. 타락한 인간은 스스로 진리에 도달할 수 없습니다. 구원 얻는 참된 신앙은 오직 하나님이 친히 인간에게 알려주셔야 합니다. 히브리서는 하나님이 구약 시대에 '여러 부분과 여러 모양으로'(in many times, in various ways) 자신의 뜻을 인간에게 계시하셨다고 말합니다. 모세와 엘리야를 비롯한 선지자들을 통한 계시는 말할 것도 없고, 독특한 사례들만 몇 가지 생각해 보아도 '다양한 방법으로'라는 말 뜻을 쉽게 알 수 있습니다. 거짓 선지자 발람에게 나귀를 통하여 책망하신 일(민 22:26-31), 시내산에서 이스라엘 모든 백성에게 친히 음성으로 십계명을 들려주신 일(신 4:10-13), 포로로 잡혀간 선지자 에스겔에게 그룹의 형상을 비전으로 보여주시며 계시하신 일(겔 1:4-28), 바벨론 왕 벨사살에게 글자 쓰는 손가락으로 경고하시고 선지자 다니엘을 통하여 그 뜻을 알리게 하신 일(단 5:5-6, 22-28; 7:1) 등, 참으로 다양한 방식으로 거듭하여 계시하셨습니다.

  그런데, 히브리서는 구약의 그 모든 계시를 '이 모든 날 마지막에, 아들을 통하여 주신 계시'와 대조하고 있습니다. 하나님의 아들 예수 그리스도를 통하여 주신 계시는 최종적인 계시라는 것입니다! 구약의 모든 선지자들과 대조되게 소개되는 '그 선지자' 예수 그리스도에 관한 히브리서의 이 교훈은 기독교 신앙과 관련하여 대단히 중요한 의미를 가지고 있습니다. 그것은 '나로 말미암지 않고는 아무도 아버지께 갈 수 없다'는 예수님의 선언과 직결되어 있습니다. 구약의 하나님, 곧 아브라함의 하나님을 자기 신으로 내세우는 다른 종교들이 있습니다. 유대교와 이슬람교입니다. 그러나 그들은 그 하나님을 자기 아버지로 부를 수 없습니다. 왜냐하면 예수 그리스도를 주와 구세주로 인정하지 않기 때문입니다! 바로 이런 점에서 히브리서의 첫 본문은 '십계명이 아니라 사도신경이 그리스도인을 만든다'는 종교개혁자 루터의 주장을 잘 뒷받침합니다. 유대교와 이슬람교도 십계명을 알고 있습니다. 그러나 그들은 사도신경을 받아들이지 않습니다!

히브리서의 기자는 천사들과 예수님을 비교하여, 하나님의 아들의 비할 데 없는 신분과 영광을 강조합니다. 천사들은 인간이 숭배할 대상이 아니라 오히려 구원 받을 상속자들을 섬기는 영인 반면에, 그 아들 예수 그리스도는 하나님의 우편에 앉으실 왕이십니다! 그런데, 유대인 출신 그리스도인들이 대단한 존중심을 가졌던 천사들과 예수 그리스도를 비교하는 목적은 히브리서의 첫 설교의 적용 부분이라고 할 수 있는 2장 1-4절에서 분명하게 나타납니다. '천사들을 통하여 주신 하나님의 계시를 소홀히 여기고 불순종하고 범죄하였던 구약의 이스라엘 백성도 그에 마땅한 벌을 받았는데, 하물며 천사와는 비교할 수 없이 높으신 예수 그리스도 곧 하나님의 아들의 구원의 계시를 등한시 하면 얼마나 큰 보응을 받겠느냐!' 하는 강력한 경고입니다. '우리에게 전해진 예수 그리스도의 구원의 복음에 더욱 유념하라!'는 강력한 촉구입니다. 이미 들은 그 복음을 마음에 새기고 묵상하는 일에서 멀어져, 마치 부두에 든든히 정박해 있어야 할 배가 어느덧 물결에 밀려 표류하는 지경에 빠져서는 안 된다는 깨우침입니다.

카타콤의 초대 기독교 벽화들에서 기독교 신앙을 상징하는 그림으로 종종 나타나는 '닻'(anchor)의 이미지가 바로 이 메시지와 연결됩니다. 우리는 하나님의 구원의 계시를 온전하게 전해 주신 참 선지자 예수 그리스도의 말씀을 영혼의 닻으로 삼아야 할 것입니다.

II. 교리문답이 가르치는 예수 그리스도 1

1. 의로우신 하나님을 만족시킬 중보자

　　개혁교회의 하이델베르크 교리문답은 기독교의 핵심 교리들을 로마서의 구조에 따라 '비참'(Misery) ▷ '구속'(Deliverance) ▷ '감사'(Gratitude)의 순서로 서술합니다. 인간의 타락과 죄로 인한 비참함에서 중보자 예수 그리스도의 구속의 사역으로 넘어가는 대목에서, 이 교리문답은 성경이 중요하게 가르치는 '하나님의 공의와 자비'를 균형있게 강조합니다(HC 제4주일). 인간의 불순종과 반역은 하나님의 형벌을 결코 피할 수 없으며(HC 제10문답), 참으로 자비로운 하나님이 죄인을 구원하시기 위해서는 반드시 죄에 대한 형벌이 내려져야 합니다(HC 제11문답). 중보자가 필요한 첫째 이유는 바로 여기에 있습니다. 그래서 우리의 구속을 다루는 하이델베르크 교리문답 제2부는 '공의로우신 하나님의 형벌을 피하고, 다시 하나님의 은혜를 받을 수 있는 방법'을 묻는 질문들로 시작합니다(HC 제5주일). 하나님의 의가 만족되기 위해서 죄값은 반드시 치러져야 하며(HC 제12문답), 날마다 자신의 죄책을 증가시키는 우리 자신이 하나님의 의를 만족시킬 수 없고, 또 인간이 아닌 다른 피조물이 우리의 죄에 대한 하나님의 공의로운 처벌을 대신 받을 수도 없으므로(HC 제13-14문답), 참사람이고 의로우시며 동시에 참 하나님이시고 모든 피조물보다 능력이 뛰어나신 중보자가 필요합니다(HC 제15문답). 제6주일의 세 문답들은 중보자가 의로운 참인간이어야 할 까닭(HC 제16문답)과 동시에 참하나님이셔야 할 까닭(HC 제17문답)을 설명한 후, 그분이 바로 우리 주 예수 그리스도인 것을 고백하고(HC 제18문답), 낙원에서부터 시작하여 그 아들을 통하여 계시된 하나님의 거룩한 복음이 그 사실을 가르친다고 고백합니다(HC 제19문답).

2. '우리 주 예수 그리스도를 믿습니다'라는 고백의 의미

사도신경의 두 번째 단락인 구세주 예수 그리스도에 관한 문답에서, 하이델베르크 교리문답은 먼저 성자 하나님의 이름과 칭호의 의미를 하나씩 소개하고(HC 제11-13주일), 지상에서의 행하신 구속의 사역과 하늘에서 현재 그리고 장차 행하실 사역을 순서대로 소개합니다(HC 제14-19주일). 즉 사도신경은 예수 그리스도에 관하여 크게 두 부분으로 나누어 가르칩니다:

· 그리스도의 존재: 그분은 누구신가?
· 그리스도의 사역: 그분이 무엇을 하셨고, 지금도 하고 계시며, 장차 하실 것인가?

이번 과에서는 하이델베르크 교리문답의 제29-34문답에 걸쳐 소개되는 '예수, 그리스도, 독생자, 주님'이라는 사도신경의 용어들의 의미를 중심으로 우리 주 예수 그리스도는 과연 어떤 분인지 살펴봅니다. 이 주제는 일반적으로 개혁주의 교의학(조직신학)에서 기독론의 큰 두 부분, 즉 예수 그리스도의 위격(His Person)과 사역(His Work) 중 첫 부분의 기초를 이루는 것입니다.

사도신조의 12개 조항 중 두 번째 조항이 '그리스도의 존재'에 관한 성경의 핵심 교훈을 요약하여 고백합니다: "그리고 나는 예수 그리스도, 그의 독생자, 우리 주님을 믿습니다." 하이델베르크 교리문답은 이 한 조항의 내용을 3주에 걸쳐 살펴보면서, 성자 하나님의 이름과 칭호의 의미를 설명할 뿐만 아니라, 그 내용이 우리에게 주시는 위로와 의의를 함께 밝혀 주고 있습니다. 다시 한 번 하이델베르크 교리문답의 '목회적' 특징을 발견하게 됩니다. 이런 점에서, 종교개혁자 루터가 강조하는 사도신경 자체의 의미를 되새겨 볼 필요가 있습니다. 이 신앙고백은 우리가 하나님께 관하여 믿고 고백하는 내용이기 이전에, 삼위 하나님께서 우리에게 베풀어 주신 풍성하신 은혜를 가르치고 선포하는 것입니다.

(1) '예수'(Jesus)라는 이름의 의미

마태복음 1:21은 '예수'라는 이름의 뜻이 '구주'라고 가르쳐줍니다. 그런데, 히브리어 '여호수아 혹은 호세아'의 헬라어 발음인 예수라는 이름은 그 당시 유대인들에게 상당히 익숙한 이름이었습니다. 아마도 예수님의 고향인 나사렛 마을에도 같은 이름을 가진 아이들이 더 있었을지도 모릅니다. 신약성경에서도 그 이름을 가진 사람들이 언급됩니다(눅 3:29; 행 7:45; 히 4:8; 골 4:11).

그러나 오직 성육신하신 성자 하나님만이 그 이름 '예수'의 고유한 의미를 독특하게 보여주십니다. 그 고유한 의미란, '구원자, 구주, 해방자'(Redeemer, Savior, Liberator)라는 뜻입니다. 하이델베르크 교리문답은 오직 나사렛 예수만이 우리 죄에서 구원하시는 유일한 구세주이기 때문에 그 이름에 합당한 유일한 분이라고 가르칩니다(HC 제29문답). 따라서 예수님 외에 다른 어떤 대상에서 구원을 찾는 사람은 유일하신 구주 예수님을 사실상 부정하는 자라고 엄중하게 경고합니다(HC 제30문답).

(2) '그리스도'(Christ), 곧 '메시야'라는 칭호

흔히 '예수 그리스도'라는 표현으로 하나의 이름처럼 생각되지만, 엄밀하게 말하자면 예수는 이름(name)이며, 그리스도는 칭호(title)입니다. 마치 '다윗왕'(King David)과 같은 방식의 표현입니다. 그런데 '그리스도'라는 그 명칭은 구약성경에 나오는 '메시야'라는 히브리어 칭호를 그리스어로 번역한 것입니다. 그리고 잘 알다시피 '메시야'는 '기름부음을 받은 자'라는 뜻입니다:

그리스도(Christ) = 메시야(Messiah) = 기름부음을 받은 자(the Anointed)

구약성경에서 기름부음을 받은 메시야들은 제사장, 선지자, 왕이었습니다(출 30:30; 삼상 10:1; 왕상 19:16). 기름을 붓는 이유는 '특별한 사명'을 위하여 그 사람을 '구별하여 세우기 위함'입니다. 기름부음을 통하여 하나님이 그에게 특별한 직분을 맡기시는 것을 스스로 혹은 다른 사람들 앞에서 확인하는 것입니다. 자기 머리에 부어진 기름을 느끼고 그 향을 맡을 때에, 그는 확실하게 알게 됩니다: '내가 하나님께로부터 이 직분을 맡았구나!' 그리고 그의 주위에 있는 다른 사람들도 그 사실을 분명히 알게 됩니다: '하나님께서 이 사람을 주의 일꾼으로 세우셨구나!' 그뿐 아니라, 기름부음을 통하여 하나님은 그 직분을 감당할 수 있는 능력도 함께 부어주셨습니다. 사무엘이 사울의 머리에 기름을 부어 그 기업의 지도자로 삼으셨을 때, 하나님이 사울에게 새 마음을 주셨습니다. 사울은 성령에 감동되어 예언자들의 무리와 함께 예언을 하였고, 그리고 '사울도 선지자 중에 있느냐?'라는 속담이 생겨났습니다(삼상 10:1, 9, 11). 또한 다윗은 기름부음을 받은 그 날 이래로 다윗은 여호와 하나님의 영에 크게 감동됩니다(삼하 16:13).

그런데, 사복음서를 아무리 읽어보아도 하나님께서 나사렛 예수의 머리에 기름을 부어 메시야, 곧 선지자 제사장 왕으로 세우셨다는 기록이 없습니다. 단지 예수님께서 십자가에 달리시기 얼마 전에 식사하실 때, 한 여인이 값비싼 향유를 예수님의 머리에 부은 일은 있습니다(마 26장; 막 14장; 요 11장). 그러나 그 기름부음은 예수님의 '장례'를 위한 것이었습니다(마 26:12). 그러면, 예수님은 언제 어떻게 하나님의 메시야로 기름부음을 받았을까요? 많은 신학자들은 요단강에서 세례 요한에게 받으신 세례를 예수님이 받으신 기름부음으로 해석합니다. 어떤 의미에서 그것이 메시야로 기름부음 받은 일로 여겨질 수 있을까요? 앞서 언급한, 기름부음의 두 가지 의미를 기초로 생각해 봅시다. 기름부음은, 첫째, 하나님께서 어떤 직분(사역)을 위하여 그 사람을 택하시고 세우시는 의식이며, 둘째, 그 일을 감당할 수 있도록 성령으로 능력을 부어주시는 의식입니다. 이런 점에서 예수님의 받으신 세례는 이 두 가지 의미를 충분히 담고 있었습니다. 사도 마태는 세례를 받은 후에 예수님이 성령의 충만함을 받으신 것을 증거합니다(마 3:16,17). 그리고 세례 요한과의 대화를 통하여 예수님은 자신의 죄씻음을 위해서가 아니라 죄인들을 구원하시려는 하나님의 뜻을 이루기 위한 세례를 받으시려는 뜻을 알려주십니다(마 3:13-15). 세례 요한의 만류를 물리치신 까닭은, 죄인인 우리와 동등한 자리로 내려오셔서 중보자의 직분을 시작하시려는 예수님의 뜻에 있었습니다.

개혁교회의 교리문답들은 '그리스도'라는 칭호에 담겨 있는, 예수님의 구속 사역과 직결된 삼중적인 직분을 중요하게 소개합니다. '우리의 중보자가 왜 그리스도라고 불리는가?'라는 질문에 대하여 웨스트민스터 대교리문답은 '성령으로 한량없이 기름부음을 받아 성별되어, 낮아지고 높아진 두 상태에서 교회의 선지자 제사장 왕의 직분을 수행할 모든 권위와 능력이 온전히 부여되었기 때문'(WLC 제42문답)이라고 대답합니다. 그리고 예수님이 그 각각의 직분을 어떻게 수행하시는지 제43-45문답에서 부연하여 설명합니다. 하이델베르크 교리문답 역시 그 까닭을 '성부 하나님으로부터 임명되고, 성령으로 기름부음을 받았기 때문'이라고 같은 대답을 하면서, 우리의 구원을 위한 삼중직분을 요약적으로 잘 제시합니다: '우리의 구원을 위한 하나님의 감추인 경영과 뜻을 온전히 계시하시는 선지자, 자신의 몸을 단번에 제물로 드려 우리를 구속하셨고 지금도 성부 앞에서 우리를 위해 항상 간구하시는 유일하신 대제사장, 그리고 말씀과 성령으로 우리를 다스리시고 구원에 이르도록 우리를 보호하고 지키시는 영원한 왕'(HC 제31문답).

여기서 하이델베르크 교리문답의 '목회적' 특징이 다시 한번 나타나는데, 즉 그 다음 문답에서 예수님이 '그리스도'라는 사실이 우리에게 주는 의미를 독특하게 묻습니다: "그런데 당신은 왜 그리스도인이라 불립니까?" 그 대답은 '그리스도와의 연합'이라는 신약성경의 핵심적인 교훈에 따라 제시됩니다. '믿음으로 그리스도의 지체가 되어 그분의 기름부음에 참여하기 때문입니다!' 그래서 모든 그리스도인은 주님이신 예수 그리스도를 본받아 그분의 선지자 제사장 그리고 왕의 직분에 동참합니다. 한걸음 더 나아가 장로교회는 이런 그리스도의 구속사역을 개별적인 그리스도인뿐 아니라 교회에도 적용합니다. 그래서 교회의 항존직을 그리스도의 삼중직분의 관점에서 이해합니다.

그리스도의 3직분	그리스도인의 3직분	장로교회의 3 항존직
선지자	예수 그리스도의 증인	목사 - 말씀의 사역자
제사장	자신을 거룩한 산 제물로 드림	집사 - 자비의 사역자
왕	마귀와 싸우며 피조물을 다스림	장로 - 다스리는 사역자

그리스도인으로서 나는 누구입니까? 교회는 어떤 공동체입니까? 신앙의 근본적인 이런 질문들의 대답은 우리 주 예수 그리스도에게서 그 정답을 찾을 수 있습니다.

(3) '주님'(Lord)이신 예수 그리스도

구속주 하나님의 신분을 요약하여 제시하는 사도신경의 제2조항은 예수님을 '주님'으로 고백하도록 가르칩니다. 하이델베르크 교리문답은 '아도나이'(Adonai)라는 히브리어에서 유래한 이 칭호를 예수 그리스도에게 돌리는 까닭을 '자신의 보혈로써 우리의 몸과 영혼을 모든 죄로부터 구속하시고 마귀의 권세로부터 해방하셔서 그분의 소유로 삼으셨기 때문'이라고 가르칩니다(HC 제34문답).

한 번 깊이 돌이켜 생각해 봅시다. 주님(Lord)이라는 고백은 우리에게 어떤 의미가 있습니까? 예수님이 우리의 '주님'(Lord)이라면, 나와 교회는 그분에게 어떤 태도를 취해야 마땅합니까? 사도 바울은 우리 자신의 몸도 내 마음대로 쓸 수 있는 것이 아니라, 값으로 산 하나님의 소유이므로 마땅히 하나님께 영광을 돌려야 한다고 가르칩니다(고전 6:19,20). 베드로 사도는 그리스도인들이 구약의 이스라엘 백성과 마찬가지로 '하나님의 소유된 백성'으로써 거룩한 나라와 왕같은 제사장의 역할을 다하여 하나님의 영광을 기려야 한다고 깨우쳐줍니다(벧전 2:9). 그러므로 예수님을 주님이라고 고백하면서도 자신의 삶을 스스로 주관하려는 사람들은 사실상 그 자신의 거짓된 신앙을 폭로하며 참된 그리스도인이 아니라는 사실을 드러내는 것입니다.

사도신경과 함께 모든 기독교회가 공통으로 받아들이는 니케아 신경과 아타나시우스 신경은 예수님을 '유일하신 주님'으로 고백합니다(We believe in *one* Lord, Jesus Christ). 그것은 "하나님은 한 분이시요 또 하나님과 사람 사이에 중보자도 한 분이시니 곧 사람이신 그리스도 예수라"(딤전 2:5)는 사도의 교훈을 잘 반영합니다. 오늘날 이 한 단어, one의 의미는 무척 중요합니다. 많은 사람들이 '한 분 주님 예수 그리스도'를 바르게 믿고 고백하지 않아, 영생의 길에서 벗어나고 있기 때문입니다! 장로교회와 마찬가지로 동일한 사도신경을 고백하는 로마 카톨릭교회는 여전히 마리아 숭배와 성인 숭배를 용인하여서, 한 분 주님이라는 고백의 의미를 크게 훼손하고 있습니다. 요즘 교회 안팎에서 많은 사람들이 종교다원주의를 주장하면서 '한 분 주님'을 고백하는 올바른 길에서 탈선합니다. "모든 건전한 종교들은 결국 다 같은 길을 걷고 있다. 비록 이름은 서로 달라도 믿는 대상은 궁극적으로 동일하다. 마치 산의 정상에 올라가는 길은 다 달라도, 그 꼭대기에 오르면 한 자리에 만나는 것과 같은 이치이다." 이렇게 주장하면서 종교간의 대화와 관용의 미덕을 칭찬합니다. '한 분 주님'을 고백하는 신앙인은 오히려 덜 떨어진 존재로 간주되곤 합니다. 그러나 구원의 문제에서는 '관용'이 결코 미덕이 아닙니다. 왜냐하면 성경은 분명히 '한 분' 주님을 가르치기 때문입니다: "다른 이로써는 구원을 받을 수 없나니 천하 사람 중에 구원을 받을 만한 다른 이름을 우리에게 주신 일이 없음이라 하였더라"(행 4:12).

3. '은혜 언약'

장로교회의 신앙표준인 웨스트민스터 신앙고백서와 대/소교리문답은 '언약적 관점'에 따라 성경을 일관되고 총체적으로 이해하고 가르치는 점이 두드러진 특징이며, 동시에 큰 장점입니다. 그것은 종교개혁 시절 좌우로 치우치는 로마 교회와 재세례파의 편파적인 성경 해석을 비판하면서, 구약과 신약의 계시의 메시지를 온전하게 받아들이려고 노력한 개혁주의 신학자들의 노력의 열매입니다.

웨스트민스터 대교리문답은 중보자 예수 그리스도를 본격적으로 소개하기 이전에 제30-35문답에 걸쳐 은혜 언약의 기본적인 내용을 먼저 설명합니다.

구약과 신약에서 각각 시행된 은혜 언약의 방식을 예표(type)와 실체(anti-type)의 관점에서 설명한 제34-35문답의 내용은 통전적인 성경 이해를 잘 반영하고 있습니다. 그 내용은 하나님의 백성들이 서로 다른 경륜 아래에서 살아갔지만, 하나님의 은혜의 언약 아래 구원으로 인도함을 받은 사실을 잘 보여줍니다.

그리고 신약의 교회에서 시행되는 말씀의 설교와 성례의 시행이 어떤 의미에서 구약의 교회에 주신 여전들과 연결되는지 깨우쳐 줍니다. (이런 점에서 우리는 히브리서의 의의를 다시 한 번 생각하게 됩니다.)

III. 교리문답에 따라 드리는 우리의 기도

1. 우리의 구주 예수 그리스도께서 어떤 분이신지 바르게 알고 찬송하고 고백합니다! (히 1:2b-3)

(1) 이 세상을 창조하시고 또한 완성하셔서 다스리실 예수 그리스도를 바라보게 하소서!

(2) '하나님의 형상'을 온전히 보여주신 예수 그리스도를 본받는 삶을 살게 하소서!

(3) 하늘과 땅의 모든 권세를 가지신 우리 주님을 의지하고 순종합시다!

- 때로는 '눈물골짜기 같은' 이 세상을 지날 때에도, 하나님 우편에 계신 우리의 신실하신 주 예수 그리스도를 항상 바라볼 수 있도록 격려해 주소서!

- 나의 삶을 내 뜻대로 이끌어 가지 말게 하시고, 항상 '주님의 뜻을 받들어' 살아가는 경건의 훈련을 끊임없이 계속할 수 있게 해 주소서!

2. 예수 그리스도께서 전해 주신 큰 구원의 복음을 경솔히 대하지 않게 하소서! (히 2:1)

(1) 우리가 어느덧 멀리 떠내려와 있지는 않은지, 하나님 앞에서 자신을 돌아보게 하소서!

- 예수 그리스도께서 나의 주님입니까, 아니면 나를 위하여 섬기는 분이 되어 있습니까?

- 복음이 나에게 당연한 것이 되어 있습니까, 아니면 나의 삶의 가장 중요한 것입니까?

- 나는 하나님의 말씀을 얼마나 소중하게 여기고 있습니까?

- 나는 자녀들에게 하나님의 말씀을 얼마나 자주, 열심히 들려주고 있습니까?

(2) 들은 바 복음의 말씀에 유념하게 해주소서!

- 설교와 성경공부와 큐티(QT)를 통하여 주신 말씀을 실천할 수 있게 도와주소서!

- 부모들이 자녀들과 함께 하나님의 뜻을 나누고, 하나님께서 주신 소명이 무엇인지 묵상할 수 있게 인도해 주소서!

제 9장
사도신경 묵상 06

낮아지신 그리스도의 사역
(벧전 2:21-25)

예수 그리스도는 제자들에게 고난에 관하여 다음 세 가지 진리를 가르치셨습니다: 첫째, 자신이 그리스도이기 때문에 반드시 고난을 받을 것이며(눅 24:25, 44-47); 둘째, 자신의 고난은 다른 사람들을 위한 것, 곧 많은 사람들의 죄를 대속하기 위한 속전이며(마 20:28; 26:28); 셋째, 그리스도를 따르는 사람들은 모두가 그와 유사하게 고난을 대비하여야 한다(막 8:34; 10:38-39)는 것입니다. 예수님의 수제자인 베드로는 처음에는 예수님의 그런 가르침을 이해하지도 못하였고 기꺼이 받아들이지도 않았습니다. 그가 이해하고 있었던 메시야는 수난과 죽음이 아니라 승리와 영광을 받아야 마땅한 분이었기 때문입니다. 그러나 죄인들에게 하나님의 구원을 가져온 그리스도의 죽음과 부활을 체험한 이후에, 베드로는 '메시야의 수난'이 얼마나 깊은 의미가 있는지 깨닫게 되었습니다.

택하심을 받은 성도들에게 보낸 이 서신에서 베드로는 고난에 관한 예수 그리스도의 가르침이 기독교의 본질적인 진리라는 사실을 얼마나 철저히 깨닫고 받아들이게 되었는지, 그리고 그것을 얼마나 중요하게 여기고 널리 선포하고 있는지 잘 보여줍니다. 오늘 본문에서 베드로는 구약성경의 예언, 특히 이사야 53장의 말씀을 두드러지게 사용하여 그리스도의 수난의 의미를 우리에게 깨우쳐 주며, 그에 따라 그리스도인이 가져야 할 마땅한 삶의 자세를 권면합니다.

I. 성경 본문 묵상

1\. 사도 베드로는 '이를 위하여' 너희가 부르심을 받았다(2:21)고 말합니다.

(1) 본문의 문맥을 살펴보면, 하나님은 우리를 어디로, 무엇을 위하여 부르셨습니까? (2:9, 16-20)

(2) 그리스도의 고난의 모본

- 그리스도의 고난은 우리가 당하는 일반적인 고난과 어떤 점에서 다릅니까? (2:19-20)

- 그리스도의 고난은 어떤 점에서 그리스도인이 뒤따라야 할 본보기가 됩니까?

2\. 사도 베드로는 그리스도의 고난과 죽음을 이사야 선지자의 예언의 빛에 따라 설명합니다.

(1) 예수 그리스도의 수난과 죽음은 어떤 점에서 의로운 자의 죽음입니까? (2:22; 벧전 1:19)

(2) 그분의 죽음은 어떤 의미에서 대속적인 죽음입니까? (2:24; 사 53:9-10,12)

(3) 이사야 선지자가 예언한 고난당하는 어린 양의 모습이 또 어떻게 나타납니까? (2:23; 사 53:7)

3\. 그리스도께서 고난 받으신 궁극적인 목적은 무엇입니까? (2:24b-25)

'나무에 달리심'의 의미: 율법의 저주(갈 3:13, 신 21:22-23)

　사울, 곧 회심 이전의 바울과 같은 바리새인들은 나사렛 예수가 결국 십자가에 달려 죽으셨다는 사실이 그를 불신하는 중요한 근거였습니다. 하나님의 저주를 받아 나무에 달려 죽은 자를 어떻게 메시야라고 인정할 수 있겠는가! 하는 주장입니다. 생전에 많은 이적을 보였고 권위 있게 율법을 가르친 비범한 존재처럼 보였지만, 결국 그의 저주받은 죽음으로 나사렛 예수는 거짓 선지자요 신성모독자라는 사실이 증명된 것으로 여겨졌습니다. 그들의 관점으로는 약속된 메시야가 저주받은 죽음을 당하는 것은 불가능한 일이었기 때문입니다. 그러나, 율법의 전문가라는 이들은 하나님의 종이 오셔서 행하실 가장 중요한 사역에 관한 이사야 선지자의 예언을 전혀 이해하지 못하였습니다. 왜냐하면 그들의 관점과는 정반대로, 이사야 53장은 '우리를 위하여 저주가 되신 분만이 참된 메시야'라고 선포하기 때문입니다. 메시야로 오신 분이 하나님께 저주를 받아 죽는 것은 반드시 일어나야 할, 우리의 구원을 위한 필수적인 사건이었습니다!

'많은 사람들의 죄를 담당하신' 그리스도(사 53:11)

　베드로 역시 그 사실을 늦게서야 깨달았습니다. 예수님을 따라다닐 때 그 역시 예루살렘에서 왕으로 등극하실 '다윗과 같은 메시야'를 기대하였습니다. 그러나 예수 그리스도의 십자가 수난을 지나 부활과 승천의 구속 사역을 체험한 베드로는 성령의 감동으로 '나무에 달려 죽은' 예수님의 독특한 죽으심의 의미를 깨닫게 되었습니다. 선지자 이사야가 예언한 '하나님의 어린 양'(Agnus Dei)이 바로 땅에 오신 메시야의 진정한 모습을 보여주는 것임을 알게 되었습니다. 메시야는 '많은 사람의 죄를 담당하기 위하여' 이 땅에 오신 것입니다. 베드로는 이 예언의 말씀의 뜻을 깨달았습니다. 바로 그 말씀이 복음의 핵심이었습니다.

'그리스도의 십자가'의 독특한 의의

교회사가 전해주는 바에 따르면, 사도 베드로는 네로 황제의 기독교 박해 시에 '거꾸로 십자가에 달려' 순교하였습니다. 인간적으로 보면 예수님보다 더 큰 고통을 받으면서 죽었다고 할 수도 있습니다. 그러나 에드문드 클라우니가 말하듯이, "십자가는 다른 사람도 질 수 있는 것이었으나, 죄의 짐은 그리스도만 질 수 있는 것"이었습니다. 그 사실을 베드로는 잘 알고 있었고 성도들에게 보낸 편지에서 그 사실을 올바르게 가르칩니다: "너희가 알거니와 너희 조상이 물려 준 헛된 행실에서 대속함을 받은 것은 은이나 금 같이 없어질 것으로 된 것이 아니요 ¹⁹오직 흠 없고 점 없는 어린 양 같은 그리스도의 보배로운 피로 된 것이니라"(벧전1:18-19). 그리스도의 십자가는 죄없는 의인이 불의한 자의 형벌을 단번에 (once for all) 대신하신 역사상 유일무이한 대속의 죽음입니다(3:18). 베드로의 순교도 우리들 자신의 죽음도 죄의 댓가를 지불할 수는 없습니다. 오직 사람이 되신 참 하나님, 곧 죄 없으신 예수 그리스도의 십자가 죽음만이 공의로우신 하나님께 치러야 할 모든 인류의 죄값을 온전히 지불할 수 있었습니다.

사도 베드로는 그 사실을 이사야 선지자의 예언을 인용하여 분명하게 증거합니다: "그가 채찍에 맞음으로 너희는 나음을 얻었나니"(벧전 2:24). 하나님의 어린 양 예수 그리스도의 수난(채찍에 맞으심)으로 인류의 죄가 초래한 저주와 형벌이 치유되었습니다. 그래서 이제 그리스도 안에 있는 하나님의 자녀들이 당하는 고난은 더 이상 죄의 형벌이 아닙니다. 오히려 우리를 위하여 고난을 받으심으로 본을 보여주신 예수 그리스도의 자취를 따르는 복된 길입니다(벧전 2:21).

'영혼의 목자와 감독되신 분에게 돌아온 길 잃은 양'

불순종하는 자들에 대한 이사야 선지자의 그림 언어는 '목자의 손을 벗어나 길을 잃고 헤매는 어리석은 양'(사 53:6)인데, 회개의 의미는 그런 방황의 상태에서 돌이키는 것입니다. 회개라는 히브리어 단어 '수브'(suhb)는 '길을 잃고 원래의 진로를 벗어났다가 다시 옛 길 곧 목표를 향하여 가는 참된 길로 돌아오는' 그림 언어입니다. 사도 베드로는 그 목표를 '목자와 감독되신 이'에게로 돌아오는 것으로 표현합니다. 그 '돌이킴'의 구체적인 내용을 사도 베드로는 '죄에 대하여 죽고 의에 대하여 사는 것'으로 분명하게 정의합니다(벧전 2:23). 참된 회개를 '옛 사람이 죽고, 새 사람으로 사는 것'이라고 정의한 하이델베르크 교리문답(HC 제88-90문답)의 성경적 근거가 바로 이 구절에 있습니다. 종교개혁자 칼빈은 회개의 이런 근본적인 성격을 강렬한 두 영적 개념으로써, 즉 '죽임'(mortification)과 '살림'(vivification)이라는 단어로 표현하기를 좋아했습니다. 그리스도의 십자가 죽으심이 근본적인 의미가 있는 심오한 구속사적 사건이듯이, 그로 말미암은 구원도 우리 그리스도인의 삶 속에서 근본적인 변화를 일으킵니다! 예수님이 십자가 죽음을 포함한 모든 수난을 당하신 근본적인 이유가 무엇입니까? 사도 베드로와 마찬가지로 사도 바울도 동일한 회개의 메시지를 그 대답으로 제시합니다: "그가 우리를 대신하여 자신을 주심은 모든 불법에서 우리를 속량하시고 우리를 깨끗하게 하사 선한 일을 열심히 하는 자기 백성이 되게 하려 하심이라"(딛 2:14).

II. 교리문답이 가르치는 예수 그리스도 2:
낮아지신 그리스도의 구속사역

1. 성자 하나님의 '낮아지신 신분'을 강조하는 웨스트민스터 대교리문답

웨스트민스터 대/소교리문답의 기독론에서 두드러지는 특징들 가운데 하나는 그리스도의 삼중직분을 중요하게 소개하는 것입니다. 소교리문답의 제23-26문답이 그 내용을 다루고 대교리문답의 제42-45문답도 마찬가지로 그 주제를 설명합니다. 또 한 가지 돋보이는 특징은 예수님이 '메시야'로서 삼중적인 직분을 받아 구속 사역을 수행하는 것을 가르칠 때, 두 신분 곧 낮아지신 신분과 높아지신 신분에서 하신다고 구별하여 설명하는 점입니다. 낮아지신 신분 혹은 비하 상태란, 사도신경에서 고백하는 순서대로 성육신부터 부활 이전까지의 상태를 말하며, 높아지신 신분 혹은 승귀 상태란 부활부터 재림까지의 상태를 말합니다(WLC 제46, 51문답). 이번 과에서는 우선 그리스도의 낮아지신 신분에서 행하신 사역들을 살펴봅니다.

웨스트민스터 대교리문답은 그리스도의 낮아지신 상태를 '잉태와 출생'(WLC 제47문답), '지상생애'(WLC 제48문답), 죽으심(WLC 제49문답), 그리고 '죽음 이후의 음부강하'(WLC 제50문답)로 나누어 자세히 설명합니다. 이렇게 자세하게 설명하는 까닭이 무엇일까요? 사도 바울의 교훈을 빌어 대답하자면, 우리에게 베푸신 하나님의 은혜가 얼마나 큰지 깨우쳐 주려는 뜻이라고 생각합니다: "우리 주 예수 그리스도의 은혜를 너희가 알거니와 부요하신 이로서 너희를 위하여 가난하게 되심은 그의 가난함으로 말미암아 너희를 부요하게 하려 하심이라"(고후 8:9). 신앙생활을 오래하다보면, 우리가 받은 큰 구원의 은혜가 무감동하게 다가오는 영적인 침체에 빠져들 때가 있습니다. 그래서 마땅히 감사할 일에 둔감해지고, 하나님의 영광을 발견하고 인정하는데 소홀하게 됩니다. 마치 하나님을 알지 못하는 불신자들처럼 영적으로 어두워져서 배은망덕한 삶을 살아가게 됩니다. 그러나 사도신경을 통하여 고백하는 내용이 우리로 하여금 하나님의 크신 사랑을 결코 소홀하게 여길 수 없도록 일깨워줍니다. 천지를 창조하신 부요하신 하나님이 가련하고 비참한 처지에 있는 우리를 건져주시기 위하여, 하나님의 부요함에 참여할 수 있도록 해 주시기 위하여, 지극히 낮은 자리에까지 내려오셨습니다. 우리를 위하여 스스로 가난해지셨습니다! 그 사실을 되새길 때, 우리의 영혼이 다시 한 번 각성하지 않을 수 없습니다! 그리스도의 낮아지신 신분은 바로 나 때문이고, 나를 위한 것이기 때문입니다! 우리가 아직 죄인이었을 때, 즉 하나님에게 등을 돌리고 반역하여 원수가 된 처지였을 때, 성자 하나님이신 예수 그리스도께서 나를 사랑하사 자신의 목숨을 내어놓으시기까지 우리를 향한 하나님의 사랑을 확증하셨습니다(롬 5:8,10). 장로교회의 두 교리문답에서 그리스도의 낮아지신 신분을 거듭 언급하면서 가르치는 까닭을 우리는 이런 관점에서 생각해 볼 필요가 있습니다.

2. 낮아지신 신분에서 행하신 그리스도의 구속사역: 하이델베르크 교리문답 제35-44문답

(1) 낮아지신 그리스도의 사역이 주는 위로

하이델베르크 교리문답은 사도신경의 제3-5조항들 곧 낮아지신 신분에서의 그리스도의 사역을 요약적으로 고백한 내용을 세 주일(HC 제14-16주일)에 걸쳐 10개의 문답들(HC 제35-44문답)을 통하여 해설합니다. 앞서 거듭 언급하였듯이, 조항들의 의미를 해설할 뿐 아니라 그 내용이 성도들에게 주는 영적인 유익을 함께 해설하는 이 교리문답의 목회적 특징이 이 부분에서도 잘 반영되어 있습니다. 예를 들어, '성령으로 잉태되어 동정녀 마리에게서 나셨다'는 고백의 의미를 예수 그리스도의 참된 신성과 참된 인성을 증거할 뿐 아니라 다윗의 자손에 관한 언약의 성취를 뜻한다고 해설(HC 제35문답)할 뿐만 아니라, 중보자로서의 온전한 자격을 갖추신 예수 그리스도로 말미암은 사죄의 확신이 이 조항이 우리에게 주는 영적 유익이라고 격려합니다: "그리스도는 우리의 중보자이시므로 잉태되고 출생할 때부터 가지고 있는 나의 죄를 그의 순결함과 온전한 거룩함으로 하나님 앞에서 가려줍니다"(HC 제36문답). 이런 목회적인 고려는 그리스도께서 '십자가'에 달려 죽은 특별한 죽음의 의미를 설명하는 제39문답('그리스도의 저주받은 죽음은 내게 임한 저주를 대신 받은 것이라고 확신')과 그리스도로 말미암아 죄의 삯이 이미 치러졌는데도 여전히 그리스도인이 죽어야 할 까닭을 설명하는 제42문답, 그리고 그리스도의 '음부 강하'가 우리에게 주는 확신과 위로를 말하는 제44문답에서도 찾아볼 수 있습니다.

(2) 동정녀 탄생에 관하여: 예수 그리스도의 '독특한 잉태와 출생'의 의미

사도신경의 이 고백은 몇 가지 점에서 하나님에 대한 우리의 믿음을 되돌아보게 합니다.

첫째, 하나님의 능력: 전능하사 천지를 창조하신 하나님, 모든 생명을 탄생시키시고 보존하시는 하나님을 믿는 믿음을 가진 그리스도인이라면, 동정녀 탄생의 초자연적인 섭리에 관한 성경의 계시를 능히 이해하고 받아들일 수 있습니다.

둘째, 동정녀 탄생의 목적: 우리를 구원하시는 중보자로서 예수 그리스도는 참 하나님이며 동시에 참 사람이어야 하는 것과 밀접한 관계가 있습니다. '중보자'

는 양 측 사이에서 서로를 이해하고 화해시켜 주는 역할을 해야 합니다. 그래서, 죄 때문에 하나님과 원수가 된 우리를 다시 하나님께로 인도하기 위하여, 그 둘 사이의 중보자인 예수 그리스도께서 참 하나님이시며 동시에 참 사람이어야 하는 것입니다. 그래서 성자 하나님께서 우리와 똑 같은, 그러나 우리 모두의 죄를 대신하실 수 있는 '죄 없는' 사람이 되신 것입니다. 그 사실을 특히 히브리서가 거듭 강조하여 가르칩니다(히 2:14,17; 4:15; 7:26,27; 9:13-15). 웨스트민스터 대교리문답은 원죄의 확산에 관한 교리에서 동정녀 탄생을 '모든 점에서 사람과 동일하시되 죄가 없으신' 예수 그리스도의 독특한 신분과 연결합니다. 아담과 맺은 언약의 대표성에 따라, '통상적인 출생에 의해' 아담으로부터 내려온 모든 인류가 아담 안에서 죄를 범하였다는 것입니다(WLC 제22문답).

그러므로 성령으로 잉태되어 동정녀에게서 나신 사실에 관한 고백은 창조주 하나님의 능력이 우리를 구원하시는 사역에도 나타난 것을 증거하며, 또한 중보자 예수 그리스도의 참된 인성과 더불어 그분의 죄 없으신 독특한 신분을 강조하는 것입니다.

(3) '본디오 빌라도 아래에서'라는 언급의 중요성

사도신경의 역사적 의미를 깊이 살펴보지 못한 분들 중에서는 본디오 빌라도를 언급하는 이 구절을 들어 사도신경을 비성경적이라고 비난하는 경우가 종종 있습니다. 신앙고백의 본질이 '성경의 계시에 대한 교회의 아멘'이라는 점을 기억하면, 이런 비판적 주장은 신중하게 답변되어야 합니다. 사도신경에서 이 구절은 적어도 다음과 같은 세 가지 의미를 가지고 있습니다:

첫째, '본디오 빌라도 아래에서'라는 구절은 예수 그리스도의 십자가 죽으심이 분명한 역사적 사실임을 증거합니다. 이것은 특히 초대 교회에 침투한 '영지

주의 이단'을 고려하면 대단히 중요한 의미를 갖습니다. 영지주의자들은 영혼과 육체를 엄격히 구별하였습니다. 그들에 따르면, 영이신 성자(Logos)께서 사람(Body)이 되셨다는 것은 불가능한 일입니다. 순수한 영혼이 불결한 육체와 결합하다니요! 그래서 그들이 주장한 이단사상이 가현설(Docetism)입니다. 그것은 예수 그리스도께서 실상은 참 사람이 아니지만 사람처럼 나타났다(假現)는 것입니다. 순수한 영혼은 고통을 당할 수 없으므로, 십자가 상에서 죽은 것은 인간 예수이지, 성자 하나님이신 로고스(Logos)는 아니라는 주장입니다. 이것은 '참 사람이자 참 하나님이셔야만 하나님과 사람 사이의 중보자가 될 수 있다'는 성경의 구원 교리를 뿌리째 흔들어 놓는 것입니다. 그러므로 역사적 인물인 '로마 총독인 본디오 빌라도'에 대한 언급은 예수의 고난이 매우 공개적으로, 그리고 확실한 역사적 불빛 가운데서 전개되었다는 점을 가리킵니다(볼프하르트 판넨베르크, *사도신경 해설*).

둘째로, '본디오 빌라도 치하에서'라는 표현은 예수 그리스도의 죽음이 무죄한 죽음, 곧 우리를 위한 대속의 죽음임을 증명합니다. 로마 총독의 법정에서 나사렛 예수는 무죄한 자로 드러났으나 정죄를 당하심으로써, 우리에게 임할 하나님의 준엄한 심판에서 우리를 구원하셨습니다(HC 제38문답). 이것은 '그가 찔림은 우리의 허물을 인함이요 그가 상함은 우리의 죄악을 인함이라'는 선지자 이사야의 예언(사 53:4-5)을 확증하는 것이며, 하나님이 '죄를 알지도 못하신 자로 우리를 대신하여 죄로 삼으사, 우리를 속량하시고 그리스도 안에서 우리를 하나님의 의가 되게 하셨다'는 사도 바울의 복음 선포를 반영하는 것입니다(고후 5:21; 갈 3:13).

셋째로, 본디오 빌라도의 책임에 관해서도 생각하게 됩니다. 본래 지상의 재판장은 하나님을 대신하여 땅 위에서 선악에 따라 판결하는 막중한 권한과 책임을 진 사람입니다. 그 때문에 구약성경은 재판장들을 '엘로힘'이라고 표현할 정도입니다: "하나님은 신들의 모임 가운데에 서시며 하나님은 그들 가운데에서 재판하시느니라"(시 82:1). 그런 존귀한 자리에 앉은 재판관들이 공의에 따라 판단하지 않고 불공정한 재판을 하는 것을 하늘에 계신 참된 재판장께서 엄중하게 책망하십니다. 그런데 빌라도는 예수님께서 무죄한 자, 사형에 해당할 죄가 없는 자임을 알았고, 그 재판이 유대 당국자들의 시기와 질투에서 비롯된 것임을 간파하였습니다. 그러나 그는 끝내 예수님에 대하여 사형 판결을 내렸습니다. 왜 그랬습니까? 가이사에게 그의 충성심에 관하여 고발하겠다는 유대 지도자들의 협박에 굴복하였기 때문입니다. 재판장 본디오 빌라도는 자신의 출세와 부귀영화를 위하여 죄 없는 자에게 사형판결을 내린 악한 재판장이었습니다. 그에 대한 책임은 결코 물로 손을 씻는 것으로 없어질 수 없는 것입니다.

(4) '나무에 달려' 죽으신 저주 받은 죽음의 의의(HC 제39문답)

우리는 '십자가' 죽음이라는 표현에 익숙합니다. 그러나 사도 바울은 십자가가 '나무'라는 점에 주목합니다: '나무(십자가)에 달린 자마다 하나님의 저주를 받은 자'(갈 3:13). 달리 말하자면, 예수 그리스도는 하나님의 저주를 받아 죽은 것입니다. 사람들은 예수님의 저주의 죽음이 그 자신의 잘못 때문이라고 생각하였지만(사 53:4), 실상은 마땅히 형벌받아야 할 우리 죄인들을 대신하여 무죄한 분이 저주를 받으신 것이었습니다(사 53:6, 10, 11; 요 1:35, 36; 고후 5:21). 예수님이 하나님과 사람 사이의 '유일한 화목제물'로 고난을 당함으로써 우리의 몸과 영혼을 영원한 저주로 구원하셨고, 하나님의 은혜와 의와 영원한 생명을 우리를 위해 얻으셨습니다(HC 제37문답). 십자가 죽음, 혹은 나무에 달려 죽은 죽음은 대속의 죽음이었습니다. 그래서 우리는 이렇게 찬송드릴 수 있는 것입니다:

"세상의 죄악을 짊어지신 하나님의 어린 양이여!

(*Agnus Dei, qui tollis peccata mundi,*)

우리를 불쌍히 여기사, 우리에게 평화를 주시옵소서!"

(*Miserere nobis, dona nobis pacem*)

(5) 죽기까지 낮아지심, 장사되시고, 음부에 내려가심의 의미

하이델베르크 교리문답은 제16주일에서 낮아지신 신분에서 행하신 예수 그리스도의 구속 사역의 마지막 주제들을 다룹니다. 죽기까지 낮아지심은 '죄의 삯은 사망'이라는 하나님의 엄위로운 공의를 다시 한 번 일깨워줍니다. 우리의 죗값은 하나님의 아들의 죽음 이외에는 달리 치를 길이 없다는 것입니다(HC 제40문답). 사도신경에 '장사되셨다'는 언급이 포함된 것은, 그리스도의 죽음은 참된 것임을 강조합니다. 그분은 사흘 동안 가사 상태에 빠진 것이 아니었으며, 따라서 그분의 부활은 진정으로 죽음을 이기신 사건임을 증거하는 것입니다(HC 제41문답). 그리스도의 대속적 죽음 덕분에, 이제 그리스도 안에서 죽는 성도들은 그 육체적 죽음의 의미가 완전히 달라졌음을 깨닫습니다. "우리의 죽음은 자기 죗값을 치르는 것이 아니라 (그것은 예수 그리스도께서 완전히 다 치르셨습니다), 오히려 죄짓는 것을 그치고 영생에 들어가는 것입니다"(HC 제42문답).

그리스도의 십자가와 죽음은 그분과 연합된 우리의 옛사람도 함께 죽고 새사람으로 살아가야 한다는 영적인 교훈을 줍니다(HC 제43문답). 나아가 그리스도의 '음부강하'는 죄인이 피할 수 없는 지옥의 두려움과 고통으로부터 나를 구원하신 주님을 바라보고, 그분으로부터 풍성한 위로를 얻게 해 줍니다(HC 제44문답).

그리스도의 음부강하에 관한 해석은 하이델베르크 교리문답과 웨스트민스터 대교리문답의 해설이 조금 차이가 있습니다. 전자는 칼빈의 견해를 이어받아 사도신경의 그 구절을 '특히 십자가에서 말할 수 없는 두려움과 아픔과 공포와 지옥의 고통을 당하신 것'으로 해설합니다. 이것은 칼빈이 제네바 교리문답에서 예수님이 십자가에서 자연적인 죽음의 과정뿐 아니라 '죽음의 고통'을 당하신 것을 뜻한다(제네바 교리문답 제66문답)고 상징적으로 해석한 전통을 우르시누스가 받아들인 것입니다. 우르시누스는 성경에서 '음부'를 무덤(창 42:38), 버림받은 자들의 처소(눅 16:23), 그리고 지극히 심한 괴로움과 고뇌(시 116:3; 삼상 2:6)를 뜻하는 것으로 분류하고, 사도신경의 이 표현은 세 번째 개념으로 해석하는 것이 타당하다고 생각하였습니다. 반면에 웨스트민스터 대교리문답은 그 구절을 상징적으로 해석하지 않고, 사도신경의 흐름에 따라 문자적으로 이해합니다. 십자가에서 죽으신 후 장사된 이후 사흘 동안 그리스도는 죽은 자의 상태와 사망의 권세 아래 있었는데, 이것을 표현하는 말이 '그가 음부에 내려가셨다'는 구절이라는 것입니다(WLC 제50문답).

역사적인 관점에서 볼 때, 웨스트민스터 대교리문답의 견해를 뒷받침할 것들이 더 많으며, 여러 개혁주의 신학자들은 그 해석이 하이델베르크 교리문답의 해설과 상충되지 않고 오히려 서로 조화된다고 여깁니다. 반대로 사도신경의 이 구절에서 '연옥설'을 주장하는 로마 카톨릭의 해석이나 혹은 그리스도께서 지옥으로 내려가셔서 마귀를 정복하고 지옥의 권세를 무찌르셨다는 루터파의 해석은 그 견해들을 뒷받침해주는 성경적 기초가 없습니다.

III. 교리문답에 따라 드리는 우리의 기도

'땅에 오신 그리스도에 관한 묵상과 기도'

1. (감사와 찬송) 예수 그리스도의 십자가로 나타내 보여주신 하나님의 긍휼과 예수님의 사랑을 깊이 깨닫고, 우리를 위한 하나님의 희생적 사랑에 감사와 찬송을 드립시다!

2. (위로와 평강) 예수 그리스도께서 이루신 구속의 사역이 우리의 모든 죄책을 씻어주시고 또 죄의 세력으로부터 구속하여 주셨다는 복음을 신뢰하고 위로와 평강을 누립시다!

3. (헌신과 순종) 그리스도께서 가신 그 길을 우리도 뒤따라가야 할 것을 항상 기억하고, 주께서 보여주신 모본에 따라 자기를 부인하고 자기 십자가를 지고 갈 것을 다짐합시다!

제 10장
사도신경 묵상 07

믿음의 주요 온전케 하시는 예수
(히 12:1-13)

죄인을 위한 중보자로 이 땅에 오신 예수 그리스도는 우리를 구원하기 위하여 많은 사역을 하셨는데, 그것을 크게 두 가지로 나누어보면 첫째, '하나님의 어린 양'(*Agnus Dei*)으로서의 사역(요 1:29, 36)과 둘째, '하나님의 형상'(*Imago Dei*)으로서의 사역(롬 5:18-19; 고후 4:4b)이라고 할 수 있습니다. 예수님은 그 지상 생애를 일관하여 바로 이 두 가지 사역을 병행하셨습니다. '하나님의 어린 양'으로서 대속의 십자가를 향한 곧은 길을 걸으셨고, 그 걸음걸음마다 '하나님의 형상'으로서 모든 사람이 마땅히 가야 할 바른 삶의 모습을 보여주셨습니다. 특히 공생애의 첫 출발점인 광야 40일의 금식기도와 사탄의 시험을 받으셨을 때, 예수님은 하나님의 말씀에 대한 굳건한 신뢰와 순종으로 하나님을 사랑해야 할 인간의 본분을 보여주셨습니다. 또한 하나님의 어린 양으로서 감당해야 할 십자가를 앞두고 겟세마네 동산에서, 예수님은 제자들에게 가르쳐주신 대로 하나님 나라와 그 의를 먼저 구하는 기도를 솔선수범하셨습니다. 이 땅에서 예수님께서 하신 모든 일에서 '하나님의 어린 양이자 하나님의 참 형상'이라는 두 종류의 사역이 뚜렷이 나타납니다.

이제 그 주님은 '하늘에 오르사 하나님 우편에 앉아' 계십니다. 거기서도 여전히 우리의 유일하신 중보자로 계속 사역하고 계십니다. 이번 과에서는 사도신경의 제5-7조항들을 중심으로 '높아지신' 예수 그리스도의 사역을 묵상하려고 합니다. 우리의 믿음을 시작하신 그분이 이제 하늘 높이 오르사 권세와 영광의 자리에서 어떻게 우리의 믿음을 온전히 성취하시는지 성경의 교훈과 교리문답의 인도를 따라 살펴봅시다.

I. 성경 본문 묵상

히브리서의 사도는 '의인은 믿음으로 말미암아 살리라'는 선지자의 말씀으로 성도들을 격려하면서 믿음의 싸움에서 뒷걸음치지 않은 신앙의 선진들을 아벨부터 이름 모를 선지자들까지 소개하고 있습니다(히 10:38-11:40). 오늘 본문은 '믿음 장'으로 유명한 바로 그 히브리서 11장에 연결되어 있습니다. 히브리서 12:1-13을 읽고 물음에 답해 봅시다

1. 히브리서는 그리스도인들을 둘러싼 '구름같이 허다한 중인들'을 말한 다음 누구를 바라보고 누구를 생각하라고 우리에게 권면합니까? (12:2, 3)

2. 그분은 우리의 신앙의 본보기들 가운데 한 분입니까, 아니면 그 이상의 존재입니까? (12:2)

3. '믿음의 주요 온전케 하시는 이'라는 말은 무슨 뜻입니까?

4. 징계를 받아 고난과 핍박을 당하는 그리스도인의 신앙을 굳건히 세워주기 위하여 본문이 말하는 바는 무엇입니까? (12:5-8)

5. 히브리서의 저자는 그리스도인의 삶의 본질이 무엇이라고 가르칩니까? 본문에서 강조하는 신앙의 덕목은 무엇입니까?

예수 그리스도는 어떤 분입니까?

오늘 본문에서 히브리서의 저자는 그리스도의 수난과 함께 높아지신 신분을 알려줍니다: "십자가를 참으사 … 하나님 보좌 우편에 앉으셨다"(12:2b). 그리고 그런 예수님의 낮아지시고 높아지신 두 신분에서 행하신 구속의 사역이 우리에게 주는 의의를 '믿음의 주와 온전케 하시는 이'(12:2a)라는 의미심장한 표현으로 가르쳐줍니다. 이 두 가지가 오늘 우리의 본문이 예수님에 관하여 가르치는 두 가지 중요한 교훈입니다.

1. 우리를 구원하기 위하여 낮아지시고 또 높아지신 예수 그리스도

우리 주님은 그 누구도 대신할 수 없는, 하늘의 그 어떤 천사도 땅 위의 그 어떤 뛰어난 사람이라고 하더라도 감히 할 수 없는, '대속의 죽음'을 감당하셔서 죄의 사슬에 매여 있는 인류를 구원하셨습니다. 그 덕분에 거룩하신 하나님과 사귈 자격이 없는 죄인이 이제는 예수 그리스도를 통하여 하나님 앞에 나아갈 수 있는 힘을 얻고 아바 아버지라 브르며 평강의 사귐을 누릴 수 있게 되었습니다(히 10:19).

2. '믿음의 주요 온전케 하시는 예수 그리스도'

'믿음의 주, 온전케 하시는 이'라는 표현은 마치 '알파와 오메가'라는 표현과 비슷합니다. 예수 그리스도는 믿음을 시작하는 분이자 완성하는 분이라는 뜻입니다. '주'라고 번역된 '아르케곤'($αρχηγον$)을 '인도자, 앞서 가는 자'로 번역하고, '온전케 하시는 이'라고 번역된 '텔레이오텐'($τελειωτην$)을 '정상, 최고점까지 이끌어가는 자'로 번역한다면, 이 구절을 올바르게 이해할 수 있습니다. 예수 그리스도는 믿음의 길을 '처음 개척하여 열어두신 분'(pioneer)이자 그 믿음을 '완성시키는 분'라는 뜻입니다. 이 두 개념은 밀접하게 연결된 한 쌍을 이루고 있습니다: 예수 그리스도는 믿음의 시작이자 끝(완성)이십니다.

3. 눈을 들어 하늘에 계신 예수 그리스도를 바라보라!

예수님이 11장에 나오는 신앙의 용사들과 나란히 우리의 믿음의 모범으로 등장하게 된 것은 우리를 구원하기 위하여 '범사에 형제들과 같이 되신' 결과입니다. 그렇게 '믿음의 주요 온전케 하시는 이'인 예수를 바라보라고 히브리서는 우리를 권면합니다(12:2). 왜냐하면 하나님을 굳게 신뢰하고 시련과 고난 속에서도 흔들림 없는 믿음을 보여주신 점에서 예수 그리스도는 우리의 온전한 모범이기 때문입니다!

이것이 오늘 본문이 주는 중요한 교훈입니다. 히브리서 12장은 10장의 마지막 말씀과 곧 바로 연결됩니다: "우리는 뒤로 물러가 멸망할 자가 아니요 오직 영혼을 구원함에 이르는 믿음을 가진 자니라"(히 10:39). 히브리서는 그리스도인들이 신앙의 길에서, 하나님 나라로, 영생으로 향하는 길에서 '인내'가 필요하다고 강조합니다. 신앙의 길에서 뒤로 물러나거나 침륜에 빠지는 일, 곧 태만과 나태는 어울리지 않고 용납할 수 없는 일이라고 책망합니다. 그래서 11장에서 신앙의 영웅들을 예시한 다음, 12장의 초두에서 다시 한 층 더 강력하게 훈계하는 것입니다.

우리 모두가 거듭 체험하듯이, 때로 그리스도인이 고난과 핍박을 당할 때 믿음을 잃고 의심에 빠질 때가 간혹 있습니다. '전능하신 하나님, 사랑하시는 아버지'를 굳게 신뢰하지 못하고, 자신의 곤경과 관련해서는 하나님이 무력하다고 생각하거나, 자기를 사랑하지 않아서 그 전능하신 능력을 베풀지 않는다고 의심하기도 합니다. 그래서 히브리서의 사도는 신앙의 인내를 강조합니다. 인내는 말처럼 쉬운 것이 아닙니다. 그 신앙의 길을 먼저 간 신앙의 선진들을 묘사한 11장을 보면 그 길은 힘들고 어렵습니다. 그래서 사도는 우리에게 '믿음의 주요 온전케 하시는 이' 곧 '믿음의 알파와 오메가가 되시는' 예수를 바라보라고 강력하게 권고합니다. *계속하여 예수님에게만 우리의 눈을 고정시키는 것, 이것이 믿음의 경주를 해야 할 우리에게 꼭 필요한 권면의 말씀입니다.*

4. 신앙의 경주를 위한 구체적인 조언: 예수님이 보여주신 모범

높아지신 예수님을 바라봄으로써 우리는 어떻게 신앙의 경주를 어떻게 잘 할 수 있을까요? 본문은 '모든 무거운 것과 얽매이기 쉬운 죄' 곧 그 경주를 방해하는 것들을 '벗어버려라'라고 구체적인 충고를 제공합니다. 그리고 '주님의 인내를 본받으라'고 권면합니다.

(1) 벗어버려라!

신앙의 경주를 방해하는 무거운 짐과 거듭하여 우리의 발목을 붙잡는 습관적인 죄, 벗어버리기 힘든 죄악을 내어버려야 합니다.

여기서 우리는 '믿음의 주요 온전케 하시는 분'이신 예수께서 우리를 구원하시기 위하여 내어 놓으신 것을 생각하며 힘을 얻을 수 있습니다. 그분이 버린 것은 악한 것이 아닙니다. 하늘 보좌에서 하나님과 동등되심, 말할 수 없는 행복과 기쁨, 당연히 누릴 수 있는 모든 권리들을, 우리를 위하여 깨끗이 버리고 이 땅에 오셨습니다. 무거운 짐과 습관적 죄악을 버리고 끊기가 힘들다고 생각합니까? 그러면, 믿음의 주요 온전케 하시는 분 예수 그리스도께서 다름 아닌 나 자신을 위하여 버리신 엄청난 것들을 생각해야 합니다. 우리 주님이 보여주신 솔선수범을 생각할 때, 우리가 아까와하여 손을 떨고, 놓치지 않으려고 꽉 잡고 있을 것이 과연 무엇일까요!

반대로, 우리의 눈이 예수님만을 바라보지 않고, 다른 것으로 향할 때, 신앙의 경주는 정말 힘든 것이 됩니다. 히브리서 11장의 신앙의 용사들의 삶을 솔직히 나는 겪고 싶지 않은 심정이 됩니다. 예수님은 그것을 눈이 성치 못한(double-eye) 때문이라고 경고하셨습니다(마 6:22; 눅 11:34). 무엇이 내 눈을, 내 마음을, 내 삶의 진정한 목표를 흐리게 만들고 있습니까? '현세에 대한 사랑, 이 세상의 안목, 육신적인 욕망, 세상의 염려, 세상의 부귀와 명예 … 무엇보다도 원죄의 뿌리라고 하는 자기중심성, 그리고 우상숭배의 핵심인 탐욕(욕심)'입니다. 그것을 깨닫는 대로 우리는 개인적인 차원에서, 가정생활에서, 그리고 교회생활에서 단호히 끊어내고 바로잡고 온전하게 만들어야 합니다!

(2) 주님의 인내를 본받으라!

특별히 본문에서 주님을 바라보라고 한 것은 특별히 주님의 그 인내를 본받으라고 하신 말씀입니다. 주님께서 이 땅에서 수난과 치욕을 참으신 까닭에 영광을 얻으셨습니다: "그는 저 앞에 있는 즐거움을 위하여 십자가를 참으사 부끄러움을 개의치 않으시더니, 하나님 보좌우편에 앉으셨느니라"(12:2). 히브리서는 다른 어떤 신앙의 용사들보다 예수 그리스도를 신앙적 인내의 모범으로 소개합니다. 높아지신 예수 그리스도를 바라보면, 우리는 그분의 인내가 가져다 준 영광을 알게 되고 사모하게 됩니다. 만일 신자들이 그 예수를 바라보며 인내하며 뒤따르기만 한다면, 지금 신앙의 경주에서 참고 견디는 모든 악이나 고통, 수치와 멸시가, 결국에 구원과 영광으로 끝날 것이라고 확언합니다. 수난은 참된 믿음의 길을 가는 그리스도인들에게 불가피한 것입니다. 우리 주님이 바로 그런 길을 거쳐 구원의 주가 되셨기 때문입니다. 친히 그런 고난과 인내의 삶을 이 땅에서 살아가심으로, 하나님의 자녀가 될 그리스도인들이 어떤 삶을 살아야 할지 모범을 보여주신 것입니다. 그러므로 신자들도 신앙의 길에서 때때로 '피곤하여 낙심하지 않도록' 예수님의 모범을 기억하며 인내로써 믿음의 경주, 신앙의 싸움을 싸워나가야 합니다(12:3).

II. 교리문답이 가르치는 예수 그리스도 3:
높아지신 그리스도의 구속사역

사도신경은 우리에게 성자 하나님을 구속주(Redeemer)로 가르칩니다. 예수 그리스도는 무엇보다도 우리를 죄와 사망에서 구원하려고 사람이 되신 성자 하나님이십니다. 이 땅에서 예수님은 그리스도의 삼중직분을 수행하셔서 우리를 구원하셨고, 높아지신 지금도 하나님 우편에서 여전히 그 직분을 행하십니다. 그래서 우리는 이렇게 찬양합니다:

"엠마오로 행하시던 주님,
오늘도 한결같이 우리 곁에 함께 계시고
우리들을 영접하러 다시 오실 때,
변함없는 영광의 주, 친히 뵈오리!"

1. 예수 그리스도의 부활의 결정적 중요성

기독교 신앙의 정수라고 할 수 있는 것은 예수 그리스도의 십자가와 부활입니다. 특히 부활은 십자가 죽음과 따로 떼어 생각할 수 없는 '핵심적인 구원의 사건'(a crucial event of the redemptive history)입니다. '부활이 없다면 십자가의 죽음도 그 의미를 잃게 됩니다!'라고 말할 수 있을 정도입니다. 왜 그럴까요?

웨스트민스터 대교리문답은 부활의 의의를 이렇게 설명합니다: (부활하심으로써 예수 그리스도는) "자신이 하나님의 아들이심과 하나님의 공의를 만족시킨 것과 사망 및 사망의 권세를 가진 자를 이기신 것과 그래서 산 자와 죽은 자의 주님이 되심을 선포하셨다"(WLC 제52문답). 사도 바울의 표현으로 달리 말하자면, 부활은 우리 주 예수 그리스도께서 하나님의 아들이심을 능력 있게 선포한 사건입니다(롬 1:4). 그런데 그 부활은 우리를 위한 메시야의 구속의 사역이기도 합니다. 사실, 성자 하나님 자신을 위해서라면, 성육신도 십자가 수난도 죽음도 부활도 불필요한 일입니다. 그래서 하이델베르크 교리문답은 그리스도의 부활이 '우리에게 주는 세 가지 유익'을 곧바로 가르칩니다(HC 제45문답). 첫째, 부활로써 죽음을 이기시고, 죽음으로 얻으신 의에 우리가 참여하게 하십니다. 둘째, 그의 능력으로 우리도 새 생명으로 살게 하십니다. 그리고 셋째, 우리의 장래의 영광스런 부활에 대한 확실한 보증이 됩니다.

세 번째 유익은 '영생으로의 부활'이라는 예수 그리스도의 부활의 독특성을 깨닫게 합니다. 죽음에서 살아났다가 결국은 다시 죽은 사람들의 사례들이 구약과 신약에 여럿 있습니다. 그런 사례들과는 달리, 예수님의 부활은 사망의 권세를 무찌른 영원한 삶으로의 부활입니다. 예수님의 부활로써 창세기 3:15의 예언이 성취되었습니다. 여자의 후손의 발꿈치를 상하게 하였던 사탄의 머리가 부수어졌습니다! 십자가에서 예수님께서는 우리 모든 사람의 죄값을 다 치르셨습니다. 따라서 그리스도 안에 있는 사람에게 이제 마귀는 아무런 권리도 없습니다. 사망의 세력은 지나가 버렸습니다. 신자는 죽음을 두려워할 필요가 없습니다. 예수님의 부활은 사망의 쏘는 것이 꺾였다는 사실을 확실히 증거합니다. 부활하신 예수 그리스도는 우리에게 생명을 나누어 주시는 '생명의 주님'입니다.

2. 하늘과 땅의 모든 권세를 가지신 예수 그리스도: 승천과 하나님 우편에 앉으심

부활 승천 하나님 우편에 앉으심 그리고 심판을 위한 재림으로 사도신경이 요약하는 '높아지신' 예수 그리스도에 관한 고백들은 '낮아지신' 상태에서는 가려져 있었던 우리 주님의 영광과 위엄를 잘 드러내어 줍니다. 특히 '하늘에 오르사 하나님 우편에 앉으심으로' 성자 하나님이신 예수 그리스도의 영광과 위엄이 뚜렷이 드러났습니다. 그렇게 계시하신 영광이 또한 우리에게 큰 위로가 됩니다. 종교개혁자 칼빈은 그 의의를 이렇게 표현합니다:

"첫째, 주께서 승천하심으로써 아담 때문에 닫혔던 천국 길을 여셨다는 것을 깨닫게 됩니다. 둘째, 믿음이 인정하는 바와 같이, 그리스도께서 아버지와 함께 계시다는 것은 우리에게 큰 혜택이 됩니다. 손으로 만들지 않은, 하늘 성소에 들어가신 그리스도께서 항상 우리의 예언자와 중보자로서 아버지 앞에 나타나시기 때문입니다. 셋째, 믿음은 그리스도의 힘을 깨달으며, 그 힘에 우리의 힘과 능력과 보화와 또 지옥을 이긴 자랑이 있습니다. 그리스도께서는 매일 자기 백성에게 영적 보화를 아낌없이 부어주십니다"(*기독교강요* II.xvi.16).

하이델베르크 교리문답도 동일한 관점에서 그리스도의 승천이 우리에게 주는 유익을 세 가지로 요약합니다: 첫째, 하늘에서 우리를 위해 성부 앞에서 간구하시는 대언자가 되신 것과 더불어, 둘째와 셋째는 그리스도와의 연합으로 인한 확실한 보장을 말합니다. 머리되신 그리스도께서 하늘에 오르신 것은 그 지체된 우리도 반드시 하늘로 이끄실 것을 보장하는 하늘에 있는 보증입니다. 또한 성령을 보내셔서 땅에 있는 우리에게도 그 보증을 주셔서 하늘나라의 가치를 추구하며 살도록 하신 것입니다(HC 제49문답).

이처럼 참된 기독신앙의 중요한 특징은 '높아지신 그리스도를 바라보는 신앙'입니다. 참된 그리스도인은 '오늘도 살아계셔서 나를 위해 일하시는' 높아지신 예수 그리스도를 믿고 의지하는 사람입니다! 사도 베드로가 말하듯이, 참된 신자는 "예수를 너희가 보지 못하였으나 사랑하는도다. 이제도 보지 못하나 믿고 말할 수 없는 영광스러운 즐거움으로 기뻐"(벧전 1:8)하는 사람입니다. 그러므로 높아지신 예수님은 우리와 멀리 떨어져 있는 분이 아닙니다. (성찬론과 연결된 기독론 논쟁에서 루터파의 잘못된 주장을 반박하기 위하여 삽입된 것으로 여겨지는) 하이델베르크 교리문답 제47-48문답은 높아지셔서 하늘에 계시지만 그러나 여전히 우리와 함께 하셔서 우리의 삶을 거룩하게 변화시키시는 예수 그리스도를 고백합니다. 하늘에 오르사 하나님 우편에 앉아계신 예수 그리스도는 '그의 신성과 위엄과 은혜와 성령으로는 잠시도 우리를 떠나지 않으시며'(HC 제47문답), 그곳에서도 여전히 우리의 구원을 위한 삼중직분을 수행하십니다. 웨스트민스터 대교리문답은 하나님 우편에 앉으신 예수 그리스도께서 낮아지신 신분에서 행하신 '순종과 희생'을 통하여 얻으신 권리로써 지금도 여전히 자기 백성을 위하여 중보하신다고 가르칩니다(WLC 제55문답). 날마다 실패함에도 불구하고 우리가 은혜의 보좌에 담대히 나아갈 수 있는 것은 바로 지금도 변함없이 중보하시는 높아지신 주님의 사역 덕택입니다. 우리가 행하는 불완전한 선행을 하나님이 기꺼이 받으시는 근거도 바로 그리스도의 중보에 있습니다!

3. 그리스도의 재림에 대한 신앙

안타깝게도 불신자들은 높아지신 그리스도의 영광과 위엄을 여전히 보지도 못하고 인정하지도 않습니다. 죄에서 돌이키지 않는 자들이 결국 우리 주님의 영광을 볼 때는 기쁨이 아니라 두려움에 사로잡힐 것입니다. 그러나 믿음 가운데 인내하며 선을 행하는 그리스도인들에게는 심판주로 다시 오실 예수 그리스도에 대한 고백은 커다란 격려와 위로를 줍니다.

"예수 그리스도께서 세상을 심판하기 위하여 다시 오실 것을 믿습니다!"

이 신앙고백은 이 땅에서 의롭고 경건하게 살아가려는 성도들에게 너무나도 소중한 진리의 약속입니다. 왜냐하면, 하나님의 다스림을 거부하는 이 세상은 종종 선한 자가 고난을 당하고 악한 자는 오히려 득세하는 왜곡된 모습을 보여주기 때문입니다. 그 때문에 하나님 앞에서 바르게 살아가려는 성도들이 크게 상심하기도 합니다(시 73편). 그러나 나의 죄를 대신 지시고 하나님의 엄위로운 심판을 받으신 우리 주 예수 그리스도께서 반드시 다시 오셔서, 신앙의 연고로 환란을 당하는 우리에게 안식을 주시고, 복음에 복종하지 않는 자들에게는 공의로운 형벌을 내리실 것(살후 1:7-8)을 고백할 때, 신앙의 행보가 다시 올바른 자리로 돌아올 것입니다.

구세주 예수 그리스도에 관한 사도신경의 이 마지막 조항은 세상에서 거룩하고 경건하게 살아가려는 그리스도인에게 커다란 위로와 격려를 줍니다. 재림 신앙이 희미해지는 오늘날 기독교회의 현실은 참된 경건이 그만큼 무디어진 것을 드러내는 거울입니다.

III. 교리문답에 따라 드리는 우리의 기도

'높아지신 그리스도에 대한 묵상과 기도'

1. '마음을 높이 들어'(*sursum corda*) 높아지신 예수 그리스도를 바라보게 하소서!

   (1) 이 땅에서의 삶에 매몰되어 '먼저 그 나라와 그 의를 구하라' 하신 주님의 교훈을 등한시 여기고 있지는 않은지 돌아 볼 수 있게 해 주소서!

   (2) 참된 신앙의 경주를 방해하는 것들이 무엇인지 영적으로 잘 통찰하게 하시고, 우리 주님의 모범을 본받아 벗어버릴 수 있게 도와주시옵소서!

   (3) 경건한 그리스도인이라면 피할 수 없는 신앙의 시련과 환란을 당할 때, 낙심하지 않고 우리 주님의 인내를 기억하며 그 발자취를 따라가게 하옵소서!

2. 사도신경이 깨우쳐 주는 구세주 예수 그리스도의 은혜를 깊이 깨닫고 감사하게 하소서!

   (1) 그리스도의 부활이 주는 영적 유익을 깊이 묵상하고 사모하게 해 주소서(HC 제45문답).

   (2) 그리스도의 승천이 주는 유익을 깨닫고 감사하며, 영적 격려를 받게 해 주소서(HC 제49문답).

   (3) 그리스도께서 우리의 머리가 되심으로써 교회에 부어주신 하늘의 은사들을 깨닫고 누리고 감사하게 하소서(HC 제51문답)

   (4) 의로운 재판장으로 다시 오실 그리스도에 대한 소망을 가지고 이 세상에서 경건하고 의로운 삶을 힘차게 살아가게 해 주소서(HC 제52문답).

제 11장
사도신경 묵상 08

보혜사 성령 하나님
(요 14:16-26)

구약성경은 성령 하나님의 사역을 아주 다양하게 소개합니다: 천지를 창조하시는 일에 직접 관여하셨고(창 1:2), 브살렐과 오홀리압에게 성막을 만드는 지혜와 기술을 주셨으며(출 35:30-33), 사사 삼손이 사자를 염소 새끼 찢듯이 찢고 아스글론의 블레셋 사람 삼십 인을 쳐죽일 힘을 주셨으며(삿 14:6,19), 모든 피조물을 창조하시고 지면을 새롭게 하십니다(시 104:30). 또한 모든 선지자들을 통하여 하나님의 뜻을 이스라엘과 모든 사람들에게 알리시는데, 때로는 책망하시고(미 3:8) 때로는 위로하십니다(사 40:1). 무엇보다도 하나님의 크신 구원의 계획을 그 종들을 통하여 알려주십니다.

그런데, 이처럼 다양한 일을 하시는 성령 하나님을 신약에서는 '보혜사'라는 중요한 명칭으로 소개합니다. 그런데 이 명칭은 예수 그리스도의 구원의 사역과 밀접하게 연관되어 있습니다. 바로 우리 주님이 성령 하나님을 '두 번째 보혜사'로 부르시면서, 사실상 첫 번째 보혜사인 자신의 일을 제자들에게 일깨워주시고 적용해주실 분으로 성령님을 소개합니다! '보혜사' 성령님은 어떤 분입니까? 종교개혁자들이 사도신경 해설에서 '성화주' 성령 하나님으로 소개하는 것과는 어떤 관계가 있습니까? 성경과 교리문답을 통하여 제3위 하나님이신 성령 하나님을 함께 묵상해 봅시다.

I. 성경 본문 묵상

예수님이 지상 사역을 마치고 하늘로 가실 것을 예언하시는 요한복음 14장은 '두 보혜사'에 관한 중요한 본문입니다. 보혜사로서 예수님이 누구신지, 그리고 장차 예수님이 보내주실 두 번째 보혜사로서 성령님이 하실 일이 무엇인지 오늘 본문을 통하여 잘 알 수 있습니다.

1. 예수님은 누구십니까?

   (1) 예수님이 머지않아 제자들을 떠나시려는 까닭(목적)은 무엇입니까? (14:1-3)

   (2) 하나님께로 가는 길을 묻는 도마의 질문에 대한 예수님의 대답은 무엇입니까? (14:4-6)

   (3) 하나님을 보여달라는 빌립의 요청에 대하여, 예수님의 중요한 자기 계시는 무엇입니까? 예수님은 자신이 어떤 존재라고 가르칩니까?(14:8-10)

   (4) 예수님이 하나님께로 가는 것이 제자들에게는 어떤 큰 유익이 됩니까? (14:11-14)

(5) 예수님이 친히 가르치는 '예수님을 사랑하는 방법'은 무엇입니까? (14:15, 21, 23-24)

2. 보혜사 성령에 관한 예수님의 소개

(1) 예수님은 성령 하나님을 어떤 분으로 소개합니까? (14:16, 17, 26)

(2) 예수님의 소개에 따르면 성령님이 '보혜사'로서 하시는 일은 무엇입니까? (14:17, 20, 26)

(3) '제자들을 고아처럼 버려두지 않으실 것'이라는 예수님의 약속(14:18)은 보혜사 성령님을 보내주실 것과 어떻게 연결될까요?

우리를 도우시는 '두 보혜사'를 알려주는 사도 요한

요한복음 14-16장은 골고다를 목전에 둔 마지막 한 주간을 보내시면서 예수님이 걱정하고 두려워하는 제자들을 위로하시는 고별설교를 기록한 것입니다. 지난 3년간 예수님을 따랐던 제자들이 마지막 가시는 그 길에는 따를 수 없다는 말씀, 결코 주님을 부인하지 않고 목숨을 걸고 따르겠노라는 베드로에게 닭 울기 전에 세 번 부인하리라고 청천벽력같이 예언하신 말씀(13:36-38) 때문에 제자들의 마음이 걱정과 불안으로 가득하였습니다. 그래서 주님은 '또 다른 보혜사' 성령님을 보내주시겠다는 약속으로 그들을 위로하며, 예수님에 대한 올바른 신앙을 다시 한 번 가르치고 격려합니다.

'또 다른 보혜사'(14:16)라는 표현은 이미 우리에게 오신 보혜사가 있다는 사실을 일깨워줍니다. 그 첫 보혜사는 우리에게 하나님 아버지께로 가는 길을 열어주신 예수님입니다: "내가 곧 길이요 진리요 생명이니 나로 말미암지 않고는 아버지께로 올 자가 없느니라"(14:6). 사도신경의 기독론에서 살펴보았듯이, 첫 번째 보혜사로서 예수님은 이 땅에서 뿐 아니라 지금 하나님 우편에서도 우리를 위하여 중보하십니다. 그런데 '두 번째 보혜사'로 오시는 성령님은 바로 이 예수 그리스도의 중보 사역을 그 제자들에게, 그리고 그들을 통하여 하나님께로 돌아올 모든 그리스도인들에게 적용시켜 주시는 일을 하십니다. 그것을 뚜렷하게 보여주시는 것이 "보혜사 곧 아버지께서 내 이름으로 보내실 성령 그가 너희에게 모든 것을 가르치고 내가 너희에게 말한 모든 것을 생각나게 하리라"(14:26)는 예수님의 약속입니다. 이처럼 보혜사 성령 하나님의 사역은 예수 그리스도의 사역과 밀접하게 연결되어 있습니다. 그래서 사도들은 성령 하나님을 종종 '그리스도의 영'으로 표현하길 좋아합니다. 신약성경에서 계시된 두 보혜사, 곧 성자와 성령 하나님은 우리의 구속을 위하여 밀접하게 연결된 사역을 하십니다!

II. 교리문답이 가르치는 성령 하나님 1

성령 하나님에 관한 고백이 아주 짧다는 것이 사도신경의 가장 아쉬운 점 가운데 하나입니다. 물론, 종교개혁자 루터의 관점처럼, 거룩한 공교회에 관한 부분부터 영생에 관한 마지막 부분을 모두 성령 하나님의 사역과 연결하여 이해한다면, 성화주 성령 하나님에 관한 내용은 창조주 성부 하나님에 관한 내용보다 더 풍성하다고 볼 수 있습니다. 그것을 고려한다고 하더라도, 다른 에큐메니칼 신조들에 비교하면 사도신경의 성령 하나님에 관한 조항은 성경의 풍성한 계시들로써 보완될 필요가 있습니다.

1. 우리의 찬양과 경배를 받으실 성령 하나님!

(1) 니케아-콘스탄티노플 신조(381)의 성령 하나님에 관한 고백

세 가지 에큐메니칼 신조들 가운데 공교회적으로 확립되어 동방과 서방의 모든 기독교회에서 받아들이고 중요하게 고백하는 니케아-콘스탄티노플 신조는 사도신경과 비교하여 성령 하나님에 대한 고백이 한결 풍성합니다:

"또한 우리는 성령, 곧 주님이시며 생명의 수여자이신 성령을 믿습니다.

And we believe in the Holy Spirit, the Lord, the giver of life.

성령은 성부와 성자로부터 나오시며,

He proceeds from the Father and the Son,

성부와 성자와 더불어 예배와 영광을 받으시며,

And with the Father and the Son is worshipped and glorified

선지자들을 통하여 말씀하시는 분이십니다.

He spoke through the prophets."

제일 먼저 주목할 부분은 성령님이 '성부와 성자와 더불어' 우리의 예배와 영광을 받으실 하나님이라고 고백입니다. 수십 년 넘게 교회를 분열시킨 삼위일체 논쟁을 마무리하면서, 고대교회의 교부들은 성자 하나님이신 나사렛 예수뿐 아니라, 성령님도 찬양받으실 하나님이라는 사실을 확실하게 밝히고 고백하길 원하였던 것입니다. 그래서 성령님도 우리의 '주님'이시고, 특히 '생명을 주시는 분'으로 소개됩니다. 거룩한 삼위일체 속에서 성령 하나님의 구별되는 위치를 밝히기 위하여 '성부와 성자로부터 나오신다'는 고백이 더해졌고, 선지자들을 통하여 하나님의 뜻을 우리에게 말씀하신 분이라는 고백으로 하나님의 구속 사역 속에서 성령님이 담당하신 사역을 특별하게 소개합니다.

(2) 아타나시우스 신경(The Athanasian Creed)이 가르치는 성령 하나님

이제 사도신경 및 니케아-콘스탄티노플 신조와 함께 3대 에큐메니칼 신조 가운데 하나인 아나타시우스 신경의 성령론을 살펴봅시다. '정통의 아버지' 교부 아타나시우스의 이름이 붙은 이 신조는 서방교회의 삼위일체론을 가장 잘 표현한 소중한 자료입니다.

이 신조의 구성은 삼위일체론과 기독론을 다루는 큰 두 부분인데, 아주 독특한 방식으로 삼위 하나님의 동등하심을 강조하는 것이 첫 부분의 특징입니다. 즉 '무한하심, 영원하심, 전능하심, 하나님되심, 주님되심'과 같은 중요한 속성들을 성부 성자 성령 삼위 하나님이 모두 함께 가지고 계신다고 반복하여 표현합니다. 그럼에도 불구하고, 세 하나님과 세 주님이 아니라 '한 분 하나님'을 믿는다고 고백합니다. 그와 동시에 삼위 하나님의 구별되심을 '아버지 아들 성령'이라는 그 성호들과 '독생하심과 발출하심'이라는 위격적 특징들로써 분명하게 제시합니다. 그리하여 모든 점에서 동등하신 삼위 하나님이 구별되지만 분리되지 않는 영원하신 한 하나님이라고 고백하는 것이 보편적인 신앙이라고 잘 가르쳐 줍니다.

성령 하나님이 성부와 성자와 마찬가지로 '우리의 예배와 찬양을 받으실 하나님'이라는 사실을 가장 잘 가르쳐주는 교과서로 니케아-콘스탄티노플 신조와 더불어 이 유서깊은 에큐메니칼 신조를 추천합니다.

2. 성령의 보혜사 사역

성령 하나님에 관한 개혁교회의 신앙고백들과 교리문답들은 크게 다음 두 가지 교훈을 담고 있습니다: 첫째, 성령 하나님은 누구신가; 둘째, 우리의 구원을 위하여 성령께서 하시는 일은 무엇인가. 첫 번째 주제와 관련하여, 무엇보다도 예수님은 성령님을 '보혜사'라고 가르쳐 주셨고 바로 그 이름으로써 그리스도의 구속 사역을 성도들에게 적용하시는 일이 성령 하나님의 다양한 사역들 가운데 가장 두드러진 특징으로 가르쳐 주셨습니다.

(1) '성령을 믿사오며'

사도신경을 조항별로 설명하는 하이델베르크 교리문답은 제20주일부터 '성령 하나님과 우리의 성화에 관하여'라는 제목으로 성화주 성령 하나님에 관한 문답을 시작합니다. 그 첫 문답은 '성령에 관하여 당신이 믿는 바는 무엇입니까'라는 질문으로 '성령을 믿사오며'라는 고백에 대한 개요를 제시하는 내용입니다(HC 제53문답). 두 부분으로 이루어진 그 답변은 우선 성령님의 참 하나님되심을 고백하고, 둘째로 '나에게도 주어져서 참된 믿음을 통하여 그리스도와 그분의 모든 은덕에 참여하게 하시며, 나를 위로하고 영원히 함께 하시는' 성령님의 독특한 사역을 설명합니다. '두 번째 보혜사'로서의 성령님의 독특한 의의를 '그리스도와 그분의 은덕에 참여하게 하신다'는 바로 이 구절에서 찾아볼 수 있습니다.

웨스트민스터 대교리문답 역시 성령 하나님의 그 사역의 의의를 강조하여 가르칩니다: "우리가 그리스도께서 획득하신 혜택의 참여자가 되는 길은 그것을 우리에게 적용하는 것인데, 이는 특별히 성령 하나님의 사역입니다"(WLC 제58문답). 소교리문답 역시 마찬가지입니다: "그리스도의 성령께서 그 구속을 우리에게 효력 있게 적용하여 주심으로 우리는 그리스도의 값 주고 사신 구속에 참여하는 사람이 됩니다"(WSC 제29문답). 그리고 그 다음 문답에서 그리스도의 구속을 우리에게 적용하시는 성령의 사역의 방식을 덧붙여 설명합니다: "성령께서는 우리를 효력 있는 부르심으로 부르셔서 우리 안에 믿음을 일으켜 주시고 그리스도와 연합하게 하심으로 그리스도의 값 주고 사신 구속을 우리에게 적용하여 주십니다"(WSC 제30문답). 그런 다음 제31-36문답들에서 성령의 사역으로서의 '구원의 순서'(ordo salutis)를 하나씩 설명합니다.

바로 이 부분에서 대교리문답과 소교리문답을 비교하면, 흥미로운 사실을 발견합니다. 소교리문답에서는 구원의 순서를 자세하게 다룹니다. 효력 있는 부르심(WSC 제31문답)에서 신자가 부활할 때 그리스도에게서 받는 유익(WSC 제38문답)에 이르기까지 성령의 구속 적용 사역을 하나하나 설명합니다. 그러나 성령의 외적인 사역 곧 '교회론'에 관한 언급은 전혀 없습니다. 사도신경을 직접 강해하지 않으니 '거룩한 공교회'에 관한 해설을 찾아볼 수도 없습니다. 반면에 대교리문답은 구원의 순서를 다루기 이전에 교회에 관한 언급을 먼저 하는데, 성령의 구속 적용을 받는 사람은 눈에 보이는 유형교회에 속한 사람이 아니라 무형교회, 즉 눈에 보이지는 않지만 참된 교회에 속한 사람이어야 한다는 교리를 먼저 가르칩니다(WLC 제61-65문답). 그런 다음 그리스도와의 연합(WLC 제66문답)을 기초로 한 구원의 적용과 관련된 주제들, 곧 소명, 칭의, 믿음, 양자됨, 성화, 견인 등을 자세히 다룹니다(WLC 제67-81문답). 우리는 이 주제를 '구원의 교리'에서 깊이 살펴볼 것입니다.

(2) 보혜사 성령님의 내적 사역, 곧 구원론

성령 하나님의 구속 적용의 사역은 크게 두 가지로 나누어 묵상할 수 있습니다:

- 첫째, 성도들 각 사람에게 그리스도의 구속을 적용하시는 성령의 내적 사역 (구원론)
- 둘째, 교회에 그리스도의 구속 사역을 적용하시는 성령의 외적 사역 (교회론)

개혁주의 신앙은 성령 하나님의 사역을 대단히 중요하게 가르칩니다. 대표적인 한 사례로, 종교개혁자 칼빈은 모두 네 권으로 구성된 '기독교강요'(Institutes)에서 제3권을 성령의 내적 사역(구원론)을, 그리고 제4권을 성령의 외적 사역(교회론)을 설명하는 것에 할애하였습니다. '기독교강요'의 절반 이상의 분량을 성령 하나님의 사역을 소개하는데 할애하였던 것입니다. 벤자민 워필드 박사의 평가대로, 칼빈은 참으로 '성령의 신학자'였습니다.

그런데 칼빈의 성령론의 근본적인 특징은 '성경이 가르치는 대로 성령의 사역'을 철저하게 고백하고 가르치는 것입니다. 흔히 '성령운동' 혹은 '성령은사론'을 강조하는 오순절 계통의 교회들이 '성령론'에 강하고, 보수적인 장로교회는 성령론이 상대적으로 약하다는 견해가 있습니다. 그런 생각은 칼빈의 신학이 얼마나 '성경적인 성령론'을 잘 가르치고 있는지 알지 못한 데서 나온 편견입니다. 성령 하나님은 무엇보다도 성경을 기록하게 하신 분입니다. 칼빈주의 개혁신앙을 고백하는 장로교회는 성령론에 있어서도 철저하게 '성경중심적'입니다. 그것이 '성경을 기록하게 하신' 보혜사 성령 하나님의 뜻을 올바르게 받드는 길입니다.

성령의 독특한 특징이 그분의 내적 사역 곧 구원론과 관련하여 잘 나타납니다. 성령님은 우리 마음에 오셔서 거하시며, 말씀으로 우리를 하나님께로 인도하십니다. 우리 속에 거하시는 성령 하나님, 바로 이것이 성부와 성자와는 구별되는 성령의 독특한 구속 적용의 사역입니다. 예수 그리스도께서는 '내가 곧 길이요 진리요 생명이니, 나로 말미암지 않고는 아버지께로 올 자가 없다'고 선언하였습니다. 그리고 우리는 성령 하나님이야말로 우리에게 오셔서 우리 마음에 거하시며 바로 그 예수 그리스도라는 생명과 진리의 길을 찾아 가게 하시는 분이심을 배웠습니다. 그러므로 성령의 인도하심을 받는 삶이야말로 영생으로 인도하는 참된 인생 길인 것을 알 수 있습니다.

성령께서 우리를 인도하실 것이라는 사실은 신뢰할 수 있는 확실한 약속입니다. 예수님이 직접 그 약속을 우리에게 하셨기 때문입니다. 우리는 예수님의 약속이 빈 말이 아니라고 확신합니다(요 14:26)!

그렇다면, 구체적으로 성령 하나님은 어떻게 우리를 생명의 길로 인도하실까요? 신약성경은 다음 세 가지 방식으로 성령의 인도를 구할 수 있다고 가르칩니다:

첫째, 하나님의 말씀으로! (딤후 3:16-17; 마 22:37-40)

둘째, 성령의 조명을 구하는 기도로! (엡 6:18; 유 20; 요일 5:14)

셋째, 말씀에 근거한 올바른 판단으로! (고전 14:26,40; 행 17:11-12; 고전 2:15)

웨스트민스터 신앙고백서는 성경에 관한 고백에서 그리스도인이 하나님의 뜻을 아는 방법에 관하여 다음과 같이 분명하게 고백합니다: (WCF 1장 6, 7절)

'하나님의 영광, 인간의 구원, 신앙과 생활에 필요한 모든 것이 성경에 분명히 기록되어 있거나, 혹은 '선하고 적절한 추론에 의하여' (필연적인 결론에 의하여) 성경에서 이끌어낼 수 있습니다. 따라서 <u>성령의 새로운 계시 혹은 인간의 전통에 의한 첨가는 불가합니다</u>'(갈 1:8-9).

'성경의 계시를 구원론적으로 바르게 이해하기 위해서는 성령의 내적 조명이 반드시 필요합니다'(요 6:45; 고전 2:9-12).

'성경의 모든 내용이 다 명백하고 모든 사람들에게 이해되는 것은 아니지만, 그러나 구원을 얻기 위해 알아야 하고 믿고 지켜야 할 내용은 성경의 여러 곳에서 아주 분명하게 제시되어 있고 밝혀져 있기 때문에, 심지어 무식한 사람이라도 통상적인 방법을 올바르게 사용하면 충분히 이해할 수 있습니다.'

III. 교리문답을 따라 드리는 우리의 기도

유서 깊은 신앙고백들이 잘 가르치듯, 성령님은 우리의 찬송을 받기에 합당하신 하나님이십니다! 교회의 역사를 통하여 성령님께 영광을 돌리는 좋은 찬송들이 많이 나왔습니다. 우리 장로교회에서도 그런 좋은 찬송들로써 마땅히 올려 드려야 할 경배를 성령 하나님께 바치기를 소원합니다! 몇 가지 대표적인 성령 찬송을 소개합니다. 그 가사를 음미해 보면, 찬양과 동시에 기도인 것을 잘 알 수 있습니다.

(1) 창조주 성령이여 오시옵소서(*Veni Creator Spiritus*)

> 창조주 성령이여, 오시옵소서!
> 믿는 이들 마음 속을 찾아주소서.
> 당신이 창조하신 우리 가슴을
> 하늘의 은혜로 채워주소서.
>
> 당신의 그 이름은 위로자시니
> 더없이 높으신 하나님 선물.
> 타는 불, 생명의 불, 사랑이시여!
> 영혼에 스며드는 기름이시여!
>
> 빛으로 우리 감각 비춰주시고,
> 그 사랑 우리 맘에 부어주소서.
> 언제나 끊임없는 도우심으로
> 연약한 우리 육신 굳게 하소서.
>
> 호라바누스 마우루스(Hrabanus Maurus, c. 809)

(2) 오 창조주 성령이시여, 당신의 교회 안에 거하소서!

1.
오 창조주 성령이시여, 당신의 교회 안에 거하소서.
그리스도께서 이루신 구원을 교회에 허락하시고,
하늘의 은사들을 교회게 쏟아 부어 주셔서,
교회를 (그리스도의) 순결한 신부로 준비시켜 주소서.

2.
성령 하나님, 당신의 이름을 송축합니다.
당신께서는 오순절에 능력으로 오셨습니다.
당신께서는 풍성한 은혜,
곧 골고다의 십자가의 열매를 열어주십니다.

3.
오 영원히 살아계신 성령 하나님,
우리를 도우시는 보혜사시여,
당신께서는 옛적부터 우리를 위하여 준비된,
구원과 복락을 말씀하십니다.

4.
당신의 능력은 그 말씀을 통하여 역사하오며,
당신의 말씀은 결코 헛되이 들리지 않습니다.
당신의 등불이 어두운 마음 속에 비치며,
당신의 빛은 강퍅한 자들의 눈을 감게 만듭니다.

5.
주여 내 마음을 성전으로 삼으시사,
나의 삶을 새롭고 정결하게 만드소서.
하나님의 모든 자녀들을 인도하셨던 바로 그

당신의 살아 있는 말씀으로 나를 다스리소서.

6.
오, 성령이시여, 당신은 하나님의 모든 구원을 펼쳐주시며,
당신의 은사를 우리에게 일곱 배나 내려주시며,
사막에서 생명을 일깨우는 분수처럼
우리 마음 속에서 솟아나십니다.

7.
원수들의 전투 소리가 울려 퍼질 때,
우리의 용기가 사라지지 않게 해 주소서.
사탄은 밤낮으로 우리를 위협하오니,
당신의 능력으로 사탄을 막아 주소서.

8.
성부와 성자의 영이시여,
그리스도의 보좌로부터 강림하셔서,
구세주와 더불어 우리를 위해 변호하시며,
하나님의 모든 백성을 영광으로 인도하소서.

9.
성부 하나님, 당신께 영원한 영광이 있기를!
우리 주 그리스도께서 송축을 받으시기를!
성부와 성자로부터 나오시는 성령이시여,
당신의 크신 이름이 찬양 받으소서!

(중세 찬송으로 비텐베르크 찬양집에 수록, 1533)

제 12장
사도신경 묵상 09

성령의 은사와 교회
(고전 14:1-19)

'보혜사' 성령님은 신약성경에서 나사렛 예수를 주님으로 고백하고 그 주권을 밝히 드러내는 사역을 합니다. 거짓된 성령론이 만연한 오늘날의 교회 형편에서 참된 성령 사역을 구별하는 중요한 특징이 '예수 그리스도를 증거하는가' 여부입니다. 두 번째 보혜사는 첫 번째 보혜사의 구속 사역을 그 백성들에게 적용하기 위하여 오신 분이기 때문입니다. 그리스도의 구속을 그리스도인 각 개인에게 적용하는 성령님의 사역을 교의학에서는 '구원론'으로 분류합니다. (사도신경은 구원론에 관한 내용을 구체적으로 다루지는 않습니다. 그렇지만 사도신경 전체 내용이 성령님의 감동으로 이루어진 구원의 고백이라고 할 수 있습니다.) 한편 그리스도의 구속을 하나님의 구원받은 백성 전체에게 적용하시는 성령님의 사역은 '교회론'으로 분류되는데, 사도신경은 '성령을 믿사오며'라는 고백에 곧이어 '거룩한 공교회와 성도의 교제'를 고백하며 중요하게 언급합니다. 그리스도의 구원을 공동체적으로 적용하시는 성령님의 사역이란 과연 어떤 것일까요? 머리되신 그리스도의 몸을 이루는 교회를 건설하는 일에서도 두 보혜사는 서로 뗄 수 없을 정도로 함께 역사하십니다. 선한 목자이신 예수 그리스도께서 그의 말씀과 성령으로 참된 교회를 불러 모으시고 보호하시고 지키시는 모습을 성경과 교리문답을 통하여 살펴보길 원합니다.

I. 성경 본문 묵상

고린도 교회에 보낸 사도 바울의 첫 번째 편지에서 12-14장은 성령의 은사에 관한 아주 소중한 교훈을 담고 있습니다. 사도 바울은 방언과 예언의 은사를 비교하면서 성령님의 은사가 교회 구성원들에게 주어진 근본적인 목적을 일깨워 줍니다. '사랑장'으로 알려는 13장은 바로 그런 논지에서 핵심적인 역할을 합니다.

1. 성령의 은사들(*karismata*)에 관한 사도 바울의 교훈:

(1) 이 주제를 다룰 때 사도 바울의 기본적인 원칙은 무엇입니까? (12:7, 25)

- 이것은 우상 제물에 관한 논의(8-10장)에서 사도 바울이 제시한 원칙과 어떻게 일관됩니까? (8:9, 13; 10:23-24)

- 그 원칙은 어떤 근본적인 기독교적 교훈에 뿌리를 내리고 있습니까? (13:1-3)

(2) '신령한 것들' (12:1): '성령의 것들' 곧 성령께서 주시는 은사들

- 잡다한 종교적 현상과 성령의 은사들을 구별하여 올바르게 이해하도록 바울이 고린도 성도들에게 제시하는 올바른 신학적 원칙은 무엇입니까? (12:3)

- 이것은 두 번째 보혜사로서 예수 그리스도의 구속의 사역을 우리에게 적용하시는 성령 하나님의 독특한 사역을 어떻게 강조해 줍니까?

고린도전서 12:3은 '예수 그리스도를 저주할 자가 아니라 주님이라고 고백하게 하시는 분이 성령'이라고 가르칩니다. 그러므로 두 번째 보혜사의 중요한 사역은 첫 번째 보혜사를 증거하는 일입니다. 사도 바울은 로마서 8:14-17에서도 성령님을 '하나님의 영, 양자의 영'으로 부르면서, 우리를 하나님의 자녀이며 그리스도와 함께 하나님의 상속자로 증거하시는 성령의 사역을 가르칩니다. 갈라디아서 4:4-6에서는 성령님을 '그 아들의 영' 곧 예수 그리스도의 영으로 소개합니다: "때가 차매 하나님이 그 아들을 보내사 여자에게서 나게 하시고 율법 아래에 나게 하신 것은 ⁵율법 아래에 있는 자들을 속량하시고 우리로 아들의 명분을 얻게 하려 하심이라 ⁶너희가 아들이므로 하나님이 그 아들의 영을 우리 마음 가운데 보내사 아빠 아버지라 부르게 하셨느니라." 하나님이 구속의 은혜를 베풀어주시는 목적은 우리를 자녀로 삼으시는 것인데, 그것을 위하여 첫 보혜사를 보내주셔서 죄악의 문제를 해결하시고, 이제 두 번째 보혜사를 보내주셔서 하나님을 '아바 아버지'로 부를 수 있게 해 주셨습니다. 그리스도와 성령, 이 두 보혜사의 사역은 이렇게 밀접하게 연결되어 소개됩니다! 성령님의 참된 역사는 우리로 하여금 예수 그리스도를 주님으로 고백하게 하는 일입니다. 이런 결과가 없는 소위 '성령의 역사하심, 성령의 은사'들은 주의하고 경계해야 할 필요가 있습니다. 왜 그렇습니까? 보혜사 성령님의 사역은 그저 '초자연적인 현상'이 아니라, 반드시 '예수 그리스도를 증거하는 일'과 연결되어 있기 때문입니다!

2. 고린도전서 13장의 의의

고린도전서 12-14장은 하나로 연결된 내용입니다. 모두 성령의 은사에 대한 올바른 관점을 가르치는 맥락에서 일관된 내용입니다. 12장과 14장을 연결하는 13장(소위 '사랑'장)은 성령의 은사에 관한 올바른 관점을 바로 세우기 위한 교훈입니다.

> "13장에서 바울은 사랑이 가장 큰 은사일 뿐 아니라 그리스도인이 갖추어야 할 가장 큰 삶의 자세이자 덕목이며, 그러기에 그것이 올바른 은사의 행사인지 평가하는 기준임을 천명했습니다. 이제 14장에서는 그것을 더욱 구체화합니다. 그리고 12장 31절에 예고한 대로 교회를 세워 올린다는(덕을 세움) 관점에서 은사의 등급을 토론하면서 방언보다 더 큰 은사인 예언을 권하고, 예언도 질서 있게 행사하라고 당부합니다."
> (김세윤, *고린도전서 강해*)

3. 방언과 예언: 두드러진 두 은사에 대한 사도 바울의 비교 평가 (고전 14장)

　(1) 고린도 교회의 방언은 '오순절의 방언'과 어떤 점에서 같고, 어떤 점에서 다릅니까?

　(2) 바울이 말하는 '예언'의 은사는 무엇을 가리킵니까? (롬 12:6; 고전 2:6-16)

　(3) 바울은 어떤 이유를 들어 예언을 방언보다 더 앞세웁니까? (고전 14:1-4)

	누구에게 말하는가	이해 여부	도움 여부
방언	하나님께 말함	이해되지 않음	자신의 신앙에 도움이 됨
예언	교회(사람들)에게 말함	이해됨	교회를 세움(격려, 권면, 위로)

　(4) 바울이 방언의 은사보다 예언의 은사를 더 권장하는 까닭은 무엇입니까? (14:6-12, 19)

　(5) 예배 공동체인 교회에서 방언의 사용에 대한 사도 바울의 태도는 무엇입니까?

　☞ 14장의 14-15절과 18-19절의 의미를 비교하여 판단해 봅시다.

오순절의 방언은 100% 외국어였습니다. 맛디아를 포함한 12사도들의 방언을 들은 사람들은 자신들이 태어난 곳의 방언으로 하나님의 큰 일을 들었습니다. 그것은 '이해할 수 없는 발성'이 아니라 분명하게 이해되는 '부활하신 나사렛 예수에 관한 복음의 메시지'였습니다. 그러나 고린도 교회에서 나타난 방언 현상은 '메시지가 전달되지 않는' 은사였습니다. 바울은 성령의 은사들이 교회의 덕을 세우는 목적으로 사용되어야 한다는 점을 강조합니다(14:12). 바로 그런 점에서 바울은 단호하게 방언보다 예언의 은사를 더 중요하게 강조합니다: "그러나 교회에서 네가 남을 가르치기 위하여 깨달은 마음으로 다섯 마디 말을 하는 것이 일만 마디 방언으로 말하는 것보다 나으니라"(14:19). 달리 말하자면, 자기가 받은 은사를 통하여 예수 그리스도의 복음 메시지가 전달되어야 교회를 세우는 데 유익하게 사용된다는 것입니다. 그래서 교회의 모임 중에 나타나는 방언의 경우 '통역'의 필요성을 강조합니다. 통역이 없으면, 개인적으로 방언을 하도록 권장하고, 교회에서는 그치라고 권면합니다(14:28).

'사랑장'이라고 불리는 고린도전서 13장에서 사도 바울이 성령의 은사들을 가장 잘 활용하는 방법으로 '사랑'을 강조한 것도 바로 이런 맥락입니다. 사람의 방언과 천사의 말도 교회를 세우는 일, 곧 성도를 섬기는 일과 무관한 개인적인 은사로 활용된다면, 그것은 아무런 가치가 없다고 단호하게 가르치는 까닭도 여기 있습니다. 은사는 교회를 세우기 위하여 사랑으로 섬기도록 우리 각 사람에게 나누어주신 것입니다!

하이델베르크 교리문답은 사도신경의 '성도의 교제'를 설명하면서, 바로 이런 사도 바울의 교훈을 반영하여 말합니다: "각 신자는 자기의 은사를 다른 지체의 유익과 복을 위하여 기꺼이 그리고 즐거이 사용할 의무가 있습니다"(HC 제55문답)

한편, 오늘날 한국의 장로교회에서도 방언 기도를 드물지 않게 볼 수 있습니다. 방언으로 기도하는 사람들은 자신들의 기도가 영적이고 깊이 있으며, 아무리 오래 기도해도 피곤하지 않는 등의 초자연적인 특징이 있다고 자랑합니다. 방언의 은사를 받지 못한 분들은 때로는 방언 기도를 부러워하거나 혹은 귀에 거슬려 하기도 합니다. 우리는 이 문제를 바로 고린도전서 12-14장의 가르침에 비추어 생각해 볼 필요가 있습니다.

사도 바울은 이 모든 교훈을 성령으로 말미암아 교회의 머리이신 예수 그리스도로부터 배웠습니다. 그래서 방언 기도에 대한 사도 바울의 견해를 주께서 가르치신 기도의 정신과 비교해 보면, 그 뜻을 좀 더 분명하게 깨달을 수 있습니다. 방언 기도와 주께서 가르치신 기도는 어떤 점에서 뚜렷하게 차이가 날까요? 오늘날 방언기도를 하는 분들은 자신이 드리는 기도의 내용을 인식하고 깨닫고 있습니까? 아니면 스스로는 깨닫지 못하는 '영적인 내용'을 부지불식간에 기도하고 있습니까? 주기도문과의 가장 중요한 차이는 바로 여기에 있습니다. 예수님은 우리에게 '이렇게 기도하라'고 명하시며, 그 기도의 내용이 무엇인지를 분명히 가르쳐 주셨습니다. 여섯 가지 간구로 이루어진 주기도문의 내용은 성경 전체의 교훈을 요약한 것처럼, 심오하고 깊이 있는 기도입니다. (나중에 주기도문 부분에서 깊이 있게 살펴볼 것입니다.) 그것은 그리스도인 개인뿐 아니라 교회가 듣고 깨달은 마음으로 드려야 할 기도의 메시지를 담고 있습니다! 하이델베르크 교리문답 제117문답도 바로 그런 취지를 담아 '하나님께서 기뻐하시고 들으시는 기도'가 무엇인지 소개합니다. 그리고 제118문답은 우리가 하나님께 구해야 할 바를 요약하여 주신 것이 바로 주기도문이라고 소개합니다!

II. 교리문답이 가르치는 성령 하나님 2

사도신경의 마지막 부분, 곧 '성령을 믿습니다'라는 고백 다음에 나오는 조항들은 '교회'와 '성도의 교제', '죄사함', '몸의 부활'과 '영생'에 관한 내용입니다. 루터를 비롯한 종교개혁자들은 이것들을 특별히 성령 하나님의 일하심과 관련하여 설명합니다. 즉, 성령 하나님께서 우리를 거룩하게 하시는 방편으로 사용하시는 것이 기독교회, 사죄, 몸의 부활, 영생이라는 관점에서 사도신경의 이 마지막 부분을 이해합니다.

1. 성령의 외적 사역: 교회론

일반적으로 개혁주의 신학에서 교회론은 교회의 본질을 다루는 첫 부분과 교회가 가지고 있는 은혜의 수단들을 다루는 둘째 부분으로 구성됩니다. 즉 '교회란 무엇인가'와 '성령께서 교회를 통하여 그리스도의 은혜를 우리에게 전해주시는 방법들' 두 파트입니다.

(1) 그리스도의 몸인 교회(*Corpus Christi*), 보편적 교회(Catholic Church)

예수님은 종종 비유적인 표현들을 통하여 영적인 진리를 생생하게 가르쳐 주셨습니다. 그런 비유 가운데 양과 목자의 이야기가 있습니다(요 10:1-15). 선한 목자와 양떼 사이의 관계를 설명한 이 말씀은 '거룩한 보편적 교회'에 관한 우리의 고백과 여러모로 비교됩니다. 선한 목자이신 예수님은:

양떼를 불러 모으고,

사나운 들짐승들로부터 양떼를 지켜 보호하시며,

푸른 초장으로 그들을 인도하여 그들을 돌보아 주십니다.

하이델베르크 교리문답 제54문답은 사도신경의 '거룩한 보편적 교회'에 관한 조항에 대하여 다음과 같이 설명합니다: "나는 하나님의 아들이 세상의 처음부터 마지막 날까지 모든 인류 가운데서 영생을 위하여 선택하신 교회를 참된 믿음으로 하나가 되도록 그의 말씀과 성령으로 자신을 위하여 불러 모으고, 보호하고, 보존하심을 믿습니다. 나도 지금 이 교회의 살아 있는 지체이며 영원히 그러할 것을 믿습니다."

(2) 모든 경건한 자의 어머니인 참된 교회

"교회를 어머니로 모시지 않으면 하나님을 아버지로 모실 수 없다."

(키프리안, *보편적 교회의 일치에 관하여*)

"기독교회는, 이 세상에서 아주 독특한 공동체로서, 하나님의 말씀을 통하여 모든 그리스도인을 낳고 기르는 어머니이다. 교회는 하나님의 말씀을 선포하여 사람의 심령을 밝히고 불을 붙여 성도들이 하나님의 말씀을 이해하고 받아들이며 붙잡고 지키게 한다."

(마틴 루터, *대교리문답*)

"(눈에 보이는) 교회를 아는 것이 얼마나 유용하고 얼마나 필요한가를 '어머니'라는 단순한 칭호에서 배워야 한다. 이는 이 어머니가 우리를 잉태하고 낳으며 젖을 먹여 기르고 우리가 이 육신을 벗고 천사같이 될 때까지(마 22:30) 보호하고 지도해 주지 않는다면 우리는 생명으로 들어갈 길이 없기 때문이다."

(칼빈, *기독교강요*)

우리의 신앙 선배들이 교회를 이처럼 중요하게 가르치는 까닭은 무엇일까요? 우리는 과연 교회를 어떻게 생각하고 평가하고 있습니까? 교회란 정말 '어머니'

라고 부를 정도로 나의 신앙과 생활에 중요한 요소인가요? 성경이 교회에 관하여 가르치는 바를 살펴봅시다:

'그리스도의 몸'(고전 12:27; 엡 4:11-14)

'하나님의 성전'(엡 2:21-22)

'하나님의 집, 진리의 기둥과 터'(딤전 3:15)

'위에 있는 예루살렘'(갈 4:26)

(3) 유형교회와 무형교회

웨스트민스터 대교리문답이 가르치는 '눈에 보이는 교회'와 '눈에 보이지 않는 교회'의 구별은 오늘날 그다지 주목받지 못하고 있습니다. 그러나 진실한 신자들이 누리는 신앙적인 유익들과 관련하여, 무형교회에 관한 장로교회의 가르침은 다시 중요하게 돌아볼 필요가 있습니다(WLC 제80-86문답). 현세에서 누리는 구원의 확신과 그리스도와의 영광된 교통, 죽음 이후에 대한 소망은 우리의 신앙생활에 대단히 소중한 보물들이기 때문입니다.

그뿐 아니라, 눈에 보이는 모습에만 매몰되어 교회의 참된 본질과 영광을 알지 못하기 때문에 나타나는 신앙적 실망과 낙심을 방지하기 위해서도 무형교회에 관한 가르침은 꼭 필요합니다. C.S. 루이스의 아래 글은 바로 그런 점에서 통찰력을 줍니다:

> **고참 마귀가 신참 마귀에게 보내는 한 가공의 편지:**
>
> "사랑하는 웜우드에게, 현재 우리의 가장 강력한 동맹자들 가운데 하나는 바로 교회 자체란다… 내가 말하는 교회란, 우리가 보듯이, 온 시대와 모든 곳에 걸쳐

있는, 그 뿌리를 영원에 두고 있는, 그리고 깃발을 내건 군대와 같이 무서운 그 교회가 아니다. 그것은, 고백하건대, 가장 대담한 유혹자들도 불편하게 만드는 광경이다. 그러나 다행스럽게도 그런 교회의 모습은 이런 인간들에게는 거의 보이지 않는다. 네 환자가 보는 것이란 단지 새로운 건축부지에 반쯤 완성된 엉터리 고딕양식의 건물일 뿐이다. 그가 그 교회 안으로 들어가면, 동네 가게 주인이 기름기가 흐르는 얼굴로, 자기도 네 환자도 이해하지 못하는 예전서가 포함된 번들거리는 작은 예전서(liturgy)와 수많은 저질 종교적 시들이 - 그것들은 대체로 다 나쁜 것들인데 - 깨알처럼 인쇄된 낡아빠진 소책자를 네 환자에게 나누어주려고 분주하게 움직이는 모습이다. 좌석을 찾아 앉아 자기 주위를 돌아보면 이제껏 그가 되도록 얼굴을 마주치지 않으려고 피해왔던 그런 이웃들을 보게 될 뿐이다."

(C.S. 루이스, *스크루테이프의 편지*)

2. 교회와 성도의 교제

교회는 어떤 조직체나 건물이 아니라, 그리스도를 머리로 하는 신자들의 공동체입니다. 그리고 그 공동체 안에 있다는 것은 단순히 회원 명부에 이름을 올리는 것이 아니라, 서로 교제를 나누는 것입니다. 신자들은 개별적으로 뿐 아니라 공동체적으로 주 예수 그리스도와 교제하며 그분의 모든 부요와 은사에 참여합니다. 그리고 각 신자는 자신이 받은 은사를 다른 지체들을 위하여 사용함으로써 (사랑의 원리) 교회를 세울 의무가 있습니다(HC 제55문답). 종교개혁자 루터는 교회에서 하나님의 말씀을 듣는 것부터 그런 성도의 교제가 시작된다고 말합니다:

"교회는 성도들의 회중, 곧 순전히 성도들로 이루어진 무리를 뜻하는 말이다.

이 땅 위에는 그리스도를 머리로 하는 순전한 성도들의 작고 거룩한 무리가 있는데, 성령께서 그들을 하나의 신앙, 하나의 마음과 이해로 불러 주셨다. 그 안에 다양한 은사들이 있으나 사랑 안에서 일치하며, 분파나 분열은 없다. 나 역시 그 일원으로서 그 속에 있는 모든 좋은 것들을 함께 나누는 자인데, 성령에 의하여 하나님이 말씀을 듣고서 그 무리 안에 들어왔고 또 계속 들음으로써 그 무리의 일원으로 연합되어 간다. 하나님의 말씀을 듣는 것이 그 시작이다."

(마틴 루터, *대교리문답*)

3. 죄를 사하여 주시는 것을 믿습니다.

우리는 예수 그리스도의 십자가 공로를 의지하여 하나님의 자녀가 되는 큰 권세와 특권을 얻은 후에도 여전히 죄를 짓는다는 뼈아픈 사실을 알고 있습니다. 그래서 죄의 용서는 우리의 신앙생활에서 거듭 확인되고 베풀어져야 할 일입니다. 바로 그런 까닭에 사도신경은 예수 그리스도의 십자가 대속의 공로에 근거한 사죄를 성령의 사역과 연결하여 설명합니다.

성령 하나님께서 나와 함께 하심을 믿습니다:

"성화가 이미 이생에서 시작되었고 날마다 자라가고 있지만, 우리의 몸은 결국 모든 부정함과 더불어 멸망하고 땅에 파 묻히게 될 것이며, 영원한 새 생명으로 영광스럽게 그리고 전적으로 완벽한 거룩함으로 다시 일어날 것을 우리는 기대한다. 현재 우리는 단지 절반만 순수하고 거룩하다. 그래서 성령께서 계속 우리 안에서 말씀을 통하여 사역하시며, 날마다 사죄를 베푸시는 것이다. 우리가 더 이상의 사죄함이 필요하지 않을 정도로 완벽하게 순전하고 거룩한 백성으로,

경건과 의로 가득하고 죄와 죽음과 악이 제거되어 그것들부터 자유로운, 새롭고 영원하며 영광된 몸을 갖기까지."

"이 모든 것이 성령의 직분이며 사역이다: 성령께서는 기독교회와 사죄함이라는 두 가지 수단을 통하여 이 땅에서 거룩함을 시작하고 날마다 증진하신다. 그러나 우리가 죽을 때에 성령께서는 그것을 모두 한 순간에 성취하실 것이며 영원히 우리를 그 안에 유지하실 것이다."

"그러므로 우리는 말씀(the Word)을 통하여 우리를 날마다 이 기독교회의 교제 안으로 이끌어 가시며, 동일한 그 말씀과 죄 사함을 통하여 신앙을 수여하고 증진하며 강화시키시는 성령 하나님을 믿는다. 그렇게 하여 성령께서 그 일을 모두 성취하실 때에 우리가 그 안에 거하며 세상과 모든 악에 대해서는 죽을 것이다. 최종적으로 우리는 완전하게 그리고 영원히 거룩하게 만드실 것인데, 그것을 우리는 현재 말씀을 통하여 믿음 안에서 기대한다."

(루터, *대교리문답* 중에서)

4. 몸의 부활과 영생의 약속

(1) 사도신경의 '몸의 부활'에 관하여, 하이델베르크 교리문답 제57문답에 따라 대답해 봅시다.

① 그리스도인이 죽으면, 그의 영혼은 어떻게 됩니까? (눅 20:37-38; 23:43; 계 14:13)

② 나의 몸은 땅에서 썩어 없어집니다. 그러면 나의 영혼만 하나님의 나라에 가는 것입니까? (고전 15:53-54; 빌 3:21; 요일 3:2)

(2) '영원히 사는 것을 믿습니다'라고 고백하는 그리스도인은 어떤 위로를 받습니까? 하이델베르크 교리문답 제58문답을 보고 다음 질문에 대답해 봅시다.

① 영생이란 무엇입니까? (요 17:3)

② 하나님 나라는 어떤 곳입니까? (롬 14:17)

③ 우리가 이 세상을 떠난 후에야 영생과 하나님 나라를 지금보다 훨씬 더 잘 알고 누릴 수 있는 까닭은 무엇입니까? (고전 2:9; 고전 13:9-12)

III. 교리문답에 따라 드리는 우리의 기도

'교회를 위한 사도 바울의 기도'

1. 에베소서 1:17-19과 3:14-21에 기록된 사도 바울의 교회를 위한 두 기도문을 살펴봅시다.

(1) 사도 바울의 감사의 이유는 무엇입니까? (엡 1:15-16)

(2) 교회를 위한 사도의 간구의 핵심 요지는 각각 무엇입니까?

(3) 두 기도문을 서로 비교하면, 교회를 위한 바울의 기도에는 어떤 일관성이 있습니까?

2. 두 기도를 주기도문의 첫째 간구의 내용과 비교해 봅시다. 주께서 가르친 기도의 정신이 교회를 위한 사도 바울의 두 기도문에 어떻게 반영되어 있습니까? (cf. HC 제122문답)

제 13장
사도신경 묵상 10

삼위일체 하나님을 믿는 신앙
(마 3:13-17)

　사도신경은 하나님에 관하여 고백하고 가르칠 때, '하나님은 어떤 분이신가?' 그리고 '하나님은 우리를 위하여 어떤 일을 하셨는가/하시는가?'를 함께 말합니다. '전능자', '그의 독생자', '거룩하신 영'과 같은 고백은 하나님의 본성을 나타내는 표현이며, '창조주', '구속주', '성화주'라는 명칭은 그분의 사역을 나타냅니다. 그런데 하나님의 본성에 관한 가장 중요한 표현인 '삼위일체'는 특정한 용어로 표현되어 있지 않고 사도신경의 구조 전체에 걸쳐 나타나 있습니다.

　그 동안 우리는 성부, 성자, 성령 삼위 하나님이 누구시며 우리를 위한 어떤 크신 은혜의 사역을 베풀어주셨는지 살펴보았습니다. 이제 사도신경에 대한 묵상의 마무리로서, 하나님의 자기 계시 가운데 가장 독특한, 그래서 다른 모든 종교들과 기독교 신앙을 구별해 주는 '삼위일체'의 진리를 살펴보려 합니다. 인간의 이성으로는 이해할 수 없는 이 초월적인 진리를 성경은 어떻게 우리에게 알려줄까요?

I. 성경 본문 묵상

나사렛 예수님이 세례 요한에게 세례받으신 일은 삼위일체 하나님의 자기 계시가 분명하게 드러난 중요한 성경본문들 가운데 하나입니다. 사실, 참 사람이신 나사렛 예수님이 참 하나님이라는 고백에서 삼위일체론 교리가 뚜렷하게 부각되었습니다.

1. 이 일은 예수님의 공생애 중 언제 일어난 일입니까? 그 의미는 무엇일까요?

2. 세례 요한이 예수님의 수세(受洗)를 만류한 까닭은 무엇입니까? 그에 대하여 예수님께서 "우리가 이와 같이 하여 모든 의를 이루는 것이 합당하니라"라고 대답하신 뜻은 무엇입니까?

죄없으신 예수님이 죄씻음의 세례를 받으신 까닭

예수님의 세례받으심은 공생애의 시작을 의미합니다. 성육신하신 하나님, 참된 사람이지만 죄는 없으신 분이 회개와 죄씻음을 상징하는 세례 요한의 세례를 받으신 것은, '범사에 령제들과 하나가 되어서' 스스로 자신의 죄책을 해결할 수 없는 죄인들을 대신하는 구속자의 사역을 감당하기 위함이었습니다.

예수님이 그 자신을 위하여 세례를 받을 필요는 전혀 없었습니다. 그 사실을 누구보다도 세례 요한이 잘 알고 있었습니다. 오히려 자신이 예수님께 세례를 받아야 마땅하다고 올바르게 인식하였습니다. 그러나 예수님은 그 자신을 위하여 세례를 받는 것이 아님을 깨우쳐 주십니다. 그 세례는 이사야 선지자가 예언한 '고난 받는 종'이 바로 자신이라는 사실을 증시하고, 이스라엘의 신실한 남은 자들과 자신을 동일시하는 표시였습니다. 의로우신 하나님의 형벌을 피할 길 없는 죄인들의 죄짐을 대신 지시려고 죄 없는 예수님이 죄인들과 동일한 자리로 내려 가셨습니다. 그리하여 하나님의 구원하시는 사랑과 더불어 공의로운 심판을 온전히 이루실 수 있으므로, 세례 요한의 만류를 물리치고 기꺼이 죄 씻음의 세례를 받으신 것입니다. 십자가에서 가장 뚜렷하게 나타난 것처럼 동전의 양면처럼 떨어질 수 없는 하나님의 '공의와 사랑'이라는 두 속성을, 공생애의 첫 걸음부터 분명하게 보여주신 것입니다.

3. 예수님의 세례 장면에서 삼위일체 하나님은 그 자신을 어떻게 나타내셨습니까?

4. 삼위 하나님께서 동시에 자신을 계시하신 또 다른 사례들은 무엇입니까? (창 1:26-27; 3:22; 눅 1:35; 고후 13:13)

삼위일체를 증거하는 대표적인 성경 구절들

네덜란드 신앙고백서(BC)는 종종 그 본문에 성경구절들을 인용하거나 언급하여, 성경의 계시가 알려주는 핵심적인 교리들을 우리에게 좀 더 친숙하게 설명해 주는 장점이 있습니다. 특히 삼위일체 교리에 대한 성경적 증거를 제시하는 제9조항에서 예수님의 세례 받는 장면을 주요한 근거로 소개합니다: "우리 주님께서 요단 강에서 세례를 받으실 때에 하늘로부터 '이는 내 사랑하는 아들이요' 하는 성부 하나님의 음성이 들렸습니다. 그리고 성자께서 물에 계셨고, 성령께서는 비둘기 모양으로 나타나셨습니다."

이 본문과 함께 구약과 신약의 대표적인 증거 구절들을 소개하는데, 구약에서는 다소 모호하게 계시되었던 것이 신약에서는 분명하게 나타났다고 소개합니다. 창세기 1:26-27 및 3:22의 말씀은 하나님 안에 한 위격 이상이 계신다는 것을 알려줍니다. 그러나 삼위 하나님을 분명하게 언급하지는 않습니다. 신약에서는 우선, 천사 가브리엘의 수태고지(눅 1:35)에서 '성령'이 마리아에게 임하시고, '지극히 높으신 이 (성부)의 능력이 너를 덮으시면, '하나님의 아들'(성자)이라고 일컬음 받는 거룩한 자가 태어날 것을 말합니다. 그리고 무엇보다도 성부와 성자와 성령의 이름으로 세례를 베풀라는 주님의 세례 명령(마 28:19)과 "주 예수 그리스도의 은혜와 하나님의 사랑과 성령의 교통하심이 너희 무리와 함께 있을지어다"(고후 13:13)라는 사도적 축복 선언이 있습니다. 이런 구절들이 삼위일체 교리, 즉 한 신적인 본질 안에 구별되는 세 위격이 계신다는 사실을 잘 계시해 줍니다.

II. 참된 기독교 신앙의 핵심인 삼위일체 교리

1. '삼위일체'의 개념 이해

삼위일체(Trinity)라는 신학적 용어는 성경 자체에서 발견되지 않습니다. 삼위일체를 뜻하는 '트리니타스'(trinitas)라는 용어는 서방교회 라틴신학의 시조(始祖)라고 할 수 있는 교부 테르툴리아누스(Tertullianus)한테서 비롯된 것입니다. 삼위 하나님의 동일한 '본질'(substantia)과 구별되는 '위격'(persona)이라는 용어도 이 교부가 만들어 냈습니다. 그러나 이 한 단어는 그것으로써 우리가 뜻하고자 하는 바를 명쾌하고 간략하게 나타냅니다. 모든 성경이 오직 한 하나님이 있으며 그 하나님은 한 분임을 가르칩니다. 그러나 성경은 성부, 성자, 그리고 성령에 관하여 말하며, 그 각각을 하나님으로 계시합니다.

삼위일체(3 Persons in 1 Godhead)라는 표현은 '세 위격들로 이루어진 하나님'을 뜻하지 않습니다! 또한 하나님의 본질(*substantia*)이 나누어진다는 뜻도 아닙니다! 성부, 성자, 성령 세 위격 모두 하나의 동일한 신적 본질을 가지고 있습니다. 그러므로 우리가 예수 그리스도와 교제할 때, 우리는 하나님의 일부와 교류하는 것이 아니라 하나님 자신과 교류합니다. 우리가 성령으로 충만할 때, 우리는 성삼위 하나님과 온전히 교제하는 것입니다. 즉 우리를 향한 하나님의 사역에서 삼위일체 하나님은 분리되지 않습니다. 이런 의미에서 예수님은 "나를 본 자는 아버지를 보았다"고 말씀하시며(요 14:9). 사도 요한은 "아들을 부인하는 자에게는 또한 아버지가 없으되 아들을 시인하는 자에게는 아버지도 있느니라"라고 선언합니다(요일 2:23). 그러나 삼위 하나님 상호간의 관계에서는 동일한 한 본질 안에 각각의 독립된 존재를 가지고 있습니다. 성부와 관련하여 성자는 아들이며, 성령은 영, 곧 보내심을 받은 자입니다. 하나님의 본질 안에서 각 위격은 그 자신의 속성들을 가지고 있는데, 그 속성들에 의하여 한 위격은 다른 위격들과 구별됩니다.

유대교, 이슬람교 그리고 합리주의자들은 기독교의 핵심 진리인 삼위일체 교리를 비난하고 조롱합니다. '하나님은 한 분이라'는 주장을 고수하는 유대교나 이슬람교는 '나사렛 예수를 사람이 되신 하나님'으로 인정할 수 없으므로, 삼위일체 교리를 비난하고 정죄합니다. 그러나 종교개혁자 루터가 잘 강조하였듯이, 예수 그리스도를 참 하나님과 참 사람으로 고백하는 사도신경이 없이는, 아무리 '아브라함의 하나님'을 자기 하나님이라고 주장하더라고 그 하나님을 아바 아버지라고 부를 수 없습니다! 이런 측면에서 삼위일체 교리는 이해하기 힘든 수수께끼 혹은 형이상학적인 논리가 아니라, 우리의 구원과 직결되는 신앙고백의 핵심 내용입니다. 달리 말하자면, '당신은 나사렛 예수를 어떤 분이라고 생각합니까?'라는 질문과 직결된 내용입니다. 하나님과 사람 사이의 유일한 중보자로서, '길과 진리와 생명'이 되시는 예수 그리스도에 대한 신앙을 표현하는 것이 바로 삼위일체 교리입니다!

합리주의자들은 삼위일체 교리가 터무니 없는 주장이라고 비난하고 조롱합니다. 그들은 세 존재를 어떻게 한 존재라고 하는가, 세 위격들이 어떻게 한 위격인가 하는 식으로 이 교리를 비판합니다. 그러나 그것은 피조물인 인간의 한계 아래서 창조주 하나님의 존재의 신비를 해명하려고 하기 때문에 나타나는 오해입니다. 삼위일체 교리는 세 존재를 한 존재라거나, 세 위격을 한 위격이라고 말하지 않고, 하나님의 한 본질 안에 세 위격이 있다고 말하기 때문입니다. 피조물은 몸을 가지고 있지만 하나님은 신이시므로 몸을 가지고 있지 않습니다. 피조물은 시간과 공간의 제약을 받는 존재이지만, 창조주 하나님은 그런 제약 아래 있지 않습니다. 따라서 근본적으로 삼위일체 교리는 인간의 이해를 초월하는 신비입니다. 그러므로 하이델베르크 교리문답의 고백이 옳습니다: 오직 한 분 하나님만 계시는데 우리가 성부 성자 성령 삼위 하나님을 말하는 까닭은, '하나님이 자신의 말씀에서 그렇게 계시하셨기 때문'입니다(HC 제25문답). 이것은 자연이나 인간에게서 나올 수 있는 진리가 아닙니다. 삼위일체 교리는 참으로 계시의 진리입니다!

2. 삼위일체 교리의 의의

(1) 하나님의 위대하심을 보여주는 교리

사람의 제일되는 목적은 '하나님을 영화롭게 하고 그분을 영원토록 즐기는 것'이라고 고백하는 장로교회는 삼위일체 교리가 하나님의 위대하심을 찬양하는 것임을 깨달아야 합니다.

"이 고백은 우리가 하나님의 위대하심을 보는 눈을 열어줍니다. 그분은 너무나 위대하여 우리한테서 어떤 것도 필요로 하지 않습니다. 창조 이전에 그분 홀로 있을 때에도 그분은 고독하지 않았습니다. 그 자신 내부에서 사귐과 대화가 가능하였습니다. 그분은 그 자신 안에서 완전하였고, 자신 밖의 어떤 것이나 누구로부터도 독립적입니다. 그러나 그분은, 너무나 광대하며 우리한테서 아무 것도 필요로 하지 않는 분이지만, 우리가 필요한 모든 것을 공급해 주실 수 있습니다. 우리의 완전한 구원은 그분한테서, 곧 자신의 성자에 의하여 값을 치르고 그의 성령에 의하여 우리를 거룩하게 하신 성부한테서 옵니다"(Jan van Bruggen, *Het amen der kerk*).

하나님의 삼위일체의 신비는 우리에게 사도 바울의 송영을 가르쳐줍니다. 하나님의 구속의 경륜에 나타난 신비를 깨달을 때마다 우리는 마땅히 그분의 위대하심과 경이로우심을 찬양하게 됩니다: "깊도다 하나님의 지혜와 지식의 풍성함이여, 그의 판단은 헤아리지 못할 것이며 그의 길은 찾지 못할 것이로다"(롬 11:33). 성자 하나님이 우리를 구원하기 위하여 참 사람이 되시므로 삼위일체의 신비가 밝히 나타났습니다. 그런 하나님의 경륜을 생각하면서 사도 바울은 "크도다 경건의 비밀이여, 그렇지 않다 하는 이 없도다 그는 육신으로 나타난 바 되셨다"(딤전 3:16)라고 고백하며 송축하였는데, 우리 역시 이런 찬양에 마땅히 동참해야 할 것입니다. 삼위일체 교리는 무엇보다도 우리의 찬양을 일깨워주는 중요한 계시의 내용입니다!

(2) 자기중심적이고 공리적인 신앙을 경계하게 해 주는 교리

아담의 타락의 핵심에는 이기심, 곧 자기중심의 판단이 있습니다. 하나님의 말

씀과 사탄의 제안을 두고 무엇이 자신에게 더 유익할까 궁리하는 자기중심적이고 공리적인 생각이 있었습니다. 그것을 뒤집어 보면, 하나님에 대한 사랑 곧 하나님의 말씀에 대한 신뢰와 순종을 저버리는 반역의 행위가 됩니다. 그런데 이런 자기중심적이고 공리적인 신앙이 오늘날에도 여전히 교회 안에 발견됩니다. 자기에게 유익이 되지 않으면 '삼위일체'와 같은 교리를 거들떠 보지도 않으려 합니다. 자기에게 도움이 되면 성부든 성자든 성령이든 큰 상관이 없습니다. 그야말로 자신이 주인이 되고 오히려 하나님이 우리를 섬기는 자가 됩니다. 하나님의 영광보다 자신의 경적 유익을 앞세우는 이런 잘못된 신앙관에서는 삼위일체 교리가 그야말로 있으나 없으나 별로 상관없는 것으로 등한시되고 배척되기 쉽습니다.

이런 식의 그릇된 신앙에 대하여 종교개혁자 칼빈은 사돌레토 추기경에 대한 답서에서 분명하게 지적하였습니다. 참된 기독교 신앙의 핵심은 '하나님께 영광을 돌리는 것'인데 자신의 구원에만 골몰하고 있는 당대의 타락한 로마 카톨릭의 신앙을 비판하였습니다.

칼빈의 하나님의 영광의 신학

칼빈은 사돌레토 추기경의 편지를 전해 받은 지 6일 만에 그에 대한 답변서를 완성하였으며, 제네바시의 부담으로 칼빈의 답변서가 추기경의 편지와 함께 묶여 출판되었습니다. 사안의 핵심과 관련하여, 사돌레토 추기경은 인간의 영혼의 영원한 생명과 구원에 관하여 아주 감동적으로 서술하였습니다. 그에 대한 답변에서 칼빈은 그 두 가지 주제의 중요성에는 공감하지만, 그러나 오직 그것들에만 집중하는 것은 '세련된 이기주의(利己主義)'의 표현이 될 수도 있다고 지적하였습니다: "사람이 오직 자신의 문제에만 골몰하여, 하나님의 영광을 위한 열정이 그의 삶의 기초가 되지 못하는 그런 신학은 결코 좋은 신학이 아닙니다. 왜냐하면 우리는 무엇보다도 하나님을 위하여 태어난 것이지, 자신을 위해 태어난 것이 아니기 때문입니다. 사도 바울이 로마서 11:36("이는 만물이 주에게서 나오고 주로 말미암고 주에게로 돌아감이라 그에게 영광이 세세에 있을지어다 아멘")에서 말하듯이 모든 것이 하나님에게서 기원하고, 하나님으로 말미암아 존재한다면, 또한 모든 것을 하나님과 관련하여 생각해야 합니다. 하나님의 이름을 영화롭게 하는 일을 사람들이 마음에 더 잘 새길 수 있도록 하기 위하여, 주님께서 그 일을 촉진하고 확장시키기 위한 열망을 우리의 구원과 불가 분리하게 연결시켜두셨다는 것은 틀림없는 사실이라고 나는 인정합니다. 그러나 주님께서는 하나님을 영화롭게 하려는 열정이 우리 자신의 유익과 복락을 위하는 모든 생각들을 능가해야 한다고 가르치십니다. 그러므로 그리스도인의 마음은 단지 그 자신의 영혼의 구원을 추구하며 그것을 위하여 씨름하는 것보다 더 높은 것을 추구해야 합니다.

삼위일체 교리는 칼빈이 말한 바 '하나님을 영화롭게 하려는 열정' 곧 사람의 제일되는 본분과 직결되는 소중한 교리입니다. 참된 기독교회는 결코 이 교리를 등한시해서는 안됩니다.

(3) 기독교 신앙의 토대이자 등뼈가 되는 교리

정통의 아버지 아타나시우스 교부는 삼위일체 교리를 '기독교가 서느냐 넘어지느냐를 가늠하는 교리'라고 강조하였습니다. 우리의 중보자 예수 그리스도의 참된 신성을 고백하지 않으면, 그분의 가르침과 사역이 죄인을 온전히 구원하신다는 보장이 되지 않기 때문입니다. 이런 인식이 참된 기독교회에서 대대로 이어져 왔습니다. 개혁신학자 헤르만 바빙크 역시 마찬가지입니다. "기독교 신앙의 전체 체계는, 모든 특별계시는, 하나님의 삼위일체에 관한 고백으로 서기도 하고 넘어지기도 한다. 그것은 기독교 신앙의 핵심이며, 모든 교의들의 뿌리이며, 새 언약의 기초적인 내용이다. 따라서 교회의 삼위일체 교리의 발전에 불을 붙인 것이 바로 이런 경건한 기독교적 관심사였다. 이런 발전에서 중요하게 걸려 있는 것은 - 강조하여 말하자면 - 형이상학적 이론도 아니고 철학적 사변도 아니라, 기독교 신앙 자체의 정수(essence)이다"(*개혁교의학* 2:333).

세계교회사뿐 아니라 한국교회사에서도 삼위일체 교리의 이러한 의미는 거듭 확인됩니다. 일제 강점기 이래로 우후죽순으로 일어난 한국의 다양한 종교집단들의 이단성을 판별하는 핵심적인 리트머스 시험지로서 삼위일체 교리는 중요한 역할을 감당해 왔습니다. 황국주, 김성도, 김백문, 문선명, 박태선, 정명석, 유재열, 김기동, 주종철, 이만희 등 주요한 이단들은 모두 성경의 삼위일체 교리를 이런저런 모양으로 부인합니다. 그들의 어그러진 행태는 다양하지만, 기독교 신앙의 기초가 되는 이 성경의 계시를 부인하는 점에서는 모두 동일합니다. 사도들을 통하여 교회에 전해 주신 하나님의 자기 계시의 이 핵심 메시지를 받아들이지 못하는 것은 그들이 미혹의 영에 사로잡힌 이단들임을 분명하게 보여줍니다. "그들은 세상에 속한 고로 세상에 속한 말을 하매 세상이 그들의 말을 듣느니라. 우리는 하나님께 속하였으니 하나님을 아는 자는 우리의 말을 듣고 하나님께 속하지 아니한 자는 우리의 말을 듣지 아니하나니 진리의 영과 미혹의 영을 이로써 아느니라"(요일 4:5-6)는 사도 요한의 선언은 삼위일체 교리와 연결되어 오늘도 여전히 참된 교회를 식별하게 해 주는 빛을 발하고 있습니다.

3. 교회의 아멘

(1) 아타나시우스 신경(The Athanasian Creed)

'누구든지 구원을 받고자 하는 자는'(*Quicumque vult salvus esse*)이라는 구절로 시작되어, 그 첫 글자인 '쿠이쿰퀘'(*Quicumque*)라는 이름으로도 알려져 있는 이 에큐메니칼 신조는 삼위일체의 신비를 성경의 계시의 빛 아래서 최대한 합리적으로 소개해주는 소중한 교회의 고백입니다. 특히 교부 아타나시우스와 아우구스티누스의 강조를 잘 살린 서방교회의 전통에 따라, 삼위 하나님의 동등성을 분명하게 표현하고 있습니다. 그 내용 가운데 일부를 소개합니다:

"누구든지 구원을 받고자 하는 사람은 무엇보다도 먼저 보편적인 신앙을 확고히 가져야 합니다. 누구든지 이 신앙을 완전하고 손상됨 없이 지키지 않는 사람은 영원히 멸망 받을 것임에 틀림없습니다"(1-2조항).

"이 보편적인 신앙이란 이런 것입니다. 우리는 삼위로 한 분 하나님이시고 일체로 삼위이신 하나님, 삼위가 혼합되거나 본성이 분리됨이 없는 한 분 하나님을 예배합니다. 왜냐하면 성부가 한 위로 계시고, 성자가 다른 위로 계시고, 성령이 또 다른 위로 계시기 때문입니다. 그러나 성부와 성자와 성령의 신성은 하나이시며, 영광도 동일하며, 그 위엄도 영원히 공존합니다"(3-6조항).

"그리고 이 삼위 안에 먼저 되시거나 나중 되신 분이 없으시고, 더 큰 자나 더 작은 자도 없으십니다. 그러나 삼위는 세 위가 영원히 서로 공존하시고, 동등하십니다. 그래서 앞에서 이미 말한 바와 같이 우리는 모든 것 가운데서 일체 안에서 삼위이시고 삼위 안에서 일체이신 한 분 하나님께 예배해야만 합니다. 따라서 구원을 받으려는 사람은 누구나 삼위일체 하나님에 대해 이렇게 생각해야 합니다"(25-28조항).

(2) 웨스트민스터 대교리문답

장로교회의 대교리문답은 하나님의 속성에 대한 소개에 이어 삼위일체 교리를 다음과 같은 순서로 가르칩니다:

· 제8문답(유일하신 참 하나님을 고백): '오직 살아계시고 참되신 한 분 하나님만 계신다.'

· 제9문답(삼위 하나님을 고백): '인격적 속성에서는 구별되지만 본질이 동일하고 능력과 영광이 등등한 하나의 참되고 영원하신 하나님이다.'

· 제10문답(세 위격의 구별되는 인격적 속성 설명): '성부 성자 성령이라는 위격적 명칭에 따라, 낳으심, 독생하심, 발출하심을 구별되는 위격적 속성이다.

· 제11문답(세 위격의 동등성): '성경에서 하나님에게만 고유한 명칭과 속성과 사역과 예배를 성자와 성령에게도 돌리고 있는 사실이 삼위의 동등성을 명백히 나타낸다.'

예수 그리스도와 성령의 신성을 뒷받침하는 '사중적 증거'(명칭, 속성, 사역, 예배)에 관한 웨스트민스터 대교리문답 제11문답의 내용은 개혁주의 신학에서 일찍부터 강조된 내용입니다. 네덜란드 신앙고백서 제10-11조항들을 해설하면서, 네덜란드 개혁교회의 얀 판 브뤼헌 목사는 예수 그리스도와 성령의 신성에 관한 사중적 증거에 관해서는 아래와 같이 요약합니다.

· 예수 그리스도의 신성에 대한 증거들은 이렇게 요약할 수 있습니다: 첫째, 성경은 예수님에게 하나님의 이름들을 부여합니다(요 1:1; 롬 9:5). 둘째, '영원하심'과 같은 하나님의 속성들을 예수님에게 돌립니다(요 8:58). 셋째, 하나님께 돌려질 영광을 그에게 돌립니다: 우리는 그의 이름 안으로 세례 받아야 하며(마 28:19), 그를 믿어야 하며(요 14:1), 그 앞에 무릎 꿇고 경배해야 합니다

(빌 2:10). 끝으로, 성경은 하나님이 하신 일들을 그에게 돌립니다: "만물이 그로 말미암아 지은 바 되었으니"(요 1:3).

· 마찬가지로, 성령의 신성에 관한 성경의 사중적 증거도 분명합니다: 첫째, 하나님의 이름을 성령에게도 부여합니다. 사도행전 5:3-4에서, 성령은 하나님이라고 불립니다. 둘째, 성령에게 하나님의 능력들을 돌립니다: 성령은 무소부재하십니다(시 139:7). 셋째, 하나님의 사역들을 성령에게 돌립니다: 성령은 창조에 참여하였습니다(시 33:6). 넷째, 하나님이 받으실 영예들을 성령에게 돌립니다: 우리는 또한 성령의 이름 안으로 세례 받습니다(마 28:19).

IV. 교리문답에 따라 드리는 우리의 기도

'삼위일체 하나님에 대한 찬양과 감사와 기도'

1. 성삼위 하나님을 찬양하는 올바른 찬양이 교회와 가정에서 일어나게 해 주시옵소서!

   (1) 성삼위송(*Sanctus*), 성령 하나님을 찬양하는 노래(*Veni Creator Spritus*!) 등 하나님의 영광을 기리는 올바른 찬송들이 교회와 가정에서 가르쳐지고 즐겨 찬송 되기를!

   (2) 우리의 신앙고백이 풍성해지도록, 사도신경과 더불어 삼위일체 하나님을 풍성하게 고백하는 에큐메니칼 신조들을 잘 활용할 수 있도록! (니케아-콘스탄티노플 신조, 아타나시우스 신조)

2. 삼위일체 하나님의 자기 계시와 그에 대한 우리의 반응

   (1) 우리를 구원하기 위하여 아가페 사랑을 증거하신 삼위 하나님을 찬양합니다(롬 3:23; 6:23).

   (2) 그 사랑에 올바르게 응답하여 '감사의 산 제사'로 우리를 드리길 소원합니다(롬 12:1-2).

제 14장
그리스도와의 연합

'그리스도 안에'

(엡 1:3-14)

장로교회의 대교리문답은 그리스도께서 획득하신 구원의 은혜를 우리에게 적용하시는 성령의 사역, 즉 효력 있는 부르심에서 영화에 이르는 '구원의 순서'(order of salvation)를 하나씩 풀어나가기 전에 먼저 '그리스도와의 연합'이라는 주제를 다룹니다(WLC 제66문답). 왜냐하면 그 각각의 은혜가 하나님의 택한 백성들에게 적용되는 일은 우리가 그리스도와 영적으로 신비하게 연합된 사실에 기초를 두고 있기 때문입니다. 이 그리스도와의 연합에 관한 사도 요한과 사도 바울의 교훈을 주목하였던 종교개혁자 칼빈은 이 근본적인 토대가 없이는 참된 기독교 신앙을 바르게 이해할 수 없다는 사실을 강조하여 가르쳤습니다: "우리는 그리스도께서 우리 밖에 머물러 계시고 우리가 그와 떨어져 있는 한, 인류의 구원을 위해 그가 당하시고 행하신 모든 일들이 우리에게 의미가 없고 아무런 가치가 없다는 사실을 알아야 한다."

그리스도와의 연합이라는 신약성경의 핵심적인 교훈은 '이천여 년 전에 이 땅에 계셨던 예수 그리스도께서 어떻게 오늘 우리의 삶을 근본적으로 변화시킬 수 있는가?' 하는 신앙생활의 가장 중요한 질문에 대답해 줍니다. 사도 요한은 예수님의 포도나무와 가지 비유로써 우리에게 이렇게 대답합니다: "내 안에 거하라 나도 너희 안에 거하리라 가지가 포도나무에 붙어 있지 아니하면 스스로 열매를 맺을 수 없음 같이 너희도 내 안에 있지 아니하면 그러하리라 ⁵나는 포도나무요 너희는 가지라 그가 내 안에, 내가 그 안에 거하면 사람이 열매를 많이 맺나니 나를 떠나서는 너희가 아무 것도 할 수 없음이라"(요 15:4-5). 사도 바울은 "그런즉 누구든지 그리스도 안에 있으면 새로운 피조물이라 이전 것은 지나갔으니 보라 새 것이 되었도다"(고후 5:17)라는 유명한 말씀으로 그리스도인의 근본적인 변화를 말합니다. 이처럼 '그리스도와의 연합'이라는 주제는 아주 의미 깊고 중요한 성경의 교리입니다. 이번 과에서 우리는 성경과 교리문답을 통하여 '내가 그리스도 안에, 그리고 그리스도께서 내 안에' 계신다는 말씀의 의미를 함께 묵상해 봅시다.

I. 성경 본문 묵상

1. 사도 바울의 찬송과 감사

(1) 사도 바울이 '찬송하리로다'라고 시작하는 까닭은 무엇입니까? (1:3)

(2) 성도들에게 주신 '하늘에 속한 모든 신령한 복'의 내용들은 무엇입니까? (1:4-12)

(3) 이런 놀라운 영적 축복들을 성도들에게 내려주신 목적은 무엇입니까? (1:12, 14)

2. '그리스도 안에서'

(1) 성도들이 그 모든 영적 축복들을 받는데 있어서 예수님의 역할은 무엇입니까?

(2) 본문에서 '그리스도 안에서'라는 표현과 연결된 축복들은 무엇입니까? (1:3-13)

(3) '그리스도 안에서 때가 찬 하나님의 경륜'은 무엇입니까? (1:9-10)

(4) 성도들이 그리스도 안에서 받은 하늘에 속한 영적 축복의 핵심은 무엇일까요?

3. 성령의 인치심

(1) '복음을 믿고 약속의 성령으로 인치심을 받은' 것은 무슨 의미입니까? (1:13)

(2) 성령님이 우리 기업의 보증이 된다는 말씀은 무슨 뜻입니까? (1:14)

'우리에게 주신 하늘에 속한 모든 신령한 복'

에베소 교회에 편지를 쓸 때, 사도 바울은 겉보기에는 감옥에 갇혀 있는 비참한 처지였지만, 그 속사람은 하나님의 영광과 은혜에 대한 송영과 감사 그리고 놀라운 비전으로 가득하였습니다. 그는 '그리스도 예수 안에 있는 신실한 자들'에게 하나님이 내려주신 '하늘에 속한 모든 신령한 복'을 하나하나 열거하면서, 우리가 그리스도인이라는 사실이 가지고 있는 놀라운 의미를 성도들에게 상기시켜 주는 것으로 편지를 시작하였습니다. 창조 전에 우리를 택하심, 하나님의 아들들로 입양하심, 죄사함과 구원의 은혜를 거저 베풀어 주심, 모든 지혜와 총명을 풍성히 주셔서 하나님의 비밀스런 뜻을 알게 하심, 하나님의 기업이 되게 하심 등등, 바울이 묘사하는 복은 모든 그리스도인이 받아 누리고 있는 '영적이고 특권적인 지위'와 '하나님과의 깊은 사귐'을 다양하게 설명하고 있습니다. 신실한 그리스도인은 죄와 사망의 권세에서 구원받아, 온 세상을 창조하신 전능하신 하나님의 자녀가 된 사람들입니다. 성령 하나님이 친히 우리 안에 거하시며 그 사실을 확증해 주십니다. 하나님의 자녀로서 우리는 온 우주의 장래에 대한 창조주의 놀라운 계획에 참여합니다. 그 놀라운 영광을 보고 찬송하는 자로 부르심을 받았습니다. 이것은 '하나님의 형상'으로 지음받은 인간의 참된 본질을 회복하는 일입니다! 그런데, 사도 바울은 이런 하늘에 속한 모든 신령한 복을 '받으라'라고 권고하는 것이 아니라, 이미 '받았다'고 선언하며 감사와 찬송을 올리고 있습니다. 그렇다면, 오늘 우리는 그리스도인으로서 이런 축복을 받아 누리고 있습니까? 그리고 그에 합당한 감사와 찬양의 삶을 살고 있습니까? 사도 바울이 그 다음 단락에서 교회를 향하여 드리는 간절한 기도에서 잘 나타나듯이, 우리는 하나님이 누구신지 그리그 우리에게 무슨 큰 일을 해 주셨는지 깨우쳐 주는 '지혜와 계시의 영'이 필요하며(1:17), 우리에게 주신 소망과 기업과 능력이 무엇인지를 바르게 알고 의지할 수 있도록 '마음의 눈'이 밝아질 필요가 있습니다(1:18). 왜냐하면, 우리에게 이기 주신 '하늘에 속한 모든 신령한 복'을 우리는 종종 깨닫지 못하고 잊어버리고 감사하지 않으며 살아가고 있기 때문입니다!

'그리스도 안에서'

이 단락에서 '하늘에 속한 모든 영적 복'을 설명하면서 바울은 열 다섯 번이나 예수님을 언급합니다. 그 모든 축복들은 다 '그리스도 안에서' 우리에게 주어졌습니다! 우리를 택하심, 하나님의 자녀로 삼으심, 사죄의 은혜를 값없이 베푸심, 하나님의 뜻의 신비를 알려주심, 하나님의 기업이 됨, 하나님의 영광의 찬송이 됨, 그리고 성령으로 인쳐주심… 이 모든 것이 '그 사랑하는 자 안에서, 그 안에서, 곧 그리스도 안에서' 우리에게 주신 하나님의 축복들입니다! 그러므로, 그리스도인으로 우리가 가지고 있는 영적인 축복 혹은 특권들은 '오직 그리스도와의 관계를 통해서'라고 사도 바울이 강조하고 있는 것입니다! 반대로 말하자면, 만일 우리가 그리스도 밖에 있다면, 그 하늘에 속한 모든 신령한 축복도 없는 것입니다. 왜냐하면, 이 모든 영적 축복들은 바로 예수님의 십자가 사역으로 말미암아 우리에게 주어지는 것이기 때문입니다. 우리는 예수님의 피로 죄 사함과 구속함을 얻었습니다(1:7). 그것은 십자가에서 우리의 죄값을 치르기 위하여 예수님이 자신의 생명을 내어주심으로 가능하게 된 일입니다. 예수님이 십자가 위에서 공의로우신 하나님의 죄에 대한 진노를 온전히 받으셨기 때문에, 그리스도 안에 있는 우리에게는 오히려 하나님의 긍휼이 임할 수 있었습니다. 예수님이 우리를 형제자매로 기꺼이 받아주셨으므로, 예수님의 아버지 하나님을 우리 아버지 하나님이라고 부를 수 있게 되었습니다! 그 모든 신령한 축복들이 우리에게 주어진 것은 모두 십자가에서 일어났습니다!

그런데, 바울은 거기서 그치지 않고 '그리스도 안에' 있다는 사실과 관련된 하나님의 영원하신 경륜의 비밀을 우리에게 하나 더 소개합니다. '그리스도 안에서' 우리는 하나님의 모든 피조물에 대한 장래의 계획들에 참여합니다(1:9-10). 모든 피조물이 그리스도 안에서 통일되게 하려는 하나님의 섭리의 목표를 향하여 나아가게 하시는 그 뜻의 비밀을 우리 그리스도인들에게 알려주실 뿐 아니라, 하나님의 영광을 목도하게 하시고 그에 합당한 찬송을 돌리게 하십니다! 그러므로 그리스도인으로 이 세상을 살아가는 것은 결코 덧없는 것도 아니고, 심심한 일도 아니라, 대단히 흥미진진하고 의미 있는 삶입니다. 신실한 그리스도인의 삶은 미래를 위한 하나님의 계획들에 참여하는 영원한 의미를 갖고 있습니다! 그리스도인으로서 체험하는 이 모든 놀라운 변화가 '그리스도 안에서' 곧 우리가 성령으로 말미암아 예수 그리스도를 주와 구세주로 받아들일 때 일어난 일입니다! 그것을 결코 잃어버리지 않도록 하나님은 '그리스도 안에서' 우리를 성령으로 인쳐주시기까지 하셨습니다.

II. 교리문답이 가르치는 '그리스도와의 연합'

개혁교회의 교리문답들을 서로 비교 보완하면서 배우면 여러 가지 유익을 얻을 수 있습니다. 사도신경의 12조항들을 그대로 활용하여 기독교 신앙의 핵심을 가르치는 하이델베르크 교리문답은 교육적이고 목회적인 측면에서 장점이 있습니다. 다른 한편, 장로교회의 대교리문답은 언약 신학의 관점에서 좀 더 조직적으로 설명하는 깊이가 있는데, 이번 과에서 다룰 '그리스도와의 연합'이라는 주제에서 그 장점이 돋보입니다.

1. 장로교회에서 이 주제를 다루는 위치

미국의 장로교회 신학자 존 머레이(John Murray)는 그리스도와의 연합이라는 주제는 구원론의 '핵심적' 진리로서, 성령 하나님의 구속 적용 사역의 한 측면에 해당하는 것이 아니라 그 '구속 적용의 모든 국면들의 기초가 된다'고 주장하였습니다. 이것은 대교리문답에서 이 주제를 다루는 위치와 순서를 제대로 지적한 것입니다. 무형교회에 속한 그리스도인들이 그리스도로 말미암아 누리는 특별한 혜택을 가르치는 제65문답에서 본격적으로 언급된 '그리스도와의 연합과 교통'은 그 다음 문답에서 이렇게 설명됩니다: '선택된 자가 그리스도와 더불어 가지는 연합은 하나님의 은혜의 역사이며, 이 연합으로써 그들은 영적으로, 신비하게, 그리고 참되고 불가분리하게 그들의 머리이자 남편이신 그리스도와 결합되는 것인데, 효과 있는 부르심에서 시작된다'(WLC 제66문답).

(1) 하나님의 '은혜'

여기서 '은혜'라는 단어는 하나님이 '값없이 주시는 선물'이라는 의미로 잘 이해할 수 있습니다. 무형교회에 속한 참 신자와 그리스도와의 연합은 예수 그리스도의 십자가 공로를 신자와 교회에 적용하시는 성령 하나님의 사역의 결과입니다. 이것은 우리가 할 수 있는 일이 아니라, 오직 하나님 편에서 일방적으로 주시는 선물이기 때문에 '은혜'라는 단어로 설명하는 것입니다. 장로교회의 대/소교리문답은 성령 하나님의 구속 적용의 사역들을 설명하면서, 규칙적으로 '하나님의 은혜'라는 표현을 제일 먼저 내세웁니다. 구원의 교리에 관한 문답들, 즉 '예수 그리스도를 믿는 믿음'과 '생명에 이르는 회개'에 대한 대답에서 장로교회는 제일 먼저 그것들이 '하나님의 은혜' 곧 값없이 주시는 선물이라고 가르칩니다(cf. WSC 제86-87문답).

(2) 그리스도와의 연합의 성격: '영적이고 신비적인 연합' 그러나 '참되고 불가분리한 연합'

이 연합이 '영적이고 신비적'이라는 설명은 그리스도와의 연합을 물질적이고 육체적인 것으로 생각하는 오해를 막아줍니다. 종교개혁 시대에 가장 뜨거운 이슈였던 성찬 논쟁에서 로마 카톨릭교회는 '화체설'을 고수하여 그리스도와의 연합을 '육체적이고 물질적'인 것으로 가르쳤습니다. 교회 안에 거하시는 성령의 능력에 힘입어 기적적으로 그리스도의 살과 피로 변한 성찬을 받아 먹어야 약속된 영생을 누릴 수 있다고 주장하였습니다. 바로 그 성찬을 주기도문에서 말하는 '일용할 양식'이며, 따라서 참된 그리스도인은 반드시 성찬에 참여하여 그리스도의 육체를 물질적으로 받아야 한다고 가르쳤습니다. 따라서 대교리문답의 '영적 신비적' 연합은 그런 역사적 오류를 배격하는 역할을 합니다. 그런데 영적이고 신비적인 연합은 눈으로 볼 수 없는 방식이므로, '비현실적'이라는 오해에 빠지기 쉽습니다. 이런 오해를 불식시키기 위하여 그 연합이 '참되다'고 덧붙여 말하며, '나눌 수 없는' 강력한 힘을 가지고 있다고 강조하는 것입니다.

(3) 그리스도와의 연합을 상징하는 두 가지 이미지

'머리'라는 개념으로 신자와 그리스도와의 연합을 설명하는 것은 '교회를 그리스도의 몸으로, 그리스도를 교회의 머리'로 비유하는 사도 바울의 사례에서 가져온 것입니다(cf. 고전12:27, 엡 4:12). 그리고 '남편'이라는 개념은 그리스도와 교회를 결혼의 유비로 설명한 에베소서 5장의 말씀에 근거한 것입니다: "누구든지 언제나 자기 육체를 미워하지 않고 오직 양육하여 보호하기를 그리스도께서 교회에게 함과 같이 하나니, 30우리는 그 몸의 지체임이라." 종교개혁자 루터는 그리스도와의 연합이 주는 놀라운 유익을 바로 이 유비를 사용하여 잘 가르쳐 줍니다.

복된 교환

신앙의 세 번째 유익을 말하면서, 루터는 유명한 '결혼 비유'를 언급합니다. 사도 바울의 결혼의 비밀에 관한 교훈(엡 5:31-32)을 언급하면서, 그는 신앙의 세 번째 큰 유익은 그리스도와 영혼을 하나되게 하는 것인데, 그런 영적 연합으로 말미암아 '복된 교환'이 일어나는 것이라고 말합니다: "그리스도는 은혜와 생명과 구원으로 충만하시다. 우리 영혼은 죄와 죽음과 저주로 가득차 있다. 이제 신앙을 그들 사이에 개입되도록 하자. 그러면 죄와 죽음과 저주는 그리스도의 것이 될 것이고, 은혜와 생명과 구원은 우리 영혼의 것이 될 것이다. 왜냐하면 만약 그리스도가 신랑이라면 그는 그의 신부의 것을 스스로 취하여야 하고 그의 것을 신부에게 주어야 하기 때문이다."

그리스도와의 연합으로 신자들에게 실제로 일어나는 복된 교환은, 루터의 결혼 비유에 따르면, 대단히 은혜로운 '불공평' 교환입니다. 신부인 우리는 죄 때문

> 에 자신이 마땅히 받아야 할 하나님의 진노와 저주를 (죄의 삯인 사망을) 신랑이
> 신 예수 그리스도에게 넘겨드립니다. 반대로 신랑인 예수님은 자신의 온전한 순
> 종에 따른 열매인 영생을 우리에게 넘겨주십니다. 그리스도 밖에서는 무섭고 두
> 려운 공의로우신 하나님이, 그리스도 안에 있는 우리에게는 사랑과 자비의 아버
> 지로 변하는 것입니다! 이런 놀랍고도 획기적인 변화는 바로 우리를 불러주신 하
> 나님의 은혜에서 시작되며, 그 은혜에 근거하고 있습니다!
>
> (cf. 루터, *그리스도인의 자유에 관하여*)

2. 그리스도와의 연합에 근거한 구속 적용: 칭의와 성화

그리스도와의 연합은 하나님의 전능하신 능력과 은혜의 역사인 '효력 있는 부르심'으로 시작됩니다(WLC 제67문답). 우리 눈에 보이는 유형적 교회의 모든 구성원들이 다 이런 효과적인 부름의 은혜를 받는 것이 아니라, 오직 하나님의 주권적 택하심을 받은 사람들만이 그리스도와의 연합의 유익을 누릴 수 있습니다(WLC 제68문답). 비록 겉보기에는 그리스도인으로서 교회 안에 있지만, 그러나 '자기 아들을 위하여 혼인 잔치를 베푼 어떤 임금'의 비유(마 22:1-14)에서 예수님이 말씀하셨듯이, '청함을 받았으나 택함을 입지는 못한' 사람들이 교회의 역사에 항상 존재하였습니다. 소위 '무형교회'에 속한 그리스도인들, 즉 참으로 효과 있는 부르심을 받은 사람들은 그리스도와의 연합으로 인한 은택들, 곧 칭의, 양자됨, 성화를 비롯한 모든 유익들을 받아 누립니다(WLC 제69문답).

(1) 그리스도와의 연합에서 나오는 칭의

칭의에 대한 대교리문답의 설명에서 주목할 표현은 '하나님의 은혜', '그리스

도의 완전한 순종과 전적인 만족' 그리고 '전가'라는 단어들입니다(WLC 제70문답). 칭의, 즉 본래 죄인들인 우리를 하나님께서 의롭다고 여겨주시는 근거는 우리 자신의 선행에 있는 것이 아니라 그리스도의 구속의 공로를 우리의 것으로 인정해주시는 하나님의 자비에 있다는 것이 장로교회 칭의 교리의 핵심입니다. 요즘 많이 들을 수 있는 '종말론적 의' 혹은 전통적인 표현으로 말하자면, '성도들의 마음 속에서 일하시는 성령의 사역으로 말미암은 신령한 열매들'에 우리의 칭의가 최종적으로 결정되는 것이 아니라, 온전한 만족과 순종을 요구하시는 하나님의 엄위로운 기준을 유일하게 만족시킨 마지막 아담(인류의 대표자) 예수 그리스도의 완전한 의에 힘입어 우리는 의롭게 됩니다. 사도 바울은 이런 칭의 개념을 거듭하여 분명하게 가르치고 있습니다:

"너희는 하나님으로부터 나서 그리스도 예수 안에 있고 예수는 하나님으로부터 나와서 우리에게 지혜와 의로움과 거룩함과 구원함이 되셨으니"(고전 1:30).

"우리로 하여금 저희 안에 하나님의 의가 되게 하려 하심이라"(고후 5:21).

"내가 그를 위하여 모든 것을 잃어버리고 배설물로 여김은 그리스도를 얻고 그 안에서 발견되려 함이니, 내가 가진 의는 율법에서 난 것이 아니요 오직 그리스도를 믿음으로 말미암은 것이니 곧 믿음으로 하나님께로부터 난 의라"(빌 3:8-9).

장로교회의 '칭의' 개념은 종종 '법정적 개념'으로 강조되어 가르쳐져 왔습니다. 이것은 칭의의 유일한 근거인 예수 그리스도의 대속의 공로를 강조하는 표현으로서, 반동종교개혁의 트렌트 공의회가 '이신칭의와 오직 은혜'라는 종교개혁의 핵심적 원리들을 부정하고 정죄하는 바람에 더욱 더 뚜렷하게 강조되었습니다. 대교리문답 제71문답은 '믿음도 하나님의 선물'이므로 칭의는 값없이 주시는 은혜라고 다시 한 번 확증합니다.

그런데, 이런 법정적 개념을 지나치게 강조한 나머지 성경이 우리의 구원에 관하여 가르치는 풍성한 내용을 오히려 제한하거나 왜곡하는 경우가 교회의 역사에서 거듭하여 나타났습니다. 고대교회의 마르키온 이단, 종교개혁 시대의 율법폐기론과 같은 그릇된 사상이 한국교회사에서도 '구원파'와 같은 모습으로 출현하였습니다. 이런 오류들에 반대하여, 개혁주의 신학자들은 그리스도와의 연합을 통한 '인격적인 방법'으로서만 우리를 위해 행하신 그리스도의 구속사역을 내 것으로 만들 수 있으며 그렇게 됨으로써 또한 의롭다 여김을 받는다고 가르칩니다. 즉 법정적 개념으로서의 칭의는 외따로 떨어져 있는 것이 아니라 그리스도와 신자의 연합이라는 뿌리에 그 기초를 두고 있으며, 성화의 삶과 긴밀하게 연결되어 있다는 말입니다.

(2) 그리스도와의 연합에서 나오는 성화

성경은 칭의로 말미암은 우리의 신분의 변화뿐 아니라 실제적인 변화 역시 하나님의 은혜의 역사라고 가르칩니다. 성령님의 강력한 역사를 통하여 그리스도와 연합된 그리스도인들은 '하나님의 형상'을 회복하는 전인적인 변화를 경험하는데, 일생 전체를 통하여 점점 더 '죄에 대하여 죽고, 새 생명으로 살아갑니다'(WLC 제75문답). 법정적 개념으로 칭의를 가르친 사도 바울은 또한 그 동일한 서신들에서 이런 실제적인 변화를 강조합니다. 이것은 개인적 성화 혹은 변화되고 경건한 인격의 성화인데, 사도 바울은 고린도 교회 안에 있는 불의한 자들을 엄중히 경고하면서 이런 개인적인 변화를 강조합니다: "불의한 자가 하나님의 나라를 유업으로 받지 못할 줄을 알지 못하느냐 미혹을 받지 말라 음행하는 자나 우상 숭배하는 자나 간음하는 자나 탐색하는 자나 남색하는 자나 [10]도적이나 탐욕을 부리는 자나 술 취하는 자나 모욕하는 자나 속여 빼앗는 자들은 하나님의 나라를 유업으로 받지 못하리라[11] 너희 중에 이와 같은 자들이 있더니 주 예수 그리스도의 이름과 우리 하나님의 성령 안에서 씻음과 거룩함과 의롭다 하심을 받았느니라"(고전 6:9-11). 신약성경의 이런 분명한 가르침에 근거하여 하이델베르크 교리문답은 '감사하지도 회개하지도 않는 삶을 계속 살아가면서 하나님께 돌이키지 않는 사람들은 결코 구원받을 수 없다'(HC 제87문답)고 분명하게 경고합니다. 그러므로 우리는 칭의의 법정적인 성격과 개인적 성화의 개념을 성경의 가르침에 따라 주의깊에 살펴볼 필요가 있습니다. (다음 과에서 우리는 이 주제를 살펴볼 것입니다.)

3. 그리스도와의 연합 교리의 의의

그리스도와의 연합에 관한 성경의 가르침은 그리스도의 구속 사역의 두 가지 측면, 즉 '법정적인 측면'과 '관계적인 혹은 역동적인 측면'을 균형 있게 이해할 수 있도록 도움을 줍니다. 그 두 가지 측면은 우리가 하나님의 구원의 은혜를 실제로 받아 누리는데 꼭 필요하며, 어느 하나도 소홀히 여길 수 없는 것들입니다. 그 두 가지 측면은 '우리를 위한 그리스도'와 '우리 안에 계신 그리스도'라는 표현으로 대표할 수 있습니다. 다시 한 번, 가장 기본적인 토대가 되는 것은 '그리스도와의 연합'이라는 사실을 알 수 있습니다.

"일단 여러분의 눈이 그리스도와의 연합이라는 개념에 열리기 시작하면 신약성경 어느 곳에서도 그것을 발견할 수 있게 된다. 이 개념은 특별히 바울서신에서 중요한 위치를 차지하고 있다. 일반적으로 사도 요한을 가리켜 그리스도와의 연합을 강조한 저자라고 생각하지만 이러한 강조점이 바울에게 결핍되어 있다고 생각하는 것은 큰 잘못이다." (안토니 후크마, *개혁주의 구원론*)

고대교회의 두 전통과 한국 장로교회

(1) 법정적 측면을 강조하는 서방 라틴 교회의 전통

테르툴리아누스(Tertullianus)와 안셀무스(Anselmus) 등의 전통을 이어받은 서방교회에서는 법정적인 측면을 강조하는 경향이 있습니다. 우리의 죄책(guilt)을 대신 값아주시는 속죄를 중심으로 강조하는 이런 경향에서 두드러진 구원론적 축복은 '칭의'의 은혜입니다. 따라서 '우리를 위한 그리스도'(Christ for us) 개념이 상대적으로 부각됩니다.

(2) 관계적 혹은 역동적 측면을 강조하는 동방 비잔틴 교회의 전통

이레네우스(Irenaeus)와 아타나시우스(Athanasius)의 구원론의 영향을 받은 고대 동방교회는 그리스도의 대속의 사역이 그리스도인들 속에서 '생동'하는 측을 강조하는 경향이 있습니다. 이런 관점에서는 죄책(guilt)의 제거보다는 죄의 오염(pollution)에서 우리를 건져주시고 씻어주시는 것을 더 중요하게 여깁니다. 따라서 칭의보다는 성화가 구원론적으로 더 중요한 축복으로 간주됩니다. 따라서 '우리 안에 있는 그리스도'(Christ in us)라는 표현이 전면에 나타납니다.

서방교회의 전통에 서 있는 한국 장로교회는 자칫 법정적 측면을 강조하다가 성령으로 말미암아 우리 안에 계신 그리스도와 사귐으로써 맺어야 할 열매들을 충분히 강조하지 못하는 불균형에 빠질 수 있습니다. 그리스도와의 연합에 관한 대교리문답의 교훈은 우리로 하여금 구원의 이 두 가지 측면들을 균형 있게 가르치고 배우도록 격려해 줍니다.

III. 교리문답에 따라 드리는 우리의 기도

1. 하나님의 놀라운 은혜에 감사합니다!

   (1) 우리에게 하늘에 속한 모든 신령한 은혜를 풍성하게 내려주신 하나님 아버지께 감사드립니다!

   (2) 그 은혜를 힘입을 수 있도록, 가장 높은 곳에서 가장 낮은 자리로 오셔서 온전한 순종의 모범을 보여주신 우리 주 예수 그리스도에게 감사드립니다!

2. 우리의 눈을 열어주소서!

   (1) 주기도문의 첫째 간구를 드릴 때마다, '하나님을 바르게 알게 해 주시옵소서!' '예수님을 더 잘 알게 해 주시옵소서!' 하는 간절한 마음을 갖게 해 주시옵소서!

   (2) 우리의 마음의 눈을 열어주셔서 우리가 받은 놀라운 축복을 깨달을 수 있게 해 주시옵소서!

   (3) 우리를 향하신 하나님의 크신 뜻에 따라, 우리가 마땅히 어떤 삶을 살아야할지 끊임없이 깨우쳐 주시옵소서!

3. 은혜에 합당한 삶을 살게 도와주소서!

   (1) 성령 하나님, 우리의 삶의 우선순위들과 바라는 것들이 하나님의 뜻에 따라 바르게 정돈되게 도와주시옵소서!

   (2) 그리스도를 다시 살리신 하나님의 놀라운 능력으로 우리를 강건하게 해 주셔서, 하나님의 뜻에 따라 자신과 교회를 올바르게 세워가는 참된 그리스도인이 되게 해 주시옵소서!

제 15장
칭의와 성화의 관계

'칭의와 성화의 관계'
(고전 6:1-11)

종교개혁자 칼빈은 '기독교강요'(*Institutes*)를 모두 네 권으로 구성하였는데, 그 가운데 셋째와 넷째 권이 성령 하나님에 관한 내용입니다. 분량으로 보아도 그 책의 절반 이상이 성령 하나님과 그 사역을 철저하게 성경에 근거하여 다루고 있습니다. (그래서 벤자민 워필드는 칼빈을 '성령의 신학자'라고 불렀습니다.) 칼빈은 예수 그리스도의 구속의 사역을 성도들에게 적용하시는 성령의 '내적사역'을 제 삼 권에서 다루는데, 일반적으로 '구원론'이라고 부르는 내용입니다. 그리고 그리스도의 구속 사역을 교회에 적용하시는 성령의 '외적' 사역을 다루는 제 사 권은 '교회론'에 해당됩니다.

개혁주의 신학을 따라 성경을 이해하는 장로교회의 구원론에서 주목하여 살펴보아야 할 주제들 가운데 하나가 칭의와 성화의 관계입니다. 장로교회는 이신칭의의 은혜를 받은 그리스도인은 반드시 성령의 거룩하게 하시는 사역을 힘입어 하나님의 형상을 회복하는 삶, 곧 예수 그리스도를 닮아가는 거룩한 삶을 살아야 한다는 성경의 교훈을 그대로 받아 가르치고 있습니다. 칭의와 성화는 모두 그리스도와 연합된 성도들의 삶에서 함께 나타나는 것이지, 결코 분리되어서는 안되는 것입니다. 이런 성경의 교훈을 올바르게 이해하지 못하고 인간의 제한된 이성으로 재단하기 시작하면, 이신칭의의 복음을 비판하거나 혹은 율법폐기론이라는 방종에 빠져들게 됩니다. 그러므로 우리는 이 과에서 칭의와 성화의 올바른 개념과 상호 관계에 관하여 성경과 교리문답의 가르침에 따라 살펴보고 우리의 구원의 교리를 하나님의 계시의 진리 위에 올바르게 세우려 합니다.

I. 성경 본문 묵상

1. 바울이 고린도 교회의 성도들을 책망하여 부끄러움을 깨닫게 하려고 한 까닭

(1) 고린도 교회 내부의 다툼과 관련하여 바울이 본문에서 책망하는 바는 무엇입니까? (6:1, 4, 6-7)

(2) 재판 혹은 판단과 관련하여 그리스도인은 본래 어떤 역할을 맡아야 할 사람들입니까? (6:2-3)

(3) '차라리 불의를 당하거나 속는 것이 낫다'고 바울이 권고하는 까닭은 무엇입니까? (6:7-8)

2. 성도의 거룩한 삶과 구원의 관계

(1) '하나님 나라를 유업으로 받지 못할 불의한 자'는 누구입니까? 바울은 구체적으로 어떤 불의한 일들을 열거하고 있습니까? 그것들은 십계명과 어떤 관계가 있습니까? (6:9-10)

(2) 이 불의한 사람들은 교회 밖에 있는 사람들을 가리킵니까? (6:8, 11)

(3) 우리는 어떻게 그런 불의한 일로부터 벗어날 수 있습니까? (12절)

거룩한 신분으로 부름받은 그리스도인의 몰골

사도 바울은 고린도 교회 성도들 간에 일어난 분쟁이 교회 안에서 해결되지 못하고 세속 당국에 송사하는 일로 번진 것을 대단히 책망합니다. 그것은 세상의 빛과 소금으로 부름받은 하나님의 백성의 고상한 영적 지위를 망각한 부끄러운 짓입니다. 모든 것을 버리고 주를 따른 제자들에게 예수님은 "세상이 새롭게 되어 인자가 자기 영광의 보좌에 앉을 때에 나를 따르는 너희도 열두 보좌에 앉아 이스라엘 열두 지파를 심판하리라"(마 19:28; 눅 22:30)고 예언하셨습니다. 그 말씀에 근거하여 사도 바울은 성도가 '세상을 판단할 뿐 아니라 천사들까지 판단할 것'이라고 말합니다(고전 6:2-3). 그런 존귀한 자리로 부름받은 그리스도인이 서로 다투다 못해 불신자들에게 시시비비를 가려달라고 송사를 벌이는 것은 '부끄러운' 일입니다(6:5). 송사를 벌이는 것 자체가 이미 고린도 성도들 사이에 이기적인 욕심이 하나님의 백성의 마땅한 자태인 사랑과 정의를 꺾어버렸다는 사실을 증거하는 것입니다: "너희가 피차 고발함으로 너희 가운데 이미 뚜렷한 허물이 있나니"(6:7). 서로 '형제'라고 부르는 사람들의 사귐인 그리스도인의 공동체, 하나님의 새로운 백성의 거룩한 모습을 드러내어야 할 교회가 오히려 세상 앞에 부끄러운 지경이 되어버린 것입니다(6:8). 그래서 사도 바울은 그들을 엄하게 책망하여 부끄러움을 알게 하려는 것입니다. 오늘 우리 교회들의 모습은 어떻습니까? 우리의 고상한 영적 지위를 세상적인 것으로 온통 훼손해 놓은 현실에 대하여 부끄러움을 느끼고 회개해야 하지 않겠습니까?

거룩한 삶과 구원

'이신칭의' 교리를 성경에 따라 바르게 배우지 않은 그리스도인들은 9-10절의 말씀에 놀라게 될 지도 모릅니다. 사도 바울은 지금 고린도 교회 성도들 가운데 하나님의 나라에 들어갈 수 없는 부류의 사람들이 있다고 경고합니다. '불의한 자'로 통칭된 그 경고의 대상들은 구체적으로는 십계명을 어기고도 회개하지 않는 자들입니다. 음행, 우상숭배, 간음, 도적질, 탐욕, 술 취함, 모욕, 사취 등 불의한 행태들은 하나님의 나라에 합당한 사람의 삶의 모습이 아닙니다! 비록 그들이 예수를 믿고 교회 안에 들어와 있다고 하더라도, 성령으로 말미암아 변화된 거룩한 삶의 모습이 없다면 "하나님의 나라를 유업으로 받지 못하리라"(6:10)는 엄중한 선언을 피해갈 수 없습니다. 이것은 칭의를 성화와 따로 떼어 생각하려는 사람들에게 엄청난 충격으로 다가옵니다! 소위 십계명의 교훈에 따르는 거룩한 삶과 관계없이 '믿으면 구원받는다'라고 비성경적으로 가르치는 거짓된 가르침에 엄중한 경고의 메시지가 됩니다! 미국의 달라스 신학교를 중심으로 널리 퍼진 이런 천박한 복음 이해에 반대하여, 복음주의적 교사들이 예수 그리스도를 '구세주로서 뿐 아니라 우리의 삶의 주인으로 받아들여야 한다'(Lordship Salvation)고 가르친 것도 바로 이러한 성경의 교훈을 바르게 파수하기 위한 것입니다. 또한 한국에서 일어난 '구원파'가 중생의 체험을 가지면 그 다음의 삶이 어떻더라도 구원을 받을 수 있다는 거짓 복음을 전파할 때, 장로교회가 단호하게 그런 비성경적 사상을 '이단'으로 배격한 것도 사도 바울의 가르침과 궤를 같이 하는 것입니다. 성경은 결코 '값싼 구원'을 가르치지 않습니다!

거룩하신 성령의 거룩하게 하시는 사역

사도 바울은 대단히 강조하는 표현으로 이렇게 바로잡습니다: "주 예수 그리스도의 이름과 우리 하나님의 성령 안에서 씻음과 거룩함과 의롭다 하심을 받았느니라"(6:11). 헬라어 원문을 보면, 교회 안에 불의한 삶을 사는 사람들이 있었으나, '그러나' 씻음을 받았고 '그러나' 거룩해졌고, '그러나' 의롭게 되었다고 표현하여, 세 차례나 성령의 놀라우신 성화의 사역을 강조합니다! 하나님의 은혜는 우리를 구원하실 뿐 아니라 우리를 양육하셔서 옛사람을 벗고 새사람으로 살게 하십니다(딛 2:11-14). 우리 안에 거하시는 거룩한 하나님의 영은 우리의 믿음의 고백을 불러 일으키실 뿐 아니라, 우리의 삶 자체가 예수 그리스도를 닮아가는 거룩한 삶이 되도록 역사하십니다! 바로 거기에 칭의와 성화를 성경적으로 올바르게 이해하는 길이 있습니다.

II. 교리문답이 가르치는 '칭의와 성화의 관계'

1. '거룩한 삶'에 대한 성경적 강조

하이델베르크 교리문답 제87문답은 입으로는 신앙을 고백하고 몸으로는 교회 안에 있으나, 감사하지도 회개하지도 않는 삶을 계속 살아가는 위선자들은 결코 구원받을 수 없다고 강조하여 말하면서, 그 성경적 근거들을 사도 바울의 강력한 훈계의 말씀들로 제시합니다: "이런 일을 하는 자들은 하나님의 나라를 유업으로 받지 못하리라"(고전 6:10; 갈 5:21; 엡 5:5). 사도 요한 역시 형제를 미워하는 자, 곧 살인하는 자에게는 '영생이 없다'(요일 3:14)고 엄중하게 경고합니다. 장로교회의 대교리문답 역시 성령 하나님의 거룩하게 하시는 사역을 강조하여 가르칩니다: '강력한 성령의 역사를 통하여, 하나님의 형상을 좇아 온 사람이 새롭게 되고, 생명에 이르는 회개의 씨앗과 기타 구원의 은혜들이 그 마음 속에서 점점 자라서, 택하신 자들을 점점 더 죄에 대해서 죽고 새 생명에 대하여 살게 합니다'(WLC 제75문답).

개혁주의 교리문답들이 분명하게 가르치는 '성화'의 교리를 고려할 때, 우리는 '오직 법정적인 관점으로만' 칭의의 개념을 이해하고 가르치는 것을 조심해야 할 필요가 있습니다. 사실 종교개혁자들부터 그런 위험성을 잘 인식하여 항상 칭의와 성화를 긴밀하게 연결하여 가르치려고 노력하였습니다. 칼빈은 '그리스도와의 연합'이라는 근본적인 토대 위에서 칭의와 성화를 성경적인 균형을 갖추어 가르치려고 노력하였고, 마틴 부처나 피터 마터 버미글리같은 동시대의 뛰어난 개혁주의 신학자들은 칭의의 개념과 중생 및 성화의 개념을 반드시 한데 묶어서 가르치려고 노력하였습니다. 그들 모두는 칭의의 핵심이 법정적인 개념, 곧 예수 그리스도의 순종과 대속의 공로를 우리에게 '전가'해 주시는 데 있다는 사실을 잘 알고 강조하면서도, 동시에 '그리스도의 구속의 충만한 의미'를 놓치지 않기 위하여 칭의와 성화의 밀접한 관계를 강조하였던 것입니다. 즉 아담의 타락과 불순종으로 말미암아 죄책과 의의 상실과 부패가 초래되었다면, 두 번째 아담 그리스도의 구속은 '죄책의 제거'(법정적 칭의)뿐 아니라 '의와 거룩한 성품'도 함께 회복되어야 한다는 것입니다.

2. 종교개혁의 '칭의' 교리에 대한 로마 카톨릭 교회의 반박과 정죄

칭의와 성화의 관계에 관한 논의가 심각해진 중요한 역사적 계기는 반동종교개혁을 공고하게 만든 트렌트 공의회(1545-1547)입니다. 종교개혁의 법정적 칭의 교리의 핵심인 '전가' 사상을 배격하고 정죄하며, 거룩한 삶의 실질(성화)

을 칭의에 포함시키려는 트렌트 공의회의 완고한 반(半)-펠라기우스주의적 입장 때문에 종교개혁의 진영에서는 '칭의' 교리가 점점 더 법정적인 방향으로 굳어지고 성화의 교리와 분리되는 경향을 보이게 되었습니다. 심지어 루터교회 내부에서는 율법폐기론 주장까지 나타나 교리적 논쟁이 심각하게 진행되기도 하였습니다.

(1) 트렌트 공의회의 칭의론에 대한 칼빈의 비판적 요약과 평가

첫째, 칭의란 그리스도의 '의의 전가'가 아니라 인간의 영적이고 도덕적인 본질에 변화를 주는 '은혜의 주입'(an infusion of grace)이다: "칭의란 죄의 제거일 뿐만 아니라 은혜와 은사들을 자발적으로 받아들임을 통한 인간 내부의 성화와 회복이다." 공의회의 이런 결정은 오직 그리스도의 의의 전가만을 통하여 인간이 의롭게 된다는 이신칭의 교리를 명백하게 부정하는 것입니다. 한 걸음 더 나아가 트렌트 공의회는 이신칭의 교리를 정죄합니다: "만일 누군가 죄인이 오직 믿음으로만 의롭게 된다고 말한다면 그에게 저주가 있으리라."

둘째, 트렌트 공의회는 믿음의 역할을 평가절하합니다. 믿음은 칭의에서 중심적 의미가 아니라 부차적인 것입니다: "믿음으로 의롭게 된다고 했을 때의 의미는 '믿음은 인간 구원의 시작'으로 모든 칭의의 근본이며 원천이다…" 믿음은 시작에 불과하며, 진실로 의롭게 되는 것은 믿음이 아니라 세례에 의한 것이라고 주장합니다.

셋째, 칭의는 상실될 수 있다고 주장합니다. 로마서 8:30에 반하여, 트렌트 공의회의 신조는 "칭의의 은혜는 한 번 받았다 해도 믿음을 상실케 하는 불신앙과 또는 다른 특정한 '도덕적 죄'에 의해서 상실된다"(15장)고 가르칩니다. 여기서 말하는 도덕적 죄는 '완전한 지식과 신중한 의도를 가지고 심각한 방법으로 하나

님의 계명을 어기는 것'을 뜻합니다.

넷째, 칭의로 받은 의로움은 향상될 수 있다고 주장합니다: "그러므로 칭의받고, 하나님의 … 친구가 되고 … 그들은 하나님과 교회의 계명에 대한 순종과 선행을 동반한 믿음을 통하여 그리스도의 은혜로 인하여 받은 칭의 가운데서 성장하며 더욱 의롭게 되어진다…"(10장). 따라서 트렌트 공의회는 신자가 칭의로 받는 의를 그리스도의 완전한 의의 '전가'로 보지 않고 신자의 선행을 통해 증감될 수 있는 우리 속의 '주관적 자질'로 보는 것입니다.

다섯째, 칭의는 신자들로 하여금 영생을 받을 수 있게 해 주는 공로가 된다고 주장합니다: 이것은 믿음조차 선물이므로 자랑할 수 없다는 에베소서 2:8-9의 교훈과 정반대되는 입장입니다. 그러나 로마 카톨릭교회는 이런 입장에 근거하여 종교개혁의 오직 은혜의 원리를 정죄합니다: "만일 누구든지 의롭게 된 자의 선한 행위들은 하나님의 선물이지 그 스스로의 선한 공로가 아니라고 말하거나 그가 행한 선한 행위들이 하나님의 은혜와 예수 그리스도의 공로로 되었다고 주장함으로써 그 의롭게 된 자가 참으로 은혜와 영생을 향상할 수 없다고 말한다면 … 그에게 저주가 있으리라."

(2) 오늘날 로마 카톨릭교회의 칭의론

칭의를 성화의 개념과 뒤섞어 이해하는 것은 오늘날까지 계속되는 로마 카톨릭 칭의론의 특징입니다. 칼 라너(Karl Rahner)는 루터의 유명한 '의인이면서 동시에 죄인'이라는 표현을 배격합니다: "하나님의 행위로 알려져 있는 칭의는 사람을 그의 존재의 가장 깊은 근저에까지 끌어내려서 그를 신성하게 변형시키고 신격화하는 것이다. 바로 이런 까닭에 칭의된 사람은 '의인이면서 동시에 죄인'이 아닌 것이다." 칭의를 중생과 성화를 포함하는 과정으로 가르치는 이런 입장은 대중적인 로마 카톨릭의 백과사전에서도 여전히 찾아볼 수 있습니다: "칭의는 사람이 그의 죄된 상태로부터 구원받으며 신성하게 하는 은혜를 통하여 그리스도 안에서 중생하는 과정이며, 그를 하나님 보시기에 의롭게 혹은 정당하게 만드는 한 과정이다"(*New Catholic People's Encyclopedia*). 또한 "칭의는 하나님께서 값없는 사랑의 행위로서 사람으로 하여금 자신과 관계를 (하나님께서 사람에게 요구하시는 거룩한 관계를) 맺게 하시는 행위인 것이다 … 이것은 하나님께서 성령으로 하여금 양자되게 하는 영으로서, 자유롭게 하고 거룩하게 하는 영으로서, 그를 신성화하는 영으로서, 자유롭게 하고 거룩하게 하는 영으로서, 그를 신성화하는 영으로서 인간 존재의 깊은 곳에 효력 있게 거주하도록 하실 때 일어난다 … 단지 법적인 방식으로 전가되는 것이 아니라 사람을 참으로 의롭게 만드는 이 의는 동시에 사죄이다 … 하나님께서 주셔서 받게 된 이 의는 만약 사람이 심각한 죄를 지어 거룩한 사랑에 반역하게 되면 잃어버릴 수도 있다 … 인간은 칭의를 유지할 수도 있고 끊임없이 증대시킬 수도 있다"(*Dictionary of Theology*).

강경한 로마 카톨릭 신학자들은 개신교의 법정적 칭의론를 '법적 허구'(legal fiction), '송장 위에 던져진 겉옷'(robe thrown over a corpse)이라는 표현으로 비난합니다. 이런 비난의 핵심은 바로 오늘 본문에서 사도 바울이 비난한 그 내용, 곧 '거룩한 삶의 변화가 없는' 그리스도인이라는 안타까운 현실입니다. 이런 비난들에 대하여, 성경에 충실한 장로교회는 무엇이라고 대답하였을까요?

3. 칭의와 성화의 관계: 구별과 일치

(1) 장로교회의 대교리문답의 교리적 해설: 제77문답

칭의와 성화의 구별을 설명하는 이 문답에서, 장로교회는 제일 먼저 둘 사이의 '불가분의 관계'를 강조합니다. 칭의와 성화는 긴밀히 연결되어 있어서, '성화 없이는 칭의가 없으며, 칭의 없이는 성화도 없습니다. 칭의를 가지면 성화도 또한 가지며, 성화를 가지면 반대로 칭의를 가집니다. 둘 모두 하나님한테서 나오는 것이며, 죄인에게 값없이 주시는 은혜입니다'(J. 보스). 그렇지만, 칭의와 성화를 뒤섞어 구별하지 않음으로써 결국 행위 구원이라는 펠라기우스주의의 누룩을 버리지 못하는 로마 카톨릭교회의 오류를 벗어나기 위하여, 두 핵심적인 개념 사이의 중요한 구별을 다음과 같이 제시합니다:

	칭 의	성 화
값없이 주시는 은혜의	행위(act)	작용(work)
그리스도의 의의	전가	(의와 능력의) 주입
죄에 대한	(죄책의) 사면	(죄의 세력을) 정복
적용의 정도	모든 경우에 완전히 동등	사람들마다 다르게 적용
성취의 여부	이생에서 완전히 성취	이생에서 미완성
특징적 성격	사법적 선고	영적인 성장

(2) 칭의와 성화를 구별할 필요

'하나님께로서 오신 예수님이 우리에게 지혜와 의로움과 거룩함과 구속함이 되셨다'(고전 1:30)의 유명한 표현은 칭의와 성화의 불가분리한 관계를 잘 강조합니다. 장로교회는 결코 칭의만을 강조한 나머지 거룩한 삶의 열매를 등한시하거나 혹은 배격하는 그릇된 가르침에 빠져들지 않았습니다! 이쪽 극단에 빠진 거짓 교사들은 칭의만을 강조하여 구원에 필요한 성화가 다 칭의 안에 포함되어 있다고 주장하면서 개인의 삶에서 거룩한 추구가 필요없다고 성도들을 오도하였습니다. 반면에 로마 카톨릭을 필두로 하는 율법주의적 경향의 다른 극단은, 우리의 구원을 오직 그리스도의 공로에 호소하지 않고 자신의 의로운 행실에 의지하도록 함으로써 구원을 위태롭게 만들었습니다. 따라서 대교리문답이 칭의와 성화의 구별되는 특징들을 주의깊게 설명한 까닭은 두 가지 극단적인 누룩, 곧 율법주의와 방종 그 어느 편에도 사로잡히지 않기 위함입니다. '좌로나 우로나 치우치지 말라'는 유서 깊은 교훈에 따라, '오직 성경으로써'(sola scriptura) 원리를 근본으로 삼는 장로교회는 '율법주의'와 '율법폐기론' 양 극단의 거짓 교훈을 멀리하고, 오직 그리스도의 구속의 공로를 가리키는 '칭의' 교리와 그에 마땅한 삶을 살아가도록 우리를 인도하시는 성령의 역사를 강조하는 '성화'의 교리를 충실하게 가르치고 배우려고 노력하는 것입니다.

버미글리(Peter Martyr Vermigli)의 칭의와 성화

종교개혁 당대에 칼빈과 더불어 가장 뛰어난 개혁파 신학자로 칭송받았던 피터 마터 버미글리는 자신의 로마서 주석에서 '칭의'의 법정적인 개념을 강조하면서도 중생 및 성화와 밀접한 관계를 가르쳤습니다.

"하나님은 우리를 향한 그의 의로움 혹은 선하심을 주로 세 가지로써 선언하신다. 첫째, 그분은 우리의 죄악들을 용서하심으로써 우리를 자신의 호의(favour) 안으로 받아들인다: 우리가 저지른 죄악들 때문에 죽음을 우리에게 전가하지 않으시고, 반대로 우리에게 그리스도의 순종과 거룩을 전가하신다. 둘째, 그분은 우리 마음 속에 올곧게 살려는 열망을 불러일으키신다. 그분은 우리의 의지를 새롭게 하시며, 우리의 이성을 조명하시고 덕스럽게 살아가려는 경향을 가지게 만드신다. 비록 이전에는 우리가 의롭고 정직한 것들을 혐오하였지만. 셋째, 그분은 우리에게 순전하고 정숙한 행위, 선한 행동들, 그리고 진지한 삶을 주신다." (롬 1:17 주석)

"하나님의 의는 삼중적이다: 첫째는 우리가 그리스도로 말미암아 은총 안으로 받아들여지고 우리의 죄가 사해지며 그리스도의 의가 우리에게 전가되는 것이다. 둘째, 의가 그 뒤를 따르는데, 즉 성령의 도움을 통하여 우리의 생각이 개혁되며 우리가 은혜로써 내적으로 갱신된다. 셋째, 거룩하고 경건한 일들(works)이 뒤따른다…" (롬 3:21 주석)

'그러나 이 세 가지 가운데 첫 번째(칭의)가 주된 부분인데, 왜냐하면 그것이 다른 부분들을 포함하기 때문이다.' '칭의의 요약이 존재하는 첫 번째이자 주된 부분은 사죄이다.'

비록 법정적 칭의가 '주된'(chief) 그리고 '주요한'(principle) 부분이지만, 버미글리는 세 부분의 상호의존(interdependence)을 강조한다. '의의 이 세 부분들은 … 서로 아주 연결되어 있어서 하나가 다른 것에 의존한다.'

(Peter Martyr Vermigli, *Predestination & Justification*)

(3) 성화에 대한 강조가 필요한 한국교회의 현실

교회의 역사를 되돌아 보면, 이단과 거짓 교사들이 왕성한 때는 모두 교회의 가르침이 성경의 복음을 온전하게 가르치지 못하고 치우치던 시절이었습니다. 고

대교회에서도 강단에서 선포되는 말씀이 도덕주의 및 율법주의적 교훈으로 흘렀을 때, 은혜의 복음을 극단적으로 강조하는 마르키온 이단이 왕성하게 일어났고, 반대로 성도들의 도덕적 방종이 만연해졌을 때 몬타누스주의와 같은 엄격한 금욕주의 사상이 사람들의 마음을 빼앗아 갔습니다.

오늘 한국의 개신교회들은 칭의와 성화의 관계를 성경에 따라, 교리문답에 따라 분명하고 바르게 가르치고 배울 필요가 있습니다. 특히 '언약사상'에 따라 성경을 일관되게 이해하는 장로교회는 그리스도와의 연합이 의미하는 포괄적인 구원의 교리를 바르게 선포해야 할 필요가 있습니다. 왜냐하면, 오늘날 사람들의 마음을 끌고 있는 대표적인 거짓 교훈들이 칭의 교리를 남용하거나 혹은 성화의 교리를 칭의 교리와 구분하려는 데 있기 때문입니다. 많은 그리스도인들이 거룩한 회개의 삶을 진지하게 추구하지 않으면서도 하나님 나라를 유업으로 받을 수 있다고 스스로 속이고 있습니다. 그런 현실에 대한 반발로 그리스도의 공로의 충족성을 평가 절하하고, 칭의 교리의 핵심인 그리스도의 공로와 순종의 전가 사상을 사실상 무력화하고 있기 때문입니다. 그 어느 쪽이든, 하나님의 거룩하고 공의로운 기준을 결코 우리 스스로는 만족시킬 수 없다는 사실을 놓치고 있으므로, 이것은 구원의 복음을 심각하게 약화시키는 것입니다.

그러나, 감사하게도, 장로교회는 이미 신앙의 선진들이 하나님의 말씀을 올바르고 균형있게 묵상하여, 칭의와 성화의 관계를 잘 설명해 두었습니다. 이런 복된 선물을 창고에 넣어두지만 말고, 강단에서 성경공부 모임에서 그리고 가정에서 풍성하게 나누고 그 유익을 함께 누려야 할 것입니다. '개혁된 교회는 항상 개혁되어야 한다'(*ecclesia reformata est semper reformanda*)는 종교개혁의 모토에 따라, 말씀과 성령으로 항상 새로워져서 칭의의 복락과 성화의 열매가 풍성하고 조화롭게 맺히는 아름다운 장로교회가 되기를 소망합니다.

III. 교리문답에 따라 드리는 우리의 기도

1. 우리를 위한 예수 그리스도의 구속의 은혜와 공로를 깊이 묵상하고, 온전히 의지하게 해 주소서!

    (1) 교회마다 가정마다 복음의 참된 진리가 풍성하게 선포되는 은혜를 더해 주시옵소서!

    (2) 말씀의 사역자들이 칭의와 성화의 교리를 바르고 온전하게 가르치도록 은혜 베풀어주소서!

2. 우리 안에 거하시는 성령님이 말씀으로 우리를 양육해주시는 은혜를 항상 누리게 해 주소서!

    (1) 옛사람을 버리고 새사람으로 사는 참된 회개의 삶을 매일 실천하게 도와 주소서!

    (2) 성령의 역사하심으로 내 삶에서 하나님이 기뻐 받으시는 선행의 열매들이 맺혀지게 하소서!

제 16장
십계명 묵상 01

거울과 등불
눅 18:18-30

"나는 너를 애굽 땅, 종 되었던 집에서 인도하여 낸 네 하나님 여호와니라"(출 20:2)라는 십계명의 서문은 이스라엘 백성이 먼저 하나님의 은혜로 구원받은 사실을 분명하게 가르칩니다. 그들이 구원을 받은 것은 그들 자신의 공로 덕분이 아니라 오직 하나님의 자비하심 덕택이었습니다. 열 번째 재앙이 임하였을 때 양의 피를 좌우 문설주와 인방에 바르지 않았더라면, 이스라엘 자손 역시 애굽의 모든 신을 심판하신 하나님의 징벌을 피할 수 없었을 것입니다. 유월절은 바로 그런 하나님의 구원하시는 은혜를 대대로 기념하게 하였습니다. 그렇게 은혜로 구원을 얻은 백성에게 하나님의 거룩하심을 본받아 참된 생명으로 나아가는 길을 가르치기 위하여 주신 선물이 바로 십계명입니다. 영생을 얻기 위하여 나사렛 예수님께 찾아온 부자 청년 관원에게, 예수님은 바로 그 십계명의 근본적인 의미가 무엇인지를 깨우쳐 주십니다.

I. 성경 본문 묵상

1. '오직 하나님만이 선하다'는 말씀의 뜻 (18:18-20)

(1) 부자 청년 관원은 무엇을 구하려고 예수님을 찾아 왔습니까? (18:18)

(2) '하나님 한 분 외에는 선한 이가 없다'는 예수님의 말씀은 그 문맥에서 어떤 뜻일까요? (18:19)

(3) 예수님의 대답에 따르면, 영생을 얻기 위하여 필요한 것은 무엇입니까? (18:20)

2. 하나님의 율법의 온전함 (18:21-23)

(1) 십계명의 오른 쪽 돌판에 기록된 계명들을 다 지켰다는 부자 청년의 대답은 거짓말이었습니까? (18:21; cf. 막 10:21)

(2) 그 대답에 대한 예수님의 반응은 무엇입니까? 예수님에 따르면, 그 계명들을 온전하게 지킨다는 것은 무슨 뜻입니까? (18:22)

(3) 예수님의 근본적 요구에 대한 그 청년의 반응은 무엇이었습니까? (18:22) 그의 반응에 대한 예수님의 평가는 무엇입니까? (18:23)

(4) '십계명'은 부자 청년에게 어떤 역할을 하였습니까?

- 예수님을 만나기 전:

- 예수님을 만난 후:

3. 율법과 복음의 관계에 관하여 (18:24-27)

(1) 장로교회는 왜 그리스도인이 십계명을 온전하게 지킬 수 없으며, 오히려 날마다 그것을 어긴다는 영적 현실을 강조하여 가르칩니까? (cf. WSC 제82문답)

 - 다음 구절들이 가르치는 십계명의 첫 번째 기능은 무엇입니까? (시 139:23-24; 롬 3:20)

 - '몽학선생' 역할을 하는 십계명은 우리를 어디로 인도합니까? (롬 5:12,15; 벧전 3:18)

(2) 그러면, 구원받을 부자는 누구입니까? (18:24-25 〈-〉 18:27; cf. 눅19:1-10)

4. 하나님의 율법의 일관성

(1) 궁극적으로 부자 청년의 문제는 무엇입니까?

(2) 본문에서 십계명의 오른쪽 돌판과 왼쪽 돌판은 어떻게 서로 연관됩니까?

(3) 그렇다면, 하나님의 율법과 복음이 우리에게 일관되게 요구하는 바는 무엇입니까?

영생의 길로 예수님이 제시하신 십계명

'영생'을 구하러 온 진지한 부자 청년 관원에게 예수님은 '선하신 하나님'이 주신 십계명을 제시합니다. 그것도 직접 하나님을 사랑하고 경배하는 것을 가르치는 첫째 돌판의 내용이 아니라, 이웃 사랑을 통하여 하나님을 경외하는 것을 가르치는 둘째 돌판의 내용을 소개합니다. 불현듯 오늘 우리 자신을 돌아봅니다. 오늘날 교회는 구원과 영생을 얻으려면 무엇이 필요하다고 가르치고 있습니까? 예수님의 이 대답은 오늘날 개신교회의 '상식'과 일치합니까? '회개하고 예수 그리스도를 믿으라'는 우리에게 익숙한 복음 전도의 메시지와 부자 청년에게 주신 예수님의 대답이 어떻게 일관되는지 다시 한 번 돌아보게 됩니다. 회개란 옛사람을 벗어버리고 새사람으로 사는 것입니다. 그리고 예수님을 믿는다는 것은 그분을 사랑하는 것입니다. 사도 요한은 예수님을 사랑하는 자는 그분의 계명을 지키는 자라고 분명하게 가르칩니다. 십계명은 옛사람과 새사람의 모습을 대조하여 보여주는 영적인 거울입니다. 그리고 예수님의 계명은 모세를 통하여 생명의 길로 주신 '유일하게 선하신' 하나님의 십계명과 다르지 않습니다.

율법과 복음 (18:24-27)

부자 청년 관원은 어려서부터 이웃사랑에 관한 계명들을 다 지켰다고 대답합니다. 그 대답을 듣고 예수님이 '그를 보시고 사랑하사'(막 10:21)라는 기록은, 그 청년의 대답이 거짓말이 아니라는 것을 보여줍니다. 그는 열심히 십계명을 지키며 살아왔다고 정직하게 대답한 것입니다. 그러나 문제는 그가 십계명을 지킨다는 것이 무엇인지 올바르게 알지 못한 점에 있었습니다! '나를 따르라'는 예수님의 말씀은 무엇이 참으로 십계명의 이웃 사랑을 실천하는 일인지 깨우쳐주시는 근본적인 요구였습니다. 그리고 바로 그 때, 이 청년의 경건의 실체가 무엇인지 뚜렷하게 드러납니다. 그는 하나님 나라를 바라보고 영생을 얻으려고 예수님을 찾았지만, 그것보다 더 소중하게 여기는 것이 있었던 것입니다. 예수님이 풀어주신 이웃 사랑의 참 뜻은 이 부자 청년에게 십계명을 지킨다는 것이 무엇인지를 밝히 드러내 보여주었습니다. 예수님과 대화하기 전까지 십계명은 이 청년의 의를 자랑하는 근거가 될 수 있었습니다. 그는 어려서부터 십계명을 다 지켜왔다고 자신있게 대답할 수 있었습니다. 그러나 십계명의 참뜻이 드러나자, 이 청년의 경건이 얼마나 피상적인 것인지 곧 밝혀졌습니다. 그는 하나님보다 맘몬을 더 사랑하는 자였습니다!

부자 청년 관원의 슬픈 이야기는 십계명의 참된 뜻과 기능이 무엇인지 다시 한 번 생각하게 합니다. 십계명은 하나님의 거룩하심을 깨닫게 하는 거울이며, 그 거룩함에 이르는 유일한 길로서 회개와 믿음으로 우리를 인도합니다. 부자 청년의 비극이자 오늘날 우리들의 비극이기도 한 영적 현실은 하나님의 뜻을 '대강 알고' 살아간다는 것이고, 또한 그 결과 예수 그리스도를 바르게 알고 믿지 못하는 현실입니다. 하나님의 말씀은 구약과 신약을 일관하는 하나님의 거룩하신 뜻을 우리에게 일깨워줍니다. 시편 전체의 서문이라고 할 수 있는 제1-2편에서 '복 있는 사람'은 여호와(야웨)의 율법을 주야로 묵상하는 자이며 또한 하나님의 아들에게 입맞추는 사람입니다. 마찬가지로 십계명은 우리를 예수 그리스도에게로 이끌어 갑니다!

II. 교리문답이 가르치는 십계명의 의의

1. 개혁주의 교리문답에서 십계명의 위치

(1) 하이델베르크 교리문답의 두 장소에서 설명되는 십계명

로마서의 구조를 따라 기독교의 핵심 교리를 설명하는 하이델베르크 교리문답은 두 군데에서 십계명을 소개합니다. 우선은 우리의 죄와 비참(Misery)을 가르치는 제1부에서 예수 그리스도께서 요약하신 '사랑의 이중계명'으로 십계명의 첫째 기능을 소개합니다. 하나님의 율법이 나의 죄와 비참을 깨우쳐주는데(HC 제3문답), 그 율법이 우리에게 요구하는 바는 예수님이 '온 율법과 선지자의 강령'으로 요약하신 바 '하나님 사랑과 이웃 사랑'(마 22:37-40)입니다(HC 제4문

답). 그런데 나는 본성적으로 하나님과 이웃을 미워하는 성향이 있으므로, 율법이 요구하는 하나님의 의로운 뜻을 온전히 지킬 수 없습니다(HC 제5문답). 이렇게 우리의 죄를 깨우치는 십계명의 중요한 기능이 소개됩니다.

십계명이 소개되는 두 번째 장소는 값없이 구원받은 은혜를 누리는 그리스도인의 감사(Gratitude)의 삶을 설명하는 제3부입니다. 새사람으로 다시 사는 진정한 회개(HC 제90문답)에서 언급된 '선행'의 세 가지 요소들(HC 제91문답) 가운데 '하나님의 율법에 따라서'라는 구절을 이어받아 제92문답부터 십계명의 본문과 구성 그리고 각 계명의 내용들을 열한 주일에 걸쳐(HC 제34-44주일) 24개의 문답을 통하여 자세히 소개합니다(HC 제92-115문답). 이 교리문답에서 십계명이 '감사의 삶'을 지도하는 규범으로 소개되는 것은 개혁신학의 독특한 관점이 잘 반영된 것입니다. 은혜로 구원을 받은 그리스도인의 삶은 반드시 선행의 열매를 맺어야 하며(HC 제86문답), 감사도 없고 회개도 없는 삶으로 참된 회심을 증거하지 않는 사람들은 결코 구원을 얻을 수 없다고 십계명의 조항들을 들어 분명하게 경고하는 내용(HC 제87문답)은 종교개혁의 이신칭의가 '성화의 삶'과 밀접하게 연결된 성경적 교훈인 것을 잘 반영하고 있습니다! 십계명은 우리의 회개와 성화를 위하여 의로우신 하나님이 내려주신 선물입니다!

(2) '순종의 규칙'으로 소개되는 십계명: 웨스트민스터 대/소교리문답

장로교회의 교리문답은 '하나님을 영화롭게 하고 영원토록 즐기는 인생의 목적 ▷ 그 목적을 이루기 위하여 우리에게 주신 준칙인 성경말씀 ▷ 성경이 주요하게 가르치는 두 가지 내용'으로 그 전체의 서론을 구성합니다. 그리고 '하나님에 대하여 우리가 믿을 바'와 '우리에게 요구하시는 하나님의 뜻'이라는 큰 두 부분으로 본론의 내용을 양분하여 성경의 주요 교리들을 설명합니다. 그런데 십계

명은 '하나님께서 사람에게 요구하시는 의무'를 소개하는 두 번째 부분에서 등장합니다. 소교리문답의 경우를 예로 들면, '순종'이라는 본분(WSC 제39문답), 순종의 규칙으로 계시하신 '도덕법'(WSC 제40문답), 도덕법의 총괄적인 표현인 '십계명'(WSC 제41문답)으로 이어져서, 십계명의 강령인 사랑의 이중계명(WSC 제42문답)부터 머리말과 각 계명들에 대한 자세하고 규칙적인 소개와 해설로 이어집니다(WSC 제43-81문답).

웨스트민스터 대/소교리문답이 십계명을 '구원받은 하나님의 백성의 거룩한 삶을 위한 지침'으로 보는 관점은 하이델베르크 교리문답과 마찬가지로 개혁신학을 잘 반영한 특징입니다. 소교리문답은 그런 관점을 십계명의 서문에 대한 해설에서 잘 보여줍니다: "십계명의 머리말이 우리에게 가르치는 것은 하나님께서 여호와 우리 하나님이시고, 구속자이시므로, 우리가 마땅히 그분의 모든 계명을 지켜야 한다는 것입니다"(WSC 제44문답). 대교리문답 역시 서문의 의미를 구원받은 백성의 마땅한 도리로 해석합니다. 구약의 이스라엘을 애굽의 종살이에서 인도하여 내신 것처럼 그리스도인을 영적 노예의 속박에서 구출하신 하나님의 은혜에 반응하여, 마땅히 그분을 우리 하나님으로 삼고 그 계명을 지켜야 한다는 것입니다(WSC 제101문답). 달리 말하자면, 십계명은 이스라엘 백성이 구원을 받기 위하여 지켜야 하는 것이 아니라, 이미 은혜로 값없이 구원받은 하나님의 백성에게 내려주신 거룩한 삶의 지침입니다.

2. 십계명을 올바르게 이해하는 원리들

십계명을 '순종의 규칙'으로 이해하는 것은 뚜렷한 개혁주의적인 관점을 토대로 하고 있습니다. 그런 근본적인 기초 위에서 장로교회의 대교리문답은 '십계명을 올바르게 이해하기 위한 8가지 법칙들'을 자세하게 소개합니다(WLC 제99문답). 이것은 십계명을 도덕법, 즉 '인류에게 선포된 하나님의 의지'(WLC 제93문답)의 요약으로 소개하는 관점과 밀접하게 연결되어 있습니다. 즉 십계명은 단순한 실정법이 아니라는 말입니다. 열 가지의 특정한 법률들이 아니라, 하나님에 대한 인간의 올바른 반응을 포괄적으로 담고 있는 열 가지의 '원리들'이라는 것입니다. 그렇기 때문에 십계명은 단순히 구약의 이스라엘 국가에만 적용되는 것이 아니라 '보편적'인 것입니다. 신약 시대에는 십계명이 사랑의 법으로 대체되었기 때문에 더 이상 그리스도인들에게 구속력이 없다는 주장은 바로 이런 점에서 잘못된 것입니다. 십계명은 영원 불변하신 하나님의 뜻을 계시한 내용이며, 예수님도 산상보훈 등을 통하여 그 십계명의 변치 않는 의의를 확인해 주셨습니다.

대교리문답 제99문답

(1) 율법의 온전함: '율법은 온전한 것으로 누구나 전인격적으로 그 의를 충분히 따르고 영원토록 온전히 순종하여 모든 의무를 철두철미하게 끝까지 완수해야 하며, 무슨 죄를 막론하고 극히 작은 죄라도 금한다'(첫 번째 원리).

- 공의로우시고 거룩하신 하나님의 본성을 이 첫 번째 원칙이 명백하게 선포합니다. '완전하신 하나님의 완전한 율법'에 관한 이 원리는 모든 율법주의적 사고방식을 깨뜨리는 성경의 교훈을 잘 반영합니다. 그래서 율법의 행위로는 하나님 앞에서 의롭다고 인정을 받을 길이 없는, 아담의 타락 이후 인간의 죄와 비참을 다시 한 번 기억하게 합니다.

- 그렇다면 하나님은 인간에게 불가능한 것을 요구하시는 것 아닌가? 이런 반문이 항상 제기됩니다. '사람이 행할 수 없는 것을 율법으로 요구하는 것은 부

당하지 않습니까?' 하는 질문에 하이델베르크 교리문답은 '사람이 행할 수 있도록 창조되었으나, 마귀의 꾐에 빠져 고의로 불순종한 결과 그런 선물을 상실'하였으므로 하나님의 거룩하신 본성을 반영한 율법의 요구가 부당한 것은 아니라고 분명하게 반박합니다(HC 제9문답).

(2) 율법의 신령함: '율법은 신령하여 말과 행실과 태도뿐만 아니라 이해와 의지와 감정과 기타 영혼의 전 영역에 미친다'(두 번째 원리)

· 이 두 번째 원리는 십계명이 실정법을 넘어서는 근본 원리임을 분명하게 가르칩니다. 하나님이 십계명을 주신 목적은 인간의 외적인 행동만을 지도하고 규제하기 위한 것이 아닙니다. 십계명은 우리의 몸과 마음을 다 아우르는 전인적인 순종을 요청합니다.

· 이 두 번째 원리로써 바리새인의 잘못된 율법 이해가 배격됩니다. 그들은 율법의 이러한 영적인 성경을 바르게 깨닫지 못하였기 때문에 율법의 준수를 통하여 도덕적인 완전에 도달할 수 있다고 생각하였습니다. 그러나 십계명의 수여자이신 하나님이 친히 이 땅에 오셔서 바리새인의 외식적인 율법주의를 책망하고 바로잡아 주셨습니다.

(3-4) 각 계명의 포괄성: '동일한 것이 여러 계명들에서 명령 혹은 금지되어 있다'(세 번째 원리). '명령의 형태로 된 계명들은 그에 반대되는 것을 금하며, 마찬가지로 금령의 형태로 된 계명들은 그에 반대되는 것을 명한다'(네 번째 원리).

· 세 번째 원리를 잘 설명해 주는 사례가 '돈을 사랑함이 일만 악의 뿌리'라는 말씀입니다. 맘몬 숭배가 제1계명을 어기게 만들 뿐 아니라 안식일 준수, 살인, 거짓증언 등의 다른 계명들도 어기게 만듭니다. 각 계명들의 의미를 묵상

해보면, 동일한 의무가 여러 계명들에 걸쳐 강조되거나 혹은 동일한 죄가 여러 계명들에서 금지되고 있는 것을 곧 알 수 있습니다.

· 따라서 '살인하지 말라'는 부정적 형태로 된 계명은 '하나님의 형상으로 지음 받은 인간의 생명을 존중하라'는 긍정적인 명령을 내포하는 것으로 이해해야 마땅합니다. 오른쪽 돌판에 새겨진 금령들은 궁극적으로 '이웃 사랑'을 가르치기 때문입니다. '선한 사마리아인의 비유'가 바로 이런 원리를 잘 가르쳐주는 예시입니다. 예수님은 '너도 가서 이같이 하라'라는 말씀으로 십계명의 정신을 올바르게 적용하고 실천하도록 권면하십니다.

(5-6) 율법의 보편성과 포괄성: '율법으로 명하시거나 금하시는 것은 보편적으로 적용된다. 다만 특수한 의무는 예외이다'(다섯 번째 원리). '언급된 한 가지 죄나 의무가 동일한 종류의 모든 것들을 포괄하고 있다'(여섯 번째 원리).

· 다섯 번째 원리는 목적 혹은 결과로써 수단을 정당화하거나 혹은 '사랑'이라는 한 가지 지표로 구체적인 행위들을 판단하려는 상황윤리적 사고방식을 배격합니다. 하나님의 율법은 일관되게 옳고 그름 사이의 절대적인 구분을 제시합니다. 물론 제1계명이나 제3계명과 같은, 무슨 상황에서라도 지켜져야 할 절대적인 계명들과, 상황에 따라 달라질 수 있는 상대적인 계명들 사이의 구분은 존재합니다. 여호수아는 여리고성을 공격할 때 안식일에도 하나님의 명령에 따라 전쟁을 수행하였고, 부모님을 공경하되 주 안에서 공경해야 하므로 때로는 부모님의 말씀을 불순종해야 할 경우가 있습니다. 그러나 하나님의 계명들은 그 거룩한 성품과 뜻을 보편적으로 드러내는 것입니다.

· 여섯 번째 원리를 잘 보여주는 계명은 '법정에서의 거짓 증언'을 금지하는 제9계명입니다. 그런데 이 계명은 '진실된 언어생활'의 근본 정신을 일깨워주는

교훈이므로, 법정에서의 상황에만 국한되지 않고, 일상생활에도 마찬가지로 적용됩니다. 또한 형제에게 '미련한 놈'이라고 욕하는 것도 제6계명을 어기는 것이라는 예수님의 가르침은, 특정 계명과 관련된 '모든 원인, 방편, 기회 등'을 포괄하고 있다는 사실을 잘 가르칩니다. 다시 한 번, 십계명은 실정법적 규정이 아니라 '원리'라는 사실을 상기해야 합니다.

(7-8) 율법의 공동체성: '우리에게 명하거나 금해진 일은 다른 사람들도 역시 지키도록 도울 의무가 있다'(일곱 째 원리). '다른 사람에게 명해진 일을 잘 감당하도록 도와야 하고 그들에게 금해진 일에 우리가 동참하지 않도록 조심할 의무가 있다'(여덟 번째 원리)

· 마지막 두 원리들은 이웃의 도덕적 영적 복지를 위한 책임을 일깨워줍니다. 하나님의 율법은 나에게만 주어진 것이 아니라 공동체에 주신 것입니다. 생명으로 인도하는 그 율법은 신자들을 위한 것일 뿐 아니라 불신자들에게도 꼭 필요한 것입니다. 의로우신 하나님의 도덕법을 요약하는 십계명은 모든 사람들의 삶에 적용되어야 합니다. 그런 책임이 그리스도인에게 있습니다.

· 대교리문답은 '우리 혹은 다른 사람의 위치에 따라' 이런 의무를 수행해야 한다고 가르칩니다. 부모는 자녀보다 더 큰 의무를 지고 있습니다. 교회의 직분자라는 자리는 더 큰 책임을 요청합니다. 더 큰 영향력과 권위를 가진 사람들은 이웃의 영적이고 도덕적인 복지를 위하여 감당해야 할 책임이 더 큽니다. 십계명의 교훈을 자신의 삶에서 뿐 아니라 다른 사람들의 삶에서도 실천되도록 노력하는 사람이 성숙한 그리스도인입니다.

3. 십계명의 구성에 대한 설명들

십계명의 구성에 관한 상이한 견해들을 몇 가지 소개합니다. 그 견해들은 십계명에 대한 서로 다른 이해를 반영하며, 따라서 우리가 가지고 있는 기존의 선입견을 성경적으로 되돌아 보게 해준다는 점에서 유익합니다. 아래 소개하는 몇 가지 분류법을 통하여 십계명에 담겨 있는 풍성한 의미를 좀 더 깊이 이해할 수 있기를 바랍니다.

(1) 사랑의 이중계명에 따른 전통적 분류

구약성경 어디에도 십계명 두 돌판에 쓰여진 내용이 각각 무엇인지 명시적으로 언급하지 않지만, 장로교회와 개혁교회는 예수님의 '사랑의 이중계명'에 근거하여 십계명을 두 부분으로 나눕니다. 하이델베르크 교리문답은 '하나님에 대한 우리의 태도'를 가르치는 첫 부분과 '이웃에 대한 우리의 의무'를 가르치는 둘째 부분으로 십계명의 구성을 설명합니다(HC 제93문답). 웨스트민스터 대교리문답 역시 '하나님에 대한 우리의 의무를 포함하는 첫 4계명의 대강령'으로 사랑의 이중계명 중 첫 부분을 소개합니다(WLC 제102문답). 그리고 '사람에 대한 우리의 의무를 포함하는 나머지 여섯 계명의 대강령'으로 역시 사랑의 이중계명의 둘째 부분을 소개합니다(WLC 제122문답).

(아마도 이런 전통적인 분류에서 십계명의 두 돌판 중 첫째 돌판에는 제1-4계명이, 그리고 두 번째 돌판에는 제5-10계명이 기록되어 있다는 '상식'이 생겨난 것 같습니다. 이것이 역사적 사실인지 여부는 성경이 침묵하므로 우리도 지나친 관심을 가질 필요는 없습니다.)

(2) 윌리엄슨(G.I. Williamson)의 분류

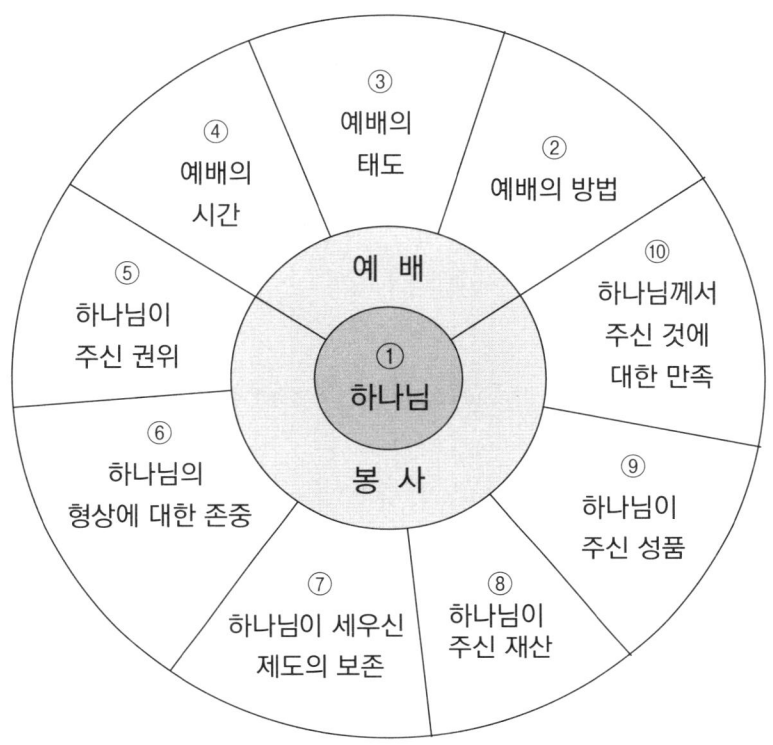

 웨스트민스터 표준문서들에 관한 해설서들을 집필하여 우리에게도 잘 알려진 윌리엄슨 목사의 도표입니다. 세 개의 동심원으로 표현된 이 도표는 십계명의 모든 계명들이 제1계명, 곧 하나님을 경배하라는 근본적인 교훈을 중심으로 하고 있다는 강조점을 잘 표현해 줍니다. 아마도 이 점이 이 도표의 가장 큰 장점이 아닐까 여겨집니다. 또한 하나님 사랑, 이웃 사랑으로 표현되는 전통적인 두 구성을 '예배와 봉사'라는 개념으로 표현한 것도 의미있습니다. 한 걸음 더 나아가, 각 계명들의 의의를 그 두 개념에 맞게 설명한 것도 일관된 관점을 돋보이게 해 줍니다.

(3) 우르시누스(Zacharias Ursinus)의 분류

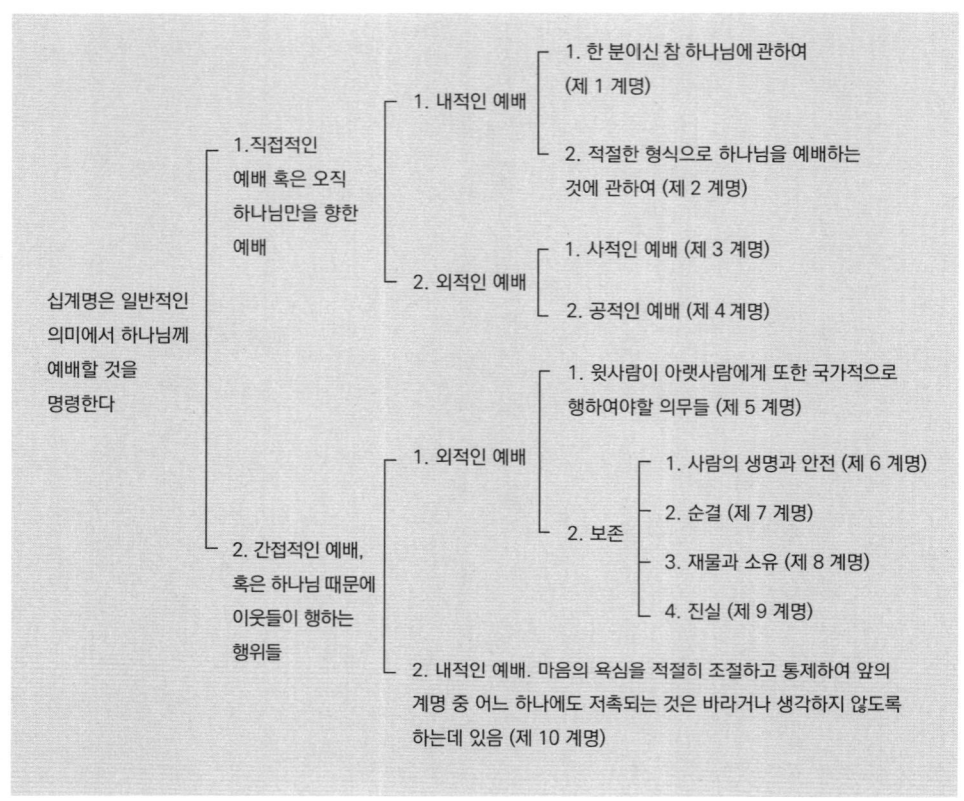

하이델베르크 교리문답의 주요 저자로 알려져 있는 우르시누스가 제시한 분류는 '예배'라는 키워드가 특징적입니다. 제1-4계명들은 하나님만을 향한 직접적인 예배를 가르치고, 제5-10계명은 간접적인 예배 혹은 '하나님을 생각하여' 이웃들에게 행하는 일들을 가르치는 내용들이라고 분류합니다. 이런 분류는 '눈에 보이는 이웃을 사랑하지 않는 자가 눈에 보이지 않는 하나님을 사랑한다는 주장은 거짓말'이라는 성경의 교훈을 잘 반영해 주는 장점이 있습니다. 또한 예수님을 찾아와 영생의 길을 구하였던 부자 청년 관원에게 '이웃 사랑'의 계명들로 대답하신 주님의 뜻을 돋보이게 해 주는 분류법이기도 합니다.

III. 교리문답에 따라 드리는 우리의 기도

1. 우리를 은혜로 구원하시고, 거룩한 하나님의 백성이 되도록 십계명을 내려주신 하나님께 감사를 드립니다.

2. 십계명의 참된 뜻을 알려주신 예수님의 교훈에 따라, 보혜사 성령님의 인도하심을 의지하여, 거룩한 하나님의 백성으로 날마다 새사람으로 살아가도록 은혜를 더해 주시옵소서!

제 17장
십계명 묵상 02

'오직 하나님만을!'
(마 4:1-11; 눅 4:1-13)

하나님이 모든 사람에게 요구하시는 순종의 규칙으로서 도덕법을 요약한 것이 십계명이라고 장로교회는 가르칩니다. 도덕법은 '하나님의 거룩한 성품과 뜻'을 알려주며, '사람이 행할 의무'를 알려줍니다. 또한 도덕법은 사람이 그것을 지킬 수 없는 무능한 상태이며 부패한 죄인임을 깨우쳐주어, 겸비하게 '그리스도와 그분의 순종을 의지'하게 이끌어줍니다(WLC 제95문답). 한걸음 더 나아가, 예수 그리스도를 믿음으로 의롭다함을 얻은 사람들에게도 도덕법은 '감사의 마음에서 우러나온 올바른 삶을 지도'하는 역할을 합니다(WLC 제97문답). 따라서 도덕법의 요약인 십계명을 하나하나 묵상하면, 성령님이 우리의 마음에 빛을 비추어주셔서 항상 '회개와 믿음'의 거룩한 삶이 더욱 깊어집니다. 십계명은 우리로 하여금 끊임없이 옛사람을 벗고 새사람으로 살아가도록 책망하고 깨우치고 격려하는 하나님의 은혜의 선물입니다.

I. 성경 본문 묵상

　사도신경 묵상을 통해 우리는 땅에 오신 성자 하나님은 우리의 죄책을 대신 지신 '하나님의 어린 양'(*Agnus Dei*)의 사역과 더불어, 하나님의 뜻을 온전히 순종하는 참 사람 곧 '하나님의 형상'(*Imago Dei*)을 온전히 보여주셨다는 사실을 배웠습니다. 예수님의 광야 시험에 관한 오늘 본문은 '크고 첫째 되는 계명'을 첫째 아담과 둘째 아담이 각각 어떻게 받아들였는지 뚜렷하게 대조합니다.

1. 누가 예수님을 광야로 인도하여 마귀에게 시험 받게 하였습니까? (마 4:1; 눅 4:1-2)

　　(1) 예수님의 광야 시험은 공생애 중 언제 있었던 일입니까?

　　(2) 성령님이 예수님의 공생애를 이 사건으로 시작하게 하신 까닭은 무엇일까요?

　　(3) 예수님의 광야 시험은 구약의 이스라엘 백성의 광야 생활과 어떻게 비교됩니까?

　　(4) 두 번째 아담으로 오신 예수님의 이 시험은 첫 아담의 시험과 어떻게 연결됩니까?

2. 세 가지 시험의 의미:

　　(1) 마귀의 세 가지 시험은 무엇이었습니까?

　　(2) 그 각각의 내용이 '참 하나님'이신 예수님께 '어려운' 문제가 된 까닭은 무엇입니까?

　　(3) 마귀의 세 가지 시험은 모두 무엇을 겨냥한 것이었습니까?

3. 예수님께서는 어떻게 그 시험을 이기셨습니까?

   (1) '기록되었으되'라는 예수님의 말씀은 어디를 가리킵니까?

   (2) 시험을 대하는 예수님의 방식은 아담 및 광야 이스라엘 백성과 어떻게 다릅니까?

   (3) 그 차이의 핵심은 무엇일까요?

예수님의 광야 40일의 의미

세례 요한의 세례를 통하여 중보자의 사역을 시작하신 예수님은 곧장 성령에 이끌려 광야로 들어가셨습니다. 사도 바울이 한 사람의 불순종과 다른 한 사람의 순종을 대조하였듯이, 공생애의 이 첫 사건은 인류를 대표한 두 사람 곧 아담의 불순종과 예수 그리스도의 온전한 순종을 드러내어 보여줍니다. 예수님의 광야 40일은 또한 출애굽 이후 불순종으로 점철된 구약의 이스라엘 백성의 광야 40년과 뚜렷하게 대조되는 기간이었습니다. '참 사람'되신 예수님은 바로 이 광야 40일의 시험을 통하여 '하나님을 사랑하라'는 근본적인 명령이 과연 사람이 지킬 수 없을 정도로 무겁고 부당한 계명이었는지 여부를 밝히 보여주셨습니다.

시험하는 자 마귀의 세 가지 제안은 자칫 우스꽝스럽게 이해될 수도 있습니다. 참 하나님이신 예수님에게 배고픔이나 천사들의 도움이 무슨 큰 어려움이 되겠으며, 하물며 감히 마귀가 하나님이신 예수 그리스도에게 자신에게 경배하라고 요구하는 것이 무슨 유혹일 수 있겠습니까? 그러나 사도 바울이 말했듯이 '자기를 비워 종의 형체를 입으신' 예수님은 철저하게 '인간의 조건'에서 그 세 가지 유혹에 직면하였습니다. 그러므로, 나중에 겟세마네에서 피땀을 흘리시면서 '할 수 있거든 이 잔을 내게서 지나가게 하옵소서!'라고 간구할 정도로 힘들고 어려운 중보자의 길을, 마귀와 타협함으로써 쉽사리 해결하자는 제안은 대단히 강렬한 유혹이었던 것입니다. 세 가지 시험의 핵심은 바로 여기 있습니다. 그것들은 모두 자기 뜻보다는 하나님의 뜻을 더 앞세우는가 여부에 달려 있었습니다! 에덴동산에서 첫 사람 아담은 바로 그 지점에서 실패하였습니다. 하나님의 말씀을 신뢰하고 순종하는 대신, 무엇이 나에게 유익한지 자신이 기준이 되어 스스로 판단하고 결정하였습니다. 유혹하는 자 마귀는 동일한 시험을 두 번째 아담으로 오신 예수님에게 제기하였던 것입니다.

예수님은 완전히 다른 길을 걸어가셨습니다. 자신의 생명을 걸고서 하나님의 말씀을 신뢰하고 순종하는 길을 택하셨습니다. 세 가지 유혹에 대하여 거듭하여 '기록되었으되'라는 말씀으로 대답하셨습니다. 신명기에 기록된 하나님의 말씀을 판단과 결정의 기준으로 삼으셔서, 하나님에 대한 사랑 곧 그 말씀을 신뢰하고 순종하는 태도를 증거하여 보여주셨습니다. 당장은 그 선택이 자신에게 불이익을 가져다 주고, 심지어 생명을 잃게 하는 것처럼 보이지만, 하나님의 말씀을 붙잡는 것이 참 생명으로 인도하는 유일한 길임을 굳게 믿었습니다. 이렇게 하여, 예수님은 아담의 불순종으로 인해 인류에게 닫혀졌던 그 생명의 길을 다시 열어주셨습니다.

예수님의 광야 시험과 십계명의 첫째 계명

"광야에서 예수님은 마귀에게 시험을 받으셨는데, 그 시험은 온 세상과 그 영광을 건 영적 전투였습니다(마 4:8). 그리고 그 전투는 오직 하나님에 대한 순종(順從)을 통해서만 – 1계명에 대한 흔들림 없는 충성(忠誠)을 통해서만 – 이길 수 있는 것이었습니다. 첫 시험에서 예수님은 하나님을 신뢰(信賴)할 것을, 심지어 자신이 고난을 겪어야 하더라도, 하나님만을 신뢰할 것이라고 명백하게 대답하셨습니다(마 4:4; 눅 4:4). 이런 대답을 통하여 예수님은 광야 시절의 이스라엘이 실패하였던(신 8:3) 그 시험을 통과하셨습니다. 하나님의 말씀에 대한 순종, 이

> 것이 참된 생명(生命)임을 증거하셨습니다.
> 따라서 인생에게 가장 중요한 것은 직업도, 음식도, 학교도 아닙니다. 우리의 생명조차도 가장 중요한 것이 아닙니다. 가장 중요한 것은 하나님입니다. 그분께 순종하면, 우리는 결코 망하지 않습니다. 하나님 우선의 삶을 지속하는 한, 우리는 어떤 곤경을 당하더라도 결코 망하지 않는다는 사실을 우리는 마음 속 깊이 새겨두어야 합니다."
> (Andrew Kuyvenhoven, *Comfort & Joy*)

II. 교리문답이 가르치는 제1계명의 교훈

1. 하나님 사랑 = 신뢰와 순종

하이델베르크 교리문답은 제1계명에서 하나님이 우리에게 요구하시는 바를 부정적인 측면과 긍정적인 측면으로 나누어 설명합니다(HC 제94문답). 우선 하나님 외에 다른 것을 의지하는 모든 행위를 '매우 소중한 내 영혼의 구원과 복을 위하여' 피하고 멀리하라고 가르칩니다. 온갖 우상 숭배, 마술과 점치는 일과 미신뿐 아니라 교회 안에까지 파고 들어온 잘못된 경건의 형태인 성인 숭배까지 그런 피해야 할 것으로 지적합니다. 반대로 힘써 행해야 할 바로는 '신뢰와 순종'이라는 두 핵심 개념으로 제시합니다: '유일하신 참 하나님을 바르게 알고 그분만을 신뢰할 것' 그리고 '모든 겸손과 인내로 그분에게만 순종할 것'을 말합니다. 이것은 예수님이 광야 시험에서 세 차례 인용한 신명기의 교훈을 그대로 반영합니다. 신명기가 가르치는 하나님에 대한 그 백성의 언약적 사랑이란 바로 '신뢰 + 순종'이기 때문입니다(신 9, 11장). 이처럼 십계명의 첫 계명은 하나님에 대한 온전한 사랑을 요구합니다. 무엇과도 바꿀 수 없는 내 영혼의 구원과 복이 달려 있는 계명입니다. 그래서 하나님의 뜻을 거스르기보다는 다른 모든 것을 포기하는 것이 낫다고 가르칩니다.

2. 우상 숭배
(1) 우상 숭배의 정의

제1계명을 어기는 대표적인 일이 '우상 숭배'라는 말로 표현됩니다. 우상 숭배란 무엇입니까? 마땅히 경배를 돌려야 할 하나님 대신 혹은 하나님과 더불어 다른 어떤 것을 신뢰하거나 의지하는 행위가 우상 숭배의 정의로 제시됩니다(HC 제95문답). 그런데 이 정의에서 주의하여 살펴보아야 할 표현이 있습니다. '말씀으로 자신을 계시하신 유일하고 참되신 하나님'이라는 정의입니다. 다른 신들이 아니라 하나님을 섬기노라 하면서, 사실은 성경의 하나님을 왜곡한 거짓 예배에 빠져드는 일이 성경과 교회의 역사에서 무수하게 나타나기 때문에, '말씀으로 자신을 계시하신'이라는 이 표현은 아주 중요합니다.

하이델베르크 교리문답은 우상 숭배의 두 번째 의미를 '하나님과 나란히' 혹은 '하나님과 더불어'라는 표현으로 설명합니다. 이것은 갈멜산의 엘리야 선지자가 이스라엘 백성에게 엄중하게 책망한 일로 잘 설명됩니다: "너희가 어느 때까지 둘 사이에서 머뭇머뭇 하려느냐 여호와가 만일 하나님이면 그를 따르고 바알이 만일 하나님이면 그를 따를지니라"(왕상 18:21). 하나님 대신 다른 신을 섬기는 것뿐 아니라, 하나님을 섬기면서 동시에 의지할 다른 대상을 두는 것 역시 제1계명을 어기는 우상 숭배라는 것입니다. 구약 이스라엘 백성에게는 '야웨 + 바알'이었지만, 오늘 우리에게는 다른 이름과 모습으로 이런 우상 숭배가 여전히 나타납니다.

(2) 계속되는 우상 숭배

종교개혁자 루터는 대교리문답에서 우상 숭배를 새롭게 정의합니다:

"다른 신을 둔다는 말은 무슨 뜻일까, 아니 신이란 무엇인가? 신이란 우리가 모든 좋은 것을 그로부터 받으리라고 기대하는 대상이며 우리의 모든 곤경에서 피난처를 구하는 대상이다. 따라서 '신을 둔다'(to have God)는 것은 다름 아니라 그 신을 온 마음을 다하여 신뢰하고 믿는다는 뜻이다.

내가 종종 말하듯이, 오직 마음의 신뢰와 믿음이 하나님을 만들기도 하고 우상을 만들기도 한다. 만일 당신의 믿음과 신뢰가 올바르다면, 당신의 신도 역시 참될 것이다. 반대로 당신의 신뢰가 거짓되고 잘못된 것이라면, 당신은 참된 신을 갖지 못할 것이다 … 당신의 마음과 당신의 신뢰를 두는 대상이 바로 하나님이다. 돈과 소유, 뛰어난 기술, 사려분별, 권력, 뒷배경(favor friendship), 그리고 영광(honor) 등과 같은 것이 종종 (하나님을 대신한) 당신의 신들이 된다."

그리고 종교개혁 당대 로마 카톨릭교회 안에 만연하였던 갖가지 우상 숭배의 현실을 생생하게 고발합니다:

"교황제 아래 이제껏 우리가 맹목적으로 실천해 왔던 일을 생각해보자: 누가 치통을 앓으면, 그는 금식하고 성 아폴로니아에게 경배를 드린다(그런데, 금식 때문에 오히려 치통은 더 심해진다); 불을 두려워 하는 사람은 곤경을 당할 때에 성 로렌스에게 도움을 구한다; 흑사병(페스트)을 겁내는 사람은 성 세바스챤이나 성 로치오에게 서원을 드린다; 이런 식으로 셀 수 없을 정도로 많은 혐오스런 성인 숭배들이 있는데, 각 사람은 그 자신의 성인을 선택하고, 그를 예배하고, 어려움에 처했을 때, 그에게 도움을 구한다 … 이 모든 일은 참되신 한 분 하나님이 아니라 다른 무엇에다 자신의 마음과 신뢰를 두고, 정작 하나님께는 그 어떤 좋은 것도 구하지 않고 바라지 않기 때문이다."

오늘날에도 계속되는 우상 숭배

21세기에 접어든 오늘날에도 여전히 우상 숭배는 사라지지 않고 있습니다. 물론 성경에 언급된 갖가지 우상들은 이제 거의 잊혀졌습니다. 사람들은 더 이상 바알을 숭배하지 않고, 올림푸스의 신들을 공경하지도 않습니다. 그러나 우상 숭배의 본질은 그런 신들의 이름이 아니라, 그 신들이 대표하였던 세력에 있습니다. 무엇보다도 성경이 그 사실을 잘 가르칩니다:

'그들은 그 힘으로 자기 신을 삼는 자'(합 1:11); "만일 내가 내 소망을 금에다 두고 순금에게 너는 내 의뢰하는 바라 하였다면"(욥 31:24); "한 사람이 두 주인을 섬기지 못 할 것이니 … 너희가 하나님과 재물을 겸하여 섬기지 못하느니라"(마 6:24); "탐심은 우상 숭배니라"(골 3:5); "저희의 신은 배요"(빌 3:19); "이 세상이나 세상에 있는 것들을 사랑하지 말라 누구든지 세상을 사랑하면 아버지의 사랑이 그 안에 있지 아니하니 16이는 세상에 있는 모든 것이 육신의 정욕과 안목의 정욕과 이생의 자랑이니 다 아버지께로부터 온 것이 아니요 세상으로부터 온 것이라"(요일 2:15-16).

모든 우상 숭배는 사실상 창조주에서 소외된 인간이 피조물을 섬기는 짓입니다. 따라서 우상 숭배는 시대와 장소를 초월하여 계속됩니다. 어떤 신학자들은 현대 심리학에 등장한 모든 '주의'(ism)는 한때 사람들이 우상이라고 부르던 것과 동일하다고 지적합니다. 중독증(addiction) 역시 우상 숭배를 더 완곡하게 표현한 새로운 현대적 용어라고 말할 수 있습니다.

3. 대표적인 현대의 우상 숭배

미국의 개혁주의 신학자 마이클 호튼은 오늘날 미국에서 찾아볼 수 있는 현대적인 우상 숭배들의 대표적인 사례들을 아래와 같이 몇 가지 소개합니다:

(1) 믿음을 믿는 믿음

"오스 기네스(Os Guinness)는 '믿음을 믿는 믿음은 미국의 대표적인 이단'이라고 말한다. … 미국인은 믿음에 내포된 힘과 믿는 행위에 담긴 불가사의한 마력을 믿는데, 이것은 우리가 설명한 것처럼 어디까지나 고대 이집트와 로마와 중세 시대의 미신과 다를 바 없다. 그들에게 믿음의 '행위'는 실제로 중요하지만, 믿음의 '대상'은 부차적이다."

결국 내가 신뢰하는 대상이 자신의 소원을 이루어줄 수 있다면, 그 신이 성경의 하나님이든 아니든 큰 상관이 없는 것입니다. 기독교 신앙의 외양을 가지고 있으나, 실상 바알 숭배와 다를 바 없는 이런 식의 신앙이 오늘날 미국 교회에 만연하고 있습니다. 한국의 장로교회는 과연 어떤 형편일까요?

(2) 체험을 믿는 믿음

"자신이 체험해야 하는 것을 찾기 위해 성경을 주목하는 대신, 우리는 체험을 표준으로 간주하면서, 자신이 이미 내린 결론을 정당화하기 위해 성경을 이용한다. … '하나님에 대한 내 생각으로 … 해요'라는 구절이 특징이다 … 이런 경향은 특히 상대주의가 우리의 마음과 생각을 형성할 우려가 있는 현대 사회에서 더욱 두드러지는데, '당신이 예수님을 사랑하기만 한다면, 교리나 신학 따위는 상관없어요'라는 말(참으로 신앙적인 것 같지만)에서 잘 표현된다 … 자신의 개인 체험을 근거로 종교적 주장을 펼칠 때마다 그 사람은 하나님의 보좌를 침해하는 셈이다 … 신앙의 대상에 대한 분명한 이해가 없다면, 그와 같은 개인 신앙은 우상숭배이다."

이런 종류의 우상 숭배는 한국교회에서도 두드러지게 나타납니다. 신앙과 생활의 참되고 유일한 기준을 하나님의 계시의 말씀인 성경에서 찾는다고 고백하는 장로교회에서도, 성도들은 종종 자신의 체험을 성경의 가르침보다 앞세웁니다. 그 결과 신앙적 체험이 많을수록 오히려 크고 첫째 되는 계명을 어기기 쉬운 기이한 현실이 벌어집니다. 성령과 말씀으로 우리를 다스리시는 주님을 온전히 예배하려면, 자신의 체험을 항상 성경의 계시에 비추어 볼 줄 알아야 합니다.

(3) 사랑을 믿는 믿음

"어떤 조사에 따르면, 성경대학과 신학교에서 설문에 응한 기독학생 가운데 거의 절반 가량은 불신자가 심판과 지옥의 실재에 직면해야 하는 일을 꺼림칙하게 생각하는 것으로 나타났다 … 이것은 하나님의 속성 가운데 하나를 우상으로 만들어 하나님의 자리에 세우는 일이다. 사랑이라는 우상은 복음의 메시지와 목표를 혼동시킬 뿐 아니라 그리스도의 몸인 교회에서 권징이 시행되는 것을 가로막는다."

이것은 하나님이 계시하신 거룩하신 속성들 가운데 우리 마음에 드는 것을 받아들이고, 그렇지 못한 것은 외면하고 무시하는 짓입니다. 이 역시 말씀 대신 자신의 의견을 앞세우는 우상 숭배입니다.

(4) 자아를 믿는 믿음: 자기 중심의 신앙

"루터는 '인간은 오직 자신의 이익만 추구하고 무엇보다 재물만을 사랑할 수 있을 뿐이다. 이것이 인간이 저지르는 모든 죄의 본질'이라고 말한다. 하지만 로

버트 슐러는 '자아를 사랑하는 것은 인생의 근본 의지이며, 또한 근본 의지여야 한다'고 주장한다. 과거에 기독교가 부도덕하다고 생각한 많은 것이 오늘날에는 미덕으로 간주된다. 하지만 사람이 악을 선으로 부르고 선을 악으로 부를 때, 그것은 교회의 무질서를 보여주는 또 하나의 증거에 불과하다."

종교개혁의 경건이 오늘날 어떻게 근본적으로 뒤집혀져 있는지 잘 보여주는 사례입니다. 로버트 슐러와 그의 수제자인 조엘 오스틴 같은 사람들은 인간이 하나님의 형상, 곧 '하나님의 영광을 위하여 지음 받은 인간'이라는 성경의 근본 메시지를 소홀하게 여깁니다. 오히려 그들은 '인간을 위하여 존재하는 하나님'을 강조하여 가르칩니다. 이것은 이름만 바뀐 바알 숭배와 다를 바 없습니다.

(5) 행복을 믿는 믿음

"존 스튜어트 밀(J.S. Mill)은 수년 동안 행복의 복음을 직접 설교한 후에 다음과 같이 평가한다: 나는 행복이라는 목표가 그것을 직접적으로 추구하지 않을 때에만 얻을 수 있다는 사실을 마침내 깨달았다. 자신의 만족이 아니라 다른 대상을 마음에 두는 사람만이 행복을 누릴 수 있다."

"여러분의 인생에서 가장 중요한 목표는 무엇인가? 하나님을 영화롭게 하고 영원토록 그분을 기뻐하는 것인가? 그렇지 않으면 자신을 영화롭게 하고 영원토록 즐거워하는 것인가? 이 질문에 대한 답변에 따라 여러분이 주어진 상황에서 내리게 되는 결정은 달라질 것이다."

우리는 자신의 행복을 위하여 하나님을 믿고 주일에 예배를 드리고 기도하며 살아가고 있습니까? 아니면 우리를 창조하시고 구원하신 성삼위 하나님을 위하여 살아가고 있습니까? 사람의 제일되는 목적을 가르치면서 장로교회의 교리문답은 '하나님을 영화롭게 하는 것'과 '영원토록 그분을 즐기는 것'을 함께 연결하여 가르칩니다. 그 두 가지는 별개로 떨어진 일이 아닙니다. 그런데 그 두가지가 분리되는 순간, 기독교 신앙은 사실상 우상 숭배와 다를 바 없는 것으로 전락합니다.

(6) 보편구원론

"히틀러(A. Hitler)가 지옥에서 영원히 고통을 겪는다는 사실에 대해서는 아무런 감정적 동요를 느끼지 않지만, 간디(M. Gandhi)가 히틀러와 같은 운명에 놓여 있다고 말할 때 우리는 꺼림칙한 느낌을 지울 수 없다 … 하나님의 진노를 받지 않을 만큼 '선하다'고 인정받는 사람이 실제로 있다고 말하는 무언가가 우리 마음에 여전히 자리잡고 있다."

"기독교는 예수 그리스도의 인격과 사역을 받아들이지 않는 사람은 영원한 불행을 겪게 된다고 주장한다. 배타성을 주장하지 않은 어떤 형태의 기독교도 기독교가 되지 못하는 것은 자명하다."

종교다원주의의 영향이 갈수록 커져 가는 현대 사회에서, 예수 그리스도외에는 구원의 길이 없다고 가르치는 성경의 메시지는 대단히 배타적이고 독선적으로 보입니다. 그러나 하나님과 사람 사이의 유일한 중보자 예수 그리스도의 독특한 위치를 인정하지 않으면, 그것은 하나님을 올바르게 섬기는 것이 결코 아닙니다.

III. 교리문답을 따라 드리는 우리의 기도

'제1계명에 따른 묵상과 기도'

1. 하나님의 말씀을 신뢰하고 순종하여 온전한 사랑을 보여주신 예수 그리스도를 본받게 하소서!

2. 우상 숭배의 미련함을 분명히 깨닫게 해 주시옵소서! 그리고 오늘 우리 역시 얼마나 많은 우상 숭배에 에워싸여 있는지 깨닫게 해 주시옵소서!

   "복을 저주로 바꾸고 선물을 우상으로 바꾸는 과정에 대해 솔로몬보다 탁월한 사람은 없다. 하지만 솔로몬이 하나님의 선물을 우상으로 변질시킬 때, 그 보물은 - 그것이 지혜이든지 부이든지 명예이든지 아니면 성공이든지 간에 - '무익한 것'이 되었다."

3. 우상 숭배를 벗어나는 것은 무척 힘들지만, 하나님께서는 이 근본적인 죄악을 벗어버리라고 분명히 요구하신다는 사실을 항상 명심하게 해 주시옵소서!

   "이런 (오늘날에도 계속되는) 우상 숭배를 떨쳐내는 일은, 마치 라헬이 아비의 집에서 드라빔을 놓고 오지 못하였던 것처럼, 힘든 일이다"(J. Vermeer).

   "제1계명에서 '내 앞에서'(before me)라는 말이 특별히 가르치는 바는, 모든 것을 보시는 하나님께서 다른 신을 가지는 죄를 특별히 유의해서 보시며 그것을 무척 불쾌하게 여기신다는 사실입니다" (WSC 제48문답)

4. 우리의 영원하신 대제사장 예수 그리스도를 항상 의지하게 해 주시옵소서!

우리의 연약함을 아시는 예수님은 대제사장의 기도에서 하나님께 이렇게 기도하셨습니다: "세상 중에서 내게 주신 사람들에게 내가 아버지의 이름을 나타내었나이다 그들은 아버지의 것이었는데 내게 주셨으며 그들은 아버지의 말씀을 지키었나이다"(요 17:6). 하나님의 말씀을 마음에 간직할 때, 우리는 예수님의 기도에 힘입어 다시 올바른 길로 돌아올 수 있습니다!

제 18장
십계명 묵상 03

'올바른 예배'로 이끄시는 하나님
(삼하 6:1-15; 대상 13,15장)

스위스의 종교개혁자 츠빙글리 이래로 개혁주의 신학을 따르는 개신교회는 십계명의 제1계명과 제2계명의 차이점을 주의 깊게 강조하였습니다. 로마 카톨릭 교회와 루터교회가 이 첫 두 계명을 하나로 묶어 가르친 것과는 달리, 개혁교회는 '예배의 참된 대상'(제1계명)과 '올바른 예배의 방법'(제2계명)으로 두 계명의 강조점을 구별하였습니다. 그리고 성경의 많은 사례들을 통하여 그런 구분이 십계명을 올바르게 이해하고 분류하는 관점이라는 것을 증거하였습니다. 오늘 본문은 바로 제2계명의 의의와 중요성을 뚜렷하게 보여주는 대표적인 한 가지 사례입니다. 예루살렘을 정복하여 새로운 수도로 정한 다윗 왕은 하나님을 잘 섬기려는 선한 목적으로 법궤를 옮기려고 하였지만, 모세를 통하여 주신 올바른 예배의 방법을 무시하였기 때문에 엄중한 책망을 받게 되었습니다. 그 이래로 '베레스 웃사'라는 지명은 하나님을 가까이 모시려는 자들에게 제2계명의 중요성을 마음 깊이 새겨주었습니다.

I. 성경 본문 묵상

1. 하나님의 법궤(언약궤)를 예루살렘으로 옮기려는 다윗의 계획:

    (1) 다윗이 이 일을 하려 한 동기는 무엇입니까? (대상 13:3)

    (2) 이 일을 위하여 다윗은 어떤 준비를 하였습니까? (대상13:1-4; 삼하 6:1)

    (3) 얼마나 많은 사람들이 이 국가적인 종교 제전에 참여하였습니까? (대상 13:5-6a)

2. 실패로 끝난 첫 번째 시도:

    (1) 법궤를 옮기기 위한 종교 행렬은 어떻게 구성되었습니까? (대상 13:7-8; 삼하 6:3-5)

    (2) 그 첫 번째 시도에서 어떤 참사(慘事)가 일어났습니까? (대상 13:9-11)

    (3) '베레스 웃사'(Perez Uzzah)라는 말은 무슨 뜻입니까? (대상 13:10-11 ; 삼하 6:8)

    (4) 이 참사를 겪은 다윗의 반응은 어떠했습니까? (대상 13:11-13 ; 삼하 6:8-10)

    다윗은 왜 노(怒)하였을까요? 또 그는 왜 두려워하였을까요?

3. 석 달 후에 다시 법궤를 예루살렘으로 옮기려는 다윗:

    (1) 다윗이 다시 용기를 내어 법궤를 옮기려 한 동기는 무엇입니까? (삼하 6:11-12)

    (2) 두 번째 시도에서 뚜렷하게 달라진 방법은 무엇입니까? (대상 15:2, 14-15)

    - 그렇다면, 석 달 동안에 다윗은 무엇을 하였습니까?

    (3) 다윗은 지난 번 참사의 책임이 누구에게 있다고 깨달았습니까? (대상 15:13)

    (4) 두 번째 시도를 하나님께서는 어떻게 받아 주셨습니까? (대상 15:26)

4. '하나님께 드리는 예배'에 대한 다윗의 달라진 태도:

(1) 법궤를 옮기는 두 번째 시도에서 법궤를 맨 레위들이 여섯 걸음을 걸어가자, 다윗이 그 행진을 중단시키고 하나님께 소와 살찐 송아지로 제사를 드린 후에 그 앞에서 힘을 다하여 춤을 춘 까닭은 무엇일까요? (삼하 6:13-14)

(2) 그렇다면 '베레스 웃사' 사건을 통하여 다윗이 '하나님께 드리는 예배'에 관하여 진정으로 깨달은 교훈은 무엇입니까? (참조, 대상 15:13, 26)

다윗의 선한 동기

사울 왕의 사망 이후에 일시 분열되었던 이스라엘을 통일하고, 여호수아 이래로 정복하지 못하고 있었던 예루살렘을 새로운 수도로 삼은 다윗은, 온 이스라엘이 하나님을 섬기는 일에도 새롭게 되기를 원하였습니다. 그래서 하나님의 뜻을 더욱 잘 받들기 위하여, 이전에는 방치되어 있었던 법궤를 예루살렘으로 옮겨오려고 합니다. 천부장 백부장 곧 모든 지휘관과 의논하여 온 이스라엘이 참여한 성대한 국가적 종교 축제를 조직하였습니다. 온 이스라엘 백성들이 그것을 좋게 여겼고, 삼만 명의 대표자들이 모여 법궤를 새 수도로 옮기는 성대한 제전을 시작하였습니다.

'베레스 웃사'

이렇게 좋은 의도로 마련되고 성대하게 진행되던 제전에 찬 물을 끼얹는 참사가 벌어졌습니다. 법궤를 운반하던 수레가 흔들리자 그것을 붙잡으려 하였던 웃사가 하나님의 치심을 받아 즉사하였습니다: "여호와 하나님이 웃사가 잘못함으로 말미암아 진노하사 그를 그 곳에서 치시니"(삼하 6:8). 예기치 못한 돌발사태에 직면한 다윗은 두 가지 반응을 보였습니다. 첫째는 '분노'였습니다: "여호와께서 웃사를 치시므로 다윗이 '분하여' 그 곳을 베레스 웃사라 부르니 그 이름이 오늘까지 이르니라"(삼하 6:8). 그 분노의 표적은 '웃사'일 것입니다. 참사가 일어난 곳에 '베레스 웃사'라는 이름을 붙인 것을 보면, 공들여 준비한 국가적 종교 축제를 웃사가 망쳤다고 생각하였던 것 같습니다. 두 번째 반응은 '두려움'입니다. 선한 의도와 경건한 목적을 가지고 하나님을 가까이 모시려고 하였는데, 이렇게 엄중한 책망을 하신 여호와 하나님이 두려워졌습니다. 그래서 다윗은 법궤를 옮기려는 시도를 중단하고 말았습니다.

석 달 동안에 일어난 일들

법궤를 임시로 보관하였던 오벧에돔의 집에 하나님께서 축복을 내리셨습니다. 그 사실을 전해 들은 다윗은 '여호와 하나님을 가까이 모시는 것이 축복'이라는 사실을 다시 한 번 확신하고, 법궤를 다윗성으로 옮기려는 시도를 재개합니다. 그런데, 이 두 번째 시도에서 다윗의 접근 방식이 판이하게 달라졌습니다: "그들에게 이르되 너희는 레위 사람의 지도자이니 너희와 너희 형제는 몸을 성결하게 하고 내가 마련한 곳으로 이스라엘의 하나님 여호와의 궤를 메어 올리라 [13]전에는 너희가 메지 아니하였으므로 우리 하나님 여호와께서 우리를 찢으셨으니 이는 우리가 규례대로 그에게 구하지 아니하였음이라 하니"(대상 15:12-13). 이 두 구절은 석 달 동안 다윗에게 있었던 묵상과 회개를 우리에게 보여줍니다. 첫 번째 시도를 하나님께서 기뻐하지 않으시고 오히려 물리치신('베레스') 까닭이 무엇인지를 다윗은 모세의 율법에서 발견하였습니다. 하나님이 정해 주신 올바른 예배의 방식을 무시하고, '세상적인 관점'에서 하나님의 영광을 돌리려고 하였던 것입니다. (본문에 명시적으로 나와 있지는 않지만, 다윗과 온 백성들이 첫 번째 시도에서 채택한 예배의 방식이 '법궤가 블레셋에서 벧세메스로 기적적으로 돌아온 사건'(삼상 6장)을 재현하려고 했다고 추측할 수 있습니다. 이방 블레셋 족속도 인정할 수밖에 없었던 여호와 하나님의 능력과 기적을 재현하는 것이 하나님께 영광을 돌리는 좋은 방법이라고 다윗과 온 이스라엘이 판단하였을 것입니다.)

그뿐 아니라, 다윗은 더 이상 첫 시도의 실패의 원인을 웃사에게 돌리지 않습니다. 석달 전의 참사에서 '하나님께서 웃사를 충돌하셨다'(베레스 웃사)라고 분노하였던 그가, 이제는 '우리 하나님 여호와께서 우리를 찢으셨다'라고 책임을 그 자신과 온 이스라엘 전체로 돌립니다. 웃사의 우발적인 행위에 하나님께서 진노하신 것이 아니라, 그 예배 전체를 기획하고 진행한 다윗 왕과 그의 참모들 그리고 그 제전에 참여한 구약의 교회 전체가 회개해야 한다고 고백한 것입니다. 이렇게 첫 번째 시도의 잘못을 깨달고 인정하며 그릇된 것을 바로잡은 다윗과 이스라엘을 하나님은 기뻐 받아주셨습니다. 언약궤는 무사히 다윗 성에 마련된 성막에 안치되었습니다.

베레스 웃사와 제2계명의 교훈

참으로 다윗의 경건이 빛나는 것은 성경 묵상을 통하여 잘못을 깨닫고 올바른 예전으로 돌아갔다는 차원을 넘어섭니다. 다윗은 무엇보다도 하나님의 거룩하심을 깊이 깨닫고, 죄인인 우리의 예배를 받아주시는 것이 얼마나 크신 긍휼인지를 이해하였습니다. 그 사실을 잘 보여주는 것이 바로 사무엘하 6:13-14의 기록입니다. 법궤를 멘 레위인들이 여섯 걸음을 무사히 걷자, 다윗은 행진을 일시 중단하게 하고 하나님께 제사를 드렸습니다. 역대기를 기록한 선지자는 그 까닭을 "하나님이 여호와의 언약궤를 멘 레위 사람을 도우셨으므로"(대하 15:26)라고 설명합니다. 법궤를 옮기려는 두 번째 시도에서 다윗은 '이제 율법의 규례대로 하나님께 구해야 한다'는 올바른 인식과 더불어, 거룩하신 하나님께서 우리의 예배를 받아주시는 일 자체가 마땅히 감사해야 할 일이라는 사실을 깨닫습니다! 이와 같이, '올바른 예배의 방법'을 가르치는 십계명의 두 번째 계명은 무엇보다도 우리가 예배 드리는 하나님의 거룩하심을 먼저 일깨워줍니다!

II. 교리문답이 가르치는 제2계명의 교훈

1. '형상 숭배'를 금하신 뜻

하이델베르크 교리문답은 형상 숭배를 금하신 제2계명의 근본적인 정신을 '하나님이 그의 말씀에서 명하지 아니한 다른 방식으로 예배하는 것'을 금하는 것으로 설명합니다(HC 제96문답). 주요한 증거구절들을 살펴보면, 우선 '어떤 형태로든 하나님을 형상으로 표현하지 말 것'을 가르치는 말씀들이 있습니다. 시내산에서도 오직 말씀으로 자신을 계시하신 하나님(신 4:15-16) 그리고 우주만물을 창조하신 거룩한 분을 한낱 피조물로써 표현하려는 어리석음(사 40:18-19,25; 행 1:23-25). 그런 다음에 '하나님이 명하시지 않은 다른 불을 담아 분향하다가 죽임을 당한 나답과 아비후'(레 10:1-2), '번제와 다른 제사보다 하나님의 목소리 순종하는 것이 더 중요하다는 선지자 사무엘의 교훈'(삼상 15:22-23) 등이 '올바른 예배의 방법'을 강조하는 제2계명을 뒷받침하고 있습니다.

장로교회의 대/소교리문답도 동일한 관점에서 '참된 예배'를 강조하는 제2계명의 의의를 가르칩니다. '하나님께서 친히 제정하지 않으신 어떤 종교적 예배를 고안하고 의논하고 명령하고 사용하고 어떤 모양으로 승인하는 것들'이 다 제2

계명에서 금지됩니다(WLC 제109문답). 그것은 하나님을 외적으로 피조물의 어떤 형태나 모양으로 만들어내는 직접적인 위반뿐만 아니라, 어떤 구실로든지 '하나님의 말씀에서 정해주지 않은' 다른 예배의 방법들을 사용하는 것도 포함합니다(WSC 제51문답). 특히 대교리문답 제109문답은 '경건'의 구실로 올바른 예배를 훼손하는 것을 금지하는데, 오늘 우리가 살펴본 '베레스 웃사' 본문은 바로 그런 대표적인 사례로 볼 수 있습니다.

2. 죄인의 완고함과 교만함을 끊임없이 일깨워주는 계명

이런 관점에서 성경을 살펴보면, 제2계명의 중요성을 강조하는 기록들을 곳곳에서 발견할 수 있습니다. 광야에서 아론이 이스라엘 백성들의 강요에 못이겨 만든 '금송아지'(출 32:2,6), 제사장 임직 후 첫 번째로 드린 제사에서 오히려 하나님의 엄중한 징계를 받은 '나답과 아비후'(레 10:1-2), 위대한 사사 기드온이 온 이스라엘을 올무에 걸리게 만든 '금 에봇'(삿 8:27), 단 지파가 탈취해 간 미가 집안의 형상 숭배(삿 17장), 북 이스라엘 왕국을 결국 멸망으로 이끌어 간 여로보암의 금송아지 숭배(왕상 12:28), '우상파괴자' 히스기야 왕에게 이르기까지 계속 이어진 '구리뱀'(느후스단) 숭배(왕하 18:3-4) 등, 하나님을 섬기노라 하면서 그 율법에서 금하신 잘못된 방식으로 예배하는 관습이 성경의 역사에서 거듭 반복하여 나타납니다.

교회의 역사에서도 마찬가지로 거듭 반복되는 제2계명 위반의 사례들을 볼 수 있습니다. 대표적으로 로마 카톨릭교회의 형상 숭배에 대한 집착을 우선 생각해 볼 수 있습니다. 21세기에 들어서도 여전히 형상 숭배에 집착하는 로마 카톨릭 신자들이 과연 얼마가 되는지 정확하게 알 수는 없습니다. 분명히 몇 세기 이전에 비하면, 그다지 많지 않다고 할 수 있을 것입니다. 그러나 로마 카톨릭 교회의 공식적인 교리에서는 여전히 '형상 숭배'를 옹호하고 있습니다: "신자들이 존숭을 위하여 교회들에 거룩한 형상들을 설치하는 것은 계속 유지되어야 한다." (1963-65년 제2차 바티칸 공회의 결정). 형상 숭배를 허용한 중세 시절 기독교회의 잘못된 결정(제2차 니케아 공의회, 787년)이 반동종교개혁의 확인(트렌트 공의회, 1563년)을 거쳐 오늘날에도 계속 유지되고 있는 것입니다. 동방정교회의 유서 깊은 아이콘(Icon) 숭배에 관해서도 언급할 필요가 있습니다. '동방교회의 토마스 아퀴나스'라고 불리는 다마스커스의 요한(John of Damascus, 767-749)은 성상 숭배가 제2계명을 위반하는 것이라는 주장을 받아들이지 않았습니다. 그는 이 계명이 오직 '하나님 자신의 형상'에 관한 금령이며, '성육신'은 오히려 그리스도의 형상 및 성인들의 형상을 만들 수 있는 가능성을 열어두었다고 해석하였습니다. 왜냐하면 성자 하나님이 사람(피조물)이 되심으로써 우리의 눈으로 볼 수 있는 길을 열어주신 것이라고 해석하기 때문입니다. 이런 신학적 논리에 따라 동방교회는 이미 4세기부터 교회 안에 들어온 형상 숭배의 전통을 옹호하였습니다.

성경의 여러 사례들뿐 아니라 교회의 역사에서 나타난 이런 형상 숭배의 끈질긴 전통은, 그 만큼 우리 인간은 자신의 필요에 따라 자기가 좋아하는 방식으로 예배하려는 교만하고 어리석은 죄인이라는 사실을 새삼 깨우칩니다.

어린이성경에 '예수 그리스도'의 그림을 넣는 것도 제2계명을 위반하는 것입니까?

이 질문에 대한 답변에서 하이델베르크 교리문답과 웨스트민스터 대교리문답 사이의 근본적인 일체와 더불어 '강조의 차이'를 발견합니다. 하이델베르크 교리문답은 '하나님은 어떤 형태로든 표현해서는 안되지만, 피조물은 경배의 목적이 아닌 한 표현할 수 있다'(HC 제97문답)고 말합니다. 그러나 '무지한 평신도들을 위한 교육의 목적'으로 형상 숭배를 정당화하는 로마 카톨릭의 논리는 단호하게 배격합니다: "하나님은 그의 백성들이 말 못하는 우상을 통해서가 아니라 그의 말씀에 대한 살아 있는 설교를 통해 가르침 받기를 원하십니다'(HC 제98문답).

그런데, 우리의 중보자이신 예수 그리스도는 독특하게도 참 하나님이자 참 사람이십니다. 그렇다면 예수님의 그림을 교육적인 목적으로 어린이성경이나 공과교재에 그려넣어도 될까요? 엄밀하게 살펴보면, 하이델베르크 교리문답은 '예배나 경배의 목적이 아니므로' 그 질문에 긍정적으로 대답하는 것 같습니다. 이것은 예술 작품으로 성경의 인물들을 표현하는 것을 긍정적으로 받아들였던 종교개혁자 칼빈의 견해를 따르는 입장입니다. 반면에 대교리문답은 '하나님의 삼위의 전부나 그 중 어느 한 위의 표현이라도 … 피조물의 어떤 형상이나 모양으로 만드는 것'을 제2계명이 금지한다고 가르칩니다(WLC 제109문답). 비록 주일학교에서 아이들의 교육을 위하여 예수 그리스도를 그린 그림을 사용하는 것과 로마 카톨릭교회의 예배에서 예수님의 그림이 사용되는 것은 크게 다른 것이지만, 웨스트민스터 공회에 모인 청교도들은 성육신 하신 예수 그리스도를 그림으로 표현하는 것도 그다지 긍정적으로 보지 않았던 것입니다.

장로교회의 성도들로서 우리는 개혁주의 신학과 신앙을 함께 고백하는 형제들의 관점을 진지하게 고려해 볼 필요가 있습니다. 다음 글은 네덜란드 개혁교회의 윤리학자인 요켐 다우마 박사의 십계명 해설에서 가져온 것입니다:

형상 숭배와 기독교 예술: 2계명에 관한 올바른 이해를 위하여

"교회당 안에는 아무런 형상도 허용되어서는 안 되는가? 그것은 지나친 견해가 될 것이다. 왜냐하면 단순한 십자가 표지나 예쁘게 장식된 스테인드글래스 창문도 무엇을 표현하는 것들이지만, 그런 것들이 경배의 대상이라고 혹은 무지한 평신도를 위한 교과서라고 생각하는 사람은 아무도 없기 때문이다. 그런 것들은 장식품이며, 우리가 강당이 아니라 교회당 안에 있다는 것을 상기시켜 줄 따름이다. 교회당 안팎의 아름다운 창문, 멋진 세례반, 훌륭한 오르간 (멋진 연주까지) 그리고 미학적으로 잘 구상된 상징들은 '우리의 생각을 하나님께로 이끌어 올려주는'(*sursum corda*) 역할을 할 수 있다."

"결정적인 것은, 하나님의 말씀을 선포하는 설교와 그에 대한 회중의 응답이 예배하는 회중의 생각을 사로잡아야 한다는 점이다 … 어떤 목사가 한 주일에는 실수로 혹은 불충분하게 설교한 것은 다음 번 주일에 보충하거나 바로잡을 수 있다. 그러나 교회 안에 설치된 상징물은, 그것이 제거되기 전에는 그 상징하는 바를 바로잡거나 바꿀 수 없다."

"기독교 예술은 꽃을 피워야 한다. 그러나 교회당 밖에서 꽃피우는 것이 가장 좋다. 렘브란트는 자신의 방식으로 (즉 그림으로) 성경을 해설하였다. 그러나 사람들은 '렘브란트 성경'(*Rembrandtbijbel*)을 설교단 위에 올려두지는 않을 것이다. 기독교 예술은 성경말씀에 대한 해석의 역사를 반영한다. 그러나 그것은 하나님의 말씀의 생생한 선포와는 다른 것이다 … 하나님께서 그리스도인들을 가르치기 위한 수단으로 명령하신(HC 제98문답) '말씀에 대한 생생한 설교'(living sermon of the Word)는 항상 '우리들의' 잘못된 형상들을 참된 기준, 곧 하나님께서 성경 안에서 그 자신에 그리고 예배에 대하여 친히 제시하는 그 형상에 비추어 바로잡는다."

(J. Douma, *The Ten Commandaments: Manual for the Christian Life*)

3. '질투하시는' 하나님

제2계명을 강조하기 위하여 부가된 이유 가운데 '나 여호와 너의 하나님은 질투하는 하나님'이라는 구절은 '올바른 예배의 방법'의 중요성을 단적으로 보여줍니다. 장로교회의 대교리문답은 그 내용을 이렇게 이해하고 해설합니다: "이것은 우리 위에 있는 하나님의 주권과 우리 안에 있는 순종을 나타낸다. 하나님은 자신의 예배에 대한 열심이 있으시며, 우상 숭배자들을 영적으로 간음하는 자로 여기셔서 보복하시는 분노를 나타내신다"(WLC 제110문답). 올바른 예배는 하나님이 '주권적'으로 명하신 것입니다. 하나님은 자신이 계시하신 성경에서 가르치는 대로 우리가 예배드리기를 원하십니다. 그의 백성된 우리는 마땅히 그 명령에 '순종'해야 합니다. 웃사뿐 아니라, 나답과 아비후의 실수도 용납하지 않으시고 엄중하게 징계하신 까닭은 "나는 나를 가까이 하는 자 중에서 내 거룩함을 나타내겠고 온 백성 앞에서 내 영광을 나타내리라"(레 10:3) 선언하신 말씀대로 하나님은 온전한 예배를 원하시는 거룩하신 분이기 때문입니다.

그러므로 '질투하시는 하나님'이라는 강한 표현으로 자신을 계시하신 하나님에게 나아가는 우리의 자세를 심중하게 돌아보지 않을 수 없습니다. 특히 '예배를 받으시는 분이 아니라 예배하러 온 사람들'이 더 중요하게 여겨지는 오늘날의 현실을 고려할 때, '인간의 이성은 끊임없이 우상을 만들어내는 공장'이라는 칼빈의 경고에 따라 제2계명의 교훈을 깊이 새길 필요가 있습니다.

III. 교리문답을 따라 드리는 우리의 기도

'제2계명의 교훈에 따른 묵상과 기도'

1. 올바른 예배를 회복하게 하소서!

"성경적이고 하나님 중심적이고 그리스도에 초점을 둔 예배는 경배를 북돋우기 위해 '유희'가 아닌 '말씀'(Word)과 '성례'(Sacraments)에 의지합니다."

- 우리 교회는 하나님께 '바른' 예배를 드리는 일을 중요하게 여기고 있습니까, 아니면 예배 드리는 우리 자신에게 더 많은 관심을 기울이고 있습니까?

- 우리는 하나님께서 친히 '은혜의 수단들'으로 정하신 성례(세례와 성찬)를 올바르게 집행하고 있습니까? 그것들이 '값싼 은혜'로 전락하지는 않았습니까?

2. '헛된 안도감'에 빠지지 않게 하소서!

오늘날 많은 사람들이 '교회에 출석한다'는 사실만으로 너무 쉽게 안도감을 느낍니다. 옛사람을 벗고 새사람으로 사는 실천이 없으면, 그런 안도감은 헛된 것입니다.

- 예배를 통하여 살아계신 하나님, 거룩하신 주님을 만나고 그분 앞에서 '참회하는 삶'을 살아가고 있습니까? 내가 하나님의 자녀라는 사실을 성경의 근거 위에서 확신합니까?

- "예수 그리스도께서 '회개하라'고 말씀하셨을 때, 그것은 그리스도인의 일평생이 '참회하는 삶'이 되어야 한다고 명하신 것이다." (마틴 루터 *95개조* 中 제1조)

3. 하나님께 나아가는 유일한 길을 바로 알고 붙잡게 하소서!

- 나는 유일하신 중보자 예수 그리스도의 이름으로(*solus Christus*), 또한 오직 그

분의 말씀으로(*sola scriptura*) 하나님 앞에 바르게 나아가려고 노력하고 있습니까?

- 혹시 우리 교회가 새롭게 도입하는 예전이나 경건의 방법이 유일하신 중보자 예수 그리스도를 가리는 것은 아닙니까?

4. '오직 성경으로써'(*sola scriptura*)라는 바른 기초로 돌아가게 하소서!

- 개인적인 신앙생활에서 또한 우리 교회의 예배에서 '하나님께서 정해 주신 은혜의 수단들'을 소중히 여기는 올바른 전통을 회복할 수 있도록 간구합시다.

- 말씀의 종들이 그 자신의 고유한 의무('말씀봉사와 기도')에 전념할 수 있도록 주님께서 그들의 마음을 고쳐주시고, 격려해 주시고, 강하게 해 주시기를!

5. 하나님에 대한 '나의 견해'를 성경의 가르침으로 항상 바로잡게 하소서!

- 내가 여전히 가지고 있는 '성경에 근거하지 않은' 하나님 상(image about God)은 무엇입니까? 말씀과 성령으로 그런 '우상들'을 벗어버릴 수 있게 해 주소서!

- 내가 어렵게 여기는 그런 문제들에서, 성경과 성령으로 나를 이끄시는 하나님의 뜻을 바르게 깨달을 수 있게 해 주소서!

제 19장
십계명 묵상 04

'그 이름'에 합당한 예배의 태도
(삼상 2:12-17, 22-36)

웨스트민스터 대교리문답 제99문답이 가르치는 '십계명 이해를 위한 올바른 원칙들'이 잘 보여주듯이, 개혁주의 교리문답들은 십계명이 '실정법이 아니라 원리'라는 것을 잘 이해하고 있습니다. 제3계명에 대한 해설에서도 '여호와'라는 하나님의 이름을 망령되게 일컫는 행위 자체를 넘어서, 그 계명을 통하여 하나님이 원하시는 바가 무엇인지를 성경 전체의 교훈에 근거하여 가르칩니다. 그래서 하나님의 이름뿐 아니라 하나님을 나타내는 다른 모든 것들(칭호, 속성, 규례, 말씀, 성례, 기도, 맹세, 서약 등)까지 포함할 뿐 아니라, 이 계명을 통하여 하나님을 영화롭게 하는 법을 가르칩니다. 실로의 타락한 제사장 홉니와 비느하스의 이야기가 제3계명과 연결되는 것은 바로 이런 관점에 따른 것입니다. 그들이 말로써 여호와 하나님의 이름을 망령되게 하였다는 기록은 없습니다. 그러나 그들의 행실은 제3계명을 주신 하나님의 뜻을 악하게 거스르는 모습을 보여줍니다.

I. 성경 본문 묵상

1. 제사장 홉니와 비느하스의 악한 태도

(1) 엘리 제사장의 두 아들에 대한 사무엘의 평가는 무엇입니까? (2:12)

(2) 그들은 어떻게 야웨께 드리는 제사(예배)를 멸시하였습니까?

- 하나님께서 화목제물 중 제사장의 분깃으로 정하신 것은 무엇입니까? (레 7:30-36)

- 홉니와 비느하스는 이런 규정을 어떻게 무시하였습니까?

(3) 그들이 저지른 또 다른 불경죄는 무엇입니까? (2:22)

(4) 제사장들인 그들의 범죄가 특별히 더 심각한 까닭은 무엇입니까? (2:23; 3:1)

2. 엘리의 태도

(1) 엘리는 두 아들에게 어떤 훈계를 하였습니까? (2:22-25, 특히 2:25)

(2) 엘리의 훈계에 대한 두 아들의 반응은 무엇입니까? (2:25)

(3) 엘리의 태도에 대한 하나님의 평가는 무엇입니까?

- 하나님의 사람(선지자)가 엘리를 꾸짖은 이유는 무엇입니까? (2:27-29)

- 그렇다면 엘리는 두 아들들에 대하여 어떤 조치를 취해야 했을까요?

3. 하나님의 엄중한 심판(30절)

(1) 엘리의 집안에 대하여 하나님께서는 어떤 심판을 선고하셨습니까? (2:31-36)

(2) 하나님께서 그렇게 심판하시는 원리는 무엇입니까? (2:30)

'벨리알의 아들들'

사무엘은 실로의 타락한 두 제사장 홉니와 비스하스를 '벨리알의 아들들'(2:12)로 지칭합니다. 우리말 번역에서는 '행실이 나쁜 자들'(wicked men)로 의역되었는데, '여호와를 알지 못한다'(no regard for the Lord)는 평가는 이들이 심하게 타락한 자들임을 보여줍니다. 제사장들이었던 홉니와 비느하스가 이스라엘의 하나님에 관한 지식이 부족하였던 것이 아니라, 여호와 하나님이 어떤 분이신 줄 알면서도 의도적으로 멸시하였다는 뜻이기 때문입니다. 그들의 죄악은 하나님께 드리는 제사의 규례를 무시한 일과 간음죄로 대표되어 나타납니다. 그 중에서도 자세하고 엄중하게 지적되는 죄악은 '여호와의 제사를 멸시한 것'입니다: "이 소년들의 죄가 여호와 앞에 심히 큰 그들이 여호와의 제사를 멸시함이었더라"(2:17). 하나님을 경외하는 법을 백성들에게 가르치고 모범을 보여야 할 제사장의 직분을 맡고 있었던 이 악인들은 일반 백성들도 알고 있는 제사의 규범까지 노골적으로 무시함으로써, 거룩하신 하나님을 멸시하고 조롱하였습니다. 장로교회의 대교리문답이 가르치듯, 영적인 지도자라는 그들의 위치가 그 죄악을 더욱 흉악하게 만들고 악화시켰습니다(WLC 제151문답). 그들의 아버지인 엘리 제사장의 경고대로 지도자들이 저지르는 악행이 백성들까지 범죄하게 만들 위험이 있었습니다(2:24).

책망받는 엘리 제사장

연로한 엘리 제사장은 '사사'로서 최종적인 권한과 책임을 가진 사람이었습니다. 그는 자신의 아들들이 영적 지도자로서 차마 해서는 안될 일을 저지르는 것을 알고 진지하게 책망하였습니다: "만일 사람이 여호와께 범죄하면 누가 그를 위하여 간구하겠느냐." 그러나 홉니와 비느하스는 부친의 책망에도 아랑곳 하지 않았습니다. 성경은 그런 두 아들의 불순종하는 태도가 하나님의 작정에 있다고 말합니다: "이는 여호와께서 그들을 죽이기로 뜻하셨음이더라"(2:25). 그런데, 하나님의 사람이 엘리를 찾아와서 '하나님보다 자기 아들들을 더 중하게 여겼다'고 엄중하게 문책하고, 엘리 집안이 멸망할 것을 예언합니다(2:29-36).

얼핏 보면 모순처럼 들립니다. 엘리에게 무슨 잘못이 있었을까요? 하나님이 홉니와 비느하스를 죽이기로 작정하셨으므로, 엘리의 꾸중도 두 아들을 바로잡는 데 아무런 소용이 없었던 것이 아닐까 하는 의구심을 갖게 합니다. 그런데 우리의 짧은 생각과는 달리, 하나님의 사자는 엘리를 엄중하게 꾸짖고 그 책임을 그 자손들에게까지 물었습니다. 그 사실을 놓고 보면, 엘리의 책망과 조치는 하나님이 평가하시기에 아주 부족하였다는 것을 알 수 있습니다. 엘리는 회개하지 않는 두 아들을 제사장의 직분에서 끌어내려야 했습니다! 영적 지도자의 노골적인 불경건 때문에 온 이스라엘 백성이 타락으로 치닫는 상황을 결코 그대로 방치해서는 안되었습니다! 그런데, 결국 하나님의 영광보다 자식들의 영달을 더 앞세운 것이 엘리의 심각한 잘못이었습니다! 결국, 제3계명에서 경고하신 대로, 언약의 하나님은 '자기를 미워하는 자의 죄를 삼사대까지 물으신다'는 사실을 분명하게 보여주셨습니다.

언약의 하나님 여호와

십계명을 주신 이스라엘의 하나님은 '언약의 하나님'이십니다. 엘리에게 온 하나님의 사람은 그 언약적 관계의 핵심을 "나를 존중히 여기는 자를 내가 존중히 여기고 나를 멸시하는 자를 내가 경멸하리라"(2:30)로 요약하여 표현합니다. 한때 여호와를 경외함으로 이스라엘의 지도자의 자리에 오른 엘리의 집안이 이제 여호와의 제사를 경멸하므로 패망할 운명을 선고받습니다. 이처럼 언약의 하나

> 님의 작정은 기계적인 것이 아니라, 그분을 향한 우리의 사랑과 연결되어 있는 것입니다. 사무엘상 2장의 초두에 기록된 '한나의 찬송'(1-10절)에서도 하나님은 '행동을 달아보시는 지식의 하나님 여호와'로 소개됩니다(2:3).

II. 교리문답이 가르치는 제3계명의 교훈

1. 하나님의 이름, 하나님을 나타내는 모든 것

(1) '여호와, 혹은 야웨'라는 독특한 성호의 의미

제3계명은 '야웨'(YHWH)라는 신성4문자(holy tetragrammaton)로 특정하신 하나님의 이름을 말합니다. '여호와'라고 번역된 이 단어의 발음은 주님이라는 뜻의 '아도나이'라는 단어의 모음을 붙인 것이므로 어원적으로는 옳지 않습니다. 테오도레투스(Theodoretus)나 알렉산드리아의 클레멘스(Clemens Alexandrianus) 같은 초대교회의 교부들 이래로 구약학자들은 '존재한다'는 뜻의 '하야'라는 동사에서 유래한 이 하나님의 성호의 올바른 발음이 '야웨'에 가깝다고 생각합니다.

창세기에서 무수하게 발견되듯이, 야웨라는 이름 자체는 아브라함을 비롯한 거룩한 족장들에게도 이미 알려져 있었지만, 출애굽기에 들어서 이 야웨라는 성호는 구속사적 의미를 강하게 드러냅니다. 모세에게 이 성호를 알려주시고 애굽에 있는 이스라엘 백성들에게 그들의 하나님이 '야웨' 하나님이심을 선포하라고 한 뜻은 "내가 그곳에 (구원하는 자로서, 해방하는 자로서) 함께 하겠다, 나는 내가 말한 것을 실현시키겠다, 너희 조상들에게 한 언약을 출애굽을 통하여 진실로 입증하겠다"는 구속사적 의미를 담은 것입니다. "아브라함과 이삭과 야곱에게 전능의 하나님으로 나타났으나 나의 이름을 여호와로는 그들에게 알리지 아니하였다"(출 6:3)는 말씀은 바로 이런 관점에서 이해할 필요가 있습니다.

(2) 하나님의 '이름'이 대표하는 바

그런데 십계명의 돌 판을 새로 마련해 주실 때, 하나님은 모세에게 '야웨'라는 이름을 선포하시면서 자신을 이렇게 알려주셨습니다: "여호와께서 구름 가운데에 강림하사 그와 함께 거기 서서 여호와의 이름을 선포하실새 ⁶여호와께서 그의 앞으로 지나시며 선포하시되 여호와라 여호와라 자비롭고 은혜롭고 노하기를 더디하고 인자와 진실이 많은 하나님이라"(출 34:5-6). '야웨'라고 불리우는 언약의 하나님, 곧 아브라함과 이삭과 야곱의 하나님이 어떤 분이신지를 '자비로우시고, 은혜로우시고, 노하기를 더디하시고, 인자와 진실이 많은'이라는 그 거룩하신 속성들로 표현한 것입니다. 달리 말하자면, 하나님의 이름은 하나님이 어떤 분인지 대표하여 나타내는 것입니다.

그래서 웨스트민스터 대/소교리문답은 제3계명이 '하나님의 이름, 칭호, 속성, 규례, 말씀, 행사'를 모두 내포하고 있다고 해석합니다(WSC 제54문답). 대교리문답은 '하나님이 자신을 나타내시는 모든 것'이 이 계명의 대상으로 말합니다(WLC 제112문답). 따라서 이 계명이 다루는 범위는 대단히 넓습니다. 장로교회의 대교리문답은 심지어 '하나님의 말씀을 잘못 해석하거나 잘못 적용하는 것'까지 언급합니다. 그것이 무익한 질문이나 헛된 말다툼 혹은 그릇된 교리를 지지하는데 사용될 때, 제3계명을 어기는 것이라고 말합니다.

2. '망령되게 일컫는다'

(1) 이 말의 원래 의미

'망령되이'는 히브리어 단어는 '헛되이'(empty), '무가치하게'(worthless), 혹은 '거짓되게'라는 의미입니다. '일컫다'라는 히브리어 동사의 뜻은 '위로 들어올리다 → 입술로 가져가다 → 말하다, 일컫다'라는 의미의 발전을 보여줍니다. 그런데 이 두 단어가 합쳐지면, 오용하다는 의미가 됩니다. 즉 '망령되이' + '일컫다' = '오용하다'(misuse).

한편, 제3계명을 어기는 자를 '죄 없다 하지 않는다'는 선언은 그런 자를 '무죄로 선언하거나 혹은 처벌받지 않고 넘어가지 않는다'는 엄중한 경고의 말씀입니다. 하이델베르크 교리문답은 하나님의 이름을 욕되게 하는 것이 가장 하나님을 진노하게 만드는 죄이며, 그 형벌은 사형이라고 강조합니다(HC 제100문답). 장로교회의 대교리문답 역시 이 엄중한 경고를 놓치지 않습니다: "비록 사람들의 비난과 형벌은 피할 수 있을지라도 하나님은 이 계명을 위반한 자를 그대로 내버려두지 않고 의의 심판을 피할 수 없게 하신다"(WLC 제114문답).

(2) 성경의 사례들

하나님의 거룩하신 이름을 오용하는 죄악은 성경에서 무수하게 찾아볼 수 있습니다: 우선, 하나님의 이름을 직접적으로 훼방하거나 저주하는 일들이 많이 기록되어 있습니다: 다툼 중에 야웨의 이름을 훼방하고 저주한 사람(레 24:10-14), 열 정탐꾼의 말에 선동된 이스라엘 백성의 불평과 불신앙에 대한 평가(민 14:1-11), 하나님의 존재를 두려워하지 않고 멸시하는 악한 사람의 말과 태도(시 10:4,11). 둘째로, 하나님의 이름을 마술적으로 오용한 사례들도 구약과 신약 모두에서 나타납니다: '하나님께서 원치 않는 것을 하나님의 이름으로 주장하는 것'(삼상 15:23); 제사장 스게와의 일곱 아들들의 행위(행 19:13-17). 셋째로, 하나님의 이름을 거짓된 예언에 사용하는 경우들이 있습니다: 거짓 선지자들에 관한 경고들(신 18:22; 왕상 22:11; 렘 14:15; 겔 13:6), 복술 등 거짓된 예언 행위(렘 29:8-9; 겔 13:9). 넷째로, 하나님의 이름을 거짓된 맹세에 사용하는 경우들도 경고를 받습니다: 하나님의 이름으로 거짓 맹세하여 그 이름을 욕되게 하지 말라(레 19:12), 타락한 예루살렘의 영적 형편: 야웨의 사심으로 맹세해도 실상은 거짓 맹세인 경우(렘 5:1-2). 그뿐 아니라, 하나님의 이름을 사용하지 않고서도 제3계명을 어기는 경우들도 성경은 그냥 지나치지 않습니다: 장애인에 대한 잘못된 태도(레 19:14), 세겜 사람들을 선동하는 가알의 주장(삿 9:28), 하나님이 세우신 왕 다윗을 저주한 시므이의 경우(삼하 16:5-8), 가난한 자를 조롱하고 사람의 재앙을 기뻐하는 자(잠 17:5).

3. 우리는 어떤 경우에 하나님의 이름을 망령되게 일컫습니까?

(1) 망령되게 = '경외하는 마음 없이'(without reverence), '아무 생각 없이'(without thought)

'아무런 생각 없이' 하나님의 이름을 부를 때 우리는 쉽사리 제3계명을 위반합니다. 여기에는 예배 시의 기도와 찬송, 일상적인 대화, 혹은 농담까지 포함될 수 있습니다. 합당하게 주의를 기울여야 할 일을 '아무 생각 없이' 대하는 것은 언행의 불일치와 직결됩니다. 하나님의 이름을 대표하는 모든 것들과 모든 활동들에서 우리는 '마땅히 주의하고 경외하는 마음'을 가져야 합니다.

(2) 그 이름에 합당하지 못한 기도를 드릴 때

하나님의 이름을 들어 구하기에 합당하지 않은 것을 간구하거나, 심지어 하나님의 이름으로 기도하면서 오히려 하나님의 뜻을 거스르는 일을 바랄 때, 우리는 제3계명을 어깁니다. 이것은 장로교회의 소교리문답이 가르치는 바 '하나님이 자신을 나타내시는 데 쓰시는 것을 속되게 하거나 잘못 사용하는' (WSC 제55문답) 대표적인 사례들 가운데 하나입니다.

(3) 자신의 생각이나 소원을 하나님의 뜻이라고 주장할 때

자신의 주장을 강조하고 무게를 싣기 위한 방법으로 하나님의 뜻을 참칭하는 경우를 성경 안팎에서 종종 만나게 됩니다. 어용 선지자 시드기야가 철로 뿔을 만들어 퍼포먼스를 하면서 아합 왕을 죽음의 길로 오도하는 거짓 예언을 하다가, 하나님의 참 뜻을 전하는 선지자 미가야를 하나님의 이름으로 핍박한 장면이 대표적입니다: "미가야의 뺨을 치며 이르되 여호와의 영이 나를 떠나 어디로 가서 네게 말씀하시더냐"(왕상 22:24). 오늘날 우리도 교회 안팎에서 공적 사적으로 이런 경우를 종종 발견하게 됩니다. 하나님의 말씀을 올바르게 강설하지 않고 자신의 경험담으로 설교를 채우는 목사는 제3계명을 위반하는 자들입니다. 그리스도의 이름을 몸에 지닌 그리스도인들이 주님의 뜻을 저버리는 언행을 할 때마다, 우리는 '죄 없다 하지 않으리라'는 엄중한 책망 앞에 설 수 밖에 없습니다. 그리스도인으로서, 하나님의 자녀로서 살아가는 영광된 삶은 그에 합당한 경외심을 항상 필요로 한다는 사실을 제3계명이 잘 일깨워 줍니다.

(4) 사회단체, 가게, 기업 등의 이름에 하나님의 성호나 기독교적 명칭을 사용하는 경우

그 이름에 합당하게 모범적으로 운영하지 않을 경우 혹은 세상적인 운영방식으로 하나님의 영광을 가리는 경우에, 우리가 사용하는 하나님의 이름이 모독을 받습니다. 좋은 동기에서, 경건의 표현으로서 그런 신앙적인 명칭들을 사용

할 때, 우리는 옛사람을 벗어버리고 새사람으로 살아가는 참된 회개의 삶, 곧 성화의 삶을 진지하게 결심하고 또 실천해야 합니다. 그렇지 않을 때, 우리의 선한 (그러나 경외심이 부족한) 동기가 오히려 우리 자신의 영혼을 위태롭게 만들 수 있습니다.

4. 하나님의 이름을 올바르게 부르는 법

(1) 인생의 본분을 일깨우는 제3계명

제3계명은 다른 모든 계명들과 마찬가지로 우리를 얽매기 위한 속박이 아니라, 언약 백성인 우리를 축복하기 위하여 주신 은혜의 선물입니다. 따라서 이 계명의 정신을 바르게 배워 성령님을 의지하면서 힘써 지키면 그것이 우리에게 영생의 복락을 가져다 줍니다. 무엇보다도, 장로교회의 대/소교리문답이 제일 먼저 가르치듯이, 하나님의 이름으로 나타내 보이신 그분의 속성들을 바르게 알고 인정하는 것이 인생의 목적이며 즐거움이기 때문입니다. 우리 하나님은 '자비롭고, 은혜로우시고, 노하기를 더디 하시고, 인자와 진실이 많으신 분'(출 34:6)이며, 초월적인 창조주이시면서 동시에 그 백성을 가까이 하시는 하나님(시 75:1)이며, 부족한 우리의 공로에 근거해서가 아니라, 그분 자신의 이름을 위하여 자기 백성을 구원하시는 분(시 106:8)입니다. 이런 하나님을 알고 찬양하고 의지하는 것보다 더 큰 위로와 축복이 어디 있겠습니까!

(2) '영광을 돌리다'(*kabod*)는 말의 원래 의미: '무겁게 여기다'

거룩하신 하나님의 이름은 대단히 무거운(중요한) 것입니다. 따라서 우리는 마땅히 그 위엄과 거룩에 합당한 마음가짐으로 하나님 앞에 엎드려야 합니다. 하나님의 성호를 오용하는 갖가지 일들을 경계하는 것만으로는 이 계명을 주신 뜻을 받들기에 부족합니다. 나만 잘 하면 되지, 다른 사람의 위반에 대해서는 나 몰라라 하지 않는 것 역시 '하나님께서 죄 없다 아니하시는 두려운 죄에 참여하는 짓'입니다. 그러나 여기서 그쳐서는 안됩니다. 제3계명에서 하나님이 원하시는 바는 그 거룩한 성호를 올바르게 또 적극적으로 활용하는데 있습니다. 그래서 하이델베르크 교리문답은 제3계명을 적극적으로 실천하는 방법을 '두려워하고 존경하는 마음으로 하나님의 거룩한 이름을 부르고, 바르게 고백하고 찬송하며, 나아가 모든 말과 행실로 하나님에게 영광을 돌리는 것'이라고 가르칩니다 (HC 제99문답).

(3) 재세례파의 잘못된 성경 해석 비판

바로 이 점에서 개혁파 종교개혁자들은 재세례파의 잘못된 성경해석을 바로 잡아줍니다. 재세례파는 산상보훈의 교훈을 성경 전체의 가르침에서 분리하여 '아무 맹세도 하지 않는 것'에 예수님의 뜻이라고 해석하였습니다. 하이델베르크 교리문답은 '하나님의 이름으로 경건하게 맹세하는 것'이 가능할 뿐 아니라 성경의 가르침이라고 반박합니다. '국가가 국민에게 요구할 경우, 혹은 하나님의 영광과 이웃의 복을 위하여 신뢰와 진리를 보존하고 증진시키는 데 꼭 필요할 경우에는 맹세할 수 있으며, 구약과 신약의 성도들도 하나님의 말씀에 근거하여 그런 맹세를 올바르게 사용했다'(HC 제101문답)는 것입니다. 여기서 우리는 종교개혁의 근본적인 원리인 '오직 성경으로써'(*sola scriptura*)는 반드시 '모든 성경으로써'(*tota scriptura*)라는 원리와 항상 짝을 이루어야 한다는 사실을 다시 한 번 상기하게 됩니다.

(4) 로마 카톨릭의 남용 비판

바로 그 다음 문답에서 하이델베르크 교리문답은 재세례파와 정반대 극단으로 치우친 당대 로마 카톨릭교회의 왜곡을 바로잡습니다. 정당한 맹세는 오직 하나님의 이름으로 시행되어야 하지, 성인이나 다른 피조물로 맹세해서는 안된다는 교훈입니다(HC 제102문답). '오직 홀로 사람의 마음을 아시는 하나님께서 내가 맹세하는 일의 진리를 증거해주시며, 만일 내가 거짓으로 맹세할 때 벌을 내려주시기를 구하는 것이 정당한 맹세'입니다. 예수님이 산상보훈에서 거짓되고 헛된 맹세를 일절 금하신 뜻이 바로 여기에 있습니다.

III. 교리문답을 따라 드리는 우리의 기도

'제3계명의 교훈에 따른 묵상과 기도'

1. 회개의 기도: '겸비한 마음을 주시옵소서!'

(1) 제3계명을 성경의 사례들과 교리문답을 통하여 묵상하면, 우리가 얼마나 하나님 앞에서 죄인인지 다시 한 번 깨닫게 됩니다. 우리는 말과 행동으로 제3계명을 밥 먹듯이 어기고 있으면서도, 별로 죄의식을 느끼지 못하고 있습니다. 경건한 그리스도인이라면, 우리가 드리는 찬송과 기도를 통하여 오히려 하나님 앞에 범죄하지 않는지 돌아보아야 할 것입니다.

(2) 그러므로 우리는 겸손해야 하고, 조심해야 합니다. 하나님의 성호를 함부로 사용하지 않으려 했던 이스라엘 사람들의 조심하는 자세를 우리도 본받아야 합니다. 그러나 외모가 아니라 중심을 보시는 하나님을 의지하면서, 진정으로 하나님을 경외하는 마음으로 나아가야 합니다.

2. 성령님, 늘 나와 함께 해주시기를 간구합니다.

(1) 우리 마음의 부패와 완악함, 우리의 의지의 연약함, 신령한 지혜가 부족한 우리의 심령을 깨닫고 고백합니다. 보혜사 성령 하나님, 우리를 주의 말씀과 권능으로

다스려 주시옵소서!

(2) 예배, 기도회, 성경공부, QT 등 주님을 대하는 시간마다 우리의 마음과 입술을 주장해 주셔서, 하나님을 높이는 올바른 경배와 찬송으로 하늘의 신령한 복을 받아 누리게 하소서!

3. 제3계명을 진지하게 실천하는 삶으로 우리 주 예수 그리스도를 닮기 원합니다!

(1) 아버지 하나님, 저희들도 예수님처럼 하나님께서 맡기신 일을 순종하여 실천하는 삶으로써, 하나님의 아름다운 성품들을 (사랑과 공의와 자비와 긍휼을) 우리의 삶으로 이웃에게 나타냄으로써, 하나님의 이름을 높이는 삶을 살게 해 주시옵소서!

(2) 나의 주장과 입장을 뒷받침 하려고 헛되고 진실되지 못한 말로 과장하거나 덧붙이지 말게 하소서! '오직 진리 안에서 참 말을 하라'는 말씀, 오직 진실되게 '예, 아니오'를 바르게 하라는 주님의 교훈을 내 마음에서, 내 입술에서 실천할 수 있게 하소서!

4. 우리에게 하나님의 이름을 올바르게 높일 수 있는 지혜를 주소서!

"부모들이 자신의 견해를 자녀에게 각인시키기 위해 하나님의 이름(뜻)을 거론할 때, 주의해야 마땅합니다. 부모의 사려 깊지 못한 언행으로 우리 자녀들의 마음에 하나님께서 마치 '잘못하면 벌 주는 귀신'으로 비쳐지지는 않고 있습니까?"

(Douma, *The Ten Commandaments*)

(1) 자녀에게 하나님의 거룩하심과 더불어, 선하시고 긍휼하시고, 한 없이 다정하신 모습을 바르게 가르쳐 줄 수 있도록 우리 자신을 돌아보길 원합니다!

(2) 불신자와 대화할 때에도, 하나님의 이름이 존중되도록, 우리의 언어생활을 소박하고 단순하게 훈련하게 하옵소서. 쉽게 감정에 휩싸이지 않도록 절제의 은사를 더해 주시옵소서!

(3) 상대가 자신의 주장을 강조하기 위하여 하나님의 이름을 훼방하는 표현(저주와 모독)을 사용할 때, "당신의 그런 저주와 모독의 표현이 없어도, 당신이 말하는 바를 잘 알아 들을 수 있습니다"라는 방식으로 부드럽게 바로 잡을 수 있는 지혜로운 마음을 주시옵소서!

5. 주님의 교회를 말씀으로 새롭게 하셔서, 온전한 예배를 드릴 수 있게 하소서!

> "이단을 편들기 위해 성경을 이용하는 것도 영혼을 위태롭게 할 만큼 심각한 행위이다(벧후 2:1-3; 3:16). … 하지만 이단만이 하나님의 이름을 훼손할 수 있는 유일한 방법은 아니다. 우리가 설교에서 성경 계시를 통한 구속사보다 일화를 통한 설교자의 개인사를 더 많이 알게 될 때, 하나님의 이름은 정당한 대우를 받지 못하는 셈이다. 설교시간 30분 중 20분을 자신의 견해나 명상이나 생각을 전하는 데 사용한다면, 그 설교자는 하나님의 이름을 망령되이 일컫는 것이다. 일요일 아침, 성경 본문보다 예화가 더 생생히 기억될 때, 하나님의 이름은 교회에서 거룩히 여김을 받지 못한다."
>
> "우리가 하나님의 이름을 세속적이고 어리석고 불손한 태도로 사용할 때에도 하나님의 이름은 보호받지 못한다 … 하나님의 이름에 대해 우리가 지녀야 할 경외감을 무감각하게 만들기 때문에, 우리는 하나님의 이름을 무심코 사용하는 일이 없어야 한다 … 요즘 전도 집회에서는 '당신을 위한 버드와이저' 같은 맥주 광고를 모방해 '당신을 위한 보혈'이라는 슬로건이 적힌 티셔츠가 판매되고 있는 것을 심심찮게 볼 수 있다. 쓸데없는 반복과 불손한 슬로건이나 현실에서의 악담을 통해 하나님의 이름을 깎아 내릴 때마다, 우리는 셋째 계명을 어기는 일에 동참하게 된다."
>
> (마이클 호튼, *십계명의 렌즈로 보는 삶의 목적과 의미*).

(1) 하나님의 말씀을 올바르고 온전하게 가르치고 실천하는 참된 목회자들을 일으켜 주시옵소서!

(2) 목회자 후보생을 교육하는 신학교마다 주께서 말씀과 성령으로 친히 다스려주셔서, 하나님의 뜻을 바르게 분별하고 순종하는 참된 경건이 훈련되게 하소서!

제 20장
십계명 묵상 05

언약의 표징인 안식일

(겔 20:18-26)

'주일성수'는 영국의 청교도 혁명에 불을 당긴 직접적인 원인들 가운데 하나였습니다. 부친 제임스 왕에 이어 찰스 왕도 스포츠 법(Declaration of Sports, 1617, 1633)을 만들어, 주일 오후에 잉글랜드의 모든 신민들이 야외에서 놀도록 조치하였습니다. 그런데, 월요일부터 토요일까지 쉴 틈 없이 일하는 백성들을 배려하는 의미로 시행된 이 법령 때문에, 주일의 예배가 크게 손상되고 말았습니다. 사람들은 주일 오후에 나가서 놀 복장으로 또 그런 마음으로 오전의 예배를 '때우기' 시작하였습니다. 리처드 백스터 목사는 자기 부친이 목회할 당시의 잉글랜드 교회에 만연한 불경건한 모습을 그렇게 회상하였습니다. 청교도들은 스포츠 법에 격분하였고, 그후 20여년 동안 지속된 청교도 혁명은 잉글랜드의 주일 풍경을 완전히 바꾸어 놓았습니다. 주일성수를 위해 토요일 저녁에 두세 시간씩 기도와 묵상의 모임을 갖는 것이 많은 교회의 관습이 되었고, 오전과 오

후 교회의 공적 예배를 중심으로 가족들의 경건한 삶이 정착되었습니다. 잉글랜드라는 나라가 완전히 변하였습니다. 오늘 본문에서 잘 가르치듯이, 구약성경은 안식일을 하나님과 맺은 언약의 징표로 강조합니다. 그러면 오늘 우리가 지키는 주일은 안식일과 어떤 관계가 있을까요?

I. 성경 본문 묵상

1. 이스라엘의 여러 장로들이 에스겔 선지자에게 찾아와 하나님의 신탁을 구한 이 일은 언제 어디에서 일어난 일입니까? (20:1)

2. 하나님께서 에스겔 선지자를 통하여 이스라엘의 장로들에게 주신 강경한 메시지는 무엇입니까? (20:3, 31) 그 까닭은 무엇입니까? (반복되는 책망은 무엇입니까?)

3. 역사를 통하여 반복된 이스라엘 백성의 반역을 다음 단락들에 따라 살펴봅시다:

　(1) 1-17절(출애굽 1세대):

　(2) 18-26절(출애굽 2세대):

　(3) 27-38절(가나안 시대):

4. 여기서 '안식일'은 어떤 의미를 가지고 있습니까?

　(1) 12절, 20절:

　(2) 13절, 16절, 21절, 24절:

이스라엘의 거듭된 불순종에 대한 엄중한 책망의 메시지

본문에 기록된 일은 주전 591년 8월 14일에 일어난 일입니다. 이스라엘의 여러 장로들은 하나님이 주신 땅 가나안이 아니라 포로로 잡혀온 곳에서 선지자 에스겔을 통하여 하나님의 뜻을 알려고 하였습니다. 그런데 하나님의 대답은 단호한 거절이었습니다: "내가 나의 목숨을 걸고 맹세하거니와 너희가 내게 묻기를 내가 용납하지 아니하리라"(20:3, 31). 이런 엄중한 대답은 이스라엘의 역사에서 거듭 반복된 불순종과 반역에 대한 하나님의 징계였습니다.

하나님의 은혜로 언약 백성의 큰 축복을 누리게 된 이스라엘은, 애굽에서 하나님의 놀라운 일들을 친히 목격하면서 노예상태에서 해방되었습니다. 그들을 구원하신 거룩하신 하나님은 애굽의 가증한 우상 숭배를 버리고, 생명에 이르도록 율법과 규례를 주셨습니다(20:11). 그러나 출애굽 제1세대는 애굽에서 지내던 때와 마찬가지로 광야에서도 여전히 하나님에게 불순종하며 반역하였습니다. 그 결과 그들은 젖과 꿀이 흐르는 약속의 땅으로 들어가지 못하게 되었습니다(20:15). 하나님의 긍휼로 처벌을 면한 제2세대 이스라엘은 부모들의 반역과 그 비참한 결과를 목도하였는데도, 다시 하나님에게 반역하고 그 율법과 규례를 지키지 않았습니다(20:21). 마땅히 심판을 받아야 할 그들이 가나안으로 들어갈 수 있었던 것은 하나님이 자기 이름을 위하여 크게 긍휼을 베풀었기 때문이었습니다: "내가 내 이름을 위하여 내 손을 막아 달리 행하였나니 내가 그들을 인도하여 내는 것을 본 여러 나라 앞에서 내 이름을 더럽히지 아니하려 하였음이로라"(20:22). 가나안 시대에도 이스라엘의 반역의 역사는 끊임없이 반복되었습니다. '조상들의 풍속을 따라 자신을 더럽히며, 모든 가증한 것을 따라 행음하고, 자식을 화제로 삼아 불 가운데 지나가게 하는 등'(20:30-31) 각종 우상 숭배에 빠져 언약의 하나님에게 등을 돌렸습니다. 그 결과 이제 약속의 땅에서 쫓겨나 이방 땅에 포로로 잡혀온 신세에서 하나님의 뜻을 구하는 자들에게 하나님은 단호하게 배척하십니다. 비참한 신세로 전락한 하나님의 백성에게 남아 있는 유일한 길은 온전히 회개하고 다시 돌아오는 것밖에 없습니다(20:44).

율법과 안식일

엄중한 책망의 메시지를 겸비한 마음을 찬찬히 읽어내려가면, 선지자 에스겔을 통하여 하나님이 반복하여 강조하는 두 가지 요점을 발견할 수 있습니다. 그것은 바로 율법과 안식일의 의의입니다! 첫째로, 율법은 '그것을 지키면 그로 말미암아 생명을 얻는' 것으로 거듭 소개됩니다(20:11, 13, 21). 그러므로 율법(율례와 규례)은 육체적 노예 상태뿐 아니라 애굽의 온갖 죄악의 노예 상태에 있던 이스라엘을 구원하신 하나님의 은혜의 선물이었습니다! 그 율법의 가르침을 따라 살아가면 생명의 근원이신 하나님과의 사귐 안으로 들어가는 것입니다! 이스라엘은 바로 그런 은혜의 선물을 오히려 '질곡과 속박'으로 여기고 거듭하여 걷어 차 버렸던 것입니다. 오늘 우리는 어떻습니까? 율법을 주신 하나님의 선하신 뜻과 호의를 마음 깊이 새길 필요가 있습니다!

율법과 더불어 안식일에 대한 언급이 반복하여 나타납니다. 안식일은 이스라엘을 거룩하게 하시려는 하나님과 맺은 언약의 표징이었습니다(20:12, 20). 안식일 규례를 지키는 것은 곧 여호와 하나님을 우리 하나님으로 모시는 경건의 표현이었습니다. 또한 반면에 안식일을 거룩하게 지키지 않은 것은 하나님에 대한 이스라엘의 반역을 뚜렷하게 표상하는 증거였습니다(20:13, 16, 21, 24). 율법과 규례를 어겼다는 반복되는 책망에 '안식일을 더럽혔다'는 구체적인 지적이 함께 있는 것은 주목할 만합니다. 그 만큼 안식일은 언약의 하나님과 그 백성 사이의 관계를 대표하여 나타내는 중요한 지표(barometer)였습니다.

II. 교리문답이 가르치는 제4계명의 교훈

1. 제4계명에 대한 올바른 이해를 위하여

(1) 두 본문: 출애굽기와 신명기가 가르치는 안식일의 정신

잘 알다시피 십계명은 두 가지 버전으로 소개되어 있습니다. 시내산에서 내려 주신 출애굽기 20장의 십계명과 그 후 40년이 지나 가나안에 들어가기 직전에 모세가 다시 한 번 새겨준 신명기 5장의 십계명 본문이 있습니다. 두 본문을 비교해서 살펴보면, 주목할 만한 차이점들을 발견할 수 있는데, 제4계명에서도 의미 있는 변화가 있습니다. 시내산의 십계명에서는 안식일을 기억하여 거룩하게 지킬 이유를 하나님의 창조 사역에서 찾습니다: "이는 엿새 동안에 나 여호와가 하늘과 땅과 바다와 그 가운데 모든 것을 만들고 일곱째 날에 쉬었음이라 그러므로 나 여호와가 안식일을 복되게 하여 그 날을 거룩하게 하였느니라"(출 20:11). 그런데 요단 동편 아라바 광야에서 다시 주신 십계명에서는 안식일의 의의를 하나님의 구속 사역, 곧 애굽의 노예 상태에서 이스라엘을 건져내신 일과 연결하여 가르칩니다: "너는 기억하라 네가 애굽 땅에서 종이 되었더니 네 하나님 여호와가 강한 손과 편 팔로 거기서 너를 인도하여 내었나니 그러므로 네 하나님 여호와가 네게 명령하여 안식일을 지키라 하느니라"(신 5:15). 안식일의 의의 및 주일성수에 관하여 생각할 때, 우리는 마땅히 이 두 가지 본문을 함께 고려할 필요가 있습니다.

그렇다면, 안식일에 기억해야 할 하나님의 큰 일은 무엇입니까? 출애굽기와 신명기의 본문들은 그것을 하나님의 창조와 구속이라고 가르쳐줍니다. 우리 하나님은 창조주 하나님이며 또한 구속의 하나님이십니다. 안식일은 바로 그 하나님

의 놀라운 사역과 섭리를 기억하며, 영광과 찬송을 드리도록 구별하여 주신 좋은 날입니다. 그 일이 무엇보다도 소중하므로 우리 자신뿐 아니라 자녀들과 우리의 영향력 아래 있는 다른 사람들까지, 심지어 가축까지도 그 날을 지키도록 하셨습니다!

(2) 제4계명의 용어에 대한 분석

이 계명에 사용된 주된 동사들의 의미를 살펴보면, 안식일을 지킨다는 것이 무엇인지 좀 더 바르게 알 수 있습니다. 우선 '기억하라'(zakor)라는 히브리어 동사는 '무엇을 행함으로써 무엇을 기억하는 것'이라는 의미를 담고 있습니다. 제4계명에서는 '그날을 거룩하게 함으로써' 하나님의 창조주이자 구속주되심을 기억하는 것입니다. 그러므로 안식일을 기억하는 것은 무엇을 하지 않는 것이 아니라, 적극적으로 하는 것을 가르칩니다. 안식일에 우리는 적극적으로 하나님과 그분의 큰 일들을 기억해야 합니다! 한편, '지키라'(samar)라는 히브리어 동사는 '기억하라'는 말과 나란히 사용되곤 하는 말입니다(시 103:18-19; 119:55). '거룩하게 하라'(qades)라는 동사는 구별의 의미가 있습니다. '다른 날들과 구별하는 것' 혹은 '일을 멈추고 휴식하는 것'의 의미가 제4계명에 사용된 이 동사의 뜻을 잘 밝혀줍니다. 안식일은 '예배를 드리기 위하여 다른 날들과 구별된 휴일'입니다.

주목하여 살펴볼 또 하나의 표현은 '엿새 동안은 네 모든 일을 힘써 행할 것이나'라는 구절입니다. 히브리어에서 이 구절은 '가능성의 형태'(qua modus potentialis)로 주어진 것입니다. 즉 '일할 수 있는 여섯 날이 있다'는 해석이 가장 합당합니다. 이것을 의무적인 규정으로 해석하면, 제4계명을 지키기 위해서는 6일 동안 열심히 일하는 것을 전제로 한다는 식의 잘못된 성경 읽기로 빠져듭니다. 이와 관련하여, 네덜란드의 개혁파 윤리학자 요켐 다우마 박사는 주 5일 근

문제를 제4계명을 위반하는 것이라는 해석을 분명하게 배척합니다:

"이 문제에 관해서는 주 5일 근무 시스템이 도입되기 훨씬 전에 올바른 대답이 주어졌다 … 엿새 동안 (의무적으로) 일을 해야 한다는 말은 적절하지 않다. 4일이나 5일이 아니라 6일을 일해야 한다는 말도 마찬가지로 부적절하다. 4계명은 단지 우리가 6일 안에 우리의 일을 해야 한다고 말할 뿐이다." (Douma, *The Ten Commandaments*)

(3) 안식의 날인 주일에, 그리고 우리의 평생토록

하이델베르크 교리문답은 제4계명을 통해 하나님이 우리에게 원하시는 것을 크게 두 가지로 나누어 설명합니다. 첫째는 안식의 날인 주일에 '교회에 부지런히 참석하여 말씀을 경청하고 성례에 참여하며 공적인 기도를 드리고, 또 가난한 자들에게 기독교적 자비를 행할 것'을 가르칩니다. 그리고 주일의 그 일들을 위하여 '말씀의 봉사와 그 봉사를 위한 교육이 유지되어야 한다'고 가르칩니다. 둘째는 그런 안식일의 정신이 우리의 일상생활에서 평생토록 반영되어야 한다고 강조합니다. '일생 동안 악행을 그치고, 성령께서 나 안에 일하시도록 하며, 그리하여 영원한 안식이 이 세상에서 시작되기를' 원하신다는 것입니다(HC 제103문답).

율법을 내려주신 하나님의 은혜로운 뜻이 '그것을 지키면 그로 말미암아 생명을 얻게 하는' 것임을 선지자 에스겔이 거듭 지적하였는데, 안식일의 정신을 바르게 잘 깨닫고 순종하면 '영원한 안식'을 이 세상에서부터 누릴 수 있다는 개혁교회의 가르침은 성경의 본 뜻을 잘 반영해줍니다.

2. 안식일과 주일의 관계

어원을 거슬러가면, 보름날(15일)을 의미하던 아카드어 '삽 파투'(*sab pattu*)

에서 유래한 '사바트'(*sabbath*)가 유대인의 안식일이 된 것은, 아마도 출애굽 당시의 유월절(니산월 14일 밤-15일 낮)과 관련이 있는 것 같습니다. 그래서 안식일은 본래 '출애굽의 날'을 기념하는 것이라고 보는 해석이 있습니다. 이런 설명은 '*sabbath*'라는 단어가 사용된 이유를 잘 설명해 줄 뿐만 아니라, '기억하라'는 명령의 의미도 바르게 해석해 주는 장점이 있습니다. 신명기 5:15은 안식일 준수와 출애굽 사이의 연결이 두드러지게 강조되어 있습니다. 이처럼 안식일을 '구원의 사건을 기억하는 날'로 해석하는 입장은, 안식일이 주일로 바뀌는 것을 더욱 잘 설명해 주는 장점이 있습니다.

오늘날 그리스도인이 제4계명을 지키려고 할 때 두 가지 고려할 것이 있습니다. 첫째는 구약의 안식일이 오늘의 주일로 바뀌었는가 하는 문제이고, 둘째는 이 날을 지키는 올바른 방법은 무엇인가 하는 질문입니다. 구약의 안식일이 신약의 주일로 바뀌었는가? 이 문제에 관하여는 교회의 역사에서 상당한 의견 차이가 있었습니다.

(1) 구약의 안식일과 신약의 주일의 공통점 혹은 차이점이 무엇인지 생각해 봅시다.

안식일 (Sabbath)	주일 (the Lord's Day)
야웨 하나님께 바쳐진 날	
하나님의 창조와 구속을 기념	
일상적인 일을 율법으로 금지함	
한 주간의 마지막 날 (토요일)	
함께 모여 예배드림	

위의 도표에서 나타난 형식적인 차이점들 속에서 내용상의 일치 혹은 공통점을 찾아봅시다.

그런 '변화 속의 일관성'에 대한 성경의 다른 증거들로서 '구약 제사의 희생양', '할례' 등의 사례를 들어 안식일과 주일의 일치점을 생각해 봅시다.

(2) 안식일에서 주일로

다음 구절들은 신약성경에서 '안식일이 주일로 변화된 것'을 보여주는 대표적인 구절들입니다. 각 구절들이 증거하는 내용은 무엇입니까? 사도행전 20:7 (비교, 행 13:14, 18:4; 고전 16:1-2; 계 1:10)

안식일에서 주일로!

"안식일에서 주일로의 변화는 자의적인 것이 아닙니다. 그런 변화는 스스로 안식일의 주인이며 안식일의 완성이라고 부르실 권위를 가지신 예수 그리스도로부터 나온 것입니다…

안식일로부터 주일로의 변천을 명확하게 밝혀주는 신약성경의 특별한 구절들은 존재하지 않습니다. 그러나 모든 사안마다 성경구절을 요청하는 성경주의(Biblicism)적 사고방식을 벗어나면, 유아세례의 경우와 마찬가지로 구체적인 성경구절들이 없어도 성경적인 근거를 가진 주제들이 있다는 사실을 우리는 발견할 수 있습니다…

그리스도의 부활의 날로서 아주 의도적으로 '주의 날'(계 1:10)로 불린 일요일은 교회의 초창기부터 존중되어 왔습니다. 초대교회의 디다케(*Didache*, '열 두 사도의 교훈', 100년경), 이그나티우스(Ignatius)가 마그네시아 교회에 보낸 편지(110년경) 등에는 "그리스도인들이 더 이상 안식일을 기념하지 않고 그들의

> 삶을, 주님과 그분의 죽으심을 통하여 우리의 삶을 소생케 하는 '주의 날'에 맞추고 있다"고 말합니다. 순교자 유스티누스(Justinus, 150년경)는 '일요일'에 도시에서나 농촌에서나 모두들 한 곳에 모여 예배 드린다고 하였고, 교부 테르툴리아누스(Tertullianus, 200년경)는 일요일이 그리스도인들에게는 '기쁨의 날'이며, 일요일을 지키는 것이 그리스도인의 특징이 되었다고 전합니다.
>
> (Douma, *The Ten Commandments*)

(3) 웨스트민스터 대/소교리문답의 뚜렷한 입장

장로교회의 신앙규범은 아주 일관된 관점으로 안식일과 주일의 관계를 설명합니다: '창세로부터 그리스도의 부활까지 제7일이 안식일이고, 그리스도의 부활 이후부터 세상 끝날까지는 매주 첫 날이 안식일'이라는 것입니다(WLC 제116문답). 아이들에게 가르치는 소교리문답에서는 아예 하나님이 주일을 '그리스도인의 안식일'로 정하셨다고 가르칩니다(WSC 제59문답). 이것은 주일성수를 대단히 강조하였던 청교도들의 신학이 뚜렷하게 반영된 것입니다. 언약 개념에 따라 성경 전체를 일관되게 이해하려고 노력하였던 장로교회의 제4계명에 대한 해석에서 칼빈의 관점을 넘어서게 됩니다.

3. 칼빈과 청교도: 제4계명에 대한 강조의 차이

(1) 안식일과 주일의 관계에 대한 칼빈의 견해: (*기독교강요* 2권 8장)

종교개혁자 칼빈이 제4계명에 관한 견해에서 장로교회의 관점과 달리 주일을 다른 날과 특별하게 구별하지 않는 입장을 가지고 있는 것은 잘 알려진 사실입니다. 칼빈은 구약의 안식일의 가장 중요한 의의를 그리스도를 통하여 이루어진 '영적 안식을 예시'하는 것으로 이해합니다. 이 핵심적 의미가 보존된다면, 제7일이라는 사실에 대하여 특별한 어떤 해석만을 주장할 필요는 없다는 인식입니다. 참된 안식일 준수는 어느 날 하루에 국한되는 것이 아니며, 우리가 자신에 대하여 완전히 죽고 하나님의 생명으로 충만할 때까지 '우리의 일생을 통하여 계속되는 것'임을 칼빈은 올바르게 강조합니다. 그리고 사도 바울의 강조를 이어받아, 토요일 안식일에서 일요일 주일로 변화된 것은 초대교회의 결정으로 그 당시에 토요일 안식일이 그리스도의 성취라는 실상을 가리우는 미신적 요소가 강하였기 때문이라고 설명합니다. 그 원리에 따라, 안식일이라는 그림자는 예수 그리스도라는 실체 안에서 성취되었으므로, 그 '성취된 실상을 올바르게 붙잡는다면 굳이 일요일을 성일(聖日)로 고수하지 않는다고 하더라도 비난해서는 안 된다'는 입장을 취한 것입니다.

(2) 청교도들의 주일성수 신학

한 세대 이후에 영국의 청교도들은 '안식일과 주일의 관계'에 관하여 칼빈 및 선배 종교개혁자들이 가지고 있던 모순을 해결하였다고 평가됩니다. 청교도들은 율법과 은혜의 관계에 관한 칼빈의 견해를 받아들이면서 그가 강조한 율법의 제3용법도 받아들였고, 제4계명 역시 다른 계명들과 함께 하나님에 대한 사랑의 표현으로서 지켜야 할 계명으로 받아들였습니다. 거기에서 청교도 특유의 '안식일주의'가 발전되어 나왔습니다.

그들은 일관된 십계명 해석을 강조하면서, 나머지 아홉 계명들과 제4계명을 구별해서는 안 된다고 강조하였습니다. 십계명에 요약된 도덕법의 한 부분으로서, 제4계명 역시 '모든 시대 모든 사람들에게 구속력을 갖는' 계명이며, 특히 예배의 '시간'을 명령하는 계명으로 보았습니다. 매주의 안식일은 하나님에 대한 공적인 예배를 위하여 따로 떼어놓았다는 의미에서 여전히 '거룩'하게 구별되어 지켜져야 했습니다. 그러나 이런 청교도의 강조점이 칼빈과 하이델베르크 교리문답에 표현된 '일생 동안 거룩한 삶을 살아가야 한다'는 강조를 흐리는 것은 결코 아닙니다. 그들은 주일성수가 오히려 매일매일의 거룩한 삶을 위한 중요한 은혜의 수단이라고 생각하였습니다. 주일을 '영혼을 위한 장날'(market day for the soul)이라고 불렀던 청교도의 유명한 관습이 그 사실을 잘 보여줍니다. 주일은 '학교의 날, 장날, 영혼을 먹이는 날'이었고, '하늘의 것에 굶주린 마음을 먹이시는 날'이며 진지하게 그 날을 하나님께 영광 돌리는 날로 성별하는 자들에게 '은혜의 보좌로부터 하루 종일 영적인 축복이 쏟아지는 날'이었습니다. 주일은 '다른 은혜의 수단들이 좀 더 효과적이 되는' 복되고 특별한 날이었습니다.

4. 율법주의(legalism)와 바리새주의(Pharisaism) 경계!

주일성수에 관한 장로교회의 신앙규범은 청교도적 전통에 확고하게 서 있습니다. 그러나 거룩하게 지키는 '방법'과 관련하여 여러 오해와 이견들이 있기 때문에, 통찰력 있는 교사들은 주일에 하지 말아야 할 것을 배타적으로 강조하는 '율법주의'와 다른 사람들의 실수를 지적하고 비판하는데 민첩한 '바리새주의'를 경계하였고, 그 두 가지 모두 복음의 정신에 위배된다고 부지런히 경고하였습니다. 리처드 백스터 목사는 "만일 그가 하나님을 찾는 데 근면하고 자신의 천국 과업에 열심히 일한다면, 나는 지엽적인 문제에 불과한 그의 세상적인 일과 관련된 말과 행동에 대해서는 판단을 보류하겠다"라고 말하였습니다. 바로 여기에 오늘 우리도 율법주의와 바리새주의에 빠지지 않도록 돌아보아야 할 지혜가 있습니다.

III. 교리문답을 따라 드리는 우리의 기도

'제4계명의 교훈에 따른 묵상과 기도'

1. 안식일인 주일의 참된 의미를 말씀과 성령으로 바르게 깨우쳐 주시옵소서!

   (1) 제4계명의 교훈이 무엇인지 교회에서 잘 가르치고 배울 수 있게 해 주시옵소서!

   (2) 현재 나와 우리 교회의 주일성수의 모습을 성경의 교훈에 따라 돌아볼 수 있게 해 주시옵소서!

   (3) 올바른 주일성수를 통하여 기대할 수 있는 하늘의 축복을 교회와 가정에서 바라보게 하소서!

2. 율법주의와 바리새주의에 빠지지 않도록 성령 하나님 인도해 주시옵소서!

   (1) 장로교회의 좋은 전통들을 잘 살려 나갈 수 있도록 우리를 교훈해 주시옵소서!

   (2) 나와 우리 교회의 경건의 실천이 다른 사람과 다른 교회를 함부로 정죄하는 잘못된 결과로 빠지지 않게 하소서!

   (3) 겸비한 마음으로 제4계명의 뜻과 축복을 증거하는 성숙한 교회, 성숙한 신자가 되게 하소서!

3. 안식일의 주인이신 예수 그리스도를 바라보고, 영원한 안식을 이 땅에서부터 누리게 하소서!

   (1) 다른 무엇보다도 주일성수를 통하여 우리 주 예수 그리스도와의 사귐이 깊어지게 하옵소서!

   (2) 주일의 축복을 온전히 누릴 수 있도록 이 날의 규례를 성경적으로 잘 개혁하게 해 주소서!

제 21장
십계명 묵상 06

권위와 순종과 사랑
(출 21:12-17)

부모와 자녀의 관계는 스스로 결정한 것이 아니라 하나님께서 정해 주신 것입니다. 부모가 자녀를 가졌을 때, 그 자녀가 어떤 사람이 될지 모릅니다. 자녀 역시 자신을 낳아준 부모를 스스로 선택할 수 없습니다. 이것은 자기중심적인 사고방식이 팽배한 오늘날 특히 존중되어야 할 하나님의 뜻입니다. 현대인들은 자신의 의사와 무관하게 정해 주신 하나님의 뜻을 쉽사리 배척하는 경향이 강합니다. 그러나 우리의 선호에 따라 하나님의 뜻을 임의로 재단할 수 없습니다. 부모와 자녀는 하나님께서 친히 정해 주신 관계이기 때문에, 부모와 자녀 양 측에서 마땅히 가져야 할 올바른 자세 혹은 의무가 있습니다. 십계명의 제5계명은 바로 그런 의무를 가르치고 있습니다.

그런데, 오늘 본문은 하나님이 제5계명을 얼마나 중요하게 여기시는지 두드러지게 보여줍니다.

I. 성경 본문 묵상

1. 본문의 맥락을 살펴봅시다:

   (1) 출애굽기 20장에서 출애굽한 이스라엘 백성에게 십계명을 주신 하나님의 뜻은 무엇입니까? (cf. 레 19:1-2)

   (2) 출애굽기 21장부터 모세가 가르치는 바는 무엇입니까?

   (3) 오늘 본문은 특별히 무엇에 관한 내용입니까?

2. 본문에서 제5계명과 관련하여 두드러진 특징은 무엇입니까?

   (1) 본문은 어떤 죄악들을 사형에 처하도록 규정합니까?

   (2) 제5계명과 관련하여 두 차례나 언급되는 사항은 무엇입니까?

3. 하나님께서는 왜 이렇게 제5계명을 중요하게 강조할까요?

이스라엘 백성 앞에 세울 법규

이스라엘을 애굽의 노예상태와 죄악된 삶에서 건져주신 하나님은 자기 백성이 거룩한 하나님의 제사장 나라가 되기를 원하셨습니다: "여호와께서 모세에게 말씀하여 이르시되 ²너는 이스라엘 자손의 온 회중에게 말하여 이르라 너희는 거룩하라 이는 나 여호와 너희 하나님이 거룩함이니라"(레 19:1-2). 그래서 하나님은 시내산에서 이스라엘 모든 사람들에게 십계명을 선포하셨고(출 20장), 그 다음에는 그 십계명의 원리에 따라 하나님의 백성들이 살아가야 할 규례를 구체적으로 내려주십니다(21장). 예를 들어, 종의 해방에 관한 규례, 사형에 해당하는 죄악들 규정, 그리고 상해에 관한 배상에 관한 구체적인 조례 등이 설명됩니다. 그런데, 오늘 우리가 살펴본 짧은 본문은 사형에 해당하는 중죄를 설명하는 내용입니다. 그런데, 거기에 제5계명을 위반한 사례들을 거듭 포함시키고 있습니다! 살인죄, 특히 고살죄는 반드시 사형에 처하도록 규정합니다. 인신매매 역시 사형의 형벌을 받습니다. 그런데, 최고의 형벌에 처할 죄목들 가운데 '부모를 때리거나, 저주하는 짓'(21:15, 17)이 포함되어 있습니다. 고살죄 다음에 부모를 치는 패륜을, 인신매매 다음에 부모를 저주하는 악행을 언급하여 제5계명의 무게를 한껏 강조하고 있습니다. 하나님이 이처럼 제5계명을 강조하시는 까닭은 무엇일까요?

제5계명의 독특한 위치

십계명을 크게 둘로 나누면, '우리 위에 계신 그분'(the One above us)에 대한 우리의 마땅한 자세를 가르치는 제1-4계명과, '우리 옆에 있는 사람들'(those who are next us)에 대한 올바른 태도를 가르치는 제6-10계명들로 구분할 수 있습니다. 이 첫 부분과 둘째 부분을 연결해 주는 것이 바로 제5계명이라고 할 수 있습니다.

제5계명은 하나님이 우리 위에 두신 권위들에 대한 합당한 태도를 가르칩니다. 당장 우리의 부모님을 통하여 하나님께서 베풀어 주신 모든 은혜들을 깨닫고 그에 합당한 감사의 마음을 갖게 하십니다. '나의 나 된 것은 은혜로 말미암은 것'임을 눈에 보이는 직접적인 관계를 통하여 올바르게 깨닫게 하십니다. 그리하여, 눈에 보이지 않지만 모든 것을 만드시고 섭리하셔서 우리의 삶을 가능하게 하시고 축복하시는 '하늘에 계신 아버지'를 바라보게 하십니다. 또 그런 사랑을 입은 자로서 내가 이웃들과 자연만물에 대하여 어떻게 대하는 것이 올바른 지 가르쳐 줍니다. 제5계명은 하나님 사랑과 이웃 사랑을 연결시켜 주는 고리입니다. 우리 위에 두신 권위들에 대한 합당한 태도가, 곧바로 우리의 이웃들에 대한 태도의 근거가 됩니다.

종교개혁자 루터는 대교리문답에서 제5계명의 독특한 위치와 그 의의를 다음과 같이 강조합니다: "하나님이 우리에게 살아 계신 부모를 주셔서 그들을 존경하고 따르게 하셨으니 이보다 더 기쁜 일이 있을까. 우리가 그렇게 하는 것을 <u>하나님과 모든 천사들이 더없이 기뻐하시며, 모든 악마들이 혼비백산한다.</u>" 제5계명을 잘 지키면 왜 악마들은 혼비백산하고, 하나님과 천사들은 더 없이 기뻐하실까요? 루터가 이렇게 강조하여 설명하는 이유는 무엇일까요? 사탄은, 그리고 악마들은, 마땅히 존경하고 순종해야 할 하나님의 권위를 부정하고 반역한 존재들입니다. 그래서 그들은 우리 사람들 역시 그렇게 반역하는 자가 되어 하나님의 생명에서 끊어지기를 소원합니다. (Satan, Devil 이름의 뜻이 그렇습니다!) 그런데, 우리가 이 땅 위에서 부모를 공경함으로써 하나님을 존경하고 사랑하는 법을 배우게 되면, 이 악한 마귀들의 소원은 좌절됩니다. 반대로, 우리가 우리 위에 있는 권위를 부정하고 마치 하나님께서 계시지 않는 것처럼 살아갈 때, 마귀들은 자신의 소원을 이루며 기뻐 날뛰는 것입니다. 제5계명은 이처럼 중요한 위치와 의의를 가지고 있습니다. 제5계명을 위반하는 자를 '극형'으로 다스리도록 모세를 통하여 명하신 하나님의 뜻이 여기 있습니다.

II. 교리문답이 가르치는 제5계명의 교훈

1. 제5계명에 대한 올바른 이해

(1) '부모': 하나님께서 내 위에 두신 권위들

제5계명은 '네 부모를 공경하라'는 명령으로 시작됩니다. 여기서 '부모'는 단지 육친의 부모뿐 아니라 '하나님이 내 위에 두신 모든 권위'(HC 제104문답)를 포함합니다. 한 걸음 더 나아가 이 계명은 인륜 관계를 전반적으로 다룹니다. '윗사람과 아랫사람, 동등한 관계인 동료 등 각각의 여러 지위와 인륜 관계에서' 마땅히 행할 바를 가르치는 계명입니다(WSC 제 64문답). 개혁주의 교리문답들이 이렇게 '부모'의 개념을 확장하는 것은 자의적인 해석이 아닙니다. 남편과 아내의 관계에 관하여, 종과 주인의 관계에 대하여, 위로부터 난 모든 권세들에 대하여 성경이 가르치는 바에 근거한 것입니다(엡 5, 6장; 롬 13장 등). 그래서 웨스트민스터 대교리문답은 '연령과 은사에 있어서 윗사람, 특히 하나님의 규례에 의하여 가정과 교회와 국가를 막론하고 우리 위에 권위 있는 자리에 있는 자들'을 '부모'의 개념 안에 포함합니다(WLC 제124문답).

(2) '공경하라'(*kabbed*)

공경하라는 히브리어 동사의 원래 뜻은 누군가를 '무겁게, 중요하게' 대하다는 의미입니다. 여기서 '인정하다, 존중하다, 높여 보다'라는 파생적인 의미가 나왔습니다. 그 반대말은 '멸시하다'(*qalal*)인데, 원래 뜻에는 누군가를 '저주하거나 혹은 무시하다'는 의미가 있습니다. 그런데, '공경하라'는 말이 단순히 인륜적인 명령, 곧 부모님이나 연로한 분에 대한 존경에 그치는 것이 아니라 더 깊은 의미가 있는 것은 '경외하라'는 동사와 서로 교차하여 사용되고 있기 때문입니다(레 19:1-3). 즉, 제5계명은 유교에서도 볼 수 있는 효도의 계명일뿐 아니라, 하나님에 대한 경외심을 드러내는 신앙적인 규범입니다.

(3) 성경의 사례들

성경은 공경과 멸시의 사례들을 잘 대조하여 보여줍니다. 12세에 예루살렘 성전을 방문하셨을 때 육신의 부모의 말씀을 받들어 순종하신 예수님의 모범(눅 2:51-52), 포도원에 가서 일하라는 부친의 명령을 들은 둘째 아들이 처음 불순종을 뉘우치고 일하러 갔다는 예수님의 말씀(마 21:28-31), 그리고 무엇보다도 하나님의 기름부음 받은 자를 존중하여 자기의 생명을 해하려는 사울 왕을 살려준 엔게디의 다윗(삼상24:1-6)의 사례들은 하나님을 공경한다는 것이 무엇인지 잘 보여주는 사례들입니다. 반대로 노아의 둘째 아들 함이 부친의 부끄러운 모습을 보았을 때 취한 행동(창 9장), 그리고 바리새인의 '고르반' 관습이 드러내는 불경건에 대한 예수님의 지적(마 15:4-6; 막 7:9-13)은 멸시의 두드러진 사례입니다.

2. 제5계명에서 하나님이 원하시는 바

하이델베르크 교리문답은 제5계명을 올바르게 지키는 방법과 관련하여, '합당한 순종'과 '인내'라는 중요한 두 단어를 제시합니다(HC 제104문답). 앞서 언급한 '부모'의 개념, 그리고 '공경하라'는 말씀의 의미에 더하여, 제5계명을 실천하는 구체적인 방법으로 순종과 인내를 말합니다:

좋은 가르침과 징계 → 합당한 순종

약점과 부족 → 인내

특히 인내와 관련하여, '그분들의 손을 통해 우리를 다스리는 것이 하나님의 뜻'이라고 강조하여, 부모 및 윗사람의 연약함을 이해하고 받아들이는 올바른 태도를 거듭 강조합니다. 부모들도 사람인지라, 실수를 저지를 때가 종종 있으며, 자녀들을 상당히 화나게 만드는 잘못된 습관이나 사고방식도 가지고 있습니다. 자기 감정을 주체하지 못하고 자녀들에게 심하게 손을 대는 경우도 있습니다. 또한 벌 받을 짓을 하지 않았는데도 벌을 받는 경우, 혹은 불공평하게 벌을 받는 경우, 자녀들에게는 하지 말라고 금하면서도 부모들 자신은 버젓이 하는 경우, 자녀들이 말을 전혀 들으려고 하지 않으면서, 납득할 수 없는 이유로 자녀들의 입을 막아버리는 경우를 우리는 자주 경험하게 됩니다. 우리 자녀들이 많은 시간을 보내는 학교에서도 마찬가지입니다. 교사로서, 합당한 권위를 가진 자로서 해서는 안될 일들을 학생들이 종종 보고 듣고 경험하게 됩니다.

이런 경우에도 윗사람을 존경하고 사랑과 신뢰를 유지하는 한다는 것은 쉽지 않은 일입니다. 내가 납득되지 않을 때에도 부모님이나 혹은 다른 윗사람을 공경한다는 것은 어려운 일입니다. 그러나, 하나님께서는 이런 경우에도 '네 부모를 공경하라'고 하십니다. 그 말씀은 맹목적으로 순종하라는 뜻은 아닙니다. '공경한다'는 말을 뒤집어서 부정적인 의미로 풀어 설명하면, 부모님들이 연약함을 보이는 때에도 '그분들을 멸시하지 않으며, 그분들에게 말대꾸하며 반항하지 않으며, 그분들을 못 견뎌하며 화내지 않는다'는 뜻입니다. 그런 태도를 하이델베르크 교리문답은 '인내'하는 태도라고 가르칩니다. 이런 인내와 그에 따른 하나님의 축복을 가장 잘 보여주는 사례가 바로 노아의 세 아들들에게 일어난 일입니다.

노아의 세 아들을 통하여 깨우쳐 주시는 하나님의 뜻

창세기 9장에는 노아의 세 아들 '셈 함 야벳'의 이야기가 나옵니다. 그 세 사람은 홍수 이후의 인류의 조상들입니다. 그런데 세 아들 가운데 함은 저주를 받았고, 셈과 야벳은 축복을 받았습니다. 그런데, 성경은 바로 그 축복과 저주를 부모의 연약한 모습(약점들)에 대한 자녀의 태도와 연관하여 가르칩니다: 가나안의 아비가 된 함은 자기 아버지 노아가 포도주에 취해 벌거벗고 자고 있는 부끄러운 모습을 보고 마음 속으로 자기 부친을 경멸하며 또 형제들에게 그 일에 관하여 부친을 조롱하였습니다. 반면에 셈과 야벳은 부친의 부끄러운 모습을 보지 않으려고 뒷 걸음으로 들어가 그 부친의 벗은 몸을 덮어주었습니다. 바로 그 날에 하나님께서는 노아를 통하여 부모를 (그 약점에도 불구하고) 공경한 셈과 야벳을 축복하셨고, 함에게는 진노하셨습니다.

하이델베르크 교리문답은 우리에게 가르칩니다: 부모님이나 우리 위의 권위자를 (그들의 약점에도 불구하고) 공경해야 할 까닭은 하나님께서 그들의 손으로 우리를 다스리도록 세우셨기 때문입니다. 따라서 우리는 부모님 혹은 우리 위에 있는 권위자들의 연약함을 인내할 줄 알아야 합니다. 그것이 이 계명을 주신 하나님께서 기뻐하시는 온전한 신앙의 태도입니다.

사도 바울은 제5계명을 '약속 있는 첫 계명'이라고 강조하였습니다(엡 6:2). 그것은 십계명 자체에 명시된 축복의 약속뿐 아니라, 노아의 세 아들들에게서도 분명하게 볼 수 있습니다. "하나님의 영광과 그들 자신의 선을 이룰 수 있는데 있어서 이 계명을 지키는 모든 사람들에게 주시려는 장수와 번영의 분명한 약속"(WLC 제133문답)으로 하나님은 우리에게 순종과 인내의 중요성을 다시 한 번 강조해주십니다.

3. 자발적 권위와 비자발적 권위

제 5계명은 자녀들에게 일방적인 순종을 요구하는 계명이 아닙니다. 성경 전체를 살펴보면, 이 계명은 자녀뿐만 아니라 부모에게 대해서도 요구하는 바가 있는 계명입니다. 대표적으로 사도 바울이 제5계명의 뜻을 새겨주는 에베소서 6:1-4의 내용이 그렇습니다. 바울은 제 5계명의 의의를 설명하면서, 우선 자녀들이 부모에게 순종하는 것이 옳음을 명시하고 난 후에, 부모에게도 자녀들을 노엽게 하지 말 것을 말하고, 오직 주의 훈계와 교훈으로 양육할 책임을 일깨웁니다.

그래서 장로교회의 대/소교리문답은 제5계명의 범위를 모든 인륜 관계까지 넓힙니다. 그래서 '아랫사람들에 대한 윗사람들의 의무'도 중요하게 가르칩니다 (WLC 129문답). 이와 관련하여, 핵심적인 것은 부모 혹은 윗사람들 역시 하나님을 공경하고 그분의 말씀에 순종하는 태도입니다.

부모님과 우리 위의 권위자들 역시 하나님께 순종할 때에 자녀나 아랫사람들에 대하여 합당한 권위를 발휘합니다. 교사(교수)의 경우를 예로 들어 봅시다. 학교에는 좋은 선생(교수)님과 나쁜 선생(교수)님이 있습니다. 둘 사이에는 '권위'라는 관점에서 공통점과 차이점이 있습니다. 좋은 선생(교수)님은 그들의 지위(직분)에서 오는 권위(official authority)에 덧붙여 학생들의 존경과 자발적인 순종을 유도하는 개인적인 권위(personal authority)도 갖추고 있습니다. 나쁜 선생(교수)님은 그들의 좋지 못한 개인적 태도 때문에 그들의 공식적 권위마저 흔들리는 경우가 많습니다. 따라서 그들은 권위에 마땅히 따라야 할 순종을 강압적으로 (때로는 폭력적으로) 얻으려고 합니다. 개인적 권위까지 갖춘 분을 존경하고 그분의 지도에 순종하기는 쉽습니다. 그러나 그 반대의 경우에는 그들의 공식적 권위마저 인정하고 싶지 않습니다. 특히, 목사와 같은 영적 지도자의 권위는 반드시 '자발적 권위'를 확보해야 합니다.

III. 교리문답을 따라 드리는 우리의 기도

'제5계명의 교훈에 따른 묵상과 기도'

1. 제5계명을 통하여 우리를 사랑하시는 하늘 아버지를 깊이 깨닫고 감사하게 하소서!

· "하나님의 계명들은 올바른 순번을 갖고 있으며 바른 순서로 정렬되어 있다. 안식일 계명에 뒤이어 부모를 공경하라는 계명이 나오는 것은 우연이 아니다. 우리의 업적과 주장을 펼치는 장이 아닌 선물로 주어진 시간 속에서 살아야 한다고 제4계명이 우리에게 명령하듯, 제5계명은 우리에게 우리라는 존재가 선물이라는 사실을 인식하며 살아야 한다고 명령한다. 우리는 스스로 존재하게 된 것이 아니다. 자기 스스로 태어났다는 것은 거짓말이다." (토마스 아퀴나스)

· "배꼽만큼 우리를 존재론적으로 드러내는 것은 없다. 바로 이것이 제5계명에서 가르치려는 바다. 십계명은 인간이 어머니와 아버지 사이에서 태어난 피조물이라는 사실을 주목하면서, 생명이 선물이라고 가르친다. 인간은 만들어지는 것이 아니라 태어나는 것이다. 우리의 기저귀를 누군가 갈아 주는 것, 이는 은혜가 어떤 모습인지를 보여주는 최초의 표지이다." (스탠리 하우어워스)

· 제 5계명이 왜 그렇게 중요합니까? 왜 하나님께서는 이 계명을 어기는 것을 가장 심각한 범죄의 하나로 취급하셨습니까? 그 까닭은 바로 이 계명에 우리를 지으신 하나님을 사랑하고 존중하며, 그분의 뜻에 순종해야 하는 인생의 본분이 가장 뚜렷하게 표현되어 있기 때문입니다. 우리가 부모님을 공경하는 일은, 하나님을 공경하는 일과 직결되어 있습니다! 공경한다는 것은 감사하는 것과 직결되어 있습니다. 지금 우리가 누리고 있는 모든 것이, 내 스스로 내 힘으

로 이룬 것이 결코 아니라는 사실을 깨닫고, 나의 지금 모습은 나를 사랑하고 나를 위하여 기꺼이 희생한 누군가에게 감사해야 할 것임을 깨닫는 마음이 공경과 연결되기 때문입니다. 그 누군가를 우리 눈으로 가장 먼저 뚜렷하게 찾을 수 있는 대상이 부모이며, 한 걸음 더 나아가 우리에게 주신 믿음 안에서 그 모든 것이 하나님의 사랑으로 비롯된 것임을 깨닫도록 하시기 위하여, 우리에게 이 계명을 주신 것입니다.

2. 부모로서 제5계명의 뜻을 잘 받들 수 있도록 깨우쳐 주시옵소서!

- "하나님께서는 부모들에게 가장 폭넓은 권위를 부여하셨습니다. 왜냐하면 부모들은 한 사람이 다른 사람들에 대하여 가질 수 있는 가장 큰 과업을 맡고 있기 때문입니다. 그 과업이란, '주의 교훈과 훈계로 양육하는'(엡 6:4) 일입니다. 그러므로 부모들은 특별히 기억해야 합니다. 부모로서 가지고 있는 그들의 권력은 특별한 목적을 위하여 주어진 것이라는 사실을 말입니다. 하나님께서 부모에게 맡기신 그 일을 이루기 위하여 그 부모의 권력을 사용하지 않는다면, 그들은 그 권력을 남용하는 것입니다." (Kuyvenhoven)
- 그리스도인 부모의 권위는 '하나님의 뜻'을 자녀에게 가르치는 권위입니다.

  나는 자녀에게 어떻게 하나님의 뜻을 올바르게 가르칠 수 있을까요?

  그것을 위하여 나에게 필요한 것은 무엇일까요?

  어떻게 하면 자녀에게 주의 교양과 훈계를 효과적으로 바르게 가르칠 수 있을까요?
- 오늘날 우리 자녀에 대한 그리스도인 부모의 신앙적 의무는 무엇입니까?

자녀에게 유아세례를 베풀 때
하나님 앞에 언약한 것을 잊어서는 안됩니다.

이 자녀들이 자신이 마음으로 성삼위 하나님을 주님으로 모시고 그 입술로 시인할 때까지 (Lord, I want to be a Christian!) 부모는 말씀과 기도로 그들에게 선지자 노릇을 올바르게 해야 합니다. 부모는 자녀들에게 참된 효도를 하게 하고 거룩한 덕을 가르치고 거룩한 계명을 지키게 할 의무가 있습니다. 신실한 부모에게 아주 유익한, 잘 알려진 충고를 다시 마음에 새겨 봅시다: "자녀에게 하나님에 관하여 이야기 하는 시간을 많이 가져라. 그러나 그 시간보다 훨씬 더 많이, 네 자녀에 관하여 하나님께 말씀 드리는 시간을 가져라."

물신 숭배에 빠져서는 안됩니다!

자녀가 공부만 잘하면 무엇이든지 허락하는 부모의 태도는 영적으로 대단히 어리석고도 위험한 태도입니다. 그것은 이 세상에서 출세하는 것이 가장 중요한 것이라는 우상 숭배를 자녀에게 노골적으로 가르치는 불신앙의 태도입니다. 그런 자녀들은 부모가 무엇을 정말로 중요하게 여기는지 몸으로 체득하게 마련입니다. 부모의 태도를 통하여 그 자녀들은 저 세상을 위해서 하나님을 섬기지만 이 세상을 위해서는 '바알'이 더 중요하다고 배우는 것입니다.

학력고사가 마치고 자녀들이 스트레스 풀기 위해 방탕한 일을 하는 대신, 스스로 예배당에 나와서 하나님 앞에 감사의 기도를 드리도록 양육하지 않고서, 단지 수능시험 기도만 냅다 열심히 한다고 부모로서의 도리를 다 한 것이 아닙니다. 그것은 미신적인 일입니다.

3. 제5계명의 뜻을 따라 내 마음에 새겨야 할 하나님의 뜻은 무엇입니까?

(1) 내가 돌이켜야 할 잘못된 삶의 모습은 무엇입니까?

    부모님께 대하여

    내 윗사람들에 대하여

    자녀들에 대하여

    내 아랫사람들에 대하여

(2) 나의 삶에서 구체적으로 무엇을 바꾸어야 할까요?

(3) 개인적인 차원을 넘어서, 교회와 사회(정치)의 영역에서 제5계명의 뜻을 펼쳐 나갈 방법은 무엇일까요?

    우리 교회에서

    우리 사회에서

제 22장
십계명 묵상 07

인간, 그 존엄한 생명
(신 21:1-9; 눅 10:25-37)

"마틴 루터 선생은 십계명의 오른쪽 돌판의 순서가 큰(major) 계명에서 작은(minor) 계명으로 진행된다고 말한다(살인 행위에서 탐욕으로). 그러나 주님의 지혜로운 법령 구성은 또한 우리에게 이렇게 가르친다: 하나님의 율법은 단순히 우리가 남을 죽이지 않을 때 성취되는 것이 아니라, 오직 우리의 마음이 거룩해질 때에 성취되는 것이라고"(Kuyvenhoven, *Comfort & Joy*).

제6계명을 묵상하기 위하여 이번 과에서 살펴보는 두 성경 본문들은 큐벤호번 목사의 이런 올바른 지적을 잘 뒷받침해줍니다. 구약의 본문은 '하나님의 형상으로 지음받은 인간의 생명'이 얼마나 소중한 것인지 일깨워주며, 신약의 본문에서는 생명을 해치는 대신 살리는 것이 제6계명이 근본적으로 가르치는 교훈이라는 점을 분명하게 밝혀 줍니다.

I. 성경 본문 묵상

1. 신명기 21:1-9 (들에서 발견한 변사체 규정과 제6계명)

   (1) 본문에서 모세가 규정하는 내용은 무엇에 관한 것입니까? (21:1)

   (2) 이런 사건을 처리하는 사람들은 누구입니까? (21:2)

   (3) 레위 자손 제사장들의 역할은 무엇입니까? (21:5)

   (4) 이런 사건의 처리 방법은 무엇입니까? (21:7-8)

   (5) 하나님은 이스라엘 백성에게 왜 이런 규례를 주셨을까요? (21:8-9)

들에 엎드러진 피살체에 관한 규례

오늘 본문에서 우리는 무고하게 죽음을 당한 사건을 아주 심각하게 다루는 하나님의 규례를 봅니다. 살인범을 알 수 없는 피살체가 들에서 발견되면, 그것은 하나님의 백성들의 공동체에 대단히 엄중한 문제로 받아들여졌습니다. 타인의 죽음에 무감각하고 영화에서 살인을 즐길거리로 바꾸어 놓은 오늘날의 현실과는 정반대의 모습을 보여줍니다. 모세를 통하여 내려준 본문의 규례는 '하나님의 형상으로 지음받은 인간의 생명의 존엄성'을 가르치는 규정입니다. 이것은 성경의 일관된 강조점들 가운데 하나입니다. 무엇보다도 예수님도 "사람이 만일 온 천하를 얻고도 제 목숨을 잃으면 무엇이 유익하리요 사람이 무엇을 주고 제 목숨을 바꾸겠느냐"(마 16:26)라고 강조하셨습니다. 따라서 살인은 그 존엄한 생명을 '되돌릴 수 없이 최종적으로 해치는 짓'이며, 그 생명을 주신 '하나님을 모독'하는 끔찍한 범죄입니다.

인간 생명의 존엄함

본문의 규례를 지킴으로써 가나안에 정착한 이스라엘 백성은 주변의 모든 다른 족속들과는 달리 생명의 존엄함, 생명을 주신 하나님의 뜻을 깊이 되새기게 됩니다. 변사체가 발견된 우연한 계기를 통하여, 일상에서의 생명에 대한 존중심을 다시금 되새기게 됩니다. 바로 그런 정신을 거룩한 백성들에게 심어주시는 계명이 십계명의 여섯 번째 계명입니다.

하나님 형상인 인간의 생명의 소중함을 강조하는 제6계명과 관련하여, 구약성경은 '의도'를 중요하게 여깁니다. 그래서 과실치사의 경우에는 도피성이라는 형무소 제도(민 35:9-29; 신 19:1-13)를 마련한 반면, 모살(謀殺)의 경우에는 살인자가 신성한 성막의 제단 뿔을 잡았더라도 용서하지 말고 사형에 처하도록 규정합니다(출 21:14). 이런 정신은 아주 구체적인 판례들에도 잘 나타납니다. 집주인이 도둑을 막다가 쳐죽인 경우, 그의 행위가 정당방위의 한계 안에 있었는가 여부를 판단하는 기준('동이 텄는가 여부')도 이런 기준에서 이해됩니다(출 22:2-3). 평소에 사람을 잘 받는 버릇이 있는 소를 미리 예방하지 않은 것은 사고가 아니라 살인이라고 평가(출 21:28-31)하는 것도 마찬가지로 '고의성 혹은 의도'라는 원리와 연결됩니다. 살인범을 알 수 없는 변사체에 대한 처리 방식을 가르치는 오늘 본문에도 근본적으로 '생명의 존귀함'에 대한 인식이 깔려 있습니다. 하나님은 우리가 생명을 존중하게 여기길 바라는 분입니다.

2. 누가복음10:25-37 (율법의 강령과 선한 사마리아인 비유)

(1) 율법교사는 예수님에게 무엇을 질문하였습니까? (10:25)

(2) 예수님의 대답은 무엇입니까? 하나님이 우리에게 율법을 주신 본의는 무엇입니까? (10:26-28)

(3) '내 이웃은 누구인가?'라는 질문에 대한 예수님의 대답은 무엇입니까? (10:36-37)

율법의 강령과 영생

구약의 핵심 교훈, 즉 율법의 강령을 제시하는 구절은 마 22:34-40; 막 12:28-31에도 있습니다. 그렇지만 선한 사마리아인의 비유를 들어 가르친 것은 오직 누가복음에만 기록되어 있습니다. 다른 두 본문들에서는 예수님이 사랑의 이중계명을 친히 요약하여 가르치시는데 반해, 누가복음은 율법사가 십계명의 정신을 요약하여 대답합니다.

율법교사의 질문은 '영생'을 얻는 방법에 관한 것입니다(25절). 영생이란 시간적으로 끝없는 삶을 뜻하지만, 그러나 성경이 이 개념으로 중요하게 가르치는 것은 단순히 길이가 아니라 독특한 질(peculiar quality)을 가진 삶입니다. 영생은 하나님이 선물로 주신 생명입니다. 그것은 무엇보다도 다가 오는 시대 하나님 나라에 적합한 생명입니다.

사랑의 이중계명

생명과 마음과 뜻과 힘 네 가지(보통 세 가지)로 표현된 것(27절)은 인간이 '그 자신의 전부로써' 하나님을 섬겨야 한다는 뜻입니다. 이것은 '너희 몸'을 거룩한 산 제사로 드리라는 사도 바울의 표현과 마찬가지입니다(롬 12:1). 우리의 전부로서 사랑하고 섬기라는 말씀입니다. 영생의 길은 온전한 사랑으로 하나님을 섬기는 것에서 찾을 수 있습니다. "네 대답이 옳도다 이를 행하라 그러면 살리라"(28절)는 예수님의 말씀은 바로 이런 종류의 온전한 사랑, 곧 예수 그리스도를 통하여 하나님이 우리에게 친히 베풀어주신 사랑을 말합니다. 그러므로 영생의 길을 묻는 질문에 대한 예수님의 대답은 하나님에 대한 우리의 언약적 사랑입니다. 사도 요한이 가르치듯이 그 하나님 사랑은 당연히 이웃에 대한 사랑으로 표현되어야 합니다: "누구든지 하나님을 사랑하노라 하고 그 형제를 미워하면 이는 거짓말하는 자니 보는 바 그 형제를 사랑하지 아니하는 자는 보지 못하는 바 하나님을 사랑할 수 없느니라" (요일 4:20).

금령이 내포하는 명령

장로교회의 대교리문답은 십계명을 올바르게 이해하는 원리들 가운데 네 번째로, "어떤 의무를 명하는 곳에서는 그와 반대되는 죄를 금하며, 어떤 죄를 금하는 곳에서는 그와 반대되는 의무를 명합니다. 이와 같이 어떤 약속이 덧붙여진 곳에는 그와 반대되는 경고가 포함되어있고, 어떤 경고가 덧붙여진 곳에는 그와 반대되는 약속이 포함되어 있습니다"(WLC 제99문답)라고 가르칩니다. 이 원리에 따라 제6계명을 생각해보면, 강도만난 자에게 이웃으로 다가간 선한 사마리아인이야말로 '생명의 존귀함'을 깊이 마음에 새기고 실천한 사람이라고 할 수 있습니다!

종교개혁자 마틴 루터는 바로 이런 성경의 근본 교훈을 따라 제6계명을 설명합니다:

"어떤 사람이 실제로 악한 일을 한 경우뿐 아니라 이웃에게 선행을 베풀지 못하거나, 기회가 있음에도 불구하고 이웃이 육체적인 피해나 상해를 입지 않도록 지키고 보호하고 예방하지 못할 경우, 그는 이 계명을 어긴 것입니다. 입힐 옷이 있는데도 어떤 사람을 벌거벗겨 내쫓는다면, 당신은 그가 얼어 죽도록 방치한 것입니다. 사람이 굶주림으로 고통 받는 것을 보고도 먹이지 않는다면, 당신은 그가 굶어 죽도록 방치한 것입니다. 마찬가지로, 죽음이나 그와 유사한 위험에 처한 사람을 발견하고 어떤 조처를 취해야 할지 알면서도 그를 구하지 않는다면, 당신은 그를 죽인 것입니다. 말이나 행동으로 그를 죽게 하지 않았다고 변명해도 아무 소용이 없습니다. 왜냐하면 당신은 그에게 사랑을 베풀지 않았고 그의 생명

> 을 구할 수 있도록 도와 주지 않았기 때문입니다. 그러므로 하나님이 육체의 궁핍과 생명의 위기에 처한 사람에게 조언하고 도와 주지 않는 모든 사람을 살인자로 일컫는 것은 정당합니다."
>
> (루터, *대교리문답*)

II. 교리문답이 가르치는 제6계명의 교훈

1. 제6계명의 본문에 대한 올바른 이해

(1) '살인하다'(*ratsach*)라는 단어의 정확한 의미

스위스의 구약학자 스탐(J.J. Stamm)에 따르면, 제6계명에서 사용된 '살인하다'(*ratsach*)라는 단어는 구약성경에서 46회 혹은 47회 정도 사용된 반면, (사람을) '죽이다'(*harag*과 *hemit*)라는 동사는 각각 165회와 201회 나타납니다. 그러므로 제6계명이 말하는 '살인'은 일반적인 의미로 '사람의 생명을 빼앗는다'는 뜻보다는 훨씬 더 구체적인 어떤 행위를 가리키는 말입니다. 스탐의 연구에 따르면, '라차흐'(*ratsach*)라는 단어는 '하나님께서 명하신 살인'의 경우에는 결코 사용되지 않으며, 또한 '전쟁에서의 살인'에도 사용되지 않습니다. 다만 민 35:30이 오직 한 차례의 예외적인 사례로 볼 수 있습니다: "사람을 죽인 모든 자 곧 살인한 자는 증인들의 말을 따라서 죽일 것이나 한 증인의 증거만 따라서 죽이지 말 것이요." 그런데 이 사례 역시 역시 법정에서 재판을 거친 합법적 처형을 말합니다. 그러므로 '라차흐'라는 제6계명의 단어는 항상 '불법적인 살인'(illegal killing), 즉 '부당하고, 법에 상충되는' 살인의 경우에만 적용됩니다.

(2) 반사회적인, 사회에 이바지하지 않는 살인

그런데 이 단어는 또한 '고살'(willful or intentional killing)에만 한정되어 사용되지는 않습니다. 사전에 계획하지 않은 살인을 말할 때에도 사용되었습니다: "이는 과거에 원한이 없이 부지중에 살인한 자가 그 곳으로 도피하게 하기 위함이며 그 중 한 성읍으로 도피한 자가 그의 생명을 보전하게 하기 위함이라"(신 4:42). 이런 용법을 고려하여, 스탐은 '라차흐'를 '반사회적인 그리고 사회에 봉사하는 것이 아닌' 살인으로 정의합니다. 따라서 법률에 따른 사형 집행이나 전쟁 중의 불가피한 살인은 제6계명과 상충되는 것이 아닙니다. 그러나 복수를 위하여 개인적으로 원한 가진 자를 살해하는 (반사회적인) 일은 분명히 금지됩니다.

(3) '율법에 어긋나는' 살인:

따라서, 이 계명을 바르게 표현하려면, '살인'(kill)이 아니라 '살해'(murder), 곧 '미리 계획된, 불법적 살인'(premeditated unlawful killing)이라는 단어를 사용하는 것이 좋습니다. 그래서 네덜란드 개혁교회의 구약언어학자 레팅하(J.P. Lettinga) 교수는 제6계명을 "율법에 어긋나는 살인을 하지 말라"라고 번역하기도 합니다. 그런데 이 표현은 '율법에 합치하는 살인의 경우'를 인정하는 것입니다. 대표적으로 성경이 인정하는 '합법적인 살인 혹은 죽임'(lawful killing)의 사례들은 사형 제도(출 21:12, 14; 롬 13:4)와 (하나님께서 인정하신) 전쟁에서의 살상입니다(수 11:18-23). 이런 관점에서 장로교회의 대교리문답은 제6계명에서 금지된 죄를 '공적 재판이나 합법적인 전쟁 혹은 정당방위 외에 우리 자신이나 다른 사람들의 생명을 빼앗는 모든 행동'이라고 정의합니다(WLC 제136문답).

2. '생명의 존귀함'이라는 근본 사상

(1) 하이델베르크 교리문답

　개혁교회의 교리문답은 세 문답들(HC 제105-107문답)을 할애하여 제6계명을 설명하는데, 각 문답에서 '살인하지 말지니라'는 명령을 주신 하나님의 깊은 뜻이 무엇인지 빠짐없이 언급합니다. 생각이나 말이나 몸짓으로 이웃을 미워하거나 해쳐서는 안될 뿐만 아니라 '오히려 모든 복수심을 버려야 한다'(HC 제105문답)는 교훈이나, '살인의 뿌리가 되는 시기 증오 분노 복수심을 하나님이 미워하시며 그것들을 살인으로 간주하신다'(HC 제106문답)는 경고, 그리고 제6계명에 나타난 하나님의 뜻을 온전히 받들기 위해서는 '이웃을 자신처럼 사랑하여, 인내와 화평과 온유와 자비와 친절을 보일 뿐 아니라, 우리가 할 수 있는 한 그들을 해악으로부터 보호하고, 나아가 원수에게도 선을 행해야 한다'(HC 제107문답)는 해설은 제6계명의 짧은 금령이 포함하고 있는 하나님의 뜻을 풍성하게 일깨워줍니다. 선한 사마리아인의 이야기를 들려주신 예수님이 친히 이 계명과 관련하여 "너희 원수를 사랑하며 너희를 박해하는 자를 위하여 기도하라"고 깨우쳐주십니다(마 5:44).

(2) 웨스트민스터 대교리문답

　장로교회의 교리문답들은 십계명 이해의 올바른 원리에 따라 '금지된 것과 반대된 명령'을 잊지 않고 강조합니다. 대교리문답은 이 원리를 제6계명에도 적용하여, 하나님이 이 계명으로 요구하신 의무를 '우리 자신과 다른 사람의 생명을 보존하기 위해 주의 깊은 연구와 합법적인 노력을 아끼지 않는 것'이라고 가르칩니다(WLC 제135문답). 그러므로 생명을 보존하기 위한 모든 종류의 노력들은 그것이 과학적(의학적) 연구이든, 건축과 관련된 규정이든, 천재지변에 대한 예방 및 대처이든, 인간의 존엄한 생명을 위한 마땅한 노력으로 평가되어야 합니다. 겉보기에는 이런 인류의 노력들이 십계명과 직접적으로 무관한 것처럼 보일 수도 있지만, 근본적인 동기에서 깊이 연결되어 있음을 알게 됩니다. 그와 동시에, 만일 우리가 개인적인 혹은 사회나 국가적인 차원에서 그러한 연구와 노력을 충분히 기울이지 않는다면, 그것은 인간의 존귀한 생명을 위하여 내려 주신 하나님의 제6계명을 어기는 일이 될 것입니다.

3. 제6계명과 관련된 오늘날의 주요 사안들

(1) 사형 제도를 둘러싼 논란

성경은 사형 제도를 찬성하는데, 그 근거는 '인간의 생명에 대한 존경'입니다(창 9:6). 그런데 바로 그 동일한 근거로 오늘날 많은 국가들이 사형 제도를 폐지하고 있습니다. 그러므로 우리는 성경이 가르치는 사형 제도의 두 가지 목적을 살펴볼 필요가 있습니다. 첫째, 인간의 생명의 소중함은 살인자의 피 값을 치러야 할 정도로 귀중하다는 사상입니다. 둘째, 사형 제도를 통하여 (살인을 방지함으로써) 생명을 보호한다는 것입니다. 이 둘째 목적과 관련하여 사도 바울은 '정부에 주신 칼의 권세'를 말합니다(롬 13:4). 보복의 권한은 오직 하나님에게 있으므로(롬 12:19), 개개인이 복수를 하려고 해서는 안됩니다. 그 대신 하나님은 공적인 보복의 권한을 정부에 주셨습니다(롬 13:4).

구약성경을 보면, 과거에 이런 보복의 권한은 친족에게 있었습니다. 그러나 그런 시절에도 우리는 사적인 보복을 제어하기 위한 장치들을 주신 것을 알 수 있

습니다: 도피성 제도, 재판에서 일정 수 이상의 증인들(민 35:30), 성의 장로들(신 19:12; 수 20:4), 재판에 관한 규정들(민 35:12; 수 20:6). 이처럼 구약에서는 가족(친족)에 의한 보복에서 정부에 의한 권위로의 바람직한 발전의 모습을 찾을 수 있습니다. 여기서 한발 더 나아가, 아예 사형 제도의 폐지로 나아가는 것 역시 바람직한 발전일까요? 네덜란드는 1870년에 사형 제도를 폐지하였습니다. 그러나 제2차 세계대전 이후 오직 전범 처리를 위하여 다시 부활되어 400여명의 사형 판결자들 가운데 41명에 대한 사형을 집행하였습니다. 1981년 미국의 기독개혁교회(CRC) 총회는 사형 제도와 관련하여 다음과 같이 공식적인 입장을 발표하였습니다: "국가는 사형을 실행할 권리를 가지지만 그것을 반드시 집행해야 할 의무는 없다. 만일 사형이 실시될 때에는 극도로 절제되어야 한다"(Acts of the Synod of the Christian Reformed Church, 1981). 이 결의는 성경의 원리와 인간의 현실을 모두 잘 고려한 결과입니다. 제6계명은 하나님의 공의를 이 땅 위에서 집행하는 수단으로서 국가 권력에 사형 제도를 합법화 합니다. 그러나 타락한 인간은 빈번하게 이 제도를 오용, 남용, 악용하였습니다. 길지 않는 대한민국의 역사에서도 이 제도가 무고한 생명을 빼앗은 사례들이 많이 있었습니다. 권력자의 폭력적 위협이나, 사법부의 제도적 인간적 한계들이 사형 제도의 정당성을 의심하게 합니다. 이런 현실을 고려할 때, 미국 기독개혁교회 총회의 결정은 시사하는 바가 큽니다.

(2) 낙태(Abortion)

'태아'도 생명입니까? 성경은 분명히 그렇다고 말합니다: '내 형질이 이루어지기 전에 주의 눈이 보셨으며'(시 139:16). 그래서 교부 테르툴리아누스(Tertullianus)는 '인간이 되어가는 과정에 있는 것은 이미 인간이다'라는 유명한 기준을 제시하였습니다. 적어도 이 문제에서는 개신교와 로마 카톨릭의 의견이 완전히 일치합니다. 예를 들어, '태아'에 관한 종교개혁자 칼빈의 입장과 로마 교황의 회칙 '인간의 생명'(*Humanae vitae*, 1968)은 동일한 성경적 원리를 천명합니다. 그러나 안타깝게도 근대에 들어와서 개신교는 낙태 문제에 대해 거의 발언하지 않았습니다. 다행하게도 1960년대 이래 프란시스 쉐퍼 박사의 지속적인 노력 덕택에 개신교회 속에서도 낙태 문제에 관하여 관심을 갖게 되었습니다. 고재수(N.H. Gootjes) 교수는 낙태와 관련하여 가장 먼저 고려되어야 할 사항을 정확하게 지적합니다. 원치 않는 임신의 경우에 낙태당하는 아기는 '자신을 지킬 수 없는 가장 약한 사람'이라는 사실입니다. 이것은 우리 자신과 다른 사람의 생명의 존중함을 적극 보호하도록 명하신 하나님의 뜻을 어기는 행위입니다.

그렇다면 '낙태가 불가피한 경우들'은 없을까요? 다우마(J. Douma) 박사는 현대 사회에서 논의되는 네 가지 합법적 낙태의 근거들로서, 의학적, 심리학적, 우생학적, 윤리적 근거들을 제시합니다. 그리고 이 가운데 첫째와 둘째가 경우가 비교적 강력한 논의라고 보일 뿐, 나머지 근거들은 비록 세속적으로는 합법화될지도 모르지만, 하나님의 뜻에는 분명히 어긋난다고 지적합니다. 그리스도인들은 이 문제에 관한 성경적인 원칙을 우선 분명히 세워야 합니다. 그리고 (낙태가 정당화되는 경우들에도) 우선 출산을 도울 수 있는 환경을 조성하는 것에 관심을 기울여야 합니다. 실제로 윤리적(ethical), 심리학적(psychological) 근거들로 인한 낙태의 경우, 대체로 개인 차원의 문제가 아니라 그 사회적 차원의 문제로 논의되어야 할 필요가 있습니다. 왜냐하면 그런 경우의 출산이 가져다 줄 엄청난 사회적 난관들이 낙태를 조장하고 있기 때문입니다. 입양이 이런 경우들을 해결하는 좋은 수단이 될 수 있습니다. 테레사 수녀는 '입양이야말로 낙태를 저지할 수 있는 강력한 수단'이라고 올바르게 지적하였습니다.

(3) 안락사(*Euthanasia*)

과연 어떤 근거로 안락사를 '좋은 죽음'이라고 부를 수 있을까요? 일반적으로 이런 종류의 죽음에는 두 가지가 있습니다: 본인의 동의에 따른 안락사, 본인의 동의가 없는 안락사. 그런데, 이 두 가지 모두에 대해, 그리스도인은 제6계명의 근본 정신에 따라 분명한 입장을 가져야 합니다. 본인의 동의가 없는 안락사의 경우, 한 인격체로서 스스로 삶을 지탱하기 어려울 것으로 판단되는 형편의 사람들에 대하여, 그 관계된 다른 사람들의 결정에 의하여 생명을 거두는 것이 과연 합당할까요? 혹은 본인의 동의에 따라 스스로의 목숨을 결정한 경우에, 이 역시 가장 핵심적인 내용으로서, 과연 하나님께서 주신 자신의 목숨을 스스로 던질 권한이 있는가 하는 질문을 제기해야 합니다. 왜냐하면 '안락사 개념에 내재해 있는 위험들'이 있기 때문입니다:

첫째, 안락사는 생명의 가치에 관한 다원주의(Darwinism)로 연결되기 쉽습니다. 세계의 역사에서 그 반성경적인 사상이 나치의 잔인한 인종 말살 정책으로 연결되었다는 사실을 우리는 잘 알고 있습니다. 생명의 가치를 신적인 기준이 아니라 인간적인 기준으로 바꾸어 놓을 때, 선한 의도로 시작한 일들이 참혹한 결과를 가져오는 것을 우리는 종종 목격합니다.

둘째, 소위 전문가의 오진과 잘못된 이해관계의 개입 문제입니다. 이 두 가지는 별개로 혹은 서로 연결되어 안락사 문제와 연결됩니다. 네덜란드는 2001년 4월 12일 안락사를 합법화하는 법령을 발표하였습니다. 이 법안은 안락사와 인간의 존엄에 관하여 대단히 신중하고 사려 깊은 사상을 담고 있습니다. 그러나, 과연 안락사를 합법화 하는 것이 사람의 부패한 본성에 문을 열어주는 것은 아닐까요? 병상에 오랜 기간 누워 치유의 희망이 없는 분들을 대하는 사람들에게 안락사의 합법화는 어떤 영향을 끼칠까요? 모든 법은 그것을 운용하는 사람들에게 크게 좌우됩니다. 그래서 이런 예민한 문제들에서 '전문가'의 판단을 아주 위험한 것으로 간주한 프란시스 쉐퍼 박사의 지적을 돌아볼 필요가 있습니다. 실제로, 영국의학저널(British Medical Journal, July 6th 1996)의 연구보고에 따르면, 왕립신경병원(Royal Hospital for Neurodisablility)에서, 1992년에서 1995년 사이에 PVS로 진단받은 환자 중 43%가 오진(誤診)으로서, 그들은 의식을 가지고 의사소통을 할 수 있는 상황이었습니다. 또한 장기밀매와 같은 반인륜적인 상거래가 엄연히 현존하는 타락한 세상에서, 안락사 여부를 판단하는 일에도 악한 탐욕이 영향을 끼치지는 않을지 주의하지 않을 수 없습니다.

(4) 자살(Suicide)

자살은 현대사회의 심각한 병리현상입니다. (서구사회를 기준으로) 25세 이하 사망 원인 가운데, 사고사와 암(癌)으로 인한 사망 다음에 세 번째 사망 원인이 자살이기 때문입니다. 교회는 전통적으로 자살 역시 제6계명을 어기는 것으로 간주하고, 엄격하게 반대하는 입장을 취해 왔습니다. 개혁주의 교리문답들은 모두 일관되게 '자신의 생명'에 대한 책임을 그 계명에 포함시키고 있습니다!

자살에 대한 적극적인 기독교적 대처로서, 이웃과 사회에 대한 배려가 중요합니다. 다우마 박사는 "수많은 자살에 이르는 몸짓들은 고독의 심연에서 솟아 오르는, 도움을 구하는 외침에 다름 아니다"라고 올바르게 지적합니다. 그러므로 자살이라는 문제와 관련하여 우리가 제6계명을 잘 지키기 위해서는, 그런 병리 현상을 '지옥갈 나쁜 짓'으로 비난하기 보다는 오히려 궁지에 빠진 이웃들을 적극적으로 돌아보아야 할 것입니다.

교회는 자살이라는 죄악을 엄중하게 경계해야 합니다. 인간의 생명은 그 자신의 소유가 아니라 하나님의 것이기 때문입니다. 그러나 그런 강조가 지나쳐서 '자살하면 모두 지옥간다'는 성경적으로는 부정확한 주장만 앞세우는 것은 옳지 않습니다. 이 문제는 예민한 논쟁을 불러 일으킬 수 있으므로 주의 깊게 성경의 가르침을 살펴볼 필요가 있습니다. 성경에는 모두 여섯 번의 자살 사례들을 기록하고 있습니다. 그 가운데 사사 삼손(삿 16:23-31)은 오늘날 마치 자살특공대와 같이 죽었습니다. 그러나 히브리서는 그를 신앙의 영웅으로 기록하고 있습니다. 그러므로 우리는 '자살은 곧 지옥행'이라는 주장에 중요한 예외가 있다는 사실을 알 수 있습니다. 그외에 사울 왕(삼상 31:4-5), 압살롬의 참모 아히도벨(삼하 17:23), 북이스라엘의 시므리 왕(왕상 16:18), 그리고 가룟 유다(마 27:5)의 사례들이 있습니다. 이 가운데 가룟 유다의 자살은 그가 버림받은 자라는 사실과 직접적으로 연결되어 있습니다.

(5) 대행살인(vicarious murder)

'대행 살인'이란, 다른 사람들이 저지르는 살인범죄 행위를 지켜보며 즐기고 빠져드는 현상을 말합니다. 이것은 살인, 암살, 전쟁의 공포를 느끼게 하는 우리의 양심을 마비시키고, 살인에 대한 사랑을 우리 마음에 각인시킵니다. "18세의 미국 청소년은 평균 4만 건의 살인 장면을 각종 매체를 통하여 지켜보았다"는 통계가 있습니다(B.H. Edwards, *The Ten Commandaments for today*). 다양한 대중 매체를 통하여 우리와 자녀들에게 압도적으로 밀려오는 이러한 대행살인들이 얼마나 위험한 영향을 주는지, 우리는 영화가 아니라 현실에서 일어나는 각종 총기 사고들과 끔찍한 범죄들을 통하여 생생하게 볼 수 있습니다.

III. 교리문답을 따라 드리는 우리의 기도

'제6계명의 교훈에 따른 묵상과 기도'

1. 나의 죄를 회개하고 오직 예수 그리스도를 바라봅니다!

　(1) 산상보훈에서 깨우쳐주신 율법의 참된 정신에 따르면, 예수 그리스도를 제외하고 그 누구도 하나님의 계명을 온전히 지킬 수 없습니다. 우리는 모두 제6계명을 날마다 어기는 죄인입니다.

　(2) 십계명은 우리 영혼의 참된 실상을 비추어 주는 거울입니다. 거룩하신 하나님 앞에서 나의 잘못된 모습을 감추고 덮으려 하지 말고, 예수 그리스도의 십자가 공로를 의지하여 회개하는 것이 복된 자세입니다. 예수님, 말과 생각과 행동으로 제6계명을 어긴 나의 죄를 뉘우칩니다. 나를 긍휼히 여겨주시옵소서!

2. 나도 선한 사마리아인의 삶을 살게 하소서!

　(1) 하나님의 크신 사랑을 마음에 새기며, 주의 말씀을 순종하고 실천하게 하소서!

　(2) 주님의 사랑이 필요한 이웃들에게, 내가 주의 천사처럼 쓰임 받게 하소서!

제 23장
십계명 묵상 08

성결하신 하나님의 성결한 백성
(살전 4:1-8)

    인간의 타락으로 망쳐진 하나님께서 창조하신 아름다운 것들 가운데 대표적인 것이 결혼입니다. 한 남자와 한 여자가 혼인을 통하여 한 몸이 되는 것은 본래 하나님의 창조 질서의 영광에 속합니다. 왜냐하면 그것은 '하나님의 형상'(Imago Dei)을 반영하기 때문입니다: "하나님이 자기 형상 곧 하나님의 형상대로 사람을 창조하시되 남자와 여자를 창조하시고"; "이러므로 남자가 부모를 떠나 그의 아내와 합하여 둘이 한 몸을 이룰지로다"(창 1:27; 2:24). 한 남자와 한 여자가 결합하여 한 몸의 교제를 나눔으로써 하나님의 사랑과 연합을 체험하고 또 그 아름다움을 드러내는 것, 바로 이것이 결혼의 본래 목적입니다.

제7계명은 직접적으로 혼인의 신성함을 지키라고 가르칩니다. 그러나 모든 계명들이 그러하듯, 이 계명 역시 하나님의 백성들의 성결을 가르치는 한층 더 깊은 뜻이 있습니다. "하나님의 뜻은 이것이니 너희의 거룩함이라"(살전 4:3)라는 말씀이 그 사실을 잘 가르칩니다. 오늘 본문에서 사도 바울은 그 근본적인 명령을 그 거룩한 삶의 구체적인 모습을 부부 관계와 성적 순결함과 연결하여 교훈합니다.

I. 성경 본문 묵상

1. 사도 바울이 예수 그리스도의 뜻을 받아 데살로니가 교회에 '하나님을 기쁘시게 하기 위하여' 명령으로 전해 준 교훈은 무엇입니까? (4:1-3)

2. 이 문맥에서 사도 바울이 말하는 '거룩함'이란 구체적으로 무엇을 의미합니까?

   (1) 음란을 버릴 것(4:3b): ('음란'(*porneia*)과 반대되는 개념):

   (2) 아내에 대한 태도(4:4):

   (3) '색욕'(*pathos epithumia*)을 버리는 것(4:5):

   (4) 이웃사랑(4:6):

3. 우리를 하나님의 백성으로 부르신 근본 목적은 무엇입니까? (4:3, 7)

4. 성적인 정결의 명령, 곧 제7계명을 저버리는 것은 곧 누구를 저버리는 것입니까?

   (1) 왜 그렇습니까? (cf. 고전 6:15-20)

   (2) 제7계명이 적극적으로 가르치는 바는 무엇입니까? (cf. 고전 6:19-20)

   (3) 다음 구절들은 제7계명의 근본 정신을 무엇이라 가르칩니까? 그 모범은 무엇입니까?

   - 에베소서 5:1-9

   - 히브리서 13:1-8

하나님을 기쁘시게 하는 삶의 실천

십계명은 하나님의 은혜의 선물입니다. 그 교훈에 따라 살아가면 우리를 생명으로 인도하기 때문입니다. 십계명은 하나님을 기쁘시게 하는 삶이 무엇인지 구체적으로 가르쳐줍니다. 그래서 사람의 제일되는 목적을 이루도록 구원받은 성도들을 이끌어 줍니다. 사도 바울은 데살로니가 교회 성도들에게 복음을 전할 때 하나님의 백성이 '마땅히 행할 바, 하나님을 기쁘시게 하는 방법'을 가르쳐주었습니다. 그 가운데 오늘 본문은 제7계명의 교훈과 직결되는 내용을 다루고 있습니다. 부부 관계와 성적 순결은 거룩하신 하나님이 자기 백성에게 요구하시는 거룩한 삶의 중요한 부분입니다. 그러므로 그 뜻을 저버리는 것은 다만 인간의 규정을 무시하는 것이 아니라 거룩하신 성령 하나님을 저버리는 것입니다(4:8). 이 계명을 어기면 주께서 친히 처벌하실 것입니다(4:6). 사도 바울의 이 경고는 성적인 순결을 대단히 싫어하는 오늘날 세상에 대단히 의미심장한 말씀입니다.

II. 교리문답이 가르치는 제7계명의 교훈

1. '성결한 삶'과 결혼

하이델베르크 교리문답은 제7계명의 근본 정신이 '우리의 몸과 영혼이 모두 성령의 전이므로 몸과 영혼을 순결하고 거룩하게 지키는 것'이라고 올바르게 지적합니다(HC 제109문답). 따라서 이 계명은 단순히 부부 관계에 한정되는 것이 아니라 '독신으로 있든지 혼인 관계에 있든지' 모든 부정한 말과 생각과 행동을 다 규제한다고 가르칩니다(HC 제108문답). 이 계명의 뜻을 밝혀주는 대표적인 성경의 증거구절들은 간음의 뿌리인 음욕(마 5:27-28), 선한 행실을 더럽히는 악한 친구들의 영향력(고전 15:33), 방탕함 곧 더럽고 죄악된 행실로 이끌어 가는 술취함(엡 5:18) 등을 포괄적으로 언급하고 있습니다. 이런 것들은 모두 하나님이 내려주신 복된 제도인 결혼을 망치는 타락한 인간의 죄악에서 나오는 것들입니다.

(1) '하나님의 형상'(*Imago Dei*)으로 지음 받은 인간과 결혼 제도

창세기 1:26-28에 기록된 인간 창조에 관한 말씀에서, '하나님의 형상'이라는 중요한 개념은 '다스림'과 '교제'라는 두 가지 개념과 직접적으로 연관됩니다. 모든 피조물을 다스리시는 하나님의 주권을 대리한다는 점에서, 그리고 삼위 하나님의 영원한 교제를 남자와 여자의 결합으로 통하여 반영한다는 점에서 인간은 하나님을 가시적으로 대표하는 형상으로 지음받았습니다. 특히 사랑의 교제라는 하나님의 속성을 반영하는 결혼의 제도는 하와의 창조 기사에 분명하게 나타납니다. 하나님이 만드신 '지극히 좋은' 세상에서 유일하게 하나님 보시기에 좋지 못한 것은 아담이 독처하는 것이었습니다(창 2:18). 구별되지만 서로 연합하

여 한 몸이 될 수 있는 배필 하와를 주셔서 아담과 결혼하게 하셨을 때, 인간은 온전히 하나님을 반영하는 존재가 될 수 있었습니다.

(2) 타락 이후에 이 하나 됨의 교제인 부부 관계는 어떻게 변질되었습니까?

"내 뼈 중의 뼈요 살 중의 살이라"는 멋진 시로 부부 관계의 본질적인 유대와 사랑을 표현하였던 창조의 아름다운 모습이 변질되어, 서로 비난하고 책임을 돌리는 관계가 되었습니다. 하와에게 내리신 벌은 그런 왜곡된 부부 관계를 뚜렷하게 보여줍니다: "너는 남편을 원하고 남편은 너를 다스릴 것이니라"(창 3:16). 나중에 가인에게 경고하신 말씀, 곧 "죄가 너를 원하나 너는 죄를 다스릴지니라"(창 4:7)라는 말씀에서 사용된 단어와 구조가 꼭 같은 이 말씀은 '깨어진 관계'를 정확하게 묘사하는 말씀입니다: '아내는 남편을 마음대로 휘두르려고 하지만, 남편은 그것을 폭력적으로 맞설 것입니다.' 타락한 인간은 혼인의 신성함을 깨뜨려 버렸습니다. 라멕과 더불어 시작된 일부다처제(polygamy; 창 4:19)는 여러 가지 형태로 하나님의 백성 안에도 들어왔습니다. 믿음의 조상 아브라함은 상속자를 얻기 위하여 하갈을 첩으로 삼았고, 이스라엘의 열왕들도 정치적인 이유로 혹은 여타 사정으로 일부다처제를 시행하였습니다. 그 시대 애굽의 악한 풍습에 물들어 있었던 이스라엘 백성들의 형편을 고려하여 모세는 율법에서 이혼에 관한 규정을 만들어 '혼인의 신성함'을 가르치려 하였으나(신 24:1-4), 남자들은 오히려 그것을 자의적인 이혼을 정당화하는 구실로 삼았습니다(마 19:3). 구약 시대에는 일반적으로 간음을 다른 사람의 배우자와 동침하는 것으로 이해하였고, 그것을 특히 남편의 위신과 '소유권'에 대한 침해로 해석하였습니다. 대표적으로, 밧세바와 간음한 다윗을 훈계하기 위하여 나단 선지자가 경고한 내용 역시 '가난한 이웃의 소유를 탈

취한 죄악'으로 규정되었고 그에 상응하는 처벌을 받았습니다(삼하 12:1-12).

(3) 구속 받은 그리스도인의 부부 관계는 어떻게 변화됩니까? (엡 5:22-33)

　신약 시대에 이르면, 하나님께서 본래 세우신 혼인 제도의 본 뜻이 다시 분명하게 가르쳐집니다. 그 법을 만드신 성자 하나님이 친히 '본래는 그렇지 아니하니라'는 말씀으로, 혼인의 신성함을 위하여 주신 계명을 이혼의 방편으로 왜곡시킨 바리새인들을 꾸짖으셨습니다. 사도 바울 역시 남성 중심의 왜곡된 율법 이해를 바로잡아, 남편과 아내 양측의 동등한 권한과 의무를 강조합니다: "아내는 자기 몸을 주장하지 못하고 오직 그 남편이 하며 남편도 그와 같이 자기 몸을 주장하지 못하고 오직 그 아내가 하나니"(고전 7:4). 이처럼, 부부는 사랑의 교제 안에서 하나님을 온전히 섬기기 위하여 한 몸이 된 존재입니다. 사도 바울은 그 사실을 올바르게 가르치기 위하여 남편과 아내의 관계, 곧 혼인의 관계를 예수 그리스도와 교회의 관계에 비유한 것입니다.

2. 결혼, '간음을 피하는 수단'?

　고린도 교회에 보낸 편지에서 사도 바울은 결혼에 관하여 오늘 우리에게는 상당히 당황스러운 교훈을 줍니다: '음행을 피하기 위하여 결혼하라', '절제하지 못하여 사탄의 시험을 받을 수 있으므로, 부부는 분방하지 말라', '절제할 수 없으면 결혼하라. 정욕이 불 같이 타는 것보다 결혼하는 것이 낫다'(고전 7:2, 5, 9). 사도의 이런 표현들이 별로 로맨틱하게 들리지 않는 것은 분명합니다. 그러나 그것은 우리의 문제이지, 하나님의 뜻을 전달하는 사도 바울의 문제는 아닙니다. 왜냐하면 그는 여기서 결혼 그 자체보다 더 중요한 것으로 '거룩'을 말하고 있기 때문입니다(7:14, 16).

그리스도인은 결혼 여부에 앞서 '거룩'으로 부름을 받은 자들입니다. '하나님이 거룩하니 너희도 거룩하라'는 명령은 성경이 일관되게 가르치는 가장 근본적인 소명입니다. 이런 근본적인 소명에 비추어 우리는 '결혼 할 것인지 여부'와 결혼한다면 '누구와 결혼할 것인지' 그리고 '어떻게 올바른 결혼 생활을 일구어 갈 것인지'을 성경의 가르침에 따라 묵상해야 할 것입니다(cf. 엡 5:22-33; 벧전 3:1-7). 또한 이런 근본적인 소명에 비추어 우리는 '결혼제도 안에서의 간음'을 경고하는 고대교회 교부들의 경고에도 주목해야 할 필요가 있습니다. 결혼은 하나님께서 제정하신 거룩한 제도이므로 무절제의 추악을 벗어버릴 수 있게 해 주지만, 결혼이라는 제도를 틈타서 무절제를 격발해서는 안됩니다. 합법적인 결혼 관계 안에서라면 남편과 아내는 무슨 짓을 해도 무방하다는 생각은 제7계명을 내신 하나님의 본의(本意)에 비추어 볼 때 명백하게 잘못된 일입니다. 그러므로 남편은 아내를, 아내는 남편을 신중하게 대하여야 하며, 혼인의 존귀함과 절제에 합당하지 않는 일은 일체 허용하지 말아야 합니다. 이런 관점에서 밀라노의 주교 암브로우스는 "결혼 생활에서의 수치나 체면을 개의치 않는 사람은 자기 처를 간음하는 자이다"라고 경고하였습니다.

3. 독신생활과 이중 윤리

(1) '은사'로서의 독신: 결혼의 강압성을 제거

결혼도 은사이며 독신도 은사입니다. 모두 다 하나님께서 그리스도인들이 거룩하고 단정하게 살아가도록 하기 위하여 내신 방도입니다. 결혼 자체는 의무가 아닙니다. 오직 '주 안에서 결혼하는 것'이 의무입니다. 주님을 더 잘 섬기기 위하여 독신으로 지내는 것은 (주께서 허락하신다면) 더 좋은 선택이 될 수도 있습니다. 실제로 교회의 역사에서 독신의 은사를 잘 활용하여 하나님과 이웃을 사랑하는 일에 큰 역할을 한 무수한 그리스도인 남녀가 있습니다. 독신에 대하여 부정적인 선입견을 갖고 있는 개신교도들은 '독신이 은사'라는 사실을 되돌아볼 필요가 있습니다.

(2) '제도'로서의 독신: 로마 카톨릭교회의 오류

독신의 은사를 가지고 있는지 여부와 무관하게, 모든 성직자의 독신 생활을 의무화하는 로마 카톨릭의 성직 제도는 하나님의 선물을 무거운 짐(의무)으로 변질시킨 것입니다. 실제로 그런 제도는 목회서신에서 가르치는 목회자 자격 조건과도 오히려 배치됩니다(딤전 3:2-7; 딛 1:5-9). 다른 한편, 목회자는 반드시 결혼해야 한다는 통념도 성경의 가르침을 올바르게 반영한 것은 아닙니다. "자신이 독신을 계속하기에 적합한 동안만 결혼을 단념하라. 정욕을 억제할 힘이 없어지면, 주께서 이제는 결혼의 필요성을 자신에게 부과하신 것을 인정하라"는 충고가 성경의 교훈에 더 가깝습니다.

그런데, 성직자의 독신 제도는 (성경에서 가르치지 않는) 헬라적인 '영육이원론'과 그에서 파생된 '이중 윤리'에 깊이 뿌리를 내리고 있습니다. 이 제도는 고대교회 이래로, 영혼과 육체를 대립적으로 보고 영혼이 육체보다 고상하며, 따라서 금욕적인 독신 생활이 결혼 생활보다 한층 더 경건한 삶이라는 사고방식이 기독교회 안에 들어온 결과입니다. 이것은 성적 윤리가 지극히 타락하였던 고대 로마 사회에서, 곧 초창기 교부들의 사상에서부터 두드러지게 나타나는데, 이런 이원론에 입각한 이중적 윤리를 성경적으로 바로 잡은 것은 종교개혁 이후, 특히 하나님의 창조의 선함을 강조한 청교도 사상에 와서야 온전히 이루어집니다.

'청교도' 관점에서 본 초기 기독교의 지나친 금욕주의

"청교도 설교가들은 가톨릭의 견해를 아주 대담하게 거부했다. 그들은 거듭 가톨릭의 성배척을 마귀적인 발상으로 몰아붙였다. 윌리엄 구지(William Gouge, 1575-1653)는 '결혼을 금하는 것은 귀신의 가르침으로밖에 볼 수 없다. 왜냐하면 하나님 말씀에 반하는 가르침이기 때문이다'라고 말했다. 리처드 시브즈(Richard Sibbes, 1577-1635)는 '그토록 고결한 결혼을 얕잡아 평가하게 한 자는 다름 아닌 마귀이다'라고 말했다. 토마스 게이테거(Thomas Gataker, 1574-1654)에 따르면, '혼내정사(이것은 사도의 말씀이다)는 더러움과 아무 상관이 없다 … 그러나 사탄의 영은 이 사람들, 아니 짐승들의 말을 빌려 이렇게 말한다. '결혼은 추잡한 것이야'라고.' …

가톨릭 교리는 결혼보다 순결이 더 월등하다고 천명했다. 그러나 청교도는 결혼이 '독신생활보다 훨씬 더 우수한 … 상태'라고 응수했다. 많은 가톨릭 주석가들은 성관계가 타락의 결과이고, 낙원에서는 생소한 것이라고 주장했다. 반면 청교도들은 결혼이 하나님께서 '이 죄악된 세상에서가 아니라 즐거움 가득한 기쁨의 동산 에덴에서' 세우신 제도임을 상기시켰다 … 가톨릭 교리가 지배하던 시대에는 성과 결혼의 고귀함이 유린당했다. 청교도들은 그런 태도를 똑 같은 맹렬함으로 반대했고, 오늘날에까지 이어지는 전통을 수립해 놓았다."

리랜드 라이큰, *청교도 - 이 세상의 성자들*

4. 오늘날 그리스도인의 거룩한 삶과 성윤리

(1) 현대 사회의 특징인 성적 방종

"오늘날 우리가 사는 사회는 제7계명을 극단적으로 싫어하는 세상입니다. 성적인 관계는 종종 이따금씩 만나 즐기는 일종의 스포츠 혹은 돈을 지불하고 이용하는 서비스가 되었습니다. 그리고 종종 사람들은 불법적인 형태의 성적 관계를 가장 좋아합니다." 이것은 오늘날 미국의 현실에 대한 평가입니다. 그런데 한국 사회 역시 그 형편이 크게 다르지 않은 것 같습니다. 전통적인 유교적 윤리 규범이 급속히 힘을 잃으면서, 우리 사회는 성적인 측면에서 지나칠 정도로 자유로운 풍조가 만연하게 되었습니다. 급격한 성윤리의 변화에 교회 역시 많은 영향을 받고 있습니다. 유교적 관념에 편승하여 제7계명의 교훈을 깊이 있게 가르치고 실천하지 못한 까닭에, 한국의 그리스도인들 역시 한국 사회와 마찬가지로 마음과 몸의 '정결함'을 소홀하게 여기는 경향이 있습니다. 그러나 제7계명은 하나님의 거룩하심을 해치는 중대한 범죄입니다. 그래서 신구약 성경 곳곳에서 하나님은 간음에 대하여 엄중하게 경고하십니다(레 20:10; 시 51:4; 잠 6:32; 엡 5:3; 계 21:8).

(2) 청교도의 구체적인 교훈(WLC 제138-139문답)

웨스트민스터 대교리문답은 십계명에 대한 가장 자세한 해설을 담고 있는 장로교회의 보물 가운데 하나입니다. 각 계명들에 대한 해설을 보면, 너무 상세하고 구체적이어서 때로는 기가 질리는 듯 합니다. 오늘날의 느슨한 기독교 윤리에서 바라보면 지나치게 엄격하지 않은가 내심 불평을 할 수도 있을 것입니다. 그러나, 잉글랜드라는 나라가 청교도 혁명의 수십 년을 거치면서 완전히 변화되었던 원인이 어디 있을까 생각해보면, 십계명을 삶의 규범으로 받아들이고 철저하게 적용한 청교도들의 경건의 실천을 주목하지 않을 수 없습니다.

특히 제7계명과 관련하여 대교리문답의 자세한 교훈들은 마치 로마서의 초두에 기록된 타락한 로마 사회에 대한 사도 바울의 날카로운 비판을 떠올리게 합니다. 그리고 '율법이 죄를 깨우치지 않으면, 죄인줄도 모른다'고 지적한 말씀이 오늘 우리에게도 생생하게 적용된다는 사실을 상기하게 됩니다. 로마인들이 당연하게 여기고 '자기도 할 뿐 아니라 다른 사람에게도 권하였던' 그런 일들을 사도 바울은 가증한 죄악들이라고 그 정체를 폭로하였습니다. 대교리문답의 자세한 규정들 역시 오늘날 그리스도인들이 어느덧 당연하게 혹은 큰 죄책감 없이 받아들이는 사회적 관습들이 얼마나 하나님을 노엽게 하는 것인지 우리에게 일깨워줍니다.

제7계명에서 요구하는 의무와 금지하는 죄에 관한 대교리문답의 설명을 간추려 봅시다:

▷ 육의 추악이나 정욕의 난무에 의하여 더럽혀지지 말 것

- 간음, 음행, 강간, 근친상간, 남색, 과도한 정욕, 부정한 망상과 생각, 부패하고 추잡한 교제, 단정치 못한 옷차림, 불법적인 결혼의 시행(예, 초야권), 매음을 허락하거나 관용하는 것(예, 터키탕), 결혼의 부당한 지연, 중혼, 부당한 이혼, 음탕한 노래와 서적과 그림과 춤 등에 탐닉하는 것 등.

- "주께서 성별하시고 축복하신 결혼 관계 이외의 남녀의 결합은 모두 하나님 보시기에 저주받은 것이며, 결혼 제도는 무절제한 정욕에 빠지는 것을 막는 대책이다."

▷ 우리 삶의 '모든 부분'을 정결과 극기로 정리할 것

- 이 계명의 범위는 단순히 혼외 정사에 그치는 것이 아니라, 말과 생각까지

도 포함하고 있습니다. 산상보훈에 나타난 예수님의 가르침은 - "간음할 목적으로 혹은 그런 상상을 하면서 여인을 쳐다보는 것" - 이 사실을 분명하게 보여줍니다. 하나님께서는 겉으로 드러난 행위뿐 아니라 그 마음의 동기를 보십니다.

- 정결한 친구를 사귀는 것(고전 15:33), 부부가 사랑하며 동거할 것, 눈으로 보는 것과 감각으로 느끼는 것들을 조심하고 절제할 것, 우리의 직업에 근실하게 노력하는 일까지 요구하고 있습니다.

(J. 보스 & G.I.윌리엄슨, *웨스트민스터 대교리문답 강해*)

III. 교리문답을 따라 드리는 우리의 기도

'제7계명의 교훈에 따라 더 깊이 묵상하고 기도할 주제들'

1. 결혼 없는 동거 생활

　서구 사회에서 오래 전부터 시행되어 사회적으로 폭넓게 받아들여진 '결혼 아닌 동거' 생활이 제7계명과 관련하여 교회의 문제로 부각됩니다. 이 문제에 대해서는 첫째, 목회적으로 그 동거의 이유와 목적을 구별하여 접근할 필요가 있습니다. 제7계명에 대한 반대로서의 동거 생활인지, 아니면 경제적, 법률적 사정 등으로 인한 동거 생활인지를 살펴보고, 그에 따라 적절하게 목회적 대처를 해야 합니다. 그렇지만, 근본적으로 성경이 말하는 부부의 하나됨의 전인격적, 전포괄적 성격을 잘 가르쳐서(제7계명의 정신을 따라) 동거가 대체할 수 없는 결혼의 신성하고 복된 성격을 올바르게 일깨워주는 노력이 필요합니다.

2. 동성애(Homosexuality)

　오늘날 이데올로기적 주장으로 강력하게 제기되는 동성애는 제7계명을 근본적으로 위협하는 교회 안팎의 심각한 문제입니다. 이것을 소수자의 인권 문제인지, 아니면 도덕성에 관한 문제로 구분하는 것부터, 나아가 동성애적 특징에 대한 의학적인 판단에 대한 평가에 이르기까지 상이한 의견이 팽팽하게 맞서고 있습니다. 그런데, 교회 안팎에서 동성애를 옹호하는 사람들이 직면하는 가장 근본적인 문제는 동성애를 죄악으로 분명하게 가르치는 성경의 일관된 교훈과 원칙입니다(레 18:22-23; 20:13; 롬 1:26-27). 우리는 이런 성경적 원리를 사수해야 합니다. 그런데, 바로 그런 원리에 확고하게 서서, '죄인'을 부르시고 치유해 주신 예수 그리스도의 사랑을 어떻게 그 몸된 교회가 실천할 수 있는지, 동성애

옹호자들에 대해서도 진지하게 고민해야 할 것입니다.

3. 이혼과 재혼

예수님은 음행의 연고를 이혼의 합당한 사유로 인정하셨습니다(마 5:32; 19:9). 그런데 사도 바울은 가부장적인 로마 사회에서 신앙의 차이로 인하여 버림을 받을 경우 이혼을 허락합니다(고전 7:15-16). 재혼에 관해서는 성경이 명시적으로 말씀하지 않지만, 합당한 이혼의 사유들을 인정하는 개신교의 입장에서는, 그런 경우일 때 재혼의 가능성 인정한다고 해석할 수 있습니다. 그러나 합당하지 않은 이혼(혹은 별거)의 경우는 결코 자유롭게 재혼할 상태가 아닙니다(고전 7:10-11).

인생의 가장 힘들고 어려운 상황에 직면하였을 때, 하나님의 말씀이 가르치는 원리를 우선 분명하게 붙잡는 것이 중요합니다. 그러나 그 원리를 선포하는 것으로 목회적 과제가 해결되는 것은 아닙니다. 하나님의 뜻을 저버리지 않고 거룩하고 경건하게 살아갈 수 있도록 기도와 격려와 지혜로운 조언들이 필요합니다.

이외에도 대리모(Surrogate), 인공수정(in vitro fertilization), 자녀들의 성교육 등 제7계명과 관련된 중요한 주제들은 많이 있습니다. 이 각각의 토픽들에 관해서도 우리는 '성결한 백성'으로 우리를 부르신 하나님의 거룩하신 뜻을 분명히 밝히면서, 항상 보혜사 성령 하나님의 인도하심과 지혜와 긍휼을 간절히 구해야 할 필요가 있습니다. 제7계명을 어김으로써 더욱 심각한 죄악 가운데 빠져들어, 하나님과의 샬롬을 잃어버렸던 다윗 왕이, 선지자 나단의 책망을 통하여 깊이 회개하며 고백한 대로, 성령 하나님이 우리 가운데 '정한 마음, 정직한 영'을 새롭게 해주시지 않으면, 우리는 결코 거룩한 하나님의 성결한 백성으로 살아갈 수 없기 때문입니다!

제 24장
십계명 묵상 09

재물의 청지기
(눅 16:1-15)

예수님은 누가복음16:1-13에서 '불의한 청지기'라는 재미있는 비유를 들려주셨습니다. 얼핏 읽어보면, 마치 예수님이 불의한 청지기의 악한 꾀를 칭찬하신 것 같아 고개를 갸웃거리게 하는 이 비유는, 그 문맥을 잘 살펴서 메시지의 핵심 내용을 올바르게 이해할 때 아주 깊은 의미를 담고 있다는 사실을 깨닫게 됩니다. 그런데, 이 비유는 재물에 관한 그리스도인의 올바른 관점을 가르쳐 준다는 점에서 제 8계명과 깊은 관련이 있습니다. 이 비유는 주인이 맡긴 재물을 자기 것인 양 써버린 청지기가 주인의 해고 통고를 받게 되고, 살 길이 막연하게 된 청지기가 앞 날을 걱정하며 지혜를 짜내는 것으로 이야기가 시작됩니다. 예수님이 이 비유를 통하여 제자들을 깨우쳐주시려 하였던 영적 교훈은 과연 무엇일까요? 이것이 제8계명을 올바르게 이해하고 실천하려는 오늘 우리 그리스도인들에게 주시는 교훈과 지혜는 무엇일까요?

I. 성경 본문 묵상

1. 처세술에 관한 말씀인가, 영적 진리를 가르치는 말씀인가?

    (1) 주인에게 통고 받기 이전의 청지기의 행적과 그 이후 행적을 비교해 봅시다.

    - 그는 어떤 잘못을 저질렀습니까? (16:1-2)

    - 청지기 직무의 남은 기간 동안 그가 열심히 행한 일은 무엇입니까? (16:3-7)

    - 도덕적인 기준에서 이 청지기를 칭찬할 일이 있습니까?

    (2) 주인의 이중적인 평가

    - 그의 행위 자체에 대한 주인의 평가는 무엇입니까? (16:8a)

    - 그럼에도 불구하고 청지기가 주인의 칭찬을 받은 까닭은 무엇입니까? (16:8b)

    (3) 예수님은 이 '불의한' 청지기의 처신에서 본받아야 할 교훈이 무엇이라고 말씀하십니까? (16:9)

2. 재물에 관한 하나님의 관점과 판단 기준

    (1) 다음의 대조적인 표현들은 각각 무엇을 가리키는 말입니까?

    - 지극히 작은 것과 큰 것(16:10):

    - 불의한 재물과 참된 것(16:11):

    - 남의 것과 너희의 것(16:12):

    (2) 이 비유를 통하여 예수님께서 깨우쳐 주시려는 핵심 교훈은 무엇입니까?

    - 13절은 어떤 점에서 이 비유를 올바르게 해석하는 대전제가 됩니까?

    - 예수님께서 원하시는 '우리의 지혜로운 청지기' 역할은 무엇입니까?

(3) 이 비유를 비웃은 바리새인에 대한 예수님의 경고의 말씀은 무엇입니까?
　　- 이 비유의 맥락에서 바리새인의 특징을 무엇이라고 지적합니까? (16:14)
　　- 예수님에 따르면, 우리 삶에 대한 하나님의 평가 기준은 무엇입니까? (16:15)

불의한 청지기가 칭찬을 받은 까닭

"주인이 이 옳지 않은 청지기가 일을 지혜 있게 하였으므로 칭찬하였으니"(16:8)라는 구절은 이 비유를 주신 예수님의 뜻을 그 전체 문맥을 통해 올바르게 이해하지 않으면, 우리의 일반적인 도덕 감정과 자칫 충돌합니다. '주인의 소유를 허비하여 해고당한' 청지기가 자신의 앞날을 걱정하여 여전히 주인의 재산을 마음대로 처분한 일을 칭찬하는 것으로 오해될 수 있기 때문입니다. 예수님의 비유에서 주인이 이 '옳지 않은' 청지기를 칭찬한 것은 그의 '악한 꾀에서 나온 대처방법' 때문이 아니라 '다가올 미래를 걱정하고 대처하는 지혜' 때문입니다. 즉, 청지기의 행위에 대한 도덕적 판단은 '옳지 않은, 악한'이라는 말로 잘 표현되는 반면, 칭찬받은 일은 이 세대의 아들들과 비교하여 평가되는 '미래에 대한 대처'에 있습니다. 종교개혁자 칼빈은 바로 그점을 올바르게 지적합니다: "여기서도 이 구절에만 구애되어 설명하려고 한다면 지혜롭지 못함을 쉽게 알 수가 있습니다. 타인의 재산을 제멋대로 분배하는 행위를 칭찬할 이유가 없으며, 자기 재산을 훔쳐가고 자기에게 빚진 자들을 제멋대로 놓아 보내는 부정직한 악한을 참아 볼 자가 누구겠습니까? 자기 소유의 일부가 횡령되고 나머지는 도적에 의하여 분산되고 있는 것을 보고도 이를 찬성한다면 이는 어처구니 없는 우둔한 자일 것입니다. 그러나 그리스도께서 의미하신 바는 잠시 후에 말씀하고 계시는 것처럼 하나님의 자녀들이 하늘의 영원한 생명을 보살피거나 이 생명에 관하여 연구하고 이를 생활화하는 것보다 이교도나 세상에 속한 자들이 이 덧없는 세상의 재산을 보살피는 데 더욱 근면하고 지혜롭다는 것입니다. 이 비교로써 주님은 이교도들이 이 세상에 그들의 보금자리를 마련해야 한다고 하는 미래에 대한 눈을 가지고 있는데 반하여, 우리는 최소한 그들이 가진 눈조차도 갖지 못하여 뼈 없이 생활하는 우리의 태만을 책망하고 계십니다."

이 비유를 통하여 주시는 영적 교훈

불의한 청지기의 예를 들어 예수님이 제자들에게 깨우쳐주시려는 영적 교훈은 세 차례나 반복되는 대조적 표현에서 뚜렷하게 나타납니다: '지극히 작은 것과 큰 것'(16:10), '불의한 재물과 참된 것'(16:11), '남의 것과 너희의 것'(16:12). 이 각각의 표현들에서 전자는 우리의 이생의 삶에서 하나님한테 위탁받은 것을 의미하고, 후자는 오는 세상에서 우리에게 주실 영원한 것을 말합니다. 이 비유의 중요한 전제 가운데 하나는, 우리가 가진 모든 소유는 다 하나님의 것이며 우리는 이 땅에서 살 동안 그것을 맡아 '주인의 뜻'에 합당하게 사용하도록 위탁 받은 '청지기'라는 사실입니다. 우리에게 위탁하신 재물 역시 '지극히 작은 것' 가운데 하나입니다. 그것을 주인의 뜻에 따라 올바르게, 그리고 지혜롭게 사용할 때, 하나님께서 더 큰 것 곧 영생의 약속을 주십니다. 이로써 예수님의 핵심 메시지가 분명해집니다. 청지기로 우리는 이 세상에서 오직 하나님을 온전히 섬겨야 합니다. 그런데 재물(맘몬)을 하나님과 겸하여 섬기는 우상 숭배로는 다가올 미래를 지혜롭게 대처하지 못한다는 것입니다!

바로 이런 관점에서 종교개혁자 칼빈은 이 비유의 주된 목적이, 우리가 이웃들에게 친절하고 관대한 태도를 보여야 한다는 점을 보여주는 것이라고 가르칩니다: "우리가 하나님의 심판대 앞에 서게 될 때, 우리는 이웃에 대한 우리의 관대함(liberality)의 열매를 거둘 것입니다."

다시 돌이켜 불의한 청지기의 비유를 묵상하면, 오늘 우리 자신이 '주인의 소유를 허비하는' 불의한 청지기가 아닌지 되돌아보게 됩니다. 불신자들도 (금생으로 한정되어 있는) 자신의 미래를 위하여 지혜를 짜내고 노력하는데, 영원한 나라를 소망하는 하나님의 백성인 우리가 세월을 아끼지 않고 하나님이 나에게 맡기신 모든 재물과 시간과 재능과 은사를 허랑방탕하게 사용하고 있는 것이 아닌가 회개하게 됩니다. 우리는 과연 지극히 작은 것, (영원한 가치를 가진 것이 아니라 다만 이 세상에서 소용되는 것이므로 일반적인 용법으로) 불의한 것으로 표현되는 것, (하나님이 나에게 맡기신 것이므로 내 것이 아닌) 남의 것에 얼마나 정성을 다하여 경영하고 있습니까? 우리는 착하고 충성된 종으로 살아가고 있습니까, 아니면 주인이 맡긴 것을 땅에 파묻어두고 회계할 날이 다가올 때까지 '자신 자신의 삶'을 즐기고 살아가는 '악하고 게으른 종'입니까?

II. 교리문답이 가르치는 제8계명의 교훈

1. 청지기 사상

'도적질하지 말지니라'라는 단순하고 명료한 제8계명은 그 근본적인 기초로서 성경이 일관되게 가르치는 청지기 사상을 가리켜 보여줍니다. 구약과 신약 모두에서 성경은 천하 만물이 다 주님의 것이라고 분명히 가르칩니다(시 24:1; 행 14:17). 그리고 하나님의 형상으로 지음받은 인간은 참 주인인 하나님을 대리하는 청지기라고 강조합니다. 그리고 오늘 본문에서 예수님이 강조하듯이, 청지기의 사무를 회계할 때가 있습니다. 모든 사람들은 자신에게 맡기신 하나님의 선물들을 어떻게 잘 경영하였는지 주인 앞에 내어놓고 평가를 받아야 합니다. 달란트 비유, 므나 비유에서 우리 주님은 그 사실을 거듭 강조하여 가르쳐 주셨습니다. 우리의 인생이 과연 올바른 청지기 직분의 수행인지 여부를 가늠하는 중요한 척도를 오늘 본문은 "지극히 작은 것에 충성된 자는 큰 것에도 충성되고 지극히 작은 것에 불의한 자는 큰 것에도 불의하다"(눅 16:10)로 표현합니다. 금생에서 우리 각자에게 맡기신 것을 얼마나 신실하게 경영하는가 여부가 내세에서의 삶을 좌우합니다!

제8계명을 주신 뜻을 여기서 잘 이해할 수 있습니다. 이 계명은 우리에게 맡긴 소유로 하나님을 바르게 섬길 것을 가르칩니다. 하나님의 은혜를 올바르게 깨닫지 못한 사람은 자신의 소유, 돈, 재산을 우상으로 숭배합니다. 그러나 예수님은 우리에게 맡겨주신 것으로 하나님을 올바르게 섬기라고 가르쳐 주십니다. 이런 관점에서 하이델베르크 교리문답은 제8계명이 '모든 탐욕을 금하시고, 그의 선물들이 조금이라도 잘못 사용되거나 낭비되는 것을 금하신다'고 가르칩니다(HC 제110문답). 탐욕에서 기인하는 도둑질, 강도질뿐 아니라 이웃의 소유를 속임수와 간계로 빼앗는 것을 비롯한 모든 합법적 비합법적 악행들을 정죄하십니다. 나아가, 제8계명을 통하여 우리에게 적극적으로 요구하시는 바는 '성실한 노동을 통하여 나와 이웃의 유익을 증진시키고, 어려운 형편의 가난한 사람들을 돕는 일'이라고 교훈합니다(HC 제111문답).

2. 자족하는 마음

제8계명이 금하는 측면을 먼저 살펴봅시다. 이웃의 소유를 해 치는 일에는 '작위'(commission)와 '부작위'(omission)의 두 가지 방식을 구별하여 볼 수 있습니다. 전자는 남의 것을 직접 수탈하는 것(출 22:1; 겔 45:9-10; 눅 3:13-14)이고 후자는 마땅히 주어야 할 것을 주지 않는 형태(레 19:13; 약 5:4)로 제8계명을 어기는 것입니다. 장로교회의 대교리문답은 온갖 종류의 위반 형태들을 아주 자세하게 나열하는데, 그것은 타락한 인간의 실상을 그대로 드러내어 보여줍니다: "제8계명에서 금지된 죄들은 요구된 의무를 등한히 하는 일 외에도 도적, 강도, 납치, 장물 소유, 사기행위, 속이는 저울과 치수 재기, 땅의 경계표를 마음대로 옮기는 것, 사람들 사이에 맺어진 계약이나 신탁에 대한 불공정과 불신실, 억압, 착취, 고리대금, 뇌물징수, 소송 남용, 불법적 봉쇄와 추방, 물가 인상을 위한 매점매석, 부당한 값을 부르는 것, 우리의 이웃에게 속하는 것을 그에게서 취하거나 억류해 두거나 우리들 자신을 부유하게 하기 위한 다른 모든 일에 불공평하거나 죄악된 방법들과 탐욕과 세상 재물을 과도하게 소중히 여기고 좋아하는 것이며, 그것을 얻어 보존하고 사용함에 있어서 의심하고 괴롭게 하는 염려와 노력, 다른 사람의 번영에 대하여 질투하는 것, 또 게으름, 방탕, 낭비적 노름과 다른 방법으로 우리의 재산에 대하여 부당한 편견을 가지는 것이며, 우리 자신을 속여 하나님께서 우리에게 주신 재물의 바른 사용과 안위를 갖지 못하게 하는 것입니다"(WLC 제142문답).

17세기 잉글랜드에 국한하지 않고 현대 사회에까지 두루 살펴보면, 제8계명은 다양한 차원에서 심각하게 위반되어 왔다는 사실을 알 수 있습니다. 국가간의 도둑질과 그 폐해를 제국주의 시대 국가간의 도둑질 경쟁의 결과 나타난 제1, 2차 세계대전을 온 세계가 끔찍하게 경험하였습니다. 자본주의 세계 체계 안에서 소위 보이지 않는 손 '시장'의 작동 방식은 항상 선진국이라는 중심부 국가들의 이익을 위하여 후진국이라는 주변부 국가들이 합법적으로 수탈당하는 형태로 진행됩니다. 그뿐 아니라 한 사회 내에서도 신분과 계층에 따른 불평등이 이웃 사랑을 위하여 주신 제8계명의 정신을 항상 왜곡합니다. 오늘날에는 저작권, 일조권 등 무형의 재산에 대한 도둑질도 만연합니다. 심지어 성경은 '부모의 물건에 대한 도둑질'도 엄하게 책망합니다: "부모의 물건을 도둑질하고서도 죄가 아니라 하는 자는 멸망 받게 하는 자의 동류니라"(잠 28:24).

이런 무수한 형태의 도적질, 즉 제8계명에 대한 직접적 간접적 위반의 뿌리는 무엇일까요? 그리스도인은 어떻게 제8계명이 엄하게 경계하는 죄악에서 벗어날 수 있을까요? 사도 바울은 '자족하는 마음'이 올바른 청지기적 삶을 살아가는 경건에 크게 도움이 된다고 가르칩니다(딤전 6:6-19). 왜냐하면 제8계명을 어기게 만드는 동기가 '부자가 되려는 욕망'에서 비롯되기 때문입니다: "부하려 하는 자들은 시험과 올무와 여러 가지 어리석고 해로운 욕심에 떨어지나니 곧 사람으로 파멸과 멸망에 빠지게 하는 것이라"(6:9). '돈을 사랑하는 것이 일만 악의 뿌리'라는 사도의 경고는 십계명의 여러 계명들에 걸쳐 뚜렷하게 나타납니다. 돈을 더 벌려고 안식일을 더럽히며(제4계명), 다른 사람을 해치며(제6계명), 법정에서 거짓 증언을 합니다(제9계명). 심지어 하나님을 섬기노라고 하면서 자기 방식대로 예배드리게 합니다(제2계명). 사도 바울은 재물은 우리의 영원한 생명을 위한 굳건한 기초가 되지 못한다고 부자들에게 분명히 경고하도록 권면합니다: "정함이 없는 재물에 소망을 두지 말고"(6:17). 반대로 자신의 장래를 위한 굳건한 토대는 '선행과 선한 사업과 즐겨 나누어 주는 것과 너그러움'이라고 가르칩니다(6:18). 바울의 이런 권면은 '불의한 청지기'에 관한 예수님의 교훈을 '자신의 재물로 이웃사랑을 실천할 것'으로 연결한 종교개혁자 칼빈의 생각과 일맥상통합니다. 그것이 영원한 생명을 위한 현재의 가장 올바르고 지혜로운 투자입니다!

자족하는 마음은 현세의 것들보다 내세의 축복을 앞세우는 것입니다!

칼빈은 바로 이런 관점에서 참된 경건을 위해 '세상을 멸시'(contempio mundi)하는 자세를 강조합니다. 이것은 세상을 등지라는 주장이 아니라, 청지기 삶을 흐트러놓는 세상적인 유혹들에 맞설 수 있도록 하늘 나라의 삶, 영생의 삶을 바라보는 경건의 실천을 강조하는 교훈입니다. 말하자면, 사도 바울의 '자족하는 마음'을 신앙적 투쟁의 관점으로 표현한 것입니다: "먼저 현세를 경멸하기 전에는 내세를 진지하게 바라고 생각할 마음이 일어나지 않는다. 세상이 무가치하게 되든지 아니면 세상을 강렬히 사랑하게 되든지 하는 것이지, 둘 사이에 중간 지대란 없다. 따라서 영원에 관심이 있다면, 이 악한 족쇄들을 부단히 벗겨 내야 한다 … 그러나 신자들은 현세를 경멸하더라도 그것을 미워하거나 하나님께 감사하지 않는 일이 없도록 습관을 길러야 한다 … 물론 세상이 우리를 죄에 종노릇 하게 하는 경우를 제외하고는 세상을 미워해서는 안 된다. 죄에 종노릇 하는 상황이 싫다는 이유로 삶 자체를 미워해서는 안 되는 것이다 … 그러나 장차 올 불멸과 비교해서 현세를 경멸하고, 현세가 우리를 죄로 얽매이게 하는 점에 있어서 그리고 언제든 주께 기쁨이 될 때는 현세를 버리고 싶은 열망을 품어야 한다." (칼빈, *기독교 강요* III.ix.)

3. 제8계명과 이웃 사랑: '불의한 재물로 친구 사귀기'

장로교회의 대교리문답은 제8계명을 통하여 하나님이 우리에게 요청하시는 올바르고 지혜로운 재물의 청지기 생활의 구체적인 지침들을 상세하게 제시합니다. 제141문답의 주요 내용을 요약하면 아래와 같습니다:

- 사람과 사람 사이의 계약과 거래에서 진실하고 신실하며 공의로울 것

- 각 사람에게 마땅히 주어야 할 것을 주는 것
- 정당한 소유자로부터 빼앗아 불법으로 점유한 물건을 배상하는 것
- 우리의 재능과 다른 이의 필요에 따라 아낌없이 주기도하고 빌려주기도 하는 것
- 이 세상 재물에 대한 우리의 판단과 의지와 애정을 절제하는 것
- 삶에 필요하고 편리한 것들을 얻고 사용, 유지, 처분하는 일에 관한 세심한 돌봄과 연구
- 정당한 직업을 얻어 근면하게 일하는 것
- 검소한 삶
- 불필요한 법률 소송이나 보증서는 일 등을 피할 것
- 모든 공정하고 합법적인 방법으로 나와 이웃의 재산을 획득하고 보존하고 증진하려는 노력

제8계명은 이웃 사랑의 큰 뜻을 구체적으로 실천하라고 가르칩니다!

이런 상세한 규정들이 과연 '도적질하지 말지니라'는 짧은 계명 안에 다 포함되어 있을까? 하는 의구심이 들 수도 있습니다. 그런데, 교리문답을 지도 혹은 가이드북으로 삼아 성경의 곳곳을 탐험해 보면, 우리 하나님의 뜻이 얼마나 일관되게 선포되었는지 새삼 깨닫게 됩니다. 그 대표적인 한 가지 사례로서 선지자 이사야를 통하여 가르치신 '하나님께서 기뻐 받으시는 온전한 금식'(사 58:1-12)에 관한 내용을 생각해봅시다. '금식'을 문자적인 의미로 해석하면 식사를 끊고 간절한 마음으로 엎드리는 종교적 행위입니다. 이사야 시대의 이스라엘은 그런 종교적 의식을 실천하는 것을 경건이라고 생각하였습니다. 그런데, 하나님은 그들과 전혀 다른 해석을 하십니다: "내가 기뻐하는 금식은 흉악의 결박을 풀어 주

며 멍에의 줄을 끌러 주며 압제 당하는 자를 자유하게 하며 모든 멍에를 꺾는 것이 아니겠느냐 ⁷또 주린 자에게 네 양식을 나누어 주며 유리하는 빈민을 집에 들이며 헐벗은 자를 보면 입히며 또 네 골육을 피하여 스스로 숨지 아니하는 것이 아니겠느냐"(6-7절). 불의한 사회 제도의 개혁과 이웃에 대한 자비의 실천을 '하나님이 받으시는 금식'이라고 '재정의'합니다. 아니, 본래 십계명을 비롯한 모든 율법과 규례를 통하여 주신 참 뜻을 다시 한 번 밝혀주십니다. 이처럼 '금식'이라는 종교 행위를 '이웃 사랑'과 연결시키는 이사야 선지자의 율법 해석은 산상보훈 등에서 찾아 볼 수 있는 예수님의 십계명 해석과 아주 일관됩니다! 예수님에 따르면, 율법과 선지자의 강령은 사랑의 이중계명, 곧 하나님 사랑과 이웃 사랑이 서로 뗄 수 없이 연결된 것입니다. 누가 제8계명을 잘 지키는 하나님의 거룩한 백성입니까? 남의 소유를 탐하여 적극적 소극적으로 빼앗는 짓을 삼가는 차원을 넘어서서, 재물의 청지기 직분을 신실하게 실천하는 사람입니다!

III. 교리문답을 따라 드리는 우리의 기도

'제8계명의 교훈에 따른 묵상과 기도'

1. 재물의 선한 청지기 삶을 실천하기 위한 경건의 지혜를 내려주시옵소서!

네덜란드 개혁교회 기독교 윤리학자 다우마(J. Dauma) 박사는 *기독교적 생활양식(Christelijk levensstijl)*이라는 책에서 기독교적 생활양식과 돈의 사용에 관하여 아주 구체적인 지침들을 제시해 줍니다. 그 가운데 '재물의 청지기 직분'을 실천하는 일과 관련하여, 하나님이 우리에게 주신 것을 자유롭게 누리는 일에서 청지기가 설정해야 한계들 혹은 원칙들을 다음 세 가지로 소개합니다:

· '감사'의 규칙: 나의 소유는 하나님한테 받은 선물이므로, 그에 마땅한 자세를 가져야 합니다(딤전 4:1-5; 고전 10:31).

· '상담'의 원칙: 나는 하나님의 청지기이며, 내 소유는 참된 주인한테서 위탁받은 것이므로, 돈 사용에 있어서 그 참된 주인이신 하나님과 상의해야 합니다.

· '절제와 중용'의 원칙: 그리스도인이 맺어야 할 성령의 열매(갈 5:22-23), 자족하는 그리스도인, 참된 재물의 소유지(하늘 나라)를 기억하는 믿음이 선한 청지기에게 요청됩니다(마 6:19; 골 3장).

그리고 세 번째 원칙인 '절제와 중용'의 시금석으로, '가난한 이웃'에 대한 고려가 그리스도인의 올바른 경제 생활을 평가하는 시금석이 되며, 그 이웃의 범위는 성경이 가르치는 대로 '믿음의 식구들로부터 시작하여 우리의 선행의 대상이 되는 모든 사람들'(갈 6:10)이라고 가르칩니다.

그리고 '재물의 청지기 직분을 어떻게 실천할 것인가'에 관한 상세한 제안들이 뒤따르는데, 여기서는 앞서 소개한 원리들에 비추어 우리의 청지기 직분을 돌아보는 거울로 활용하기를 바랍니다.

2. 제8계명의 교훈을 거울 삼아, 착하고 충성된 청지기 삶을 실천하기를 소원합니다!

(1) 청지기 삶을 향한 경건한 열망을 일으켜 주시옵소서! 우리의 시민권은 하늘 나라에 있고, 우리의 가장 소중한 것들도 천국에 쌓아 두어야 한다는 진리를 온 마음으로 실천하려는 열정을 일으켜 주시옵소서!

(2) 이웃 사랑을 구체적으로 실천할 수 있는 '지혜'를 주시고 (누가 내 이웃입니까 하고 묻는 바리새인이 아니라, 도움이 필요한 자를 볼 때마다 기꺼이 다가가는 선한 사마리아인이 되게 하시고), 사람의 시선보다 하나님의 눈길을 더 의식하는 굳센 '의지'를 주시옵소서!

(3) '우리를 위하여 하늘에 오르신 예수 그리스도께서 주시는 유익들'(HC 제49문답)을 항상 기억하며, 개혁주의 신앙이 가르치는 '세상에 대한 경멸'(*contemptio mundi*)의 담대한 신앙을 가다듬게 하소서!

(4) 성령 하나님, 우리의 마음에 충만히 임하셔서 '하늘에 있는 영적인 것들'을 바라보는 참된 그리스도인의 삶을 살아갈 수 있도록 도와주시옵소서!

제 25장
십계명 묵상 10

사랑을 말하는 입
(왕상 21:1-16)

옛날 이스라엘의 도시(城)는 주민들이 서로를 익히 잘 알 수 있는 정도로서 그 규모가 크지 않았습니다. 율법을 어긴 사례가 있어 재판이 열리면, 장로들이 성문에 앉아 피고를 출석시킨 가운데 고발의 내용을 심리하여 판결하였습니다. 지문(fingerprint)이나 DNA와 같은 현대의 과학적인 증거들을 활용할 수 없었던 그 시대의 재판 과정에 중요한 역할을 하는 것은 '증인'(목격자)이었습니다. 증인들의 진술이 재판에 결정적 역할을 하였기 때문에, 신명기 19:15은 '무슨 범죄든지 한 증인이 아니라 두세 증인의 확증을 얻어야 한다'고 신중하게 규정하였습니다.

만일 피고가 유죄로 밝혀지고 그 죄질이 중하여 돌로 쳐서 죽이는 사형이 내려질 때에는, 바로 그 증인들이 제일 먼저 돌을 들어 쳐야 했습니다. 그렇게 자신들의 증언의 진실성을 다시 한 번 확증하였던 것입니다. 만일 증인들이 거짓말한 것이 밝혀지면, 피고가 받아야 할 형벌을 증인들에게 내렸습니다. 그러므로 재판정에 선 증인들은 결코 거짓말하지 말아야 했습니다. 이것이 제9계명의 일차적인 의미였습니다: "네 이웃에 대하여 거짓 증거하지 말지니라"(출 20:16). 오늘 본문은 구약 시대에 일어난 무수한 재판들 가운데 제9계명의 정신을 노골적으로 위반한 대표적인 한 사례를 다룹니다.

I. 성경 본문 묵상

1. 나봇이 법정에서 억울한 누명을 쓰고 사형을 당한 이 사건의 자초지종을 말해 봅시다.

   (1) 사건의 발단은 무엇입니까? (21:1-6; cf. 레 25:23)

   (2) 누가 어떻게 '나봇 재판'을 기획하였습니까? (21:7-10)

   (3) 그 악한 재판의 진행 과정과 결과는 무엇입니까? (21:11-16)

2. 이 악한 재판에 연루된 인물들은 제9계명을 각각 어떻게 어겼을까요? (cf. HC 제112문답)

   (1) 아합 왕:

   (2) 이세벨 왕비:

   (3) 이스르엘의 장로들과 귀족들(재판관):

   (4) 비류 혹은 불한당(거짓 증인):

   (5) 재판에 참석한 무리(이 재판의 관찰자들):

3. 관련된 사람 가운데 제9계명을 직접 어긴 사람은 누구입니까? 그런데 야웨 하나님께서는 누구를 정죄하시고 책망하셨습니까? (21:17-24)

나봇 재판

　오늘 본문은 북이스라엘의 아합 왕이 이스르엘 궁전 부근에 있는 나봇의 포도원을 (나름대로 좋은 조건으로) 구입하려다가, 이스라엘 자손들이 대대로 보유해야 할 가문의 기업에 관한 '야웨 하나님의 율법의 규정' 때문에 얻지 못하자 일어난 일을 기록하고 있습니다. 명색에 하나님의 백성 이스라엘을 다스리는 왕이었으므로, 아합은 감히 그 율법의 규정을 어기지 못하고 그냥 삐쳐서 먹지도 않고 침상에 누워버립니다. 그의 아내 이세벨이 자초지종을 듣고는 '아연' 합니다. 이스라엘의 하나님을 경외하지 않는 두로 출신의 이세벨에게는 왕이 좋은 조건으로 구매하려는 포도원을 나봇이 거절하는 현실이 도무지 이해되지 않습니다. 열왕기상 21:7에 "그의 아내 이세벨이 그에게 이르되 왕이 지금 이스라엘 나라를 다스리시나이까?"라는 구절을, 화란어 어린이 성경의 작가 잉버슨(G. Ingwersen)은 '순간 이세벨은 아연하여 말문이 막혀버렸다'고 묘사합니다. 자기 나라 두로(Tyre)에서는 결코 일어날 수도 없는, 생각할 수도 없는 현실이기 때문입니다. 그녀로서는 하나님의 율법이 왕보다 더 위에 있는, 이스라엘의 사고방식이 도무지 이해되지 않습니다!

　이세벨은 자기의 남편 아합 왕을 '왕답게' 만들기 위하여, 바로 그 하나님의 율법을 이용한 계략을 꾸밉니다. 이스르엘 장로들에게 편지를 써서, 거짓된 증인들을 매수하여 나봇을 재판 석상에서 중대한 죄목으로, 곧 사형을 받을 만한 죄목으로 고발하게 하고, 재판장들은 그 거짓 고발을 받아들여 나봇에게 사형을 언도하고 집행하게 합니다. 그런 다음, 아합 왕에게 '모든 문제가 해결되었으니, 이제 왕답게, 나봇의 포도원을 차지하여 원하던 대로 채마밭으로 삼으라'고 기쁜 소식을, 침상에서 벌떡 몸을 일으킬 좋은 소식을 전합니다. 아합은 소원이 성취되어 좋았지만, 그러나 제9계명을 주신 하나님께서는 대단히 진노하여 선지자 엘리야를 통하여 하나님의 공의로운 심판을 선언하게 하신 것을 우리가 알고 있습니다.

나봇 재판의 관련자들과 제9계명

(1) 아합: 직접적으로는 전혀 무관하지만, 이 모든 악행의 '원인'이자 최대 '수혜자'입니다. 하나님은 다른 누구보다도 아합의 책임을 물으셨습니다: "네가 죽이고 또 빼앗았느냐!"(21:19) 애초에 아합의 절제하지 못하는 탐심이 많은 사람들을 심각한 범죄에 빠뜨렸습니다!

(2) 이세벨: 이 악한 재판의 계획자이자 지시자입니다. 왕후 이세벨은 이스라엘의 왕이라도 하나님의 율법 아래 있다는 사실을 받아들일 수 없었습니다. 따라서 하나님의 율법을 존중하려는 마음이 전혀 없었고, 오히려 그 율법의 절차를 악용하여 죄없는 자에게 누명을 씌우는 일을 주도하였습니다.

(3) 장로들과 귀족들: 공의로운 재판을 담당해야 할 재판장의 책무를 어긴 자들입니다. 출세를 위해서든, 아니면 두려움 때문이든, 공의롭게 재판해야 할 책임을 직접적으로 어긴 자들입니다. 시편 82편은 하나님이 재판관들에게 막중한 임무를 맡겼다는 사실을 깨우치며, 따라서 그들은 하나님의 공의에 따라 가난하고 연약한 자들, 힘없고 불쌍한 자들을 돌아보아야 할 의무를 지고 있었습니다. 그러나 나봇 재판에서 이 악한 재판관들은 불의에 앞장서며 죄악을 저지릅니다.

(4) 비류 혹은 불한당: 돈으로 매수되었든지 혹은 협박당하였든지, 무죄한 나봇에게 죄를 뒤집어 씌우는 거짓 증인의 역할을 합니다. 만일 문자적으로만 제9계명을 해석하면, 오직 이들이 제9계명을 어긴 자들입니다. 그러나 앞서 말했듯이, 하나님은 무엇보다도 아합에게 이 악한 재판의 책임을 묻습니다. 오히려 이런 비류들은 몸통이 아니라 '깃털'에 불과합니다.

(5) 재판에 참석한 백성들: 나봇이 어떤 평판을 가지고 있었는지 우리는 구체적으로 알지 못합니다. 그러나 왕의 요구 앞에서도 율법의 규정을 지키려 하였던 나봇의 경건을 참조할 수 있습니다. 그런데 그의 동향 사람들은 진리가 가리워지는 악한 재판의 현실을 보고도 침묵한 것 같습니다. 제9계명의 정신은 이런 사람들의 무관심한 태도 역시 책망의 대상이라고 지적합니다.

시편 82편: 재판관 = 엘로힘

- 하나님께서는 인간 사회의 재판관들의 맡는 임무가 막중하다는 사실을 시편 82편을 통하여 특별히 가르치십니다. 성경에서 인간을 '엘로힘'이라는 하나님의 이름으로 지칭하는 보기 드문 두 구절이 바로 이 시편에 있습니다(82:1, 6). 재판관은 하나님(*elohim*)과 같습니다. 공의로써 선한 자와 악한 자를 분별해야 하는 재판관의 일은 바로 참되신 재판장이신 하나님의 일을 위임받아 하는 일이기 때문입니다. 그들은 하나님의 공의를 따라 가난하고 연약한 자들, 힘없고 불쌍한 자들을 돌아보아야 할 의무가 있습니다(82:3-4).

그러나 하나님의 백성 이스라엘 안에서도 인간 재판장들은 왕왕 자신에게 주어진 존귀한 임무를 망각하고, 하나님보다는 세상의 권세자들과 부자들의 비위에 맞추어 호의호식하며 살아가기를 선택하였습니다. 하나님의 공의를 드러내지 않는 재판장들은 사회의 정의와 질서를 흔드는 자들입니다(82:5). 그래서 이 시편은 불의한 재판장들에 대한 책망으로 시작하며, 하나님의 공의로운 심판을 호소하는 기도로 끝이 납니다.

II. 교리문답이 가르치는 제9계명의 교훈

1. 법정에서의 정직하고 올곧은 증언 – 생명과 관련된 중요한 문제

제9계명은 단순히 '거짓말하지 말라'는 뜻으로 이해할 수 있는 계명이 아닙니다. (물론, '거짓말하지 않고 살아간다'는 것이 결코 단순한 일도 아니며, 쉬운 일은 더욱 아닙니다.) 이 계명은 우선 '법정에서의 증언'과 관련된 계명이고, 또한 (다른 계명들과 마찬가지로) 단지 행위뿐만 아니라 그 동기까지 살펴야 할 내용이 포함되어 있습니다. 경우에 따라서는, 바로 그 동기에 따라 하나님께서는 고의로 거짓말한 자를 오히려 크게 칭찬하시는 일도 있었습니다. 과연 우리 하나님께서는 이 9계명을 통하여 자기 백성이 어떻게 거룩하고 성결하기를 바라시는지 함께 살펴봅시다.

(1) 우선적으로 강조되는 법정적 의미

법률 제도가 복잡하게 발전하기 이전 시대에 법정에서의 증언은 종종 '다른 사람의 생명과 직결'되는 것이었으며, 따라서 제9계명은 '사회 정의를 지키는데 필수적'인 규범이었습니다. 제6계명과 마찬가지로 제9계명도 생명을 해치는 일과 밀접하게 관계가 있습니다. 제6계명이 직접 다른 사람의 생명을 해치는 일에 관하여 경계하는 말씀이라고 한다면, 제9계명은 거짓증언이라는 간접적인 방식으로 다른 사람의 생명을 해치는 일에 대한 규정이라고 할 수 있습니다.

하이델베르크 교리문답은 성경의 일관된 가르침을 따라, 타락한 이래로 인간은 본성적으로 하나님과 이웃을 미워하는 성향이 있다고 말합니다. 이런 뼈아픈 진실은 사회적 정의를 세워야 할 재판정에서도 거듭 반복하여 나타나는데, 종교개혁자 루터는 그것이 이 세상의 보편적인 비극이라고 탄식합니다: "재판장들은 권력자들과 부자들의 호감이나 돈이나 가망성이나 우정을 얻기 위해 사실과 다르게 말하곤 합니다. 그 결과 가난한 사람은 어쩔 수 없이 학대받고, 소송에서 패하며 벌을 받습니다. 성실한 사람이 재판관의 자리에 앉는 경우가 드물다는 것이 이 세상의 보편적 비극입니다"(루터, *대교리문답*). 하나님을 사랑하고 이웃을 사랑하도록 우리에게 주신 '혀'로써 우리는 오히려 하나님과 이웃을 미워하는 일에 골몰합니다. 그러므로 구원의 은혜를 베풀어주신 하나님은 또한 십계명을 내려 주셔서, 계속하여 우리를 양육하십니다(딛 2:11-13). 우리를 구원하신 하나님은, 언어생활에서도 우리가 하나님을 온전히 드러내는 빛의 자녀들이 되도록 제9계명을 주신 것입니다.

(2) 이웃 사랑의 계명

하이델베르크 교리문답은 이웃 사랑의 구체적인 실천으로서 제9계명을 적극적으로 잘 지키는 원리를 '진리를 사랑하고 정직하게 진실을 말하며 고백할 뿐 아니라, 할 수 있는 대로 이웃의 명예와 평판을 보호하고 높이는 일'이라고 해설합니다(HC 제112문답). 나봇 재판은 제9계명을 어긴 대표적인 사례입니다. 반면에 제9계명의 정신을 올바르게 받든 성경의 한 사례로서 우리는 다윗을 옹호한 요나단의 경우(삼상 19:1-7)를 생각할 수 있습니다. 요나단은 사울 왕에게 억울하게 핍박받는 친구 다윗을 적극적으로 옹호합니다. 사울 왕에게 죄를 짓기는 커녕 오히려 큰 공로를 세운 다윗의 행적으로 칭찬하면서, 다윗을 죽이라는 사울 왕의 명령은 오히려 하나님에게 죄를 범하는 것이라고 강력하게 설득합니다. 그 결과 사울은 자신의 명령을 거두어 들였고, 다윗은 다시 사울의 신하로 섬길 수 있게 되었습니다. 요나단의 이런 의로운 행동은 세상적인 이해 관계의 관점에서 볼 때 놀라운 것입니다. 다윗은 자신의 왕권을 위협할 수 있는 잠재적인 라이별이었습니다. 따라서 부친 사울 왕이 다윗을 핍박하는 것을 방관하는 것이 요나단에게는 정치적으로 큰 이익이 됩니다. 그러나 하나님을 경외하였던 요나단은 친구 다윗이 부당하고 억울한 처지에 빠진 것을 그대로 방관하지 않았습니다. 그는 제9계명을 주신 하나님의 본의를 따라 힘을 다하여 '이웃의 명예와 평판을 보호'하였습니다. 인간적인 관점에서는 요나단의 이런 행위를 문경지교(刎頸之交)와 같은 '깊은 우정'으로 해석할 수 있을지 모릅니다. 그러나 하나님의 관점에서 보면, 요나단은 거룩한 백성으로 살아가도록 주신 생명의 길을 올바르게 실천한 사람입니다.

2. 제9계명은 우리의 일상생활에서의 진실된 언어 생활을 가르칩니다.

(1) 법정에서뿐 아니라 모든 곳에서

장로교회와 개혁교회의 교리문답들은 모두 제9계명을 그리스도인의 삶 전체에 적용합니다. 하이델베르크 교리문답은 우리가 이 계명을 단지 '법정에서뿐 아니라 모든 곳에서'(in court and everywhere else) 지켜야 한다고 가르칩니다(HC 제112문답). 소교리문답 역시 '진실함과 명예를 유지하고 증진시키라'는 명령을 '일반적으로 그리고 특별히 증언할 때'에 실천하라고 가르칩니다(WSC 제77문답). 그러므로 우리의 일상생활에서도 진리를 가리워서 이웃을 해치는 모든 말은 제9계명을 어기는 범죄입니다. 그뿐 아니라 '이웃사랑'이라는 근본적인 정신을 거스르는 여러 가지 일상적인 (법정 밖에서의) 언행들도 제9계명에서 금지된 것이라고 강조합니다. 예를 들어, '다른 사람의 말을 왜곡'하거나, '뒤에서 헐뜯거나', '고자질 혹은 중상'하거나, '성급하게 남을 정죄하거나 혹은 그런 행위에 동참하는 일', 그리고 '남의 약점을 쓸데 없이 찾고', '공정한 변호에 귀를 막는' 등의 행위들과, 그리고 한 걸음 거슬러 올라가 '악한 의심을 품거나 혹은 다른 사람의 마땅한 신앙에 대해 시기하거나 마음 아파하는' 그 동기들까지 제9계명에서 금지된 것으로 교훈합니다(WLC 145문답). 그런 구체적인 내용을 그 성경적 근거들과 연결하여 하나씩 살펴보면, 제9계명을 주신 하나님의 뜻을 한층 더 깊이 알 수 있습니다. 여기서는 한 가지 사례만 살펴봅시다. '정당한 이유 없이 혹은 사연을 들어보지 않고 다른 이에 대하여 판단하는 것'은 왜 잘못된 일입니까? 압살롬의 반역을 피하여 황급히 달아나는 다윗을 영접한 므비보셋의 악한 종 시바의 거짓말을 다윗이 분별하지 못한 결과, 신상필벌이 제대로 이루어지지 않았습니다(삼하 16:4; 19:24이하).

(2) 거짓말의 뿌리

제9계명의 거울에 비친 우리의 언어생활을 돌이켜 봅시다. 우리는 언제 이런 잘못을 저지릅니까? 무엇이 우리로 하여금 제9계명을 쉽사리 어기게 만듭니까? 야고보서는 경건하지 못한 언행이 얼마나 악한 결과를 가져오는지 생생하게 묘사합니다(약 3:5-10). 이것은 '혀'로 의인화된 '거짓 증거하기에 빠른' 우리의 악한 마음을 잘 표현하고 있습니다. 야고보는 이런 악한 마음이 바로 지옥불에서 난다고 합니다. 즉 사탄의 세력을 말하는 것입니다. 태초에 아담과 하와를 속인 사탄은 지금도 하나님의 백성을 넘어뜨리는 중요한 수단으로 '혀' 곧 이웃의 명예를 깎아 내리고 자신을 높이려는 악한 마음을 이용하는 것입니다. 하나님께서는 바로 이러한 사탄의 세력으로부터 자기 백성이 온전해지기를 원하십니다. 따라서 우리의 혀까지도 거룩해지기를 명하신 것이 바로 제9계명의 목적입니다. 우리 하나님의 은혜는 십계명을 주신 것에서 그치지 않습니다. 우리의 연약함을 친히 체휼하신 두 보혜사를 보내주셨고, 그 인도하심을 굳게 붙잡을 때 우리의 옛사람을 벗어버리고 새사람으로 살 수 있도록 은혜 위에 은혜를 더해 주십니다!

3. '이웃 사랑'이라는 근본 정신: '하나님의 칭찬을 받은 거짓말'

모든 거짓말이 다 나쁜 것일까요? 교회 안팎의 윤리학자들 가운데는 '그렇다!'라고 단호하게 대답하는 분들이 있습니다. 거짓말은 본래 하나님에게서가 아니라 마귀한테서 나온 것이므로, 하나님의 백성은 어떤 경우에라도 거짓말을 해서는 안 된다는 것입니다. (아우구스티누스 교부와 유명한 철학자 임마누엘 칸트와 같은 인물들이 이런 입장입니다.) 그렇지만, 성경에는 고의로 거짓말을 하고도 오히려 하나님께로부터 큰 칭찬을 받은 사례들이 기록되어 있습니다. 이런 사례들을 보면, 제9계명은 단지 법정에서나 일상생활에서 '거짓말을 삼가는 것보다 더 큰 것'을 요구하고 있다는 사실을 알게 됩니다.

(1) 출애굽기에 나오는 산파(産婆) 십브라와 부아는 거짓말을 하였으나, 오히려 하나님께로부터 칭찬과 축복을 받습니다. 그 이유가 무엇인지 본문을 살펴봅시다(출 1:15-21). 그 산파들의 거짓말에도 불구하고 하나님께서 그들을 축복하신 것은, 제9계명의 근본 정신에 대하여 좀 더 깊이 생각하게 만듭니다. 십브라와 부아의 거짓말과 그들에 대한 하나님의 축복은, "내 이웃의 명예와 평판을 지키고 증진하기 위해 내가 할 수 있는 바를 실행하는 것"(HC 제112문답)이 제9계명을 통하여 하나님께서 우리에게 원하시는 바라는 교리문답의 교훈을 기억하게 만듭니다. 이웃 사랑이라는 율법의 강령에 따라 제9계명을 이해하는 것이 무엇인지 다시 생각하게 됩니다

(2) 여리고의 기생 라합 역시 거짓말로 다른 이들을 속였으나, 오히려 하나님께로부터 큰 축복을 받았습니다. 그 이유는 무엇일까요? (수 2:1-22; 6:22-25)

라합이 정탐꾼을 숨겨주고 그들을 위하여 거짓말한 까닭은 이스라엘의 하나님 야웨에 대한 그의 믿음 때문이었습니다: "너희의 하나님 여호와는 위로는 하늘에서도 아래로는 땅에서도 하나님이시니라"(수 2:9-11). 라합은 야웨 하나님께서 여리고 성의 주민들을 이스라엘을 통하여 심판하시고 징벌하시는 것을 분명히 믿었습니다. 그리고 그 심판을 면하여 하나님의 은혜를 입기를 소망하였습니다. 그래서 히브리서는 그의 거짓말을 이렇게 평가합니다: "믿음으로 기생 라합은 정탐꾼을 평안히 영접하였으므로 순종하지 아니한 자와 함께 멸망하지 아니하였도다"(히 11:31).

기생 라합의 경우는, 십브라와 부아의 경우보다 더 주목할 만한 사례입니다. 왜냐하면, 그녀의 거짓말은, 오늘날의 정치적인 관점에서 보면, 동족을 배반하는 행위이며 침략자들을 돕는 이적 행위로 간주될 수 있기 때문입니다. 그러나 성경의 평가는 오늘날의 세상의 사고방식과 다릅니다. 여호수아가 이끄는 하나님의 백성은 하나님의 공의를 집행하는 심판의 도구로 사용되었고, 라합이 그들의 편에 서서 거짓말을 한 것은 신앙의 행동이었기 때문입니다. 하나님을 선택할 것인가, 세상을 선택할 것인가의 기로에서 서서, 라합은 '거짓말'을 직접적인 수단으로 써서 하나님의 편을 선택하였습니다.

(3) 나치 치하의 유대인들을 지켜주기 위한 거짓말

나치 독일 치하에서 유대인들이 억울하게 불의한 정권에 의하여 희생당할 때, 그들을 숨겨주었던 그리스도인들이 수색자들에게 거짓말을 한 사례들을 우리는 잘 알고 있습니다. 이들은 행위는 당국에 대한 '거짓말'이므로 당대의 실정법에 따라서는 엄중하게 처벌받을 범죄행위였지만, 그러나 이웃 사랑을 위하여 제9계명을 주신 하나님의 법정에서는 오히려 칭찬받을 일이었습니다. 이처럼, 십계명의 모든 계명들과 마찬가지로, 제9계명 역시 '사랑의 이중계명'이라는 근본 정신에 따라 이해되어야 합니다!

(4) 거짓말이 아니라 (실정법을 어기고) 참 말을 함으로써 제9계명을 지킨 사례들 '폭로' 역시 대부분의 경우 제9계명과 충돌하는 악한 일입니다. 그런데, 때로는 남의 잘못을 폭로하는 것으로 오히려 제9계명이 요구하는 근본적인 내용, 곧 이웃 사랑을 오히려 달성하는 경우가 있습니다. 내부고발자의 경우가 대표적인 사례입니다. 이런 경우에는 공익을 위하여 폭로 외에는 다수의 이익과 안녕을 지킬 방법이 별로 없습니다. 바로 그런 점에서, 공익을 위한 폭로는 중상모략과 구별됩니다. 표면적으로 다른 사람의 비밀을 불법적으로 까밝혔다는 점에서는 동일하지만, 공익을 위한 폭로는 이타적인 동기에 근거하고 있기 때문입니다.

'네 가지 종류의 거짓말'과 제9계명의 정신

일반적으로 거짓말은 '다른 사람을 속이기 위한 목적'으로 진실이 아닌 '거짓을 말하는 것'입니다. 그런데 이런 요건들을 충족시킨다고 해서 모두 제9계명을 어기는 것은 아니라는 점을 우리는 히브리 산파인 십브라와 부아, 그리고 기생 라합의 사례를 통하여 살펴 보았습니다. 그래서 교회의 초창기부터 사람들은 거짓말에도 서로 다른 종류가 있음을 알고 다음과 같이 서로 구별하여 다루었습니다:

첫째, '해악을 끼치는 거짓말'(*mendacium perniciosum*): 이웃에게 해를 끼치는 거짓말로서 제9계명과 충돌하므로 비난 받아 마땅한 종류의 거짓말입니다. 하이델베르크 교리문답 제112문답, 웨스트민스터 대교리문답 제145문답에 언급된 모든 행위들을 포함합니다.

둘째, '즐겁게 하기 위한 거짓말'(*mendacium iocosum*): 개그맨이나 만담가(漫談家)처럼, 다른 사람들을 즐겁게 할 목적으로 (그런 정황이 뚜렷한 상황에서) 하는 거짓말입니다. 유머, 농담, 허구적인 이야기들. 그러나 이런 종류의 거짓말은 그 자체로 용인되는 것이 아니라, 이웃을 해하는 목적이 아니라 오히려 (웃음으로) 돕는 목적과 기능이 있을 때에만 좋은 것으로 받아들여집니다. 그러나 이 종류의 거짓말이 그 즐기기 위한 정황을 벗어나거나 혹은 도를 지나치면 다른 이에게 해악을 끼치는 유독한 거짓말이 될 수 있습니다.

셋째, '예의의 거짓말'(*mendacium humilitatis*): 사회생활에서 다른 사람의 마음을 상하게 하지 않으려는 배려에서 사용하는 거짓말입니다. 대표적인 사례로서, 거절하고 싶은 마음을 드러내어 요청하는 사람의 마음을 상하게 하지 않으려고 다른 선약이 있다고 거짓말하는 경우를 들 수 있습니다. 그런데, 다른 사람을 배려하는 동기를 가진 이런 경우에도, 자신의 본심이 나중에 알려질 경우에는 결국 이웃의 마음을 더욱 상하게 할 수 있습니다.

넷째, '불가피한 거짓말'(*mendacium officiosum*): '오피키오숨'이라는 라틴어 명칭은 '내 이웃을 위한' 거짓말을 의미합니다. 이웃을 해하려는 것이 아니라 오히려 도우려는 것이므로, 제9계명과 충돌하지 않는 거짓말입니다. 대표적인 사례로서, 2차 세계대전 중에 학살당하는 유대인을 숨겨주기 위하여 나치에게 행한 거짓말을 들 수 있습니다. 남을 돕는다는 의미에서 '경건한 거짓말'(*mensonge pieux*)이라고도 표현되기도 합니다. 그러나 이 역시 역효과를 가져올 수 있습니다. 남에게 유익할 것이라는 '우리'의 판단은 항상 옳은 것이 아닐 수 있으며, 또한 종종 정반대의 결과를 낳기도 하기 때문입니다.

(cf. Douma, *The Ten Commandments*)

III. 교리문답을 따라 드리는 우리의 기도

'제9계명의 교훈에 따른 묵상과 기도'

1. 하나님의 거룩한 율법에 비추어, 항상 부족하고 누추한 우리의 옛 사람의 모습을 끊임없이 벗게 하소서!

"그러므로 여러분은 우리가 이 계명과 관련하여 깊이 생각해 보아야만 하는 것이 무엇인지를 깨닫게 됩니다. 이제 우리의 죄를 시인하며 우리의 선하신 하나님의 임재 앞에 무릎 꿇도록 합시다. 우리가 행했던 것보다 더 절실하게 그 죄를 느끼도록 해달라고 기도합시다. 그리고 우리의 죄를 깨닫고 그것으로 인해 슬퍼하며 혐오할 만큼 깊이 회개할 수 있도록 해달라고 기도합시다. 그 죄에 대한 용서함을 얻은 후에야 우리는 우리의 삶을 그분의 거룩한 계명에 따라 인도함을 받는 법을 배울 수 있으며, 그로 말미암아 그분께서 입술의 고백뿐만 아니라 참된 순종을 통해 우리에게서 영광을 받으실 수 있게 됩니다. 그분은 우리뿐만 아니라 이 땅 위의 모든 백성과 민족들이 이러한 은혜를 받기를 기뻐하십시다."

(칼빈, *십계명 강해설교*)

2. 경건의 참된 열매가 우리의 입술을 통하여 나타나, 이웃 사랑의 열매가 맺어지게 하소서!

"끝으로 형제들아 무엇에든지 참되며 무엇에든지 경건하며 무엇에든지 옳으며 무엇에든지 정결하며 무엇에든지 사랑 받을 만하며 무엇에든지 칭찬 받을 만하며 무슨 덕이 있든지 무슨 기림이 있든지 이것들을 생각하라"(빌 4:8).

3. 우리와 모든 교회에 하나님의 참된 진리의 말씀이 선포되고, 받아들여지고, 실천되게 하소서!

"오늘날 진실함을 제대로 증언할 수 있는 곳은 교회의 강단뿐이다. 우리는, 복음을 전하는 목회자로 세움 받은 자들이 전하는 진리를 듣고 싶어해야 하며, 또 목회자들에게 그것을 요구해야 한다. 우리가 전하는 복음이 돌봄과 위안 그리고 그릇된 교제를 위한 사탕발림으로 변질되었기 때문에 세상이 우리의 메시아를 믿지 않는 것이다. 설교는 해야 할 말을 하지 않음으로 거짓말을 하고 있다. 즉, 우리 인간이 그처럼 비참한 처지가 된 것은 참되신 하나님을 진정으로 예배하지 않기 때문임을 말하지 않음으로써 그리스도인들이 그들의 믿지 않는 형제자매들을 배반하고 있는 것이다."

(S. 하우스 워스 & W, 윌리몬, *십계명*)

제 26장
십계명 묵상 11

내 마음을 주님께
(창 4:1-14)

성경의 인간관은 '하나님과의 관계'를 중요하게 여깁니다. 하나님의 영이 없는 인간은 하나님의 선한 창조물로서 영적인 존재이지만, 동시에 연약하고 유한한 존재이며, 육체의 악한 충동에 사로잡혀 죄악에 빠지는 존재입니다. 그러나 하나님의 영이 그와 함께 하실 때, 연약한 피조물이었던 인간은 '신령한 자'로서 그 자신의 힘으로는 불가능한 일들을 감당하고 거룩하고 경건한 삶을 살아갈 수 있습니다. 제10계명은 우리가 자신을 구원하는 방법을 가르쳐주는 것이 아니라, 하나님이 우리의 구원자되심을 분명히 밝혀주고 그분의 능력과 인도에 의지하는 거룩한 삶으로 초대하는 십계명의 중요한 기능을 아주 분명하게 상기시켜 줍니다.

"만일 우리가 '도둑질하지 말라, 살인하지 말라, 간음하지 말라'라는 계명을 읽게 된다면, 우리 각자는 이 계명들 앞에서 떳떳하다고 생각할 것입니다. 하지만 우리가 '탐내지 말라'는 계명에 이르면 하나님은 매우 예리한 수술용 칼로 우리 다음의 가장 깊은 곳뿐 아니라 우리의 모든 생각과 상상력까지도 파헤치실 것입니다. 그렇게 되면 우리 안에 있는 모든 것이 드러나고 우리는 그제야 제 정신이 들 것입니다. 우리가 죄라고 여기지 않는 것까지도 하나님은 정죄하시고 심판하실 것입니다. 설령 우리가 그 전에 똑같이 하지 않았더라도 말입니다." (칼빈)

I. 성경 본문 묵상

창세기 4:1-14에서 '가인에게 주신 경고의 말씀'을 제10계명과 연결하여 생각해 봅시다.

1. 하나님께서 가인의 제사를 받으시지 않은 까닭은 무엇입니까? (4:7)
→ 그러므로 가인은 그 현실 앞에서 어떤 반응을 보여야 마땅하였습니까?

2. 자기가 드린 제사가 열납되지 않았을 때, 가인의 반응은 어떠하였습니까?

　(1) 5절:

　(2) 8절:

3. 분노와 질투에 사로잡혀 무서운 죄에 빠지게 될 위험에 처한 가인에게, 하나님께서는 어떤 훈계의 말씀을 내려주셨습니까? (4:7)

　(1) 그 말씀의 의미는 무엇입니까? (cf. 창 3:16)

　(2) 이 경고의 말씀은 어떤 점에서 제10계명의 교훈과 연결됩니까?

　(3) 가인은 이 말씀을 받들어 어떻게 해야 했을까요?

가인에게 주신 하나님의 경고

오늘 본문의 주된 메시지는 제10계명과 직접적으로 연결되지 않는 것 같이 보입니다. 가인의 형제 살인과 추방에 관한 이 이야기는 에덴 동산에서 쫓겨난 아담과 하와의 죄악이 어떻게 그 다음 세대에서 장성한 모습으로 나타났는지 보여줍니다. 역사의 시초부터 죄의 세력이 얼마나 무섭고 끔찍하게 타락한 인간을 좌지우지하고 있는지 증거합니다. 그런데 우리는 큰 죄에 빠질 위험에 처한 가인에게 주신 하나님의 경고와 연결하여 '탐내지 말라'는 제10계명의 교훈을 살펴보려 합니다. "네가 선을 행하면 어찌 낯을 들지 못하겠느냐 선을 행하지 아니하면 죄가 문에 엎드려 있느니라 죄가 너를 원하나 너는 죄를 다스릴지니라"(4:7).

살인에까지 이른 죄의 장성

하나님이 자신의 제사는 배척하시고 아벨의 제사는 받아주신 것에 대한 불만이 사건의 발단이었습니다. 가인은 '몹시 분하여 안색이 변할' 정도로 화가 났습니다(4:5). (*그런데, 가인의 제사를 받지 않으신 까닭에 대하여 몇 가지 서로 다른 설명이 있습니다. 그 각각의 설명마다 성경적인 근거에 따른 타당성이 있습니다. 그런데 오늘 본문 자체에서 하나님의 책망은 "네가 선을 행하면 어찌 낯을 들지 못하겠느냐"(4:7)로서, 가인의 평소의 행실을 지적하는 것 같습니다.) 가인은 제사가 열납되지 못하는 자신의 죄악된 현실을 두고 엎드려 회개하기는커녕, 분노와 질투에 사로잡힙니다. 의로운 아벨을 향하여 악한 마음을 품고 무서운 죄를 저지를 지경에 이릅니다. 하나님의 경고는 바로 이 시점에서, 즉 아직 구체적인 행위로 표현되지 않은 이전 단계에서, 그 악한 마음을 돌이키도록 내려집니다.

경고의 핵심 메시지

"네가 선을 행하면 어찌 낯을 들지 못하겠느냐. 선을 행치 아니하면 죄가 문에 엎드리느니라. 죄의 소원은 네게 있으나 너는 죄를 다스릴지니라"(4:7). '죄가 문에 엎드린다'는 표현은 마치 맹수가 먹이를 덮치려고 웅크리고 있는 위태로운 모습을 묘사한 것입니다. '죄의 소원은 네게 있으나'라는 표현은 '죄가 가인을 완전히 장악하려고 열망하고 있다'는 뜻입니다. 분노와 질투에 사로잡힌 가인은 이제 악한 자에게 농락되어 더 큰 죄악에 빠져들어갈 위기의 순간에 서 있습니다. 아직은 마음 속에 있는 죄악이지만, 이제 곧 그 죄악이 밖으로 드러나는 행위로 표현될 중요한 분수령에 있습니다. 하나님은 바로 이 시점에 가인에게 '죄에 맞서야 하며, 오히려 죄를 다스려야 한다'는 엄격한 경고의 메시지를 주신 것입니다. 이 경고의 메시지는 '마음 속에 있는 죄악의 뿌리'를 지적한다는 점에서 '탐심'을 경계하신 제10계명과 연결됩니다.

마음 속의 문제를 직접 다루는 제10계명

제10계명이 외형상 이전의 모든 계명들과 구별되는 점은 바로 '겉으로 드러는 행위가 아니라 마음의 동기'를 다룬다는 점에 있습니다. 사실 모든 계명들이 그 마음의 동기를 다루지만, 외형적으로 십계명을 이해하는 사람들은 그 깊은 교훈을 종종 깨닫지 못합니다. 그러나 제10계명은 아예 그 동기 자체를 문제 삼습니다. 그래서 종교개혁자 루터는 이 계명을 '경건하다고 자처하는 자들을 겨냥한' 것이라고 평가합니다: "바로 그 때문에 이 마지막 계명은 악한 자들을 겨냥한 것이 아니라, 바로 경건한 자들, 곧 칭찬받기를 원하고 올바르고 정직하다는 소리를 듣기 원하는 사람들을 겨냥한 것이다. 왜냐하면 그들은 앞의 계명들에 비추어 볼 때, 전혀 죄의식을 느끼지 못하기 때문이다."

II. 교리문답이 가르치는 제10계명의 교훈

1. 제10계명의 두 가지 본문

출애굽기 20:17에 기록된 제10계명과 신명기 5:21에 기록된 제10계명은 세 가지 점에서 차이가 있습니다. 첫째, '네 이웃의 아내'가 출애굽기에서는 네 이웃의 가산(household)의 하나로 언급된 반면, 신명기에서는 따로 독립적으로 기록되어 있습니다. 둘째, 신명기에서는 부동산의 일종인 이웃의 '밭'(land, field)이 탐내지 말아야 할 것에 추가되어 있습니다. 셋째, 출애굽기에서는 '탐내지 말라'(you shall not covet)는 말씀이 동일하게 두 번 반복되어 있으나, 신명기에서는 두 번째 나오는 '탐내다'는 말을 '무엇에 네 열망을 두지 말라'(you shall not set your desire on)라는 말을 사용하여 '좀 더 내면적이면서 아직은 악한 성격을 드러내지 않는 소망'(a more inward and not-yet-malicious kind of wishing)을 표현하고 있습니다. (Kuyvenhoven, *Comfort & Joy*)

그런데, 이런 두 버전은 십계명의 올바른 구성에 관한 우리의 이해에 상당한 도움을 줍니다. 로마 카톨릭과 루터교는 '형상의 사용'과 관련하여 제1계명과 제2계명을 하나의 계명으로 묶어 설명합니다. 그리고는 제10계명을 둘로 나눕니다: 제9계명은 네 이웃의 아내, 제10계명은 네 이웃의 집과 기타 재산 등으로 말입니다. 이것은 제2계명의 중요한 의의를 바르게 파악하지 못하는 그릇된 해석입니다. 개혁주의 신앙은 '예배의 참된 대상'(제1계명) 다음에 '예배의 참된 방법'(제2계명)을 올바르게 강조하여 가르칩니다. 제10계명의 두 가지 버전에서 아내와 집의 순서가 서로 달리 표현된 것은 개혁교회의 십계명 분류가 성경을 좀 더 올바르게 해석한 것이라는 점을 뒷받침해 보여줍니다.

2. 제10계명에 대한 올바른 이해

(1) '탐내다'(*covet*)라는 말은 무슨 뜻인가?

네 이웃의 소유에 너의 욕심을 고정시켜서는 안된다(You shall not set your desire(s) on your neighbor's house, wife, etc.)라고 좀 더 올바르게 번역할 때, 하나님의 백성이 구체적으로 어떻게 이 계명을 실천할 수 있는지 실마리를 잡을 수 있습니다. 바로 여기서 종교개혁자 칼빈은 탐내는 것은 마음의 문제이므로 어떻게 우리의 삶에 적용할 수 있을까 하는 의구심을 풀어줍니다.

우선 칼빈은 '의도와 탐심'의 차이를 지적합니다: "여기서 우리는 외관상 심히 난처한 문제에 직면한다. '간음'과 '도적질'이라는 말에는 간음하려는 욕망과 해치며 속이려는 의도가 포함된다고 이미 말했다. 이것이 사실이라면, 여기서 따로 남의 물건을 탐내지 말라는 금지를 받는 것은 불필요한 것같이 생각될지 모른다. 그러나 의도와 탐심의 차이를 생각하면 문제는 곧 해결될 것이다. 앞에 있는 계명들에 관련해서 우리가 말한 의도는 마음이 정욕에 굴복한 때에 의지가 의식적으로 찬동하는 것을 의미한다. 그러나 이런 의식적인 찬동이 없어도 탐심이 있을 수 있다. 즉 마음이 허망하고 패악한 것에 찔리거나 유혹을 받기만 할 때에도 탐심이 있을 수 있다. 주께서는 앞에 있는 계명들에서 사랑의 원칙이 우리의 의지와 노력과 행동을 지배하도록 명령하셨다. 여기서는 같은 목적으로 우리의 마음속의 생각을 제어하라고 명령하신다 … 우리의 마음이 분노나 증오심이나 간음이나 강탈이나 허언으로 기울며 끌려드는 것을 금하신 것과 같이, 여기서는 그런 쪽으로 자극을 받는 것까지 금하신다." (*밑줄은 필자가 강조하기 위하여 그은 것입니다.)

그런 다음에 제기되는 의문, 곧 우리의 마음 속에 오락가락한 그런 문제들까지 어떻게 규제할 수 있는가 하는 문제에 대하여, 칼빈은 욕망과 계획의 차이를 지적하며 설명합니다: "혹자는 항변하기를 탐심은 마음속에 자리를 잡고 있는 것이며, 생각 속에 방향 없이 오락가락하다가 사라져 버리는 공상을 탐심의 예라고 비난할 수는 없다고 말할 것이다. 우리가 하는 대답은 이것이다. 즉 <u>우리가 여기서 문제시하는 공상은 생각을 점령하는 동시에 탐욕으로 우리의 마음을 강렬히 자극하는 종류의 공상이다. 우리의 생각이 원하는 것은 반드시 우리의 마음을 흥분하게 만든다. 그러므로 하나님께서 요구하시는 것은 놀랄만큼 열렬한 사랑이다.</u> 한 점의 탐심도 방해하는 것을 허락하시지 않는 사랑이다. 하나님은 놀랍게 안정된 마음을 요구하시며, 사랑의 원칙에 어긋나는 자극은 바늘 끝만한 것이라도 허락하시지 않는다. … 이 계명을 이해하는 길을 나에게 처음으로 열어준 사람은 아우구스티누스(*On the Spirit and the Letter*)였다." (칼빈, *기독교강요*, II.viii.49-50)

(2) 욕망의 단계들(stages of desire):

네덜란드의 기독교 윤리학자 다우마(J. Douma) 박사는 자신의 십계명 강해에서 아우구스티누스와 칼빈의 견해에 일치하여, 제10계명이 직접적으로 언급하는 욕망의 문제를 좀 더 구체적으로 설명합니다: "어떤 사람이 부도덕한 욕망을 갖게 될 수 있습니다. 그는 그 욕망을 계속하여 키워갈 수 있습니다(*nurse*). 그런 다음 그는 자신의 의지(*will*)를 그 욕망에 굴복시킴으로써 한 걸음 더 나아가며, 그 욕망을 만족시키기 위한 계획(*plan*)을 세우게 됩니다. 마침내 그는 자신의 욕망을 행동(*deed*)으로 옮깁니다."

그러므로 제10계명은 '지킬 수 없는' 계명을 주셔서 우리를 심히 죄인되게 하려는 의도만을 가지고 있는 것이 아닙니다. 종교개혁자들은 제10계명이 우리의 죄악됨을 깨우치는 영적 거울의 역할을 각별히 잘 보여준다고 강조할 뿐만 아니라, 구원받은 하나님의 백성의 삶의 지침으로서 제10계명이 우리에게 실천하라고 주는 구체적인 내용을 잊지 않고 강조합니다. 그 근본적인 지침은 아우구스티누스와 칼빈의 지적한 대로 '하나님과 이웃에 대한 열렬한 사랑'입니다. 그 사랑이 죄악된 탐욕을 우리 마음 속에서 물리쳐 줍니다.

(3) 탐심과 질투: 인류의 역사만큼 오래된 죄악

탐심과 질투는 인류의 역사의 시작부터 인간을 넘어지게 만든 오랜 죄악입니다. 아담과 하와는 하나님의 자리를 탐하였고, 그 말씀을 어기는 악한 방식으로 '하나님과 같이 되기' 시도하였습니다. 오늘 본문이 잘 드러내어 보여주듯이, 그런 탐심과 질투는 인류 역사상 첫 살해로 이어졌습니다. 그 이래로 인류의 역사를 보면, 타락한 죄인들이 거듭 반복하여 하나님의 권면과는 정반대의 길을 걸었던 사실을 볼 수 있습니다. 가인과 마찬가지로 우리가 죄를 다스리기는커녕 욕망이 우리를 다스려 왔습니다. 그런 현실은 하나님의 백성들에게도 크게 다르지 않았습니다. 광야에서 이스라엘은 하나님이 주신 영적 양식과 물에 만족하지 못하고 오히려 노예로 살아가던 시절을 그리워하여 하나님에게 불평하고 반역을 일으키기까지 했습니다(출 16장, 고전 10장). 신약 시대의 기독교회에서도 아나니아와 삽비라는 명예와 재물에 대한 탐심으로 성령 하나님의 엄중한 징계를 자처하였습니다. 비단 그들만이 아니라, 사도 바울이 잘 표현하였듯이, 모든 그리스도인이 거룩하고 신령한 삶과 육체의 소욕에 따른 삶 사이에 끊임없이 영적으로 투쟁하며 살아가고 있습니다(갈 5:16-26). 사도 요한은 이처럼 오래되고 강렬한 탐심(욕망)의 힘을 강조하기 위하여 '세상과 그 욕망들'(the world and its desires)이라고 구체적으로 지칭합니다(요일 2:17).

3. 제10계명을 올바르게 지키는 방법

(1) 우리의 위선을 폭로하는 '예리한 수술용 칼'

하이델베르크 교리문답은 "하나님의 계명 어느 하나에라도 어긋나는 지극히 작은 욕망이나 생각을 조금도 마음에 품지 않는 것" 그리고 "언제든지 우리 마음을 다하여 모든 죄를 미워하고 모든 의를 좋아하는 것"을 제10계명을 통하여 하나님이 원하신다고 강조합니다(HC 제113문답, *밑줄은 필자의 강조). 이 해설은 무엇보다도 먼저 죄인인 '나 자신으로서는' 결코 온전히 지킬 수 없는 하나님의 거룩한 뜻을 다시 일깨워줍니다. 구원의 은혜를 입고서도 하나님의 '양육하시는 은혜'를 항상 의지하지 못하면, 제10계명을 지킬 수 있는 사람은 아무도 없습니다. 아니, 그 다른 어떤 계명들도 바르게 지킬 수 없습니다. 그 사실을 모든 계명들이, 그리고 제10계명이 특출나게, 잘 깨우쳐 줍니다. 그래서 종교개혁자 칼빈 선생은 제10계명을 '예리한 수술용 칼'에 비유합니다: "만일 우리가 '도둑질하지 말라, 살인하지 말라, 간음하지 말라'라는 계명을 읽게 된다면, 우리 각자는 이 계명들 앞에서 떳떳하다고 생각할 것입니다. 하지만 우리가 '탐내지 말라'는 계명에 이르면 하나님은 매우 예리한 수술용 칼로 우리 마음의 가장 깊은 곳뿐 아니라 우리의 모든 생각과 상상력까지도 파헤치실 것입니다. 그렇게 되면 우리 안에 있는 모든 것이 드러나고 우리는 그제야 제정신이 들 것입니다. 우리가 죄라고 여기지 않는 것까지도 하나님은 정죄하시고 심판하실 것입니다. 설령 우리가 그 전에 똑같이 하지 않았더라도 말입니다."

그러므로 제10계명은 예수님이 이 땅에 계실 때 '성전에 기도하러 올라간 바리새인과 세리'를 대조하여 가르치신 교훈(눅 18:9-14), 그리고 '스스로 의롭다고 자처하므로 하나님 보시기에 소경된 자'라고 바리새인들을 꾸중하신 일(요 9:39-41)을 기억나게 해줍니다.

(2) 죄와의 투쟁은 우리 마음에서부터!

그렇다면 그리스도인은 어떻게 이 계명을 지킬 수 있을까요? 장로교회의 소교리문답은 그 구체적인 실천의 지침을 찾는데 좀 더 도움이 됩니다. 제10계명이 명하는 바(WSC 제80문답)와 금하는 바(WSC 제81문답)를 비교하여 살펴보면, '자신의 처지를 만족하는 태도'를 격려하고 '이웃의 소유에 대한 부당한 시기와 질투'를 버릴 것을 교훈합니다. 이 두 가지를 뒤집어 말하면, 자신의 처지에 대한 불만에서 제10계명을 어기는 첫 걸음이 시작되는 것이므로 경계해야 하고, 죄악된 마음을 금방 흔들어 놓는 이웃의 잘됨과 번영에 대하여 '정당하고 잘되기를 바라는 심정'을 가지도록 노력해야 한다고 가르치는 것입니다. 이것은 곧 영적인 투쟁, 신앙적인 싸움을 말합니다.

오늘 본문에서 하나님은 질투와 욕망에 사로잡힌 가인에게 '영적인 투쟁'을 하라고 권면하셨습니다. 그와 마찬가지로 제10계명은 모든 시대 모든 나라의 하나님의 백성들에게 그런 영적 싸움을 명령합니다. 그 싸움은 치열한 싸움입니다: "너희가 죄와 싸우되 아직 피흘리기까지는 대항하지 아니하고"(히 12:4). 그런데 그런 영적 전투는 바로 우리의 마음에서부터 시작됩니다. 그 싸움에서 이기기 위하여 우리는 왕이신 예수 그리스도의 다스림을 온전히 누리고 또 순종해야 할 필요가 있습니다. 그분은 보혜사 성령 하나님과 하나님의 말씀(성경)으로 우리를 다스립니다. 성령 하나님이 밝혀주시고 우리 마음에 새겨주시는 성경의 가르침에 따라, 우리 자신의 처지에 만족하고 감사하는 마음을 가지는 것, 형제자매나 친구들 혹은 이웃의 번영을 선한 마음으로 축복하는 것이 부당한 시기와 질투 그리고 죄악된 욕망에 빠지지 않는 방법입니다.

제10계명은 우리에게 원하시는 하나님의 뜻이 '사랑의 이중계명'과 맞닿아 있다는 사실을 다시 한번 상기시킵니다. 세상의 여러 가지 소유와 재물이 나에게 참된 행복을 가져다 주는 것이 아니라, 오직 창조주 하나님께서 우리의 유일한 행복의 근원임을 알 때, 우리는 온전히 제10계명을 지킬 수 있기 때문입니다. 하나님만을 온전히 사랑하는 것, 그것이 영적 전투에서 승리하는 비결입니다.

4. 내 마음 주님께! (Cor meum tibi, Domine)

제10계명은 하나님께서 우리에게 원하시는 '의'(righteousness)가 외적인 행위보다 훨씬 더 깊은 차원의 순종이라는 사실을 일깨워줍니다. 이것은 구약 시절에 율법을 주실 때부터 이스라엘 백성들에게 분명히 알려주신 사실입니다(신 10:12-13). 또한 바리새인들의 형식적인 경건을 일관되게 꾸짖으신 예수님 역시 예전에 따른 정결함이나 외형적인 의로움만으로는 결코 하나님 앞에 깨끗한 모습으로 나아올 수 없음을 분명히 가르치셨습니다.

그러므로 우리는 하나님의 계명을 지키기 위해서는 '새로운 마음' 곧 진정으로 하나님을 사랑하는 마음, 그리고 하나님을 사랑하므로 이 세상과 그 정욕들을 미워하고 그것으로부터 돌아서는 마음이 있어야 한다는 사실을 깨닫습니다. 이것이 바로 '생명에 이르는 회개'입니다. 끊임없이 옛사람을 벗고 새사람으로 사는 삶입니다. 종교개혁자 칼빈은 그런 정신을 자신의 외투 안쪽에 새겨넣고 매일의 삶에서 하나님의 다스림을 받기를 소원하였습니다.

'주여, 내 마음을 즉각 그리고 진정으로 당신께 드립니다!'
(Cor meum tibi offero, Domine, prompte et sincere!)

그리고 물신주의(Mammonism)가 가장 큰 우상 숭배로 자리잡고 있는 오늘날의 시대 환경에서 이런 참된 경건을 우리의 자녀들에게도 물려주기 위하여 함께 기도하고 말씀을 가르칩시다.

"아이를 데리고 장난감 가게에 한번 가보라. 사고 싶은 게 뭐냐고 물을 필요도 없다. 코흘리개 시절부터 탐욕에 대한 훈련을 충실하게 받아왔기 때문이다. 하지만 당신의 아이가 이 세상의 유혹에 대해 '아니요!'라고 말할 수 있기를 기대한다면, 자리를 박차고 일어나 '이거면 됐어요!'라고 말할 수 있기를 기대한다면, 그 아이를 꼭 필요한 것을 적당하게 원하는 법을 터득한 사람들에게 끊임없이 훈련받도록 해야 한다. 거듭 말하지만, 우리는 그러한 사람들을 일컬어 '교회'라고 한다." (하우어워스 & 윌리몬, *십계명*)

III. 교리문답을 따라 드리는 우리의 기도

'제10계명의 교훈에 따른 감사와 기도'

1. 감사의 기도:

    "참된 그리스도인의 삶을 깨우쳐 주시는 십계명 말씀을 묵상하게 해 주셔서 감사합니다!"

2. 회개의 기도:

    "십계명의 거울이 비추어 주는 나의 모든 죄악과 나태함과 자만을 깨닫고, 오직 주님의 크신 긍휼과 사랑에 의지합니다. 나의 죄와 허물과 나태함을 용서하시고 씻어 주시옵소서!"

3. 간구의 기도

    "나를 구원하신 그리스도의 십자가의 은혜가 끊임 없이 나를 말씀으로 양육해 주시옵소서!"

    "성령 하나님, 날마다 말씀으로 나를 다스려 주셔서 주 예수 그리스도를 닮아가는 하나님의 자녀가 되게 하소서!"

제 27장
구원의 교리 01

새로운 순종의 길
(행 2:37-42)

장로교회의 대/소교리문답은 십계명 해설에서 구원의 교리로 넘어가는 지점에서 '하나님의 뜻과 우리의 무능력'을 가르치고 있습니다. 성경이 중요하게 가르치는 두 가지 핵심 교훈, 곧 '사람이 하나님에 대하여 믿을 바'와 '하나님이 사람에게 요구하시는 바' 중에서 두 번째 교훈의 핵심 교훈이 '순종'이라는 사실을 소교리문답 제39문답에서 잘 가르쳐줍니다: "하나님이 사람에게 요구하시는 본분은 그 나타내 보이신 뜻에 순종하는 것입니다." 그리고 그 나타내 보이신 뜻을 도덕의 법으로 대표하여 제시하고, 십계명이 바로 그 요약이라고 가르칩니다. 그런 다음, 우리가 지난 과까지 살펴보았던 것처럼, 십계명에 담긴 하나님의 뜻을 자세하게 설명하는 내용으로 이어집니다.

그런데 제10계명을 설명한 직후에 마치 우리의 뒷통수를 때리는 듯한 문답의

내용이 나타납니다: '하나님의 그 계명들을 완전하게 지킬 수 있는 사람이 있습니까? 타락한 이후 단지 우리 자신으로서는 이 세상에 살 동안에 하나님의 계명을 완전히 지키기는커녕 오히려 생각과 말과 행위로 날마나 십계명을 어깁니다'(WSC 제82문답). 이 문답의 내용은 소극적인 부정을 넘어서서, 우리의 영적 무능력을 적극적으로 폭로하는 내용입니다: '날마다' 그리고 '생각과 말과 행동으로'. 이 두 표현은 하나님의 뜻을 순종할 수 없는 죄인의 영적 상태를 정확하게 폭로하기 때문에 우리에게 상당히 불편하게 다가옵니다. '우리가 도무지 할 수 없는 일이라면, 무엇 때문에 바로 앞에서 십계명의 교훈을 그렇게 자세하게 설명했을까?' 그리고 '지키지도 못할 일을 왜 그렇게 강조하여 가르쳤을까?' 하는 생각이 절로 일어납니다. 그래서 마치 뒷통수를 맞은 듯 합니다!

장로교회의 교리문답들이 이 대목에서 이렇게 논의를 전개하는 까닭은 무엇일까요? 그 다음에 이어지는 문답들을 보면, 죄의 경중이 있음에도 불구하고 모든 죄는 마땅히 하나님의 진노와 저주를 받아야 할 끔찍한 잘못임을 엄중하게 지적합니다(WSC 제83-84문답). 오늘 본문을 통하여, 그리고 개혁교회의 교리문답들을 통하여, 이 대목이 그 다음에 이어지는 구원의 교리, 즉 하나님이 우리에게 요구하시는 순종의 두 번째 기회를 소개하는데 꼭 필요한 연결고리라는 사실을 함께 살펴봅시다.

I. 성경 본문 묵상

1. 오순절(성령강림절)에 베드로를 비롯한 사도가 전하는 예수 그리스도의 십자가와 부활의 복음

(1) 이 복음 전도의 계기는 무엇입니까? (2:4-8, 11-12)

(2) 사도들에게 이 복음을 들은 사람들은 누구입니까? (2:10-11)

(3) 사도들의 복음 메시지의 핵심은 무엇입니까? (2:36)

2. '형제들아 우리가 어찌할꼬'

(1) 복음의 메시지를 듣고 마음이 찔린 사람들에게 사도들은 무엇을 하라고 촉구합니까? (2:38)

(2) 그들에게 약속하는 하나님의 선물은 무엇입니까? (2:38, 40)

(3) 사도들의 권유를 받아들인 사람들의 새로운 삶을 대표하는 3가지 특징들은 무엇입니까? (2:42)

3. 오순절에 예루살렘에서 태어난 최초의 기독교회에서 '은혜의 수단들'은 어떻게 나타났습니까?

성령 강림과 복음전도

부활 승천하신 우리 주님의 약속에 따라 그리고 요엘 선지자를 통하여 구약시절이 이미 내려주신 약속에 따라(2:16-21), 성령 하나님이 두 번째 보혜사로 오순절에 예수 그리스도의 제자들에게 임하였습니다. '급하고 강한 바람 같은 소리'와 '불의 혀처럼 갈라지는 것들'이 성령의 임재를 느낄 수 있게 해 주었고, 성령의 능력에 따라 '다른 언어들로' 말하기 시작하였습니다(2:2-4). 그런 눈에 띄는 초자연적 현상은 곧 오순절에 모인 유대인들과 유대교로 개종한 경건한 이방인들의 주목을 끌게 되었습니다. 그들은 "우리가 다 우리의 각 언어로 하나님의 큰 일을 말함을 듣는도다"(2:11)라고 놀라운 반응을 보였습니다. [그러므로 오순절의 방언은 무엇보다도 '알아들을 수 있는 외국어'였고 또한 '하나님의 큰 일에 관한 메시지'였습니다. 바로 이점에서 벌써 고린도 교회에서 성행하였던 '무슨 메시지인지 알아듣지 못하는 방언'과는 뚜렷하게 구별됩니다.] 그렇게 대다수의 오순절 순례자들은 사도들이 전하는 복음 메시지에 주목하게 되었습니다.

사도 베드로를 비롯한 열한 사도들은 모여든 무리에게 이 오순절 성령강림의 의미가 무엇인지 명확하게 그 메시지를 선포합니다. 이 일은 아침 9시에 있은 일이므로, 사도들이 술에 취하였다는 오해는 합당하지 않은 비난이라고 해명합니다(2:15). 오히려 이 현상은 선지자 요엘의 예언이 드디어 성취된 사건으로서 '주의 이름을 부르는 자에게 구원을 주시는' 하나님의 큰 일(*magnalia Dei*)입니다(2:21). 그리고 그 구원의 큰 일은 바로 나사렛 예수, 곧 유대인들이 로마인의 손을 빌려 못박아 죽인 하나님의 종을 통하여 이루어졌습니다. 예수님이 죽음의 권세를 이기고 부활하신 것이야말로 그분이 참된 하나님의 구주라는 사실을 증명합니다. 사도들은 그 '부활의 증인'으로 무리들 앞에 섰습니다(2:32). 이 첫 번째 성령강림절에 사도들이 전한 예수 그리스도 복음의 핵심적인 메시지는 유대인들이 배척하였던 나사렛 예수를 하나님께서 '주와 구세주가 되게 하셨다'(2:36)는 선언입니다!

회개와 새로운 삶을 위한 권면

사도들의 복음 전도에 마음이 찔린 청중들은 '형제들아 우리가 어찌할꼬'라는 간절한 반응을 보였습니다. 그들에게 베드로는 '회개'를 촉구하고 '예수 그리스도의 이름으로 베푸는 세례'를 받고 '죄사함'을 얻으라고 대답해 주었습니다. 이들은 유대인들 혹은 유대교로 개종한 이방인들이었기 때문에, 구약의 하나님을 잘 알고 있었습니다. 로마 제국의 곳곳에서 유대교의 절기를 지키기 위하여 예루살렘으로 왔을 정도로 신앙의 열심을 가진 사람들이었습니다. 그래서 각자의 고향에서 십계명을 중심으로 한 율법의 규례들을 열심히 실천하는 사람들이라고 볼 수 있습니다. 그러므로 그들에게 요청하는 '회개'는 무엇보다도 나사렛 예수에 대한 인식의 변화가 가장 중요한 내용입니다! '나사렛 예수가 그리스도, 곧 구약에서 예언한 메시야'라는 메시지가 사도적 메시지의 핵심입니다! 그분의 십자가와 부활이 우리를 죄와 사망에서 구원하신 하나님의 일입니다! 율법의 행위로는 결코 얻을 수 없는 '죄사함'의 은혜를 입는 유일한 방법입니다! 그래서 예수 그리스도의 이름으로, 곧 그분의 중보의 사역에 온전히 의지하여 하나님의 백성이 되는 세례가 필요하였습니다. 그럴 때 두 번째 보혜사로 오신 성령께서 그들을 그리스도와 연합한 하나님의 백성으로 삼아주실 것입니다!

이렇게 성령강림절에 그리스도인의 이름으로 세례받고 하나님의 구원의 은혜를 받은 삼천이 넘는 사람들은 (1) 사도들의 가르침을 받고, (2) 함께 교제하며 성찬을 나누고, (3) 기도에 힘쓰는 새로운 공동체의 삶을 곧바로 실천하였습니다. 누가는 이 세 가지를 예루살렘의 초대교회 공동체의 뚜렷한 특징으로 소개합니다. 그런데, 이것이 그 첫 교회만의 특징이 아니라 그 이후 모든 기독교회의 공통된 특징이라는 것을 개혁주의 교리문답은 잘 가르쳐줍니다. 십계명을 온전히 순종하지 못하여 하나님의 진노와 저주를 받아 마땅한 우리에게 피할 길로 열어주신 두 번째 순종의 길이 바로 (1) 예수 그리스도를 믿을 것, (2) 생명에 이르는 회개를 할 것, 그리고 (3) 믿음과 회개의 기초가 되는 은혜의 수단들을 - 말씀 성례 기도를 - 부지런히 사용할 것이기 때문입니다(WSC 제85문답).

II. 교리문답이 가르치는 구원의 교리

1. 십계명에서 구원의 교리로!

(1) 십계명 해설의 마무리: 하이델베르크 교리문답

'하나님께 돌아온 사람들' 곧 그리스도인들도 십계명을 완전히 지킬 수 없다는 것은 성경과 우리의 체험이 모두 분명하게 증언하는 현실입니다. 하이델베르크 교리문답은 이 현실을 부정적인 측면과 긍정적인 측면으로 나누어 잘 가르치고 있습니다(HC 제114문답): '가장 거룩한 사람이라도' 이 세상에서는 십계명으로 표현된 하나님의 뜻에 순종하는 삶을 '겨우 시작'했을 뿐입니다! 그러나 참된 그리스도인은 하나님의 '모든 계명'에 따라 살아갈 것을 굳게 결심하고 실천합니다. 이 대답에 논리적으로 뒤따르는 의문을 그 다음 문답이 다룹니다: '이 세상에서 완전하게 지킬 수 없는 십계명을 왜 그렇게 엄격하게 설교할 필요가 있습니까?' 이 질문에 대한 두 가지 대답은 종교개혁의 복음적 정신의 핵심을 다시 한 번 잘 요약해 줍니다(HC 제115문답):

- 십계명 묵상 → 죄악된 본성을 점점 더 깊이 인식 → 그리스도의 의와 사죄를 더 간절히 추구
- 하나님의 형상으로 더욱더 변화되기를 끊임없이 노력하고 성령의 은혜를 간구하게 함

이 두 가지 대답은 율법의 중요한 두 기능을 다시 한 번 잘 부각시켜 줍니다: 그리스도에게로 우리를 인도하는 몽학선생으로서의 역할, 그리고 구원받은 그리스도인의 거룩한 삶을 위한 길잡이.

"선을 행하고 전혀 죄를 범하지 아니하는 의인은 세상에 없기 때문이로

다"(전 7:20).

"만일 우리가 범죄하지 아니하였다 하면 하나님을 거짓말하는 이로 만드는 것이니 또한 그의 말씀이 우리 속에 있지 아니하니라"(요일 1:10).

(2) 순종의 첫 번째 규칙에서 두 번째 규칙으로!

장로교회의 대/소교리문답은 십계명 강해를 마무리하면서 그 계명을 온전히 지킬 수 없다는 선언으로 이어지는 점에서는 개혁교회의 하이델베르크 교리문답과 다를 바 없습니다. 그리스도 밖에서, 성령 하나님의 능력 없이는 무력하기 이를 데 없는 우리 자신의 현실을 한층 더 강조하여 가르칩니다: "타락한 이후 한낱 사람으로서는 이 세상에 살 동안에 하나님의 계명들을 완전히 지킬 수 없고, 오히려 생각과 말과 행위로 날마다 그 계명들을 어깁니다"(WSC 제82문답, WLC 제149문답). 그런데, 그 다음에 이어지는 내용은 그러한 불순종 혹은 순종의 부족의 결과를 엄중하게 가르치는 부분(WSC 제83-84문답)을 거쳐, '마땅히 받아야 할 하나님의 진노와 저주를 피할 수 있도록' 하나님이 우리에게 요구하신 순종의 두 번째 원리입니다(WSC 제85문답). 그러므로 소교리문답의 논리적 전개는 첫 번째 순종의 원리로 주신 십계명을 온전히 지킬 수 없는 우리의 처지를 확인하고, 새로운 순종의 길을 알려주신 하나님의 은혜로 이어집니다.

하나님은 우리가 순종해야 할 바를 알려주셨지만, 우리는 그것을 알고도 따르지 못합니다. 십계명 해설의 결론은 우리 스스로는 하나님이 요구하시는 바를 이룰 능력이 없다는 것입니다. 오순절에 하나님의 큰 일을 전해 들은 유대인들에게 사도들은 율법 준수를 더 열심히 하라고 권면하지 않고, 오히려 회개와 죄사함과 성령 충만을 제시한 것이 그 뚜렷한 사례입니다.

소교리문답 제83-84문답은 우리가 지은 죄의 경중과 모든 범죄의 결과를 각각 다릅니다. 그런데, 여기서도 겉보기에 논리적인 반전이 있는 것 같습니다. 상대적으로 무거운 죄와 가벼운 죄를 구별하면서도(WSC 제83문답), 모든 죄의 결과는 동일하다고 말하기 때문입니다: "모든 죄마다 마땅히 받아야 할 보응은 이 세상과 오는 세상에서 하나님의 진노와 저주를 받는 것입니다"(WSC 제84문답). 소교리문답의 이런 논리적인 전개를 좀 더 잘 이해하려면 죄의 경중(輕重)에 관한 성경의 균형 잡힌 교훈을 설명하는 대교리문답의 논의를 살펴볼 필요가 있습니다(WLC 제151문답). 어떤 죄악들을 다른 죄악들보다 더 심각하게 만드는 요소들 가운데 하나로 '누구에게' 저지른 범죄인가 여부가 언급되기 때문입니다. 그러므로, 아무리 작은 범죄라고 하더라도 하나님의 지극히 거룩하신 위엄을 거스르는 행위이므로, 그에 대한 마땅한 보응은 진노와 저주라는 것입니다. 그러므로 우리는 십계명을 기준으로 상대적으로 더 낫다 혹은 더 나쁘다 평가하는 것이 어리석은 인간의 기준이라는 사실을 깨닫게 됩니다. 우리의 순종을 평가하는 기준은 하나님께 있습니다. 그 하나님의 판단에 따르면, 순종의 첫 번째 규칙에 따라 합격을 얻을 사람은 아무도 없습니다. 그래서 오순절 사도들이 제시하였듯이, 회개하고 예수 그리스도를 믿고 성령을 받으라는 새로운 순종의 길을 하나님이 우리에게 내려주신 것입니다. 이렇게 소교리문답 제85문답은 구원의 교리를 가르치기 시작합니다.

죄의 경중에 관하여 성경이 가르치는 두 가지 교훈:
웨스트민스터 대교리문답 제150문답

(1) 하나님 앞에 사소한 죄는 없다!

이 첫 번째 교훈은 '율법의 행위로는 구원을 얻을 수 없음'을 강조하는 맥락에서 유의해야 할 메시지입니다. 종교개혁자들이 로마 카톨릭의 여러 가지 오류들을 지적할 때 '치명적 죄와 가벼운 죄'의 구분도 언급하는데, 이 구분 자체에 문제가 있는 것이 아니라 그 결과로 나타난 잘못된 현실을 우려하였습니다. 즉 인간의 상대적인 평가 기준으로 하나님의 공의의 기준을 낮추어 버리는 현실을 비판하였습니다. 그 결과 모든 죄는 하나님의 거룩한 위엄을 거스르는 심각한 결과를 가져온다는 겸비한 깨달음에 이르는 것을 방해하여 참된 경건으로 나아가지 못하게 하였기 때문입니다. 따라서 '상대적으로 선량한 그리스도인'이라는 상식적인 생각은 '오직 그리스도 안에서만 의를 찾을 수 있다'는 중요한 복음의 핵심을 가리게 됩니다. 바로 그 때문에 '죄와 의에 대한 세상의 판단 기준과 하나님의 기준이 매우 다르다'는 사실을 성경은 분명하게 가르칩니다.

(2) 모든 죄가 똑같은 비중을 가진 것은 아니다!

다른 한편으로, 성경 자체에서 죄의 경중을 분명하게 지적하는 사례들을 우리는 발견합니다. 대표적인 한 사례로 '사망에 이르는 죄'에 대해서는 기도하지 말라는 사도 요한의 교훈을 들 수 있습니다(요일 5:16). 이것은 회개의 가능성이 없다고 판단되는 심각한 경우를 말합니다. 예를 들어, 공공연한 이단 사상에 빠져들어 스스로 재림 예수라고 주장하거나 보혜사로 자처하는 등, 거듭난 그리스도인이라면 결코 빠지지 않는 죄악된 상태에 있는 사람들을 들 수 있습니다. 또한 '성령을 훼방(모독)하는 죄'는 결코 용서받을 수 없다는 예수님의 경고도 들 수 있습니다(마 12:31). 초대 예루살렘 교회의 아나니아와 삽비라의 경우를 우리는 잘 알고 있습니다(행 5:3). 때로는 우리의 시대와 환경을 따라 하나님께서 널리 참아주시는 경우도 있습니다. 모세에게 이혼증서를 통하여 이혼을 허락하게 하신 사례는 출애굽한 이스라엘 사람들의 완악함을 생각하여 주신 교육적 제도라고 예수님은 설명해 주십니다. 그러나 혼인 제도의 본 뜻은 그렇지 않다고 분명하게 강조하여, 그 제도를 왜곡하고 남용하는 바리새인들의 잘못을 엄격하게 책망하셨습니다(마 19:1-9; 막 10:1-12). 이런 가르침들을 두루 잘 살펴, 장로교회의 대교리문답은 범죄의 경중에 관한 성경의 교훈을 좌우로 치우치지 않게 잘 정리하여 가르쳐줍니다.

범죄의 흉악성을 가중시키는 요소들: 웨스트민스터 대교리문답 제151문답

장로교회의 대교리문답은 다음의 몇 가지 범주에 따라 동일한 범죄라도 그 무거움이 달라지는 것을 잘 설명해 줍니다. 그 중에서도 우리는 특히 '하나님'에 관련된 죄의 무거움을 심각하게 돌아볼 필요가 있습니다.

(1) 범죄자와 피해자

첫번째로 고려되는 상황은 범죄한 사람이 누구인가 여부입니다. 똑같은 거짓말을 목사가 한 것과 주일학교 어린이가 한 것은 그 무게가 다를 수밖에 없지요. 법을 잘 알지 못하는 사람과 그것을 잘 아는 사람이 동일한 잘못을 저질렀을 때, 그 책임을 묻는 것은 비중이 달라질 수밖에 없습니다. 또한 누구에게 범죄하였는가 여부도 마찬가지로 고려됩니다. 다른 사람의 심기를 해치는 언행을 저질렀는데, 똑같은 말이나 행동이지만 그것이 자기 아래 있는 사람에 대한 것인지, 아니면 권력자를 향한 것인지 여부는 엄청나게 차이나는 결과로 되돌아 올 것입니다. 말라기 선지자는 하나님에게 제사를 잘 드렸다고 항변하는 이스라엘 백성들에게 그들이 제물로 가져온 병들고 흠 있는 짐승들을 총독에게 바친다면 과연 즐겨 받을 것인지 생각해 보라고 반박합니다(말 1:8). 세상의 권력자들을 거스르는 행위에 빗대어, 만군의 여호와 하나님을 거스르는 죄악이 얼마나 막중한지 깨우쳐주는 메시지입니다. 또한 우리의 동일한 한 범죄가 한 사람에게 해악을 끼치는

경우와 여러 사람들에게 피해를 입히는 경우도 구별됩니다.

(2) 범죄의 본질과 위반의 성격

십계명들 자체에도 경중의 차이가 있고, 그에 따라 십계명의 분류를 설명하는 신학자들도 있습니다. 예를 들어, 살인죄는 도적질보다 더 흉악하다고 평가할 수 있습니다. 왜냐하면 그 행위가 가져온 결과를 회복하거나 보상할 수 있는가 하는 관점에서 볼 때, 사람의 생명을 빼앗은 것과 재물을 빼앗은 것은 그 무게에서 분명하게 차이가 나는 행위들이기 때문입니다. 동일한 한 계명에 관해서도, 명시적으로 금한 행위인가 아니면 추론을 통하여 이끌어낸 지침인가 여부를 판단의 기준으로 삼을 수 있습니다. 남의 물건을 도적질하는 것은 직접적으로 금지되어 있는 내용입니다. 그러나 복권을 구입하는 등 불로소득의 문제는 '땀을 흘려 자신의 필요뿐 아니라 이웃을 돕는' 노동의 윤리를 가르치는 제8계명의 교훈에서 유추되어 나온 것입니다. 또한 이 범주에 들어 있는 기준들로서는 하나의 범죄 행위에서 여러 계명들을 동시에 위반하였는지 여부와 - 여러 계명들을 어긴 행위가 당연히 더 무겁습니다! - 범죄가 마음 속에 머물러 있었는지 아니면 겉으로 표출되었는지 여부입니다. '욕심이 잉태하여 죄를 낳고 죄가 장성하여 사망을 낳는다'(약 1:15)는 유명한 구절은 범죄의 경중의 이런 기준을 잘 보여줍니다. 주목할 만한 또 다른 원칙은 '회개한 후에 다시 동일한 범죄를 저지르면' 그 행위 자체는 이전과 이후에 동일하지만, 그 반복된 죄의 무게는 한층 더 심각하게 간주됩니다. 하나님의 긍휼과 은혜를 저버리는 행위이기 때문입니다.

(3) 범죄의 시간과 장소라는 환경

동일한 범죄라도 주일이나 예배의 시간에 행해진 것과 평일에 일어난 것 사이에 경중의 차이를 생각할 수 있습니다. 또한 그 행위가 어디에서 일어났는가 하

> 는 점도 동일한 범죄 행위의 무게에 차이를 만들어 냅니다. 그것은 그 범죄로 말미암아 영향을 받게 되는 다른 사람들을 고려하는 측면이 있습니다. 교회당에서 예배의 시간에 공공연하게 하나님의 말씀을 저버리고 반대하는 일은 많은 사람들에게 직접적으로 악영향을 미칩니다. 그런 동일한 일이 사적인 공간에서 개인적으로 일어날 때와는 아주 다른 무게를 갖게 되는 것입니다.

2. 구원의 교리

(1) 오직 그리스도(*solus Christus*)!

'아무리 작은 죄일지라도 모든 범죄는 하나님의 주권과 선하심과 거룩하심, 그리고 그분의 공의로운 법을 거스른 것이므로, 현세와 내세에서 하나님의 진노와 저주를 받아야 마땅하다'는 선고는 '그리스도의 대속의 공로가 아니고서는 결코 죄사함을 얻을 수 없다'는 성경의 핵심 메시지로 이어집니다(WLC 제152문답). 말씀과 성령을 통하여 하나님 우편에 계신 예수 그리스도의 다스림을 받은 참된 그리스도인은 빛이신 하나님과의 영적 교제가 깊어질수록 역설적으로 자신의 죄에 대한 인식도 깊어지고 참회의 삶에 점점 더 진보를 보이게 됩니다. 마치 우리가 밝은 빛을 향하여 더 가까이 나아갈수록, 이전에는 미처 발견할 수 없었던 우리 옷에 묻은 더러운 얼룩을 뚜렷이 볼 수 있는 것처럼, 그리스도로 말미암아 빛이신 하나님과의 사귐의 삶 곧 영생의 삶이 깊어질수록 그리스도인은 자신의 죄를 점점 더 깊이 깨닫게 됩니다. 그러므로 겉으로 드러나는 실제 생활에 있어서 그는 점점 더 순종하는 거룩한 삶을 실천하고 있지만, 그 자신은 점점 더 겸비하고 엎드리며 오직 그리스도를 의지하는 참된 신앙을 굳게 붙잡는 것입니다. 바로 이것이 참된 기독교 신앙의 역설(paradox)입니다. 우리의 신앙이 깊어질수록, 예수 그리스도만이 우리의 소망이 됩니다!

우리가 예수 그리스도를 통하여 온전히 성취된 하나님의 율법에 관하여 점점 더 깊이 이해하면 할수록, 하나님의 의로운 순종의 요구가 얼마나 크고 높은지 깨닫게 됩니다. "내가 보니 모든 완전한 것이 다 끝이 있어도 주의 계명은 심히 넓으니이다"(시 119:96)는 말씀이 참으로 진리라는 사실을 절감합니다. 바로 이 경건의 역설이 많은 신앙의 선진들을 가장 겸비한 사람들로 바꾸어 놓았습니다. 다른 사람들이 보기에 너무나 존경스러운 삶을 살았던 교회의 성인들은 오히려 자신을 하나님 앞에 무가치한 존재로 여겼습니다. 왜냐하면 그들은 하나님의 절대적인 거룩이라는 참된 기준으로 자신을 평가할 수 있었기 때문입니다. 그러므로 누구보다도 열심히 하나님께 순종하는 사람이 치열한 회개의 삶을 살아가면서 오직 예수 그리스도의 십자가 공로에 의지하는 일은 결코 모순되지도 놀라운 일도 아닙니다! 반대로, 그런 역설적인 모습이 보이지 않는 삶은 '경건의 모양은 있으나, 그 능력은 없는' 거짓된 경건입니다.

(2) 두 번째로 주신 순종의 의무

예수 그리스도를 통하여 하나님은 새로운 순종의 길을 열어주셨습니다. 십계명으로 보여주신 하나님의 도덕의 법을 우리 스스로는 결코 온전히 순종할 수 없으므로, 그런 우리의 연약함을 긍휼히 여겨서 두 번째 기회를 주신 것입니다. 그 새로운 순종의 의무는 다음 세 가지로 요약됩니다:

· 예수 그리스도를 믿을 것 (믿음)
· 생명에 이르는 회개를 할 것 (회개)
· 은혜의 수단들을 부지런히 사용할 것

이 세 가지 내용들은 다음 과부터 자세히 살펴볼 것입니다. 여기서는 다만, 은혜의 수단들은 믿음과 회개라는 경건의 삶의 본질적인 내용을 위하여 주신 방편의 성격이 있다는 점을 언급하고 지나갑니다. 달리 말하자면, 새로운 순종이 실제로 실천되는 것은 '말씀과 성례와 기도'를 부지런히 활용하여 '믿음'과 '회개'가 깊어지는 순서로 이어진다는 것입니다. 그 은혜의 방편들이 택함을 입은 하나님의 백성들을 효과적으로 구원에 이르게 합니다(WLC 제154문답).

III. 교리문답을 따라 드리는 우리의 기도

1. 십계명을 통하여 우리가 마땅히 깨닫고 간구해야 할 바를 가르쳐 주시옵소서!

   (1) 우리의 죄악과 무능함을 더욱 깊이 깨닫게 하셔서, 오직 우리 주 예수 그리스도 안에서만 죄용서와 의를 구하게 하소서!

   (2) 하나님의 형상으로 지음받고 하나님의 자녀로 부름받은 우리의 삶의 목표가 얼마나 고상한 것인지 깨닫게 하셔서, 성령 하나님의 은혜를 더욱 간절히 구하며 변화되는 삶을 살아가게 하소서!

2. 예수 그리스도만을 바라보게 하소서!

   (1) 예수 그리스도를 통하여 순종의 새로운 길을 허락하신 아버지 하나님께 감사드립니다!

   (2) 우리 자신을 의지하는 그릇된 신앙을 깨끗이 버리고, 오직 예수 그리스도의 십자가 공로를 의지하는 참된 신앙 안에 굳건하게 세워 주시옵소서!

   (3) 생명에 이르는 회개의 체험이 깊어져서 오직 하나님의 은혜가 주는 변함 없는 위로 안에서 살아가게 해 주시옵소서!

제 28장
구원의 교리 02

믿음과 회개
눅 7:1-10

    오순절 이후 예루살렘을 시작으로 온 유대와 사마리아와 땅 끝까지 복음을 전파한 사도들의 전도의 메시지는 무엇일까요? '나사렛 예수께서 바로 그리스도 곧 구약에서 약속한 메시야'이심을 확증하였던 성령강림절의 사도적 메시지는 어떻게 계속하여 이어졌을까요? 신약성경의 많은 서신들을 저술한 사도 바울은 세 차례의 선교여행을 마무리하는 시점에서 자신의 복음 전파의 메시지를 이렇게 요약합니다: "유익한 것은 무엇이든지 공중 앞에서나 각 집에서나 거리낌이 없이 여러분에게 전하여 가르치고 ²¹유대인과 헬라인들에게 하나님께 대한 회개와 우리 주 예수 그리스도께 대한 믿음을 증언한 것이라"(행 20:20-21). 다른 어느 곳보다도 정성을 쏟아부었던 에베소 교회의 장로들에게 남기는 작별의 당부에서, 바울은 복음의 메시지를 '회개와 믿음'으로 요약합니다. 그것은 유대인에게나 헬라인에게나 차별 없이 선포되는 구원의 메시지였습니다. 십계명으로 요약되는 하나님의 도덕법의 요구를 결코 온전히 이룰 수 없는 우리에게 두 번째로 주신 순종의 원리입니다!

I. 성경 본문 묵상

1. 유대인 장로들이 로마인 백부장을 위해 예수님께 간청한 까닭은 무엇입니까? (7:4-5)

2. 예수님은 이 로마인 백부장의 신앙을 어떻게 평가하셨습니까? (7:9)

3. 로마인 백부장의 신앙에 대하여 우리가 본문에서 알 수 있는 내용은 무엇입니까? (7:6)

예수님에게 칭찬받은 신앙!

갈릴리 가버나움의 로마인 백부장은 예수님조차도 '놀랍게' 여길 정도로 훌륭한 신앙을 증거하였습니다. 예수님은 "이스라엘 중에서도 이만한 믿음은 만나보지 못하였노라"(7:9)라고 그를 크게 칭찬하셨습니다. 구약성경을 통하여 창조주 하나님을 알고, 언약의 하나님의 백성으로 할례를 받고, 율법을 통하여 생명의 도를 배운 이스라엘 사람들보다 더 낫다는 주님의 평가는 참으로 주목할 만합니다. 이 로마인 백부장이 이렇게 칭찬받은 까닭은 과연 무엇일까요? 오늘 본문에서 이 백부장의 신앙의 어떤 면모를 우리는 발견할 수 있을까요? 첫 번째로 주목할 것은 가버나움의 유대인 장로들이 그를 위하여 발벗고 나섰다는 사실입니다

(7:3-5). 그 장로들의 변호하는 말을 보면, 이 이방인 통치자가 이스라엘을 사랑하고 또 그 증거로 회당을 건설하였다고 합니다(7:4-5). 그 사실을 고려하면, 이 백부장은 '하나님을 경외하는 이방인'이었을 가능성이 높습니다. 그런데, 예수님이 이 사람에 대하여 놀랍게 여긴 점은 그것이 아니었습니다. 백부장의 신앙이 놀라운 것은 그가 나사렛 예수라는 (로마인의 관점에서 보면) 피지배 민족의 일개 랍비에 불과한 사람이 가진 엄청난 권위를 인식하고 그것을 겸비하게 받아들인 점에 있습니다. 그는 백부장으로서 자신의 가진 권위를 잘 알고 있었습니다(7:8). 거기에 비추어 나사렛 예수라는 분의 행적을 듣고 판단한 결과 '그분은 명령만 하시면 자기의 하인의 병을 낫게 하실 수 있는 분'이었습니다(7:7). 그렇게 높은 위엄과 권세를 가진 분을 자기 집으로 오게 하는 것은 외람된 일이며 감당할 수 없는 일이라고 생각하였습니다(7:6). 문자 그대로, 이스라엘 중에 누가 나사렛 예수의 참된 권위를 이만큼 인식하고 그 앞에 엎드렸습니까! 그의 신앙이 놀라운 것은 예수님이 누구신줄 바르게 알았을 뿐 아니라, 그 앞에 합당한 경배를 드렸다는 점에 있습니다.

II. 교리문답이 가르치는 믿음과 회개

예수 그리스도에 대한 믿음과 생명에 이르는 회개에 관한 교훈은 흥미롭게도 장로교회의 소교리문답에서 대교리문답보다 더 상세하게 가르치고 있습니다. 대교리문답은 제153문답에서 순종의 두 번째 규칙을 다루면서 이 두 가지 주제를 언급하고 지나가는 반면, 소교리문답은 믿음과 회개에 관한 각각의 문답을 별도로 할애하고 있습니다. 특정한 주제를 대교리문답보다 소교리문답이 더 자세하게 다루는 아주 보기드문 경우인데, 그래서 우리는 소교리문답의 두 문답들(WSC 제86-87문답)의 내용을 중심으로 믿음과 회개를 살펴봅니다.

1. '구원의 은혜'

믿음과 회개에 관한 질문에 대한 두 문답의 답변들에서 공통적으로 제일 먼저 나오는 내용이 '구원의 은혜'(a saving grace)라는 표현입니다: '예수 그리스도에 대한 믿음은 구원의 은혜입니다', '생명에 이르는 회개는 구원의 은혜입니다'. 이 '구원의 은혜'라는 말은 무슨 뜻일까요? 첫째, 믿음이나 회개는 우리의 구원을 위하여 꼭 필요한 것입니다. 둘째, 그런데 그것들은 하나님의 은혜로서, 즉 값없이 주시는 선물로서 우리가 받는 것입니다.

아마 이런 반문이 곧장 제기될 것입니다: '믿음은 우리의 것이 아닌가? 회개는 우리가 하는 것이 아닌가?' 우리의 체험에 따르면, 신앙이 좋고 나쁜 차이 혹은 회개가 간절하고 진실한가 여부는 우리 자신의 태도에 크게 달려 있는 것 같습니다. 이것은 어떻게 보면 일리가 없지 않습니다. 왜냐하면 예수 그리스도의 구속의 은혜를 우리에게 적용하시는 성령 하나님의 사역은 일방적이지 않고 우리를 참여하게 하시기 때문입니다. (제15과를 참조하십시오.)

그러나 믿음과 회개가 구원의 '은혜'라는 사실은 성경이 분명히 가르치는 핵심적인 진리입니다: "그리스도 예수 안에 있는 속량으로 말미암아 <u>하나님의 은혜로 값 없이 의롭다 하심을 얻은 자</u> 되었느니라"(롬 3:24). 왜 그것이 값없이 주시는 선물, 곧 은혜인지 설명해주는 좋은 비유가 있습니다. 내가 굶어 죽어가고 있는데 누군가 나에게 음식을 제공합니다. 그 음식을 받으려면 내 손을 펼쳐 그 음식을 받아야 합니다. 이 때 내 손을 펼치는 것을 믿음이라고 합시다. 그 펼친 손이 나를 구원하였습니까, 아니면 그 손에 주어진 음식이 나를 굶주림에서 구원하였습니까? 우리를 구원하시는 것은 예수 그리스도의 십자가 공로를 보시고 죄와 비참으로부터 우리를 건져주시는 하나님의 긍휼하심입니다. 십계명을 통하여 알려주신 하나님의 뜻에 순종하지 못하는 우리를 그 공의대로 판단하지 않으시고, 우리의 무능력을 불쌍히 여기셔서 다른 순종의 길을 내려주신 하나님은 예수 그리스도를 믿을 것을 요구하십니다. 단지 그 믿음을 우리에게 의로 여겨주시는 것입니다. 믿음 그 자체가 십계명을 온전히 순종하는 것과 같은 값어치가 있는 것이 아니라, 하나님의 긍휼하심을 받아들이는 통로입니다. 달리 말하자면, '믿음'은 우리의 공로가 아닙니다. 그러므로 사도 바울의 지적대로 우리가 '자랑'할 수 있는 것이 아닙니다(엡 2:8-9).

'생명에 이르는 회개' 역시 하나님의 은혜의 선물이라는 사실을 성경은 이방인 백부장 고넬료의 사례를 들어 분명히 가르칩니다(행 11장). 예루살렘 교회의 유대인 출신 그리스도인들이 고넬료의 집을 방문하여 함께 교제를 나눈 사도 베드로를 '무할례자의 집에 들어가 함께 먹었다'는 이유로 비난하였습니다. 베드로는 그 일의 자초지종을 설명하면서 "그런즉 하나님이 우리가 주 예수 그리스도를 믿을 때에 주신 것과 같은 선물을 그들에게도 주셨으니 내가 누구이기에 하나님을 능히 막겠느냐"(11:17)라고 반문하였습니다. 고넬료와 그 집안에 있던 모든 사람들에게 마치 오순절의 성령강림과 같은 사건이 일어난 것을 증언한 것입니다. 그러자 초대 예루살렘 교회의 완고한 할례자들조차 납득하지 않을 수 없었습니다: "그들이 이 말을 듣고 잠잠하여 하나님께 영광을 돌려 이르되 그러면 하나님께서 <u>이방인에게도 생명 얻는 회개를 주셨도다</u>"(11:18). 여기서 그들이 하나님께 영광을 돌리는 내용이 무엇입니까? '생명 얻는 회개'를 유대인뿐 아니라 이방인에게도 주셨다는 것입니다. 그들은 생명에 이르는 회개가 (경험상) 성도들 자신의 것이지만, 그러나 그 이전에 '하나님이 선물로 주셔야 하는' 것임을 알고, 그래서 이방인도 그 선물을 받은 것을 알고는 놀라워 하며 하나님을 경배한 것입니다.

2. 예수 그리스도에 대한 참된 믿음: 소교리문답 제86문답

(1) 복음이 우리에게 전하는 예수 그리스도

소교리문답이 말하는 참된 믿음의 대상은 '복음이 우리에게 제공하는 대로의' 예수 그리스도입니다. 그 이름에 대한 이해가 너무나도 다양한 오늘날의 현실을 고려하면, 이것은 참으로 의미심장한 표현입니다. 사실 교회의 역사에서 '예수 그리스도는 누구십니까?' 혹은 '당신은 예수 그리스도를 어떤 분으로 믿습니까?' 하는 질문에 대해서 다양한 답변들이 끊임없이 반복되어 나왔습니다. 예수님은 참 하나님이며 참 사람이십니까? 예수님은 위대한 인류의 위대한 성인들 가운데 한 분으로, 우리의 도덕적 모범입니까? 예수님의 죽음은 개인적인 것입니까, 아니면 다른 사람들을 대속하는 의미를 가졌습니까? 과연 예수님은 죽음을 이기시고 부활하셨습니까? 예수님은 지금도 참 하나님과 참 사람으로 살아계십니까? 예수님이 다시 오셔서 온 세상을 심판한다는 것을 당신은 믿습니까?

복음이 우리에게 제시하는 예수 그리스도는 무엇보다도 우리를 죄와 사망에서 구원하시는 구주입니다. 사도 요한은 복음서를 기록한 목적을 '예수께서 하나님의 아들 그리스도이심을 믿게 하려 함이며, 또 너희로 믿고 그 이름을 힘입어 생명을 얻게 하려 함'(요 20:31)이라고 밝힙니다. 나사렛 예수는 우리를 구원하러 이 세상에 오신 하나님의 아들입니다. 그리스도로서 예수님은 이 땅에서 '선지자, 제사장, 왕'의 직분을 수행하셨고 또 지금도 그 삼중직분을 계속 하십니다. (사도신경의 예수 그리스도 관련 부분을 참고하세요.) 우리 편에서 다시 말하자면, 복음이 제시하는 예수 그리스도를 믿는다는 것은 우리가 죄인이며, 구원을 얻기 위해서는 반드시 예수 그리스도를 의지해야 한다는 말입니다: "사람이 의롭게 되는 것은 율법의 행위에서 난 것이 아니요 오직 예수 그리스도를 믿음으로 말미암는 줄 아는고로 우리도 그리스도 예수를 믿나니"(갈 2:16). 그러므로 구원의 믿음은 예수 그리스도를 통하여 베풀어주신 하나님의 구원의 은혜를 바르게 알고 의지하는 것입니다.

(2) 구원을 위하여 그리스도를 영접하고 오직 그분만을 의지할 것

갈라디아서는 사도 바울의 서신들 가운데 가장 강경하게 시작합니다: '저주를 받을지어다'라는 엄중한 책망이 초두에 나타납니다. 바울은 누구에게 이런 저주를 선포합니까? 바로 갈라디아 교회들에 가만히 들어와 사도들이 전한 복음 외의 '다른 복음'을 전하는 거짓 교사들입니다. 그 '다른' 복음 곧 거짓된 교사들의 주장의 골자는 '그리스도를 믿는 믿음에 우리의 선행을 덧붙여야 한다'는 메시지입니다. 그것은 우리의 구원을 위하여 '그리스도만을 영접하고 의지할 것'을 가르치는 복음의 핵심을 왜곡하는 것이었습니다:

· "사람이 의롭게 되는 것은 율법의 행위로 말미암음이 아니요 오직 예수 그리스도를 믿음으로 말미암는 줄 알므로 우리도 그리스도 예수를 믿나니 이는 우리가 율법의 행위로써가 아니고 그리스도를 믿음으로써 의롭다 함을 얻으려 함이라 율법의 행위로써는 의롭다 함을 얻을 육체가 없느니라"(갈 2:16)

· "내가 그리스도와 함께 십자가에 못 박혔나니 그런즉 이제는 내가 사는 것이 아니요 오직 내 안에 그리스도께서 사시는 것이라 이제 내가 육체 가운데 사는 것은 나를 사랑하사 나를 위하여 자기 자신을 버리신 하나님의 아들을

믿는 믿음 안에서 사는 것이라 ²¹내가 하나님의 은혜를 폐하지 아니하노니 만일 의롭게 되는 것이 율법으로 말미암으면 그리스도께서 헛되이 죽으셨느니라"(갈 2:20-21).

오직 그리스도(solus Christus)! 이 구원얻는 신앙의 핵심을 굳게 파수하기 위하여 사도 바울은 '하늘로부터 온 천사라도' 심지어 '바울 자신이 다시 와서' 이 복음과 다른 메시지를 전하면 '하나님의 저주를 받기를 원한다'고 엄중하게 선언한 것입니다(1:8).

참된 구원의 신앙은 예수 그리스도께서 우리의 구원을 위하여 이루어주신 것만을 온전히 의지하는 것입니다. 거기에 다른 무엇이 더 첨가되어서는 안 됩니다. 예수 그리스도만을 온전히 의지하는 것, 이것이 하나님이 우리에게 원하시는 순종의 의무입니다!

3. 생명에 이르는 회개

(1) 돌아서기

'회개'라는 성경의 개념을 생생하게 잘 묘사해 주는 단어가 히브리어 '수브'(subh)입니다. 이것은 마땅히 가야할 원래 방향으로 가지 않고 그릇된 방향으로 치우쳐 가다가, 그 길이 옳지 않다는 것을 깨닫고 올바른 방향으로 돌아오는 것을 뜻합니다. 영적으로 해석하면, 사망을 삯으로 받는 죄악의 길을 즐기면서 걸어가다가, 하나님의 크신 은혜로 부르심을 받아, 자신의 끔찍한 상태를 깨닫고 또 우리를 구원하시는 예수님을 알고, 죄의 길에서 돌아서서 예수 그리스도를 믿고 그분을 의지하여 살아가는 변화를 말합니다. 아래에 소개하는 G.I. 윌리엄슨 박사의 유명한 '구원의 서정'(order of salvation) 도표는 회개가 완전히 돌아서는 것임을 시각적으로 잘 표현해 주는 장점이 있습니다: 한 사람이 지옥을 향한 길로 걸어가고 있습니다. 그는 자신이 선택한 길 행복한 삶이라고 생각하며 살아갑니다. 그러나 하나님의 크신 긍휼로 부르심을 받았을 때(1.'효과적인 소명') 그의 삶이 완전히, 180도 바뀌는 체험을 합니다(2.'회심'). 그런데 그 회심은 '믿음과 회개'라는 두 가지 요소로 구성되어 있습니다. 달리 말하자면, 하나님의 구원의 은혜로 주어지는 믿음과 회개가 죄인의 삶을 완전히 변화시켜 놓습니다.

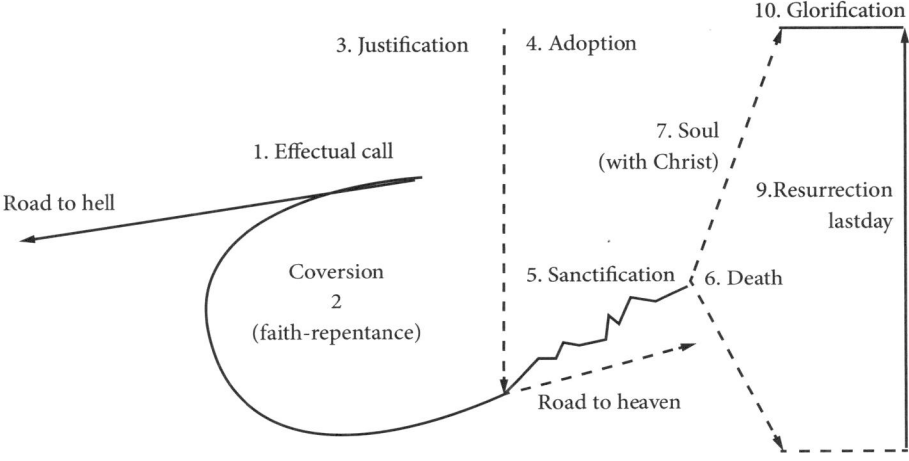

THE ORDER OF SALVATION

A man is walking down the road to hell

1. He is effectually called
2. He is converted(by faith and repentance).
3.,4. He is instantly justified and adopted.
5. He is gradually sanctified, during the rest of his life.
6. he dies.
7. His soul goes to heaven.
8. His body enters the grave.
9. At the resurrection of the last day, body and soul together enter into
10. Glory

(2) 생명에 이르는 참된 회개

장로교회의 소교리문답은 '회개'라는 단어 앞에 '생명에 이르는'이라는 수식어를 붙여 두었습니다. 그런 주의 깊은 표현은 영생으로 인도하지 못하는 거짓된 회개 혹은 일시적인 회개가 있을 수 있다는 사실을 깨우쳐 줍니다. 많은 사람이 뉘우치지만, 구원에 이르지 못하는 결말을 보여줍니다. 구약성경에서 아합 왕은 나봇의 포도원을 강탈한 후 엘리야 선지자의 경고를 받고 일시적으로 겸비하였으나(왕상 21:29), 결국 죄에 팔려버린 결말을 보여주었습니다. 사마리아 지방의 시몬은 집사 빌립의 복음 메시지를 듣고 세례를 받았으나, 사도 베드로에게 '너는 악독이 가득하며 불의에 매인 바 되었다'는 엄중한 책망을 들었습니다 (행 8:13, 23). 그러므로 생명에 이르는 회개는 이런 일시적인 후회나 마음의 변화와는 다른, 죄인을 온전히 영생으로 하나님과의 영적 사귐으로 인도하는 회개입니다.

소교리문답은 생명에 이르는 회개를 이렇게 정의합니다: "죄인이 자기 죄를 바로 알고, 그리스도 안에 있는 하나님의 자비를 깨달아, 자기 죄를 슬퍼하고 미워하고, 그 죄에서 떠나 하나님께로 돌아가고 굳은 결심과 노력으로 새롭게 순종합니다"(WSC 제87문답). 그러므로 성경이 말하는 회개는 우리 인간의 전인(全人)과 관계된 지/정/의 모두에서의 변화입니다: 죄와 구원에 대한 지식, 자신의 죄에 대한 슬픔과 혐오라는 감정, 그리고 자신의 삶을 완전히 변화시키는 결심과 노력으로 표현되는 의지. 이 세 가지 요소들이 무엇 하나 빠짐없이 다 구비되어야 우리를 참된 생명으로 인도할 수 있습니다. 아담의 타락으로 인하여 우리 모두가 처하게 된 죄와 비참의 상태가 죄책(guilt), 죄의 세력(power) 및 부패(corruption)에 노예가 된 상태라면, 두 번째 아담이신 예수 그리스도의 구원의 은혜는 그런 비참의 상태에서 우리를 온전히 구원하시는 것이기 때문입니다. 따라서 예수 그리스도를 믿는 믿음과 더불어 '생명에 이르는' 회개를 통하여 우리는 죄와 사망과 사탄의 권세에서 실질적으로 해방되는 새로운 삶을 살아갈 수 있습니다.

4. 하나님의 은혜에 의한 끊임없는 회개와 믿음의 삶: 성화

장로교회는 성경에서 '하나님이 사람에게 요구하시는 의무'에 대한 대답을 '순종'으로 제시하였고, 그 순종의 규칙으로 첫째는 십계명으로 요약되는 도덕법이라고 가르칩니다. 그런데 십계명을 온전하게 순종하지 못하는 우리의 영적 무능력을 긍휼하게 보셔서 두 번째 기회로 허락하신 순종의 규칙이 '예수 그리스도를 믿을 것'과 '생명에 이르는 회개'를 할 것입니다. 은혜의 그 두 가지 내적 열매를 맺기 위하여 '은혜의 수단들'이라는 외적 방편을 부지런히 사용하는 것이 첨언되었습니다. 이런 순종의 규칙을 전체적으로 보면, 믿음과 회개는 결코 신앙의 첫 단계에만 국한되는 것이 아니라는 사실을 잘 알 수 있습니다. 오히려 그것은 그리스도인의 구원받은 삶 전체에 걸쳐 끊임없이 일어나는, 더욱 깊이 실천되는 순종이어야 마땅합니다. 소위 '성화'의 삶이라고 표현되는 '회심 이후의 그리스도인의 삶'의 내용은 별다른 것이 아니라, 바로 믿음과 회개가 점점 더 깊어

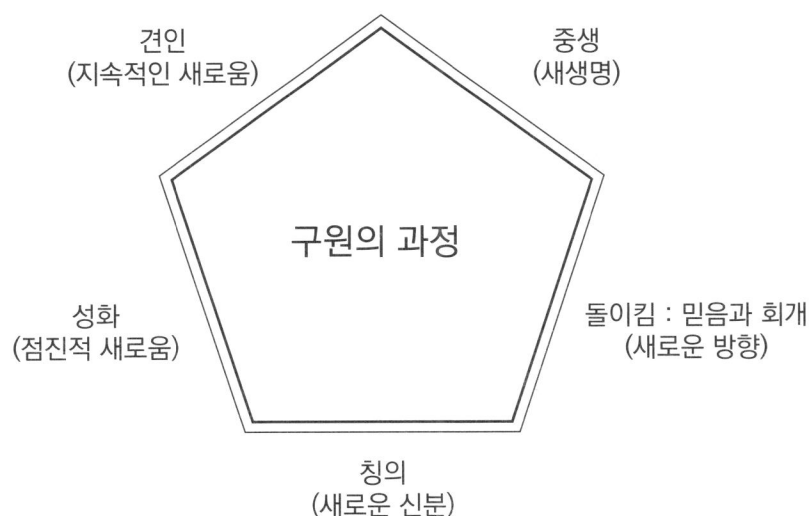

지는 삶입니다!

　개혁주의 교의학자 안토니 후크마 박사가 제시한 구원의 길(Way of Salvation)이라는 도표는 바로 이런 점에서 우리의 인식을 좀 더 성경적으로 가다듬어 주는 장점이 있습니다. 윌리엄슨의 '구원의 순서' 도표와 비교할 때 확연하게 차이가 나는 점은 구원의 과정에서 칭의 회심 성화 견인 등의 요소들이 각각 구별된 것이 아니라, 서로 긴밀하게 연결되어 있다는 점을 잘 표현해 주는 것입니다. 즉 구원의 과정들이 순서대로 하나하나 진행되는 것이 아니라, 그리스도인의 삶에서 동시적으로 일어나는 일이라는 사실을 잘 보여줍니다. 믿음과 회개에 관하여 후크마 박사는 이 도표를 통하여 이렇게 강조합니다: "믿음과 회개 역시 그리스도인의 삶 시초에 일어나지만, 신앙의 삶 전체에 걸쳐 지속적으로 수행되며 계속되어야 한다."

　하이델베르크 교리문답은 참된 회개와 성화의 삶을 내적으로 긴밀하여 연결하여 가르칩니다. 사람의 진정한 회개란 '옛사람이 죽고 새사람으로 사는 것'(HC 제88문답)인데, 옛사람이 죽는다는 것은 '우리의 죄를 마음으로 슬퍼하고 더욱 더 미워하고 피하는 것'(HC 제89문답)이며, 새사람으로 사는 것은 '하나님의 뜻에 따라 모든 선을 행하며 사는 것을 사랑하고 기뻐하는 것'(HC 제90문답)입니다. 그러므로 진정한 회개란 그리스도인의 평생을 통하여 지속되는 거룩한 삶의 실천입니다. 그러므로 예수님의 '회개하라 천국이 가까왔느니라'는 촉구는 '신자의 평생'이 참회하는 삶이 되어야 할 것을 가르친다고 설명한 종교개혁자 루터는 이런 뜻을 바르게 이해하였던 것입니다.

III. 교리문답을 따라 드리는 우리의 기도

1. 우리에게 주신 은혜를 힘입어 참된 믿음이 깊어지게 하소서!

    (1) 성경이 가르치는 대로 예수 그리스도를 우리의 주와 구세주로 영접하게 하소서!

    (2) 우리의 삶의 모든 일에서 예수 그리스도만을 의지하며 살아가게 하소서!

    (3) 교회에서 참된 복음의 메시지가 올바르게 선포되고 가르쳐지게 도와주소서!

2. 참된 회개의 삶을 살아가게 하소서!

    (1) 옛사람이 죽고 새사람으로 살아가는 진정한 회개의 삶을 살아가는 은혜를 내려 주소서!

    (2) 우리의 죄의 결과를 두려워해서가 아니라, 죄 짓는 우리 자신의 추악한 모습을 진정으로 회개하게 하여 주시옵소서!

    (3) 하나님의 뜻을 받들어 선을 행하며 살아가는 것을 사랑하고 기뻐하는 하나님의 참된 자녀로 매일매일 변화시켜 주시옵소서!

제 29장
구원의 교리 03

은혜의 방편론: 말씀

행 8:26-40

하나님이 사람에게 요구하시는 순종의 '의무'는 실제로는 우리에게 유익이 되는 '은혜'입니다. 예수 그리스도에 대한 믿음과 생명에 이르는 회개를 무엇보다도 '구원의 은혜'라고 해설하는 장로교회의 소교리문답은 바로 그 사실을 잘 깨우쳐줍니다. 그리스도인들에게 그 믿음과 회개를 불러 일으킬 뿐 아니라 평생의 삶에서 더욱 깊게 해줄 은혜의 방편들 역시 우리가 부지런히 사용해야 할 의무이면서 동시에 우리에게 내려주신 선물입니다. 예루살렘의 초대교회 이래로 그리스도인들은 말씀과 성례와 기도라는 이 은혜의 방편들을 부지런히 사용하여, 구원 얻는 믿음과 생명에 이르는 회개라는 참된 신앙의 열매를 맺어 왔습니다. 사도행전에 기록된 집사 빌립의 전도 관한 이야기를 통하여, 그리고 개혁주의 교리문답들을 통하여 이 은혜의 방편들에 관하여 함께 묵상해 봅시다.

I. 성경 본문 묵상

1. 초대교회 시절 복음전도의 한 장면

    (1) 본문에서 누가 무슨 성경을 읽고 있었습니까?

    (2) 그의 문제는 무엇이었습니까? (8:28, 31)

2. 집사이며 복음전도자인 빌립의 역할

    (1) 빌립은 그 사람의 성경 읽기를 어떻게 도와주었습니까? (8:35)

    (2) 그 사람은 빌립을 통하여 어떻게 그리스도를 영접하였습니까? (8:38)

3. 은혜의 방편들의 활용:

    (1) 본문에서 구원의 은혜가 베풀어지는데 사용된 수단들은 무엇이었습니까?

    (2) 그 방편들은 예수 그리스도와 어떤 관계가 있습니까?

'읽는 것을 깨닫느냐?'

사마리아 전도 사역을 마친 집사 빌립은 주님의 천사의 인도에 따라 가사 지역으로 이어지는 광야길로 내려가서, 에디오피아 여왕 간다게의 모든 국고를 맡은 내시가 수레를 타고 이사야의 글을 읽고 있는 모습을 발견하였습니다. 성령님은 빌립이 이 사람에게 예수 그리스도의 복음을 전하기를 명하셨습니다. 그 수레로 달려간 빌립은 '읽는 것을 깨닫느냐?'라고 질문하였습니다(8:30). 이 질문은 은혜의 방도로서의 하나님의 말씀과 관련하여 오늘에도 여전히 의미심장한 질문입니다! 한국 장로교회는 '경건의 시간'(QT)을 통한 매일의 묵상, 성경통독, 성경필사 등 다양한 프로그램으로 성도들에게 성경읽기를 강조합니다. 주일예배의 설교들, 새벽기도와 수요일 금요일 기도모임에서의 말씀 묵상, 다양한 성경공부 프로그램들에서 성경을 가르치고 배웁니다. 그때마다 우리는 이 질문을 진지하게 던지고 또 대답해야 합니다: '당신이 읽고 있는 그 성경말씀이 무슨 뜻인지 깨닫습니까?'

이사야의 메시야 예언을 읽고 있었던 그 에디오피아 내시는 '털깎는 자 앞에서 조용한 어린 양'과 같은 그 예언된 인물이 누구인지 알지 못하였습니다. 선지자 이사야가 자신을 가리켜 말하는 것인지, 혹은 다른 누구를 가리키는지 깨닫지 못하였습니다. 성령님이 전도자 빌립을 그에게 보내신 까닭이 바로 거기에 있었습니다. 빌립은 그 본문에 언급된 '고난받는 하나님의 종'이 다름 아니라 나사렛 예수를 가리키며, 그분의 십자가 수난과 부활을 통하여 이사야를 통하여 예언하신 하나님의 구원이 성취되었음을 설명해주었습니다. 그것이 본문에는 '예수를 가르쳐 복음을 전하였다'(8:35)라는 표현으로 요약되어 있습니다.

이처럼 성경은 올바르게 해석하여 가르치는 일이 필요합니다. 특히 구약의 예언들이 어떻게 모두 그리스도 예수 안에서 성취되는지 깨닫고, 하나님께 영광을 돌리는 올바른 열매를 맺기 위해서(고후 1:20) 빌립과 같이 말씀을 올바르게 풀어주는 사역자가 필요합니다. 성령님은 말씀의 낭독, 특히 그 말씀의 설교를 통하여 성경을 효력 있는 은혜의 수단으로 사용하신다는 장로교회의 가르침은 이런 인식을 잘 반영하고 있습니다(WSC 제89문답, WLC 제 155문답). 한걸음 더 나아가, 말씀을 풀어 가르치는 사람은 '충분한 은사를 받고 또 그 말씀을 봉사하는 직분에 정식으로 부름받은 자'여야 한다는 대교리문답의 교훈도 그런 관점에서 제시된 규정입니다(WLC 제158문답).

'내가 세례를 받음에 무슨 거리낌이 있느냐!'

이사야 선지자의 예언으로부터 나사렛 예수의 구원의 복음을 전해 들은 그 에디오피아 사람의 반응은 '기꺼이 세례를 받겠노라!'는 것입니다. 성령강림절에 예루살렘 성전에 모였던 5천 명의 무리들처럼, 예수 그리스도가 누구신지 바르게 깨달은 사람들은 모두 그 이름으로 세례를 받았습니다. 그렇게 그들은 기꺼이 주님과 연합되기를 바라였고, 또 그 이름으로 말미암아 아브라함과 이삭과 야곱의 하나님, 곧 언약의 하나님의 참된 백성이 되었습니다. 이렇게 그 에디오피아 사람은 말씀과 세례(성례)를 통하여 예수 그리스도의 구원의 은혜를 받아누리며, 하나님의 언약 백성으로 살아가는 그리스도인의 삶을 시작하였습니다. 그가 활용한 두 가지 은혜의 방편들은 모두 그를 예수 그리스도와 연합하게 해 주었고, 그로 말미암아 은혜의 언약의 유익들을 받아누리게 해 주었으며, 또한 주님의 사람으로 인쳐주었습니다(WSC 제94문답).

II. 교리문답이 가르치는 은혜의 방편들

1. '은혜의 방편'(means of grace)이라는 말의 뜻

장로교회의 소교리문답은 그리스도의 구원의 은덕을 성령님이 신자들에게 적용시키는 수단들을 '은혜의 방편'이라고 말합니다. 즉 이 수단들을 통하여 그리스도의 구속 사역이 택함을 입은 하나님의 백성들에게 효력을 발휘하는 것입니다. 말씀 성례 기도가 바로 이 은혜의 방편들입니다(WSC 제88문답).

(1) 성령의 '외적인 수단' vs. '내적인 역사'

그런데 소교리문답은 그 은혜의 방편들이라는 표현 앞에 '외적인' 혹은 '통상적인'이라는 특정한 수식어를 덧붙입니다. 이 표현은 우리를 거룩하게 하시는 성령의 내적인 사역과 '말씀, 성례, 기도'라는 외적인 방편들을 구분해 줍니다. 이런 구분은 중요합니다. 특히, 일반적인 은혜의 방편으로써는 구원에 이를 수 없는 상태의 사람들, 예를 들어 유아 시절에 사망한 자들이나 정신적인 장애를 안고 있는 사람들의 경우에는 이런 외적 수단을 사용할 수 없기 때문에 주의하여 구별하는 것이 필요합니다. 그런 특별한 경우에는 성령님이 그런 외적이고 통상적인 수단들을 사용하지 않고 '내적으로 특별하게' 역사하실 것입니다.

이런 구분은 또한 하나님의 구원의 은혜가 마치 이런 외적인 수단들에 매여 있다고 생각하는 로마 카톨릭교회의 잘못된 견해를 바로 잡는데도 필요합니다. 그들은 교회가 베푸는 7성례들이 그리스도의 구속의 은혜를 내포하고 있는 수단이라고 생각합니다. 그래서 성찬에 임하는 신자가 참된 믿음으로 나아오든지 아니면 위선적으로 나아오든지 여부에 관계없이 미사의 성례 자체가 그리스도의 몸을 객관적으로 전달해준다고 가르칩니다. 그러나 '믿음이 없이는 하나님을 기쁘시게 할 수 없다'는 성경의 분명한 가르침은 이 은혜의 방편을 사용하는데도 분명하게 적용됩니다. 이것을 우리는 각 방편들에 대한 설명에서 확인할 것입니다.

(2) 그리스도께서 정하신 수단

은혜의 방편들은 교회나 신자들이 정한 것이 아니라 '그리스도'께서 친히 정하신 것입니다. 이 사실은 역사적으로 중요한 의의를 갖고 있습니다. 즉, 종교개혁 당대의 타락한 로마 카톨릭이 주장한 7성례의 기원이 성경이 아니라 교회의 잘못된 관습에 있다는 사실을 밝히는 것입니다. 일곱 가지나 되는 성례들로써 로마 카톨릭교회는 그리스도의 구원의 은혜를 성도들에게 풍성하게 제공하는 것 같습니다. 그러나 은혜를 주시는 우리 주님의 뜻에서 나오지 않은 예전들은 '택함 받은 사람들의 구원을 위하여 효력 있게 작용하지 않습니다!'

그러므로 오늘날 하나님의 말씀이라는 기준에서 점점 멀어지는 개신교회들도 '그리스도의 구속의 은혜'를 받기 위하여 '그리스도께서 정하지 않으신' 인간적인 방편들에 점점 더 의존하고 있는 현실을 주의해야 합니다. 그것은 인간적인 관점에서 사람들에게 다가가려 하였던 로마 카톨릭교회의 오류를 답습하는데 지나지 않습니다. 은혜의 방편들은 은혜의 결과를 맺어야 합니다. 주님이 친히 정해주신 은혜의 방편들은 구원의 효력을 내어, 회개와 믿음을 불러 일으키고, 성령의 열매를 맺고, 예수 그리스도를 닮아가게 하며, 하나님 나라와 그 의를 구하는 사람이 되게 합니다. 날마다 옛사람을 벗고 새사람으로 살아가는 거룩한 하나님의 백성으로 변모시킵니다. 그래서 하나님의 은혜는 우리를 구원하실 뿐 아니라 우리를 양육하신다는 사실을 확증합니다(딛 2:11-14). 그런데, 오늘날 장로교회에서 즐겨 사용하는 방편들은 과연 주님이 친히 정하신 그 방편들과 맞닿아 있습니까? 혹은 그런 구원의 효력을 발휘하고 있습니까? 아니면 인간적인 위로와 기쁨과 만족을 주는데 그치고 있습니까? 우리는 로마 카톨릭교회의 어리석은 길을 따라가지 않도록 주의해야 합니다!

로마 교회 7성례의 풍성함? 빈약함!

"일견, 로마의 은혜의 보화와 그 분배는 보통 이상으로 풍성한 것 같지만, 그러나 사실상 이것은 너무나 빈약하다. 왜냐하면 반복적으로 죄와 벌의 조그만 부분들이 용서되며 또 용서될 수 있기 때문이다. 또한 은혜를 전달하고 처벌을 면하기 위해서는 거듭하여 새로운 성례가 필요하기 때문이다. 참으로 그렇다. 왜냐하

> 면 세례와 성찬, 고해와 종부성사를 이미 누리고도, 여전히 이 세상을 떠난 후에 연옥에서 보속을 해야 하기 때문이다. 평범한 로마 교회의 성도는 이 세상에 사는 동안 상당한 정도로 불확실한 형편 가운데 살아간다. 죽음 이후에도 그는 재판장이신 하나님을 마주 대하고 서야 한다. 그는 그분에게 여전히 갚아야 할 것이 있으며, 갖가지 보속의 행위를 통하여 화해해야 한다. 그가 누리는 은혜의 상태는 결코 확고부동한 것이 아니다. 그는 항상 두려움 가운데 산다. 과연 그가 은혜 가운데 있는지, 바로 다음 순간에는 그 밖으로 떨어지지나 않을지."
>
> (헤르만 바빙크)

2. 세 가지 은혜의 방편들

그리스도께서 친히 정해주신 은혜의 방편들로 장로교회가 성경을 통하여 확증하는 것은 '말씀, 성례, 기도'의 세 가지 방편들입니다. 교회의 머리이신 우리 주님은 사도들을 통하여 복음을 전파할 뿐 아니라 성삼위 하나님의 이름으로 세례를 주도록 명하셨습니다(마 28:18-20).

세 가지 은혜의 방편들 가운데 이번 과에서는 그 첫 번째이자 가장 기초가 되는 '말씀'에 관하여 살펴봅시다. '은혜의 방편으로서의 말씀'이란 과연 무엇일까요?

(1) '말씀을 도구로 삼아'(cum Verbo) 역사하시는 성령 하나님

예수님이 '살리는 것은 영'(요 6:63)이라고 가르치셨듯이, 성경 그 자체가 죽은 자를 깨울 능력을 가진 것이 아닙니다. 성경을 도구로 사용하셔서 듣는 사람의 심령에 직접적으로 역사하시는 성령님께서 회개와 믿음이라는 열매를 맺게 하십니다. 소교리문답 제89문답은 그 사실을 분명하게 일깨워줍니다: "하나님의 성령이 말씀의 낭독, 특히 설교를 효력 있는 방편으로 사용하셔서, 죄인을 설득하고 회개시키며 거룩함과 위로로 그들을 세워서 믿음으로 구원에 이르게 합니다." 개혁주의 신학에서 익숙한 용어인 '말씀을 가지고'(cum Verbo)라는 말은 바로 이런 성령 하나님의 주권적인 사역을 강조합니다. 이것은 일부 개신교회들에서 '성경이라는 수단'에 지나친 강조를 두는 위험을 배제합니다. 또한 말씀을 대할 때 성령의 조명하심을 간구하지 않고 '어두워진 미련한 마음으로'(롬 1:21) 영적인 진리를 재단하려는 어리석음에서 우리를 건져줍니다. 시편의 기자처럼 '우리의 영적 눈을 밝히 뜨게 해 주셔서 하나님의 말씀의 놀라운 뜻을 알게 해 달라'(시 119:18)는 간구가 꼭 필요하다는 사실을 알려줍니다.

바울의 빌립보 전도의 일화가 '말씀을 가지고' 역사하시는 성령의 사역을 아주 잘 보여줍니다. 아마도 유대인의 회당이 없었던 그 도시에서 바울 일행은 안식일에 기도처를 찾아 강가에 갔다가 거기 모인 여인들에게 복음을 전하였습니다. 그런데 그 가운데 루디아만이 복음을 받아들이고 온 집안 사람들과 함께 세례를 받아 그리스도인이 되었습니다. 그런 변화의 원인을 성경은 주님께 돌리고 있습니다: "두아디라 시에 있는 자색 옷감 장사로서 하나님을 섬기는 루디아라 하는 한 여자가 말을 듣고 있을 때 <u>주께서 그 마음을 열어</u> 바울의 말을 따르게 하신지라"(행 16:14). 이처럼 성령께서 설교된 말씀을 들어 사용하셔서 사람들을 변화시키는 주권적 사역을 사도 바울은 데살로니가 교회 성도들에게서도 체험하였고 그렇게 가르쳤습니다: "이러므로 우리가 하나님께 끊임없이 감사함은 너희가 우리에게 들은 바 <u>하나님의 말씀을 받을 때에 사람의 말로 받지 아니하고 하나님의 말씀으로 받음이니 진실로 그러하도다 이 말씀이 또한 너희 믿는 자 가운데에서 역사하느니라</u>"(살전 2:13). 사도가 구약성경에 근거하여 전파한 예수 그리스도의 복음은 바울 개인의 성경 해석이 아니라 성령 하나님께서 내리시는 권위 있는 말씀으로 데살로니가 성도들의 심령에 심겨졌습니다. 그렇게 성령께서 들어 쓰신 말씀이 낭독되거나 혹은 설교되면, 성도들의 마음에는 회개와 믿음, 곧 삶의 방향이 완전히 변하는 회심이 일어납니다. 죽음을 향하던 죄의 길에서 돌이켜 영생으로 인도하는 구원의 길로 걸어갑니다. 그리스도인들은 성령이 주시는 '거룩함과 위로'를 받아 굳세게 그 길로 갑니다.

(2) '기도 묵상 실천'(*Oratio Meditatio Tentatio*): 소교리문답 제90문답

은혜의 방편들 가운데 가장 중요한 말씀을 효과 있게 사용하려면, 우리 편에서 어떤 마음으로 이 말씀에 다가가야 할까요? 장로교회는 종교개혁자 루터로부터 내려오는 '복음적인 경건의 길' 곧 성경 자체가 가르치는 '말씀을 대하는 올바른 태도'를 '기도-묵상-실천'이라는 세 가지 서로 연결된 핵심 개념으로 요약하여 가르칩니다. 주일예배를 기준으로 이 세 가지 지침들을 적용해 보면, 이렇게 정리해 볼 수 있습니다:

· 예배(설교)에 임하기 전에 우리가 준비해야 할 태도: 부지런함과 준비와 기도
· 낭독되고 설교되는 말씀을 듣는 동안의 태도: 믿음과 사랑으로 그 말씀을 받아들임
· 예배를 마친 후 일상생활에서의 자세: 그 말씀을 마음에 새기고 삶에서 실천

복음주의적 신앙 성숙의 길

첫째로, 기도(*Oratio*)는 성령 하나님의 주권을 명심해야 한다는 말씀입니다. 대(大) 신학자였던 루터는 신학을 배우는 학도들이 그 자신의 지식과 경험에 의지하는 대신 성경의 참된 저자이신 성령 하나님께서 말씀으로 깨우쳐 주시기를

간절히 기도하는 자세로 말씀을 대해야 한다고 가르칩니다. '마치 동냥하는 거지와 같은 심정으로' 기도하라고 가르칩니다. 성령께서 깨우쳐 주시지 않으면, 내게 말씀의 빛이 결코 비치지 않을 것이라는 간절한 마음을 가지라고 가르칩니다.

둘째로, 묵상(Meditatio)입니다. 이것은 말씀을 읽고 혹은 설교를 듣고는 그 메시지를 마음 속에 거듭 반복하여 깊이 생각하는 자세입니다. 바로 시편 1편의 '복 있는 사람'이 보여주는 바로 그 모습입니다. 사도 바울은 그런 자세를 "너희는 이 세대를 본받지 말고 오직 마음을 새롭게 함으로 변화를 받아 하나님의 선하시고 기뻐하시고 온전하신 뜻이 무엇인지 분별하도록 하라"(롬 12:2)는 말씀으로 표현했습니다.

세 번째 요소가 아주 독특합니다. 루터는 참된 그리스도인의 신앙은 반드시 '시험'(Tentatio, temptation, '유혹')을 통하여 성장한다고 가르칩니다. 이 시험은 흔히 '고난'의 모습으로 성도들에게 다가옵니다. 이 고난은 성도들로 하여금 자신이 아니라 성경에 기록된 하나님의 약속들을 의지하게 만들어 줍니다. 고난 속에서 성도들은 하나님의 말씀을 영혼의 닻으로 체험하게 됩니다. 고난은 하나님의 말씀의 참된 효용을 깨닫게 해 줍니다. 즉 성도들을 구원하고, 새롭게 하고, 소생시키며, 다시 활력을 얻게 만들어 주는 하나님의 살아있는 말씀을 체험하게 해 줍니다.

1532년의 어느 날 밤, 동료들 그리고 제자들과 함께 한 식탁의 대화에서 루터 선생은 하나님의 말씀을 배우는 것을 '마치 의학과 같아서, 경험을 통하여 평생에 걸쳐 배우는 것'이라고 말합니다. 그 자신 역시 한꺼번에 신학을 배운 것이 아니라 평생에 걸쳐 끊임없이 한걸음 더 깊이 그 말씀을 추구하며 살았고 고백합니다. 그 과정에서 '유혹과 시험'이 중요한 역할을 했다고 가르칩니다. 그 어떤 사람도 유혹들을 거치지 않고서는 성경 말씀을 이해할 수 없다고 말합니다. 그리고 자신의 체험을 성경의 가르침으로 확인합니다. "고난 당하기 전에는 내가 그릇 행하였더니, 이제는 주의 말씀을 지키나이다"(시 119:67). 여기서 '고난'은 시련과 환란을 말합니다. 또한 한걸음 더 나아가서, 시련과 환란을 통하여 낮아진 마음, 곧 겸비해진 모습을 가리킵니다. 성도들에게는 고난이 커다란 은혜의 방편으로 작용합니다. 고난을 통하여 우리의 어떤 잘못이 교정되고, 악한 습관이 바뀝니다. 경건에 어울리지 않는 삶의 방식을 더 이상 고집하지 않고 버립니다. 자신을 의롭다고 여기고 남을 멸시하는 교만한 마음이 낮아지고, 우리의 마음이 주님의 뜻을 받드는 데 민감해집니다. 태만했던 기도 생활이 재개되고, 우리의 마음이 이 세상이 아니라 더 좋은 하늘 나라로 고정되기 시작합니다. 고난을 통하여 성도의 영혼은 부드럽고 고요하며, 순수하고 신령해집니다. 그래서 고난이야말로 은혜의 수단들 가운데 가장 고귀한 것입니다.

그래서 마틴 루터 선생은 신앙 성장에 있어서 가장 핵심적인 것으로 '시험'을 이렇게 강조합니다: "이상하게도, 하나님의 말씀의 능력, 곧 말씀 안에서, 말씀을 통하여 역사하는 성령의 능력은 시험 속에서 가장 분명하게 발견할 수 있고 또 경험할 수 있습니다. 시험은 하나님의 말씀이 얼마나 옳고 진실되며, 달콤하며 사랑스럽고, 강력하고 위로를 주는 것인지, 모든 지혜 위의 지혜인지, 우리로 하여금 깨닫고 이해하게 도울 뿐만 아니라 또한 체험하게 해 주는 시금석(touchstone)입니다."

우리의 신앙의 스승(?)인 사탄

우리의 신앙 성숙에서 이 '시험'이 갖는 의미를 깊이 있게 묵상하는 가운데, 루터는 모든 그리스도인들에게 꼭 필요한 세 스승이 있다고 가르칩니다. 그것은 (1) 성경, 곧 하나님의 말씀과 (2) 성령 하나님과, 그리고 (3) '사탄'입니다. 루터는 사탄을 그리스도인에게 경건을 가르치는 스승이라고 말합니다. 이것은 대단히 역설적인 표현입니다. 사탄이 좋은 의미로 우리에게 스승이 되는 것은 결코 아니기 때문입니다. 그러나 실제로 사탄은 우리의 신앙 성숙에 중요한 역할을 합니다. 어떻게 그럴 수 있을까요?

루터는 이렇게 말합니다: 성도가 자신의 능력으로, 자신의 지식과 생각으로 하나님의 말씀을 공부할 때, 마귀는 그를 그대로 내버려둡니다. 그런 자는 사탄에게 별로 큰 위협이 못됩니다. 그러나 그가 하나님의 말씀을 묵상하면서 성령의 능력을 의지하기 시작할 때 - 곧 기도(*oratio*)와 묵상(*meditatio*)의 자세입니다 - 사탄은 곧 성령을 의지하는 그 사람을 곧 유혹(*tentatio*)합니다. 그에게 여러 가지 고난을 불러 일으킵니다. 시련을 겪게 합니다. 오해와 모순과 대립과 박해가 일어납니다. 개인적으로, 혹은 가정이나 직장에서, 나아가 교회에서도 그런 시련을 겪게 됩니다. 그 성도의 마음에 심겨진 하나님의 말씀을 멈추게 하려고, 사탄은 자신의 능력으로 할 수 있는 모든 방해 책동을 일으킵니다. 그러므로 시편에 기록되어 있는 성도들의 무수한 탄식은 바로 이런 사탄의 공격(유혹, 시험) 아래 있던 신실한 성도들이 신앙이 성숙되어 가는 과정에서 흘린 눈물입니다.

신앙 성숙의 싸이클

기도와 묵상과 시험, 이것은 하나의 사이클을 이룹니다. 성도의 신앙은 사다리를 타고 올라가는 그런 방식이 아니라고 루터 선생은 강조하여 가르칩니다. 중세의 수도원에서는 기독교 영성이 마치 사닥다리를 타고 올라가는 것처럼 세 단계의 헌신을 차례로 경험하는 것이라고 가르쳤습니다. 수도사는 성경을 읽고(reading), 묵상하고(meditation), 기도하며(prayer) 그리고 명상(contemplation)하여야 했습니다. 기도와 묵상이라는 단계 다음에는 '명상'이 따라 옵니다. 명상을 통하여 높이 계신 주 예수 그리스도와 교제하는 높은 신앙의 단계에 이른다고 가르쳤습니다. 그러나 "오직 의인은 그 믿음으로 말미암아 살리라"는 성경의 교훈을 깨달은 이후로 누구보다도 모범적이었던 수도사 루터는 이런 중세적 영성에 대항하여 복음적 영성의 패턴을 '기도-묵상-시험'(oratio-meditatio-tentatio)의 복음적 경건의 사이클, 곧 자신이 다윗 왕의 시편 119편에서 배운 교훈으로 바꾸었습니다. 신앙생활은 성령의 선물을 간구하는 기도로 시작하여, 하나님의 말씀을 묵상함으로써 바로 그 성령님을 우리가 받으며, 그 결과 (성령 충만으로 우리의 삶이 만사형통하는 것이 아니라) 오히려 사탄의 영적 공격에 직면하는 삶이라는 말입니다. 그리고 그 고난이 다시 한층 더 간절한 기도로 성도를 이끌고, 또 더 깊은 말씀 묵상으로 인도한다는 것입니다. 고난과 시련을 통하여, 하나님의 말씀을 의지하고 성령을 의지하는 삶이 얼마나 귀하고 보배로운 삶인지 깨닫고 실천하는 경건의 참된 성장을 이룬다는 것입니다.

(cf. Luther, *Preface to the Wittenberg Edition of Luther's German Writings 1539*)

(3) 설교자의 자격과 설교자의 지침: 웨스트민스터 대교리문답 제158-159문답

사도 바울은 은혜의 방편들 가운데 말씀의 사역을 가장 중요하게 간주하였습니다: "그리스도께서 나를 보내심은 세례를 베풀게 하려 하심이 아니요 오직 복음을 전하게 하려 하심이로되"(고전 1:17). 자신이 받은 소명은 무엇보다도 복음 전도의 사역이라고 생각하였습니다. 교회를 세우는 일에서 가장 중요한 것이 바로 말씀의 전파입니다. 그래서 장로교회는 말씀을 전하는 사역으로 부름받은 사람들의 자격과 그들이 설교할 때에 마땅히 따라야 할 지침들을 대교리문답에서

가르칩니다. 그 핵심적인 내용들을 간단히 살펴봅시다:

- 설교자의 자격: 충분한 은사와 공적인 소명 (WLC 제158문답)
- 설교자의 지침: 바른 교리와 모든 성경 (WLC 제159문답)

III. 교리문답을 따라 드리는 우리의 기도

1. 성령 하나님께서 우리의 마음을 밝혀 주셔서 하나님의 말씀이 주는 위로와 거룩함을 누리며 살아가게 해 주셔서 감사합니다. 이런 은혜를 항상 사모하며 간구하게 도와 주시옵소서!

2. 우리에게 하나님의 말씀을 올바로 대하는 경건한 자세를 일깨워 주시옵소서!

   (1) 말씀에 대한 사모함이 우리 마음 속에 일어나서, 열심히 말씀 앞으로 나아가게 하소서!

   (2) 그 모든 말씀 묵상을 통하여 우리의 옛사람의 생각을 버리고 하나님의 말씀이 가르치는 교훈을 받아들이며 실천하는 자기 부인과 기도가 있게 해주시옵소서! (WLC 제157문답)

제 30장
구원의 교리 04

은혜의 방편론: 성례 일반 및 세례

겔 36:25-27

장로교회는 그리스도께서 친히 교회에 내려주신 은혜의 방편들을 말씀, 성례, 기도 세 가지로 가르칩니다. 그런데 세 가지 방편들 중 말씀은 나머지 방편들의 토대를 이룹니다. 성례라는 두 번째 은혜의 수단은 종종 '눈에 보이는 말씀'(visible Word of God)이라고 불리는데, 그것은 성례가 말씀의 메시지를 증거하며 따라서 반드시 말씀에 근거를 두어야 한다는 사실을 강조합니다. 은혜의 방편으로서의 기도 역시 성경의 가르침에 따른 기도, 특히 주기도문의 교훈을 그 원리로 삼는다는 점에서 말씀에 뿌리를 두고 있습니다. 그러므로 세 가지 은혜의 방편들은 하나님의 뜻의 계시로서 성경과 불가분리의 관계에 있습니다.

하이델베르크 교리문답은 은혜의 방편들로서 말씀과 성례의 관계를 잘 정리하

여 가르칩니다: "성령님이 거룩한 복음의 설교로 우리의 마음에 믿음을 불러일으키시고, 성례의 시행을 통하여 그 믿음을 굳세게 하십니다"(HC 제65문답). 말씀과 성례는 모두 그리스도의 구원의 은혜를 우리가 받아누릴 수 있게 해주는 '믿음'을 위한 수단이라는 설명입니다. 이번 과에서 살펴볼 성례는 그 믿음을 든든하게 세워주기 위하여 성령 하나님께서 사용하시는 수단입니다. 우선 성례가 무엇인지 살펴보고, 신약의 두 성례들 가운데 하나인 세례에 관하여 묵상해 봅시다.

I. 성경 본문 묵상

1. 에스겔 선지자를 통하여 이스라엘에게 주신 '갱신'의 메시지

(1) 이스라엘을 새롭게 하실 하나님의 사역을 외적으로 표시한 것은 무엇입니까? (36:25)

(2) 그 외적인 상징이 표시하는 내적이고 참된 변화는 무엇입니까? (36:25)

(3) 그 변화를 일으키는 원동력은 무엇입니까? (36:26-27)

(4) 변화된 하나님의 백성의 삶의 특징은 무엇으로 표현되었습니까? (36:27)

2. 에스겔 선지자를 통한 약속의 성취: 신약의 하나님의 백성

(1) 사도 베드로는 물로 씻는 예전의 의미를 무엇이라고 설명합니까? (벧전 3:21)

(2) 세례와 믿음은 어떻게 서로 긴밀하게 연관됩니까? (막 16:16, 행 2:38, 갈 3:27)

(3) 성령을 주시는 것과 세례는 어떻게 연결됩니까? (행 10:47)

(4) 언약 백성의 표인 구약의 할례와 그리스도인의 세례는 어떻게 연결됩니까? (골 2:11-12)

물로 씻는 세례와 성령으로 씻는 세례

선지자 에스겔을 통하여 주신 하나님의 백성의 회복과 갱신의 메시지에서 '성례'가 무엇인지 깨우쳐주는 내용을 살펴보았습니다. 물로 씻어 몸을 깨끗하게 하는 정결의 예식은 성령으로 말미암아 우리의 마음을 죄에서 돌이켜 오직 하나님만을 사랑하고 섬기게 하는 내적인 변화를 가리키는 상징입니다. '외적인 상징이 가리키는 실체' 이것이 성경적인 성례의 두 가지 구성 요소입니다. 성령의 사역으로 말미암아 이 두 가지가 서로 결합되어 하나님의 백성에게 꼭 필요한 구원의 은혜를 끼쳐줍니다.

그런데, 그런 은혜의 기초는 다름 아니라 예수 그리스도의 대속의 공로입니다. 우리의 죄를 씻어주시는 하나님의 은혜는 구약 시대이든 신약 시대이든 관계없이, 오직 죄 없으신 하나님의 독생자의 온전히 순종의 삶과 수난받으심에 있습니다. 그러므로 성령의 역사하심으로 그 십자가 공로를 믿고 의지하여 참된 회개와 순종의 삶을 사는 사람들이 하나님의 백성이 되는 것입니다. 신약성경에서 예수님과 사도들은 바로 그 믿음과 세례를 이처럼 밀접하게 연결하여 가르쳐주셨습니다. 그런 성경적 가르침에 따라 장로교회는 말씀과 항상 연결된 성례라는 은혜의 방편을 중요하게 보존해 왔습니다. 교회의 머리이신 우리 주님께서 우리를 위하여 친히 제정해 주신 것이므로, 21세기의 교회도 그 성례의 의의를 새롭게 돌아보고 주님의 뜻을 받들어 잘 활용해야 할 것입니다.

II. 교리문답이 가르치는 성례

1. '성례'(sacrament)란 무엇인가?

(1) 성례는 성경적인 개념인가?

　우리는 경건생활에서 성례의 의의와 중요성이 점점 더 희미해져 가는 시대를 살아가고 있습니다. 그 이유 가운데 하나로, 많은 기독교회들이 '성례'가 성경에는 언급되지 않은 개념이라고 주장하기 때문입니다. 특히 종교개혁의 급진파였던 재세례파의 전통을 따르는 개신교회들 가운데 성례의 의의를 평가절하하거나 무시하는 교회들이 많이 있습니다. 그래서 '은혜의 방편들'로서 성례를 강조하는 성경의 증언들을 먼저 확인할 필요가 있습니다. 하이델베르크 교리문답은 물로 씻는 세례가 우리를 그리스도의 보혈과 성령으로 씻어주는 구원의 은혜를 표시한다는 사실을 복음서(마 28:19; 막 16:16)와 사도행전(22:16) 그리고 서신서(딛 3:5)의 증거를 들어 확증합니다. 예수님이 친히 '믿고 세례를 받는 사람은 구원을 얻을 것이라'(막 16:16)고 약속하셨고, 대위임령에 따라 그 약속을 모든 사람들에게 전한 사도들은 세례를 '중생의 씻음' 혹은 '죄를 씻음'이라고 불렀던 것입니다. 성찬에 관해서도 마찬가지로 분명한 성경적 증거가 있습니다. 사도 바울은 주님이 잡히시던 밤에 제정하여 그의 사도들에게 전해 준 성찬의 성례를 고린도 교회 성도들에게 일깨워 주었습니다(고전 11:23-26). 성례는 교회의 머리이신 주님이 친히 제정하신 은혜의 방편입니다. 로마 카톨릭교회의 잘못된 견해와는 달리, 성례들은 교회가 만들어 낸 것이 아니라 교회가 그 머리되신 주님으로부터 받은 것입니다. 따라서 우리는 성례를 소중하게 여길 줄 알아야 하고, 그 뜻을 잘 받들어 세례와 성찬을 통하여 주시는 은혜를 풍성하게 누려야 할 것입니다.

성례가 하나님의 은혜의 방편이 되는 두 가지 올바른 근거

장로교회가 성례를 은혜의 방편으로 소중하게 여기는 까닭은 첫째, 친히 성례를 제정하신 그리스도의 축복이 거기에 함께 있기 때문이며, 둘째, 그리스도의 구속의 은혜를 우리에게 적용해 주시는 성령 하나님이 성례를 방편으로 삼아 역사하시기 때문입니다. 이 두 가지 성경적 근거는 성례에 대한 로마 카톨릭교회의 오류뿐 아니라 또 다른 극단적인 오해, 곧 성례는 은혜의 방편이 아니라 단지 '상징'에 불과하다는 잘못된 견해도 올바르게 배격합니다. 이런 재세례파적인 견해를 따르면, 세례는 단지 하나님에 대한 헌신을 맹세하는 의식에 불과하며(예를 들어, 구세군), 성찬은 그리스도의 십자가 희생을 우리가 기념하는 의식에 지나지 않습니다(다양한 재세례파 교회들). 이런 견해에 따르면, 성례는 그리스도께서 우리에게 그 구원의 은혜를 내려주시기 위하여 사용하는 수단이 아니라, 우리가 구원의 은혜와 그 의미를 되새기는 방편이 됩니다. 종교개혁자 루터는 바로 이런 점에서 성례에 관한 재세례파의 견해를 강력하게 비판하였습니다. 그에 따르면, 은혜는 그리스도로부터 오는 것이지 우리가 (기념함으로써) 만들어내는 것이 결코 아니라는 것입니다!

(2) 표와 인(Sign & Seal)

성례에 관한 개혁주의 교리문답들의 정의에 공통적으로 나타나는 단어들은 표(sign)와 인(seal)입니다: '복음 약속의 눈에 보이는 거룩한 표와 인으로서, 하나님이 제정하신 것'(HC 제66문답), '주님의 중보의 혜택을 표시하고 인치고 나타내기 위하여 교회 안에 제정한 거룩한 규례'(WLC 제162문답), '그리스도와 새 언약의 유익을 신자에게 표시하고 인치며 적용하는 거룩한 예전'(WSC 제92문답).

'표와 인'이라는 말을 잘 설명해주는 비유로 도로표지판과 졸업증명서에 관한 비유가 널리 잘 알려져 있습니다. 성례가 '표'(sign)라는 표현은 도로표지판에 빗대어 설명할 수 있습니다. 도로표지판은 운전자가 직접 볼 수 없는 것을 표시로 알려주는 역할을 합니다. 도로표지판은 실제로 존재하지만 그러나 우리의 눈으로는 미처 볼 수 없는 것을 정해진 어떤 기호들(signs)을 통하여 미리 알려줍니다. 성례와 그 상징하는 실체 사이의 관계도 이와 같습니다. 세례를 받을 때 우리는 그리스도의 보혈과 성령으로 씻음을 받지만, 우리의 눈으로는 그 실체를 볼 수 없습니다. 우리가 보고 느낄 수 있는 것은 죄 씻음을 상징하는 세례의 물입니다. 성찬에 올바르게 참여할 때 우리는 그리스도의 살과 피에 참여합니다. 그것이 눈에 보이지 않는 실체입니다. 그러나 우리가 오감을 통하여 체험하는 것은 그리스도의 몸을 상징하는 언약의 떡과 포도주입니다. 이처럼 성례의 실체를 눈으로 볼 수 있게 표현하는 표(sign)입니다.

'인'(seal)은 무엇을 표시하는 것보다 더 큰 의미가 있는데, 졸업증명서에 비유하여 그것을 잘 설명할 수 있습니다. 졸업증명서는 내가 특정한 교육과정을 잘 마쳤다는 사실을 확인해줍니다. 누구든지 나의 학력에 대하여 의문을 품으면, 나는 그 졸업증명서를 제시하여 사실을 확증할 수 있습니다. 성례가 인침이 된다는 것을 이와 같은 방식으로 이해하면, 성례에 참여함으로써 우리는 그리스도로부터 받는 구원의 유익들이 참되다는 사실을 확인받는다는 것입니다. 세례와 성찬은 내가 하나님의 자녀이며 그로 인한 영적인 유익들을 받아누리는 자라는 사실을 확증해줍니다. 졸업증명서에 찍힌 도장처럼, 성례는 나의 하나님 자녀됨을 확증해줍니다. (그러므로 믿음 없이 성례에 참여하는 자는 책망을 받아 마땅합니다. 그런 사람은 마치 아무런 권리도 없이 그 증명서를 남용하는 것이기 때문입니다.)

성례의 두 가지 요소들: 상징과 실체

장로교회의 대교리문답은 성례를 '표와 인'이라는 개념으로 설명한 다음, 계속하여 성례를 구성하는 요소들을 가르칩니다: "성례의 요소는 둘이니, 하나는 그리스도께서 친히 지정하신 <u>외적이고 감각적인 상징들</u>이며, 다른 하나는 <u>그것들이 상징하는 내적이고 영적인 은혜이다</u>"(WLC 제163문답). 여기서 말하는 '상징하는 것'(the signs)과 그것들이 가리키는 '실체'(the signified), 성례를 구성하는 두 가지 핵심요소입니다. 여기서 상징하는 것은 세례의 경우 물이고 성찬의 경우 포도주와 떡입니다. 그리고 그 상징하는 것들이 가리키는 실체는 '그리스도와 그 구속의 은덕들'인데 구체적으로 표현하자면, '그리스도의 대속적 죽음, 그리스도와의 연합, 사죄, 중생, 양자됨, 영생에 이르는 부활'입니다.

개혁파 종교개혁의 가르침에 따라 성경을 가르치는 장로교회는 상징하는 것과 그 실체, 이 두 가지 요소가 모두 갖추어진 것만이 성례로 인정하였습니다. 그래서 성도들이 서로 죄를 고백하는 초대교회의 전통에서 나온 '고해성사'의 경우, 그 성경적인 성격을 기꺼이 인정되었고, 많은 종교개혁자들도 중요하게 간주하였지만, 결국 물이나 포도주와 떡과 같은 '상징하는 요소'가 없으므로 최종적으로는 성례의 자격을 갖추지 못한 것으로 평가되었습니다.

상징과 실체의 관계를 둘러싼 논쟁

그런데 종교개혁자들의 글에는 종종 참된 성례를 구성하는 두 가지 요소에 더하여, 성례에 참여하는 '성도의 믿음'을 세 번째 요소로 첨가하기도 합니다: '상징 + 실체 + 믿음'. 왜냐하면 성례의 핵심은 상징하는 것들과 그것들이 가리키는 실제 사이의 성례전적 관계에 있기 때문입니다. 장로교회는 그것을 '성례전적 연합'(sacramental union), 즉 '성례의 상징과 그 상징되는 실체 사이에는 영적인 관계, 곧 성례전적이고 상징적인 연합'이라고 가르치며, 성례를 통하여 주시는 은혜는 예수 그리스도와 그분의 십자가 공로라는 성례의 실체(the signified)에서 나온다고 주목하여 가르칩니다(WCF 제27장 2절).

장로교회가 '성례전적 연합'을 강조하는 이유는 성경이 가르치는 바른 성례론에서 좌우로 치우치지 않으려는 까닭입니다. 상징하는 것들(물, 포도주, 떡)이 은혜를 내포하고 있다고 가르치는 로마 카톨릭교회는 '화체설'이라는 객관주의의 오류에 빠져들어갔습니다. 그와 정반대로 상징하는 것들을 무시하고 은혜 자체에만 집중해야 한다고 주장한 재세례파는 교회의 주님이 제정하신 은혜의 방편들을 소홀하게 취급하는 주관주의적 오류에 빠졌습니다. 개혁파 종교개혁자들은 상징하는 것들과 그것이 가르치는 실체 사이의 '성례전적인 관계'를 잘 이해하여, 그 어느 극단적 견해에도 빠지지 않으면서, 은혜의 방편들을 바르게 활용하는데 꼭 필요한 '믿음'의 요소를 올바르게 강조하였던 것입니다. 하이델베르크 교리문답에서 가르치듯이, 성례는 말씀과 마찬가지로 우리의 믿음을 구원의 유일한 근거가 되는 예수 그리스도의 십자가 대속으로 이끌어가기 위한 것입니다(HC 제67문답).

장로교회는 성례가 효력 있는 구원의 방도가 되는 것이 성례 자체나 성례를 행하는 사람의 덕에 있는 것이 아니라, 그리스도의 축복과 성령의 역사에 있다고 가르칩니다(WSC 제91문답). 이것은 특히 로마 카톨릭교회가 성례와 관련하여 강조하는 잘못된 주장을 반박하는 것입니다. 그들의 주장에 따르면 성례가 사람들의 마음 속에서 하나님의 은혜를 작용하게 하려면 두 가지가 필요합니다:

· 성례가 적절한 형식(proper form)에 따라 집행되어야 한다:

사효성(*ex opere operato*)

- 성례가 올바른 동기(right intention)에 따라 집행되어야 한다:

  인효성(*ex opere operantis*)

  그러나 성례 자체가 은혜를 베푼다는 생각(사효성)은 구원에 있어서 믿음이 필요하다는 성경의 강조점과 모순됩니다. 그리고 고대교회에서 일어난 도나투스파 논쟁에서 교부 아우구스티누스가 분명히 밝혔듯이, 성례의 효력은 그 집례자에 달려 있는 것이 아닙니다. 참된 회개와 그리스도를 믿는 믿음으로 성례에 참석한 자들은 성례를 집례자의 덕과 무관하게 성찬의 축복과 참된 유익을 얻을 수 있습니다. 개혁주의가 항상 강조하였듯이, 성례를 통하여 은혜를 주시는 주체는 언제나 하나님이십니다. 물론, 올바른 형식을 통하여 집행된 성례를 통하여 하나님께서 은혜를 주실 것을 우리는 당연히 기대할 수 있습니다. 그러나 어떤 경우라도 성례 그 자체가 은혜를 주는 것은 아니라는 사실을 잘 알아야 합니다. 말씀을 가지고(*cum Verbo*) 역사하시는 성령께서 성례를 수단으로 삼아 친히 역사하시는 일이 반드시 있어야 하는 것입니다.

(3) 신약의 두 가지 성례

개혁주의 교리문답들은 일치하여 '세례와 성찬' 두 가지만을 그리스도께서 신약에서 제정하신 성례로 인정합니다(HC 제68문답, WLC 제164문답, WSC 제93문답). 이것은 무엇보다도 7성례를 주장하는 로마 카톨릭교회의 오류를 반박하는 것입니다. 종교개혁자 루터가 1520년에 작성한 소위 3대 종교개혁 논문 중에서 '로마 카톨릭의 등뼈를 부러뜨렸다'는 평가를 받은 '교회의 바벨론 포로에 관하여'(*On The Babylonian Captivity of the Church*)라는 작품은 로마 카톨릭적 경건의 핵심인 7성례를 성경적으로 철저하게 비판한 글입니다. 이 작품에서 루터는 '그리스도께서 친히 제자들에게 말씀으로 명하신 것들만이 성례'라고 정의하였습니다. 그래서 우선 세례(마 28:19), 성찬(눅 22:19), 그리고 고해(마 18:15)만이 남았으며, 7성례 중 나머지 견진, 종부, 혼배, 신품 성사들은 그리스도에게서 그 근거를 찾을 수는 없다는 이유로 배격되었습니다. 그런데, 고해 성사의 경우 성례로서의 표지(sign)가 결여되어 있고 성도들 간의 상호 고백으로 충분하다고 보았기 때문에, 최종적으로 성례에서 제외되었습니다. 또한 단종배수, 화체설, 희생제사로서의 미사, 세례의 효력의 상실과 두 번째 널빤지로서의 고해성사 등 성경적인 세례와 성찬에 끼어든 미신과 왜곡들도 모두 제거하였습니다.

2. 세례의 성례

(1) 세례의 상징과 실체

장로교회의 대교리문답은 세례를 '물로 씻는' 신약의 성례라고 소개합니다. 이것은 세례의 상징(sign)을 가리킵니다. 그리고 그 물이 가리키는 실체를 '그리스도와의 연합, 죄사함, 중생, 양자됨, 영생의 부활'로 명시합니다. 그것이 이 성례를 통하여 주시는 그리스도의 은혜의 유익들입니다. 그 영적 은덕들을 받아 누린다는 표시이자 인침이 세례입니다. 그뿐 아니라, 세례는 눈에 보이는 교회의 회원으로 가입하는 표가 됩니다. 그것 역시 세례 받은 자가 오직 주님에게 속한 자가 되었다는 영적 사실을 가리킵니다(WLC 제165문답).

'물로 씻는' 세례의 예식이 생생하게 가르치는 바를 잘 설명하는 하이델베르크 교리문답은 상징의 의미를 소홀하게 여기는 재세례파의 오류에 빠지지 않도록

도와줍니다: '물로 씻어 몸의 더러운 것을 없애는 것처럼 확실하게' 그리스도의 피와 성령께서 나의 영혼의 모든 더러운 죄를 씻어주십니다(HC 제69문답). 그러므로, 세례의 이와 같은 의미를 가장 잘 표현하는 방식으로는 '침례' 곧 온 몸이 물에 들어갔다가 나오는 방식입니다. 사도적 전통에 충실한 고대교회에서는 '성부 성자 성령의 이름으로' 세 차례 물에 들어갔다 나오는 방식을 사용하였습니다. 물론 '열두 사도들의 교훈'이라는 이름으로 알려져 있는 기독교회의 가장 초창기 예전 문서인 '디다케'(Didache)를 보면, 교회적 형편에 따라 물을 뿌리거나 찍어바르는 형식들도 일찍부터 알려져 있었습니다. 중요한 점은 세례의 형식이 가지고 있는 영적인 의미를 확실하게 가르치고 배워서 그 풍성한 의미를 마음에 새기고 세례를 베풀고 받아야 한다는 사실입니다. 그러므로 개혁교회는 일찍부터 '세례예전문'(Form for Baptism)과 같은 교회적 예전 지침을 활용하여 세례준비자들을 잘 교육하였고, 또 모든 성도들이 세례의 성례를 통하여 그 은혜를 거듭 되새길 수 있게 하였습니다. (*이에 비하면, 장로교회의 예배지침에 있는 성례 관련 내용은 너무 간략하여 아쉬움이 많이 남습니다.)

(2) 누구에게 세례를 베풀 것인가?

장로교회의 대교리문답은 세례를 받을 자격을 성인과 유아로 나누어 설명합니다. 성인의 경우 교회 안에 있는 사람, 즉 그리스도에 대한 믿음과 순종을 고백하는 자로 제한하고, 유아의 경우 부모 중 최소한 한 사람이라도 그리스도인이라면 언약의 축복을 받을 자격이 있다(고전 7:14)고 가르칩니다(WLC 제166문답). 유아세례를 받은 자녀들은 '이미' 교회의 회원입니다. 그들이 성인이 되어 자신의 신앙을 공적으로 고백하는 '입교'의 서약은 비로소 그때에 교회에 가입한다는 의미가 아니라, 교회의 정회원으로서의 권리와 의무를 온전히 실천하기 시작한다는 뜻입니다. 이처럼 장로교회는, 자신의 믿음과 고백만을 강조하여 유아세례를 배격하는 침례교 등의 재세례파 전통과는 달리, 하나님의 은혜의 '언약'이 세례의 성례의 근본이 된다는 것을 강조합니다. 유아들도 세례를 받아야 하는 이유는, '그들도 어른들과 마찬가지로 하나님의 언약과 교회에 속하였고, 그들에게도 그리스도의 피에 의한 속죄와 믿음을 일으키시는 성령이 약속되었기 때문입니다'(HC 제74문답)

한편, 오늘날 정신적 장애를 가진 지체들에 대한 교회적 돌봄이 점점 더 커지면서, 이분들에 대한 세례 여부를 두고 신학적인 논의들이 있습니다. 17세기에 만들어진 장로교회의 신앙고백서와 교리문답은 이 문제에 관하여 공식적으로 다루지 않습니다. 그렇지만, 성례의 본질에 대한 성경적 이해를 근거로 다음과 같은 신중한 입장을 취할 필요가 있습니다: (1) 하나님의 '은혜 언약'을 인치는 유아세례는 아무런 차별 없이 베풀어집니다. 이런 원리를 준용하여 (유아기에 세례를 받지 못한) 장애인에 대해서도 그 부모의 신앙에 따라 세례를 베풀 수 있습니다. (2) 정신적 장애의 단계는 아주 다양하므로, 전문가의 도움을 받아 자신의 신앙을 스스로 믿고 고백할 수 있는 경우에는 세례를 베풀 수 있습니다. 이런 경우를 위하여 교회는 그에 필요한 의사소통의 준비를 해야 할 필요가 있습니다. (3) 로마 카톨릭교회의 잘못된 성례 개념 혹은 재세례파의 단순한 상징적 개념 등 성례의 본질을 위협할 수 있는 일은 신중하게 피해야 합니다. 예를 들어, 성도들에게 소위 '감동을 주기 위한 목적'으로, 세례를 받는 당사자가 이해하지 못하는 형식적 세례를 주는 것은 로마 카톨릭교회의 미신을 따라 갈 위험이 있습니다. 또한 '은혜의 수단'으로서의 성례의 본질을 잊어버리고, 하나의 교회적 예전처럼 혹은 신앙적 격려를 위한 방편으로서 세례를 베푸는 일 역시 '값싼 은혜' 곧 거짓된 은혜를 조장하는 어리석은 일입니다. 장로교회의 교리문답들은 말씀 성례 기도가 은혜의 '외적이고 통상적인' 방편들이라는 사실을 분명히 가르칩니다. 그 방편들을 통하여 은혜를 주시는 성령 하나님은 특별한 경우에는 내적이고 예외적인 방법으로 얼마든지 하나님의 자녀들에게 은혜를 베풀어 주십니다!

(3) 세례를 증진할 의무!

장로교회의 대교리문답은 우리에게 '필요하지만 종종 소홀하게 여겨지는' 세례를 증진할 의무를 그리스도인들이 평생 이행해야 할 것을 깨우칩니다(WLC 제167문답). 성찬과 달리 세례는 일생에 단 한 번 받지만, 그러나 그 성례의 유익은 평생토록 지속됩니다. 따라서 그 은혜를 항상 받아 누리기 위하여 세례의 의미와 축복을 깊이 묵상하는 것이 필요합니다. 특히 (1) 다른 사람이 세례를 받는 자리에 참석했을 때, 그리고 (2) 시험을 당할 때, 성삼위 하나님의 이름으로 우리를 인쳐주신 세례의 은혜를 깊이 되돌아보는 것이 우리의 경건을 새롭게 하는데 큰 힘이 됩니다. 연약한 우리는 하나님과 맺은 언약에 항상 신실하게 반응하지 못하지만, 그러나 언약의 주님은 세례로 표하시고 인쳐주신 바를 결코 잊어버리시거나 소홀히 하시지 않는다는 사실이 우리의 믿음을 다시 일깨워주는 것입니다. 세례를 증진할 의무를 열심히 실천하는 일, 곧 그 은혜에 대한 거듭된 각성이 우리로 하여금 날이 가면 갈수록 하나님 사랑과 이웃 사랑을 실천하는 참된 하나님의 백성으로 변모시켜줄 것입니다.

III. 교리문답을 따라 드리는 우리의 기도

1. 세례의 성례가 담고 있는 의미를 잘 가르치고 배워 그 영적 유익을 풍성히 누리게 하옵소서!

    (1) 우리와 우리 자녀들의 죄악됨을 깨닫고 거룩하신 하나님 앞에 겸비하게 엎드리게 하소서.

    (2) 그리스도의 십자가 공로에만 의지하여 내려주시는 사죄의 은혜를 깊이 깨닫게 해 주소서.

    (3) 우리 안에 거하시는 성령님, 날마다 우리의 삶을 변화시켜 주시옵소서!

2. 세례의 축복을 받아누리며 그에 합당한 순종의 삶을 살아가게 하옵소서!

    (1) 항상 하나님을 신뢰하고 우리의 온 마음을 다하여 순종하는 삶을 실천하게 하소서!

    (2) 우리의 연약함으로 시험에 빠졌을 때, 우리을 자녀로 삼으시고 언약의 축복을 인쳐주신 하나님을 기억하고 죄악된 삶을 버리고 곧바로 돌아오게 해 주시옵소서!

3. 유아세례의 언약을 의지하며 자녀들을 위하여 기도하게 하소서!

    (1) 우리의 공로가 아니라, 우리의 연약한 믿음이 아니라, 오직 하나님의 선하심에 근거하여 언약의 자녀로 인쳐주신 우리 자녀들을 위하여 항상 엎드려 간구하게 하소서!

    (2) 세례가 증거하는 하나님 자녀되는 언약적 축복을 우리 자녀들에게 잘 가르치고 깨우치는 부모와 교회가 되게 해 주시옵소서!

제 31장
구원의 교리 05

은혜의 방편론: 성찬
요 6:41-59

장로교회의 대교리문답은 세례와 성찬이라는 신약의 두 성례들의 일치점과 차이점을 잘 설명해 줍니다. 우선 다섯 가지 일치점을 살펴보면, (1) 모두 하나님께서 친히 제정하신 제도이며, (따라서, 인간적 기원을 가진 로마 카톨릭의 여타 5 성례들과 구별되며); (2) 두 성례 모두 그리스도와 그분의 은택, 곧 구속의 은혜를 나타내고 인치며, (3) 하나님의 택한 백성들을 영원한 구원으로 인치고, (4) 모두 말씀의 사역자에 의하여 시행되어야 하며, (5) 그리스도께서 다시 오실 때까지 교회에서 계속 시행되어야 합니다(WLC 제176문답). 이런 공통점들은 '성례'로서의 신적인 기원, 은혜 언약의 표와 인(sign & seal)으로서의 성격, 그리고 말씀과의 밀접한 연관성을 잘 강조하여 표현하고 있습니다. 반면에 두 성례의 차이점은 무엇보다도 성례를 베푸는 횟수에서 뚜렷하게 차이가 나는데, 세례는 일생에 단 한 차례, 성찬은 거듭 반복하여 베풀어집니다. 또 성례의 가시적 상징이라는 요소에서 세례는 물, 성찬은 떡과 포도주를 사용합니다. 그리고 각각의 성례가 표하고 인치는 내용에서도 세례는 중생의 씻음과 그리스도와의 연합을 강조하는데, 성찬은 그리스도와의 연합에서의 영적 성장을 강조합니다. 성찬의 성례에 참여하는 자격을 '자신을 분별할 수 있는 세례교인'으로 특정한 것도 유아세례와 대조되는 점입니다(WLC 제177문답).

이번 과에서는 두 번째 성례인 성찬의 의의와 올바른 활용 방법에 관하여 성경과 개혁주의 교리문답들을 통하여 함께 살펴봅시다.

I. 성경 본문 묵상

1. 요한복음 6장의 주목할 만한 일들

    (1) 예수님의 행적에 관하여 기록된 세 가지 중요한 일들은 무엇입니까?

    1-15절:

    16-21절:

    22-71절

    (2) 이 세 가지 사건은 서로 어떻게 연결됩니까? (마 14:22; 막 6:52)

    (3) 이 세 가지 사건이 공통적으로 가르치는 진리는 무엇일까요? (마 14:33; 요 6:29, 69)

2. 생명의 떡에 관한 강설

    (1) 오병이어의 기적은 무엇을 보여주기 위한 표적이었습니까? (요 6:26, 29)

(2) '썩을 양식' 혹은 '만나'와 대조되는 '영생하도록 있는 양식'은 무엇입니까? (6:35, 41, 48, 51)

(3) '인자의 살을 먹고 인자의 피를 마신다'(53절)라는 말은 무슨 의미입니까? (6:63-64, 69)

(4) 예수님은 왜 믿음을 이런 식으로 표현하셨을까요? 이것이 성찬의 성례와 어떻게 연관될까요?

세 가지 사건, 한 가지 교훈

요한복음 6장은 오병이어의 이적, 갈릴리 호수의 물 위로 걸어오신 일, 그리고 생명의 떡 강설이라는, 예수님의 행적에 관한 굵직한 세 가지 사건이 한 장에 연결되어 기록되어 있습니다. 공관복음서(마 14장, 막 6장)의 병행하는 기록들을 참조하여 이 세 가지 사건들의 연결을 살펴보면, 두 가지 기적들과 생명의 떡에 관한 설교 사이의 밀접한 관계를 알 수 있습니다. 오병이어 기적을 체험한 무리들이 예수님을 왕으로 추대하려고 하자, 예수님은 오히려 당신의 제자들을 그 무리와 분리시켜서 갈릴리 호수를 건너 가게 하셨습니다(마 14:22). 무리에게 부화뇌동되어 이적을 주신 참 뜻을 알지 못하고 '먹고 배불러서' 예수님을 찾고 또 자신들을 위한 정치적 지도자로 삼으려는 분위기에 휩쓸리지 않게 하신 것입니다. 그런 다음 예수님은 밤이 이슥하도록 산에 올라가셔서 기도하시다가, 풍랑을 만나 힘들어하던 제자들에게 물 위를 걸어 다가가셨습니다. 그런 예수님을 본 제자들이 유령이라고 여기고 두려워하였는데(마 14:26), 마가는 그런 제자들의 상태를 오병이어의 이적을 깨닫지 못한 까닭이라고 지적합니다: "이는 그들이 그 떡 떼시던 일을 깨닫지 못하고 도리어 그 마음이 둔하여졌음이러라"(막 6:52). 달리 말하자면, 오병이어의 이적을 보여주신 예수님이 누구신줄 바르게 알았다면, 물 위로 걸어오시는 일이나 풍랑과 파도를 잔잔하게 하신 일을 보고 제자들이 심히 놀라지는 않았을 것이라는 반성입니다. 두 가지 이적들과 생명의 떡 강설, 이 모두가 공통적으로 제시하는 핵심은 '나사렛 예수는 과연 누구신가'에 대한 증거들입니다!

'생명의 떡' 설교, 성찬에 대한 교훈?!

요한복음 6장에 이 두 이적과 연결되어 기록된 '생명의 떡' 설교에서 예수님은 바로 그 사실을 친히 지적하십니다. 예수님과 제자들을 찾아 배를 타고 바다 건너편까지 따라온 열광적인 무리들에게 "너희가 나를 찾는 것은 표적을 본 까닭이 아니요 떡을 먹고 배부른 까닭"(6:26)이라고 냉담하게 대꾸하시고, "썩을 양식을 위하여 일하지 말고 영생하도록 있는 양식을 위하여 하라"고 권면하십니다(6:27). 영생의 일, 곧 하나님의 일을 어떻게 할 수 있는가 하는 무리의 질문에, 예수님은 '하나님을 보내신 이를 믿는 것이 하나님의 일'(6:29)이라는 말씀으로 오병이어와 물 위를 걸으신 이적이 모두 자신이 누구인 것을 증거하는 표적이라는 사실을 밝혀 주십니다. 그리고 구약 시절 광야에서 하늘로부터 내려온 양식인 '만나'와도 비교할 수 없는 '생명의 떡'이 바로 자신이라고 거듭 선언합니다(6:35, 48, 50-51). 그리고 '내 살을 먹고 내 피를 마시라'는 이해하기 힘든 표현을 사용하셔서, 예수 그리스도에 대한 믿음과 신령한 연합에 대하여 강조하십니다(6:53-58). 무리 가운데 일부 제자들이 반응하였듯이 이 말씀은 '어려운'(hard) 말씀이었습니다(6:60). 그러나 예수님은 자신의 교훈이 '영이요 생명'이라고 강조하시면서, 자신의 살과 피를 먹고 마시는 것과 자신에 대한 참된 믿음을 긴밀하게 연결시키십니다. 이 사건은 예수님을 따라다니던 무리들에게 중요한 분수령이 됩니다. 그 때부터 예수님의 제자들 가운데 많은 사람이 떠나가고 다시는 예수님과 함께 다니지 않게 됩니다(6:66). 그리고 베드로를 비롯한 제자들은 분명한 태도 결정과 신앙고백을 하게 됩니다: "시몬 베드로가 대답하되 주여 영생의 말씀이 주께 있사오니 우리가 누구에게로 가오리이까 [69]우리가 주는 하나님의 거룩하신 자이신 줄 믿고 알았사옵나이다"(6:68-69).

공관복음서들에는 기록되어 있는, 마지막 유월절 만찬 때에 예수님이 친히 제정하신 성찬에 관한 내용이 요한복음에는 기록되어 있지 않습니다. 많은 신학자들은 요한복음 6장의 '생명의 떡' 설교가 공관복음서의 성찬 제정의 기록을 대신하는 의미가 있다고 생각합니다. 왜냐하면 이 설교에서 성찬의 의의가 무엇인지 잘 나타나 있기 때문입니다. 무엇보다도 예수 그리스도에 대한 올바른 믿음이 그분의 살을 먹고 피를 마시는 일과 밀접하게 연결되어 소개되어 있습니다. 그리고 그리스도의 살과 피를 먹고 마시는 일이 그리스도와의 신령한 연합을 증거하는 의미를 잘 강조하여 주십니다: "내 살을 먹고 내 피를 마시는 자는 내 안에 거하고 나도 그의 안에 거하나니"(6:56). 또한 '살리는 것은 영이니 육은 무익하니라'(6:63)는 말씀을 통해 성찬의 성례가 말씀을 떠난 예전으로 오해되지 않도록 미리 깨우쳐 주십니다. 우리는 생명의 떡 강설에서 성찬의 깊은 뜻을 배울 수 있습니다.

II. 교리문답이 가르치는 성찬

1. 성찬의 성례란 무엇인가?

(1) 떡과 포도주가 가리키는 실체와 그 유익들

장로교회의 대교리문답은 성찬의 성례의 상징들(signs)이 떡과 포도주이며, 그것들이 가리키는 실체는 예수 그리스도의 대속의 죽음이라고 말합니다(WLC 제168문답). 하이델베르크 교리문답 역시 성찬 성례가 상징하는 바는 '나를 위해 십자가에서 바쳐지고 찢겨진 그리스도의 몸과 나를 위해 쏟아진 그분의 피'라고 성경에 따라 가르칩니다(HC 제75문답). 이런 상징과 실체를 가진 성찬의 성례에 합당하게 참여하는 사람에게 약속된 은혜는 '주님이신 그리스도와의 영적 관계를 확실하게 확증해 주며, 감사와 순종의 삶에 대한 결심을 새롭게 하고 강화시켜 주고, 동료 신자들을 향한 사랑과 교제를 증거하고 새롭게 해 주는 것입니다. 하이델베르크 교리문답은 '눈에 보이는 말씀'이라는 성례의 특징을 잘 활용하여 성찬의 유익을 설명합니다: '주님의 떡이 나를 위해 떼어지고 잔이 나에게 분배되는 것을 내 눈으로 보는 것처럼 확실하게 그의 몸은 나를 위해 십자가에서 드려지고 찢기셨으며 그의 피도 나를 위해 쏟으셨습니다.' 또한 '주님의 떡과 잔을 내가 목사의 손에서 받아 입으로 맛보는 것처럼 확실히, 주님은 십자가에 달리신 그의 몸과 흘리신 피로써 나의 영혼을 친히 영생에 이르도록 먹이시고 마시우실 것입니다'(HC 제75문답). '주님의 살과 피를 먹고 마신다'는 표현은 (1) 믿음으로 그리스도의 대속의 죽음을 받아들이고 사죄와 영생을 얻는 것, (2) 성령으로 말미암아 그리스도와 더욱 연합됨, (3)한 몸된 지체들과 더불어 한 성령의 다스림을 받음을 의미합니다(HC 제76문답).

(2) 성찬의 성례에 대한 잘못된 견해들

개혁주의 교리문답들이 작성된 종교개혁의 시대는 특히 성찬의 성례에 대한 왜곡이 심하였고, 그것이 그리스도인의 올바른 경건에도 큰 영향을 주었습니다. 그래서 하이델베르크 교리문답은 '떡과 포도주가 실제로 그리스도의 몸과 피로 변한다'고 주장한 로마 카톨릭교회의 비성경적인 '화체설'을 논박하면서 '그리스도의 몸'이라는 표현은 '성례의 본질을 나타내는 성례적 용어'라고 가르칩니다(HC 제78문답). 또한 '그리스도의 몸과 피에 참여'하는 것 '그리스도의 피로 세운 새 언약' 등과 같은 성경적 표현들 역시 '그리스도와의 참된 연합'을 생생하게 가르치기 위한 것이라고 가르칩니다(HC 제79문답). 이런 해석의 중요한 성경적 뒷받침이 바로 요한복음 6장의 '생명의 떡' 설교입니다. 그 다음 문답에서는 직접적으로 성경적인 성찬의 성례와 로마 카톨릭교회의 미사의 차이점을 딱 지적하여 가르칩니다. 무엇보다도 미사는 그리스도의 십자가 희생을 '피 없는 형태로 반복'하는 것으로서, 매일 드리는 미사 없이는 죄 사함을 받지 못한다고 주장합니다. 또한 그런 주장에 근거하여 그리스도의 살과 피로 실제로 변한 성찬의 상징들을 경배합니다. 그래서 개혁주의 종교개혁자들은 미사가 '예수 그리스도의 단번의 제사와 고난을 부인하는 것이며, 저주받을 우상숭배'라고 명백하게 반박합니다(HC 제80문답).

장로교회의 대교리문답은 로마 카톨릭교회의 화체설뿐 아니라, 그리스도의 몸이 성찬의 상징들과 함께 임재한다고 가르치는 루터교회의 오류까지 분명하게 지적합니다. 하나님 우편에 계신 예수 그리스도께서 성찬에 합당하게 참여하는 자들과 함께 하시는 것은 '육체적으로가 아니고 영적인 방식'으로 이루어집니다. 그들은 믿음으로 말미암아 그리스도의 대속의 유익들을 성찬을 통하여 받아누립니다(WLC 제170문답). 따라서 불경건한 자가 외적으로 성찬에 참여한다고 하더라도, 참된 믿음이 없이는 성찬이 가리키는 실체를 받아누릴 수 없는 것입니다!

2. 성찬의 성례를 올바르게 누리는 방법

(1) 성찬과 천국의 열쇠

하이델베르크 교리문답은 '자신의 고백과 삶에서 불신과 불경건을 드러내는 사람들'에게는 성찬을 허락하지 말아야 한다고 강력하게 가르칩니다(HC 제82

문답). 우리는 모두 부족하고 연약하므로 하나님 앞에 온전한 모습으로 설 수 없지만, 그러나 자신의 죄를 진심으로 뉘우치고 예수 그리스도의 대속의 공로를 참답게 의지하는 마음이 있어야 성찬에 참여할 수 있습니다(HC 제81문답). 그러나 위선자나 불경건한 자가 성찬에 무분별하게 성찬에 참여하는 것을 허락하면, 그것은 그들 자신이나 교회 전체에 오히려 해가 될 뿐입니다. 그러므로 교회에 주신 천국의 열쇠의 권한(HC 제83-85문답) 중 권징을 통하여 성찬 성례의 거룩성을 지키도록 강조하는 것입니다: "그러므로 그리스도와 그의 사도들의 명령에 따라 그리스도의 교회는 천국의 열쇠를 사용하여 그러한 자들이 생활을 돌이킬 때까지 성찬에서 제외시킬 의무가 있습니다"(HC 제82문답). 개혁교회와 장로교회는 이런 일들을 실제로 어떻게 실천해 왔을까요?

(2) 성찬 성례를 중심으로 한 개혁주의 경건의 역사적 모델들

장로교회의 대교리문답은 성례의 올바른 실행을 위하여 세심한 지침을 제공합니다. 성찬이 베풀어지는 주일의 예배를 중심으로 '이전-현재-이후'(before-present-after)로 나누어, 그 성례가 담고 있는 은혜를 풍성하게 누릴 수 있도록 가르치기 위함입니다:

- 성찬 성례로 나아가기 위한 준비: 제171문답
- 성찬 성례에 참여하는 동안의 올바른 태도: 제174문답
- 성찬 성례 이후에 힘써야 할 의무: 제175문답

〈성찬 성례로 나아가기 위한 준비〉

성찬에 임하기 전에 그리스도인은 자신을 살펴야 하는데, 첫째, 참된 회개와 참된 믿음이 있는지 그리고 둘째, 사랑의 이중계명을 실천하며 살아가는지, 셋째

형제를 용서하고 하나님을 향한 새로운 순종을 다짐하는지 등을 돌아보며 기도로 성찬을 준비해야 합니다(WLC 제171문답). 개혁교회의 '성찬예식문'에는 바로 이런 목적으로 '십계명'의 내용을 그대로 혹은 풀어서 설명하는 형태로 선포합니다. 이 십계명의 메시지는 하나님의 눈에 비친 우리의 부족하고 죄악된 모습을 다시 한 번 깨우쳐서, 우리로 하여금 거룩하신 하나님 앞에 담대히 나아갈 수 있게 해 주는 유일한 공로로서 예수 그리스도의 십자가만을 다시 단단히 붙잡게 해줍니다. 십계명을 통한 이러한 자기 성찰은, 성찬의 성례가 우리로 하여금 기억하게 해 주는 첫 번째 중요한 믿음의 내용인 '그리스도의 십자가'로 우리를 강력하게 이끌어 갑니다.

이제는 거의 사라져버렸지만, 20세기 초엽까지도 미국의 보수적인 장로교회들은 성찬식이 예정된 주일의 전 주간에 '성찬 전의 특별 예배'를 드렸습니다. 이것은 사도 바울의 교훈(고전 11:28, 31)을 잘 순종하기 위한 목적으로 드려졌는데, 성도들이 성찬에 합당하지 못한 모습으로 참여하여 죄에 죄를 더 하는 잘못을 범하지 않도록 교육하기 위하여, (1) 우리의 죄의 악함, (2) 하나님의 은혜의 필요성, (3) 참된 회개의 마음을 깨우쳐 주었습니다. 수요기도회 및 금요기도회를 통하여 모이기를 힘쓰는 한국의 장로교회는 이런 성찬을 준비하기 위한 특별한 예배를 회복할 필요가 있습니다. 그런 영적인 모임이 성례를 통한 은혜를 풍성하게 누릴 수 있도록 성도들을 준비시켜 줄 것입니다. 그런 특별 모임은 대교리문답 제171문답이 가르치는 교훈을 하나씩 잘 풀어 설명하고, 우리 자신에게 구체적으로 적용하는 기회가 될 것입니다.

한편, 종교개혁의 신앙고백과 교리문답을 신실하게 지키는 개혁교회는 성찬식을 거행하기 전에 반드시 교인을 대상으로 한 장로들의 목회적 심방을 실시합니다. '여전히 죄 가운데 있으면서 회개하지 않는 자'를 가려내어 성찬의 거룩함이

침해되지 않도록 대비하고, 성찬에 대한 올바른 신앙의 지식과 자세가 부족한 연약한 성도들을 말씀으로 격려하여 그 은혜를 사모하도록 준비하는 것이 이 성찬식 이전의 목회적 심방의 중요한 기능입니다. 그래서 '장로의 심방이 없는 성찬은 값싼 은혜'라는 말도 종종 들을 수 있는데, 그것은 주님의 은혜가 그 사람의 신앙과 생활에 참되고 거룩한 변화를 가져다 주지는 못하는 '일시적이고 헛된 은혜'를 전달할 뿐이라는 경고의 말씀입니다. 더욱이 올바른 심방을 통하여, '자신의 신앙 상태가 성찬을 받기에 충분하지 않다'는 이유로 성찬에 참여하기를 꺼리는 성도들에게 '성례'는 그리스도의 구속의 은혜를 우리에게 전해 주시는 '은혜의 수단'(*media gratiae*)이라는 사실을 잘 깨우쳐 줄 수 있습니다. 성도는 온전하기 때문에 성찬에 참여하는 것이 아니라, 온전하게 되기 위하여 주의 은혜를 간절히 필요로 하므로 성찬에 참여하는 것입니다. 따라서 그가 위선자 혹은 명목상의 그리스도인이 아니라, 자신의 죄인됨을 진실로 믿고 고백하며 그리스도의 구속의 은혜를 믿고 의지하는 자라면, 오히려 열심히 성찬에 참여하도록 권고받아야 합니다. 성찬의 준비에서 중요하게 살펴야 할 것이 바로 '회개와 믿음' 곧 나의 죄악됨을 올바르게 인식하고 또한 하나님의 은혜의 증거인 예수 그리스도의 십자가를 바르게 알고 굳게 의지하는 일입니다.

〈성찬 성례에 참여하는 동안의 올바른 태도〉

성찬에 참여하는 사람들은 그 성례가 진행되는 동안에 '모든 거룩한 경외심과 조심스러운 태도로 하나님을 바라보는 자세'를 가져야 하며, '주님의 몸을 분별해야' 합니다(WLC 제174문답). '거룩한 경외심과 조심스러운 태도'는 '부주의하고 불경건한 태도'와 대조되는 말입니다. 성찬식에 참여하는 동안 불필요한 잡담이나 귓속말, 예배와 무관한 것들에 관심을 돌리는 일, 심지어 졸거나 딴 생각에 빠져 있는 등의 태도는 '하나님께서 거룩하게 세워주신 것을 거룩하게 대하는' 태도가 아닙니다. 그와는 반대로 '모든 거룩한 경외심과 조심스러운 태도'로 성찬의 성례를 받아야 합니다.

그런데, 성찬식의 집행 방식이 참여하는 사람들의 태도에 상당한 영향을 줍니다. 국내외의 여러 교회들의 성찬식을 비교해보면, 고정불변한 성찬식의 집행 방식은 없다는 사실을 알 수 있습니다. 예를 들어, 어떤 교회는 장로들의 분병 분잔을 통하여 성도들이 성찬에 참여하는 반면, 다른 교회에서는 교회당 전면에 차려진 성찬상에 성도들이 나아와 앉아 성찬에 참여하기도 합니다. 나누어진 떡과 잔을 개별적으로 먹고 마시는 경우가 있는가 하면, 모두 받아서 동시에 먹고 마시기도 합니다. 따라서 성찬식을 거행하는 다양한 방식들을 비교 평가하여 성찬의 '본질'을 잘 살리는 예전을 가다듬어야 필요가 있습니다. 무엇보다도 성찬식에 참여하는 성도들의 자세가 '경외하고 조심하는' 합당한 태도를 갖도록 유도하는 방식이 가장 좋은 예전이라는 점을 고려해야 합니다. 가령 성찬상에 나와 앉아서 함께 떡과 포도주를 받는 개혁교회의 일반적인 예전 방식을 생각해 봅시다. 장로들의 지도 아래 (사전 심방을 통하여 성찬에 참여할 수 있는 성도들이), 성찬상이 수용할 수 있는 인원수만큼 차례로 나와 집례자의 제정말씀과 분병 분잔 및 관련된 묵상과 찬송을 드리는 방식은, 제 자리에 앉아 있는 경우보다 훨씬 더 참여자의 능동적인 참여를 유도하며, 걸어나가는 그 시간에도 자신을 돌아보게 자극하는 요소들을 갖추고 있습니다. 아울러, 이 방식은 '눈에 보이는 말씀'(visible word)으로서, 성찬에 미처 참여하지 못하는 언약의 자녀들에게도 '교육적 기능'을 발휘하는데 탁월합니다. 성찬상에 앉은 부모들이 성찬을 통하여 복음의 핵심 내용을 자녀들의 눈 앞에 반복하여 펼쳐 보여주는 것입니다. 또한 이 방식은 '한 떡과 한 잔으로부터' 먹는 교회의 하나됨(공동체성)을 증거하는 면에서도 다른 방식들에 비하여 장점이 있습니다.

만일 현재 우리 교회의 성찬 예전이 수찬자들 및 모든 회중들로 하여금 '경외하고 조심하는' 올바른 태도가 아니라, '주의를 산만하게 하는 방식'이라면 적극적으로 개선해야 할 필요가 있습니다. 특히 어린 자녀들은 직접 성찬에 참여하는 것이 아니라, 수찬자로 참여하는 부모들의 태도와 자세에 큰 영향을 받기 때문에, 성찬 성례의 위엄과 거룩함을 장려하는 방식을 각 교회의 형편에 따라 적극 고려해야 합니다.

주님의 몸을 주의 깊게 분별하는 것이 성찬에 참여하는 동안 가장 주의를 기울여야 할 바입니다. 성찬의 떡과 포도주가 가리키는 실체, 곧 예수 그리스도의 구속의 의미를 그 성례에 참여하는 동안 새롭게 깨닫고, 간절히 바라보아야 합니다. 개혁교회에서 성찬예식문을 성경의 가르침에 따라 잘 만들어, 성찬 성례를 집행할 때마다 공적으로 낭독하는 것은 성찬에 참여하는 성도들로 하여금 '주의 몸을 주의 깊게 분별'할 수 있게 도와줍니다. 이러한 개혁주의 예전서의 활용은 대단히 큰 도움이 되는데, 아쉽게도 많은 장로교회에서는 이런 예전서의 사용이 일반화되지 않았습니다. 일반적으로 장로교회에서는 목사의 설교를 통하여 성찬의 의미와 목적, 올바른 참여에 관하여 가르치는데, 이런 방식은 지역교회의 구체적인 상황에 탄력적으로 적용할 수 있는 장점이 있는 반면, 집례자(목사)의 주관적 판단에 따라 치우쳐서 성찬의 성례에 관하여 반드시 가르치고 배워야 할 내용들이 소홀해질 위험도있습니다.

〈성찬 성례 이후에 힘써야 할 의무〉

장로교회의 대교리문답은 성찬의 성례를 받은 후에 그리스도인들의 의무를 '은혜를 받았을 경우'와 '은혜를 받지 못한 경우'로 나누어서 설명합니다(WLC

제175문답). 우선, 성찬의 은혜를 받아 누렸을 때, 성도는 하나님께 감사하고 그 은혜의 축복이 지속되기를 소원하는 자세를 가져야 하고, 또 죄악된 삶으로 돌아가게 만드는 교만과 과신을 피하는 자세를 가져야 하며, 하나님께 드린 맹세와 서원을 지키려는 자세 및 성찬에 자주 참여하려는 자세를 가져야 한다고 권면합니다. 반대로 성찬의 은혜를 받지 못한 경우, 자신의 과실에 대한 반성, 곧 적절한 준비와 올바른 참여가 이루어지지 않은 까닭인지 돌아보고, '겸비한 마음으로' 다음 번 성찬 성례를 위한 준비에 힘써야 한다고 가르칩니다.

성찬의 성례를 통하여 주신 하나님의 은혜를 확고히 하고 생활에서 실천할 수 있도록 교회적으로 격려하는 방안들도 적극 활용될 필요가 있습니다. 개혁교회는 성찬이 베풀어진 주일 저녁에는 반드시 구역마다 장로가 참여하는 경건의 모임을 가져서, 성례의 은혜를 함께 되새기고 서로 격려하며 일상생활에서의 실천으로 연결되도록 돕습니다. 평소의 구역(다락방) 모임에도 그러해야 하지만, 특별히 성도들을 하나로 묶어주는 '사랑의 띠'라고 불리는 성찬의 성례에 함께 참석한 주일의 구역(다락방) 모임은 '하나되게 하는 그리스도의 은혜'를 좀 더 가까이 체험할 수 있을 것입니다. 성찬을 통하여 받은 은혜를 서로 나누며 격려하는 이런 특별한 모임이 교회의 하나됨에 크게 기여합니다.

3. 개혁주의 성찬론의 독특한 강조: '네 마음을 들어라'(*sursum corda*)

(1) 성찬의 성례와 '하늘에 계신 그리스도'

개혁교회의 성찬예식문에는 분병과 분잔을 앞두고 성찬에 참여하는 성도들에게 다음과 같이 권면합니다: "형제와 자매 여러분, 우리가 참된 하늘의 떡인 그리스도로 먹여 주심을 받기 위하여서는 떡과 포도주라는 외적인 표에만 집착하지 말고 <u>우리의 마음을 들어서 하늘에 계신 예수 그리스도를 바라봅시다.</u> 그분은 우리를 위하여 성부 하나님의 오른편에 계시는 우리의 중보자이십니다. 성령께서 우리의 영혼으로 그분의 몸과 피를 먹고 마시게 하여 주실 것을 의심하지 마십시오. 이것은 그분을 기념하면서 거룩한 떡을 받고 포도주를 마시는 것처럼 참된 것입니다."

이 구절은 그리스도의 '승천'에 관한 칼빈의 독특한 성경적 관점을 잘 대표하여 보여줍니다. 그리스도의 승천이야말로 이 땅에서 살아가는 그리스도인의 신앙의 가장 중요한 지표입니다. '마음을 들어라'는 교훈이 우리에게 왜 중요하게 다가와야 할까요? 한국 장로교회의 성찬 성례는 대체로 십자가를 강조하는데 머물러 있기 때문입니다. 우리를 대속하신 예수 그리스도의 희생적 사랑을 깊이 묵상하며 감사와 찬송을 드리는 것이 성찬의 주된 강조점입니다. 그래서 우리의 성찬식에는 종종 울음과 감동이 있습니다. 이것은 소중한 묵상의 주제이며, 성찬을 통하여 기억해야 할 핵심적인 성경 메시지입니다. 그런데, '네 마음을 들라'는 교훈은 성찬에 대한 우리의 관점을 은혜를 받은 성도의 '삶의 실천'으로 옮겨줍니다. 이것이 칼빈이 주목하여 강조한 것으로서, 우리의 구원을 온전히 이루시고 승천하신 예수 그리스도에게 성찬의 핵심을 두는 관점입니다. 이런 관점은 성찬의 성례를 통하여 하늘에 계신 예수 그리스도와 우리의 연합을 강력하게 제시하며 확증해 줍니다. 우리의 마음을 들어 하늘에 계신 예수 그리스도를 바라볼 때, 그 성례를 통하여 부어주신 하나님의 은혜는 우리의 삶 가운데 한층 더 역동적으로 나타나게 됩니다.

칼빈과 성찬을 통한 예수 그리스도 묵상

고난을 통하여 거룩하게 되신 예수 그리스도를 사랑하고 본받는 것이 성도의 삶에 가장 중요한 경건입니다. "우리 머리 되신 그리스도께서 처하셔야만 했던 상황을 왜 우리는 면하려고 하는가? 특히 그리스도께서는 친히 인내의 본을 보이시려고 우리를 위해 그 상황을 달게 받으셨는데 말이다 … 그리스도께서 모든 악의 미로를 지나 하늘 영광에 들어가셨듯이 우리도 다양한 고난을 겪고서 동일한 영광에 들어갈 수 있기 위해 그리스도의 고난에 참여한다 … 그분의 고난에 참여하는 것을 알 때 그분의 부활의 권능도 이해하게 된다. 그리고 그분의 죽으심을 본받을 때 그분의 영광스런 부활에 참여할 준비를 갖추게 된다 … 온갖 고난을 당하면 당할수록 그리스도와 우리의 사귐은 더욱 공고해진다! 그분의 사귐에 들어가게 되면 고난 자체가 우리에게 복이 될 뿐 아니라 구원을 증진하는 데도 큰 도움이 된다"(*기독교강요* III.8.1.). 그러므로 성찬의 성례에서도 눈 앞에 있는 떡과 포도주에 관심을 기울이지 말고, '네 마음을 들어'(sursum corda) 하나님 우편에 앉으신 예수 그리스도를 바라보라!

이 은혜를 받아 누리는 사람은 세상에 마음을 빼앗겨 살아가는 헛된 믿음을 벗어버리고 그리스도인의 참된 본향인 하늘 나라를 바라보며 살아갈 수 있다. 칼빈 선생은 그것을 '세상에 대한 경멸'(contemptio mundi)이라고 부른다. 참된 본향에서 우리의 머리이신 예수 그리스도께서 예비하신 하늘의 처소를 바라보는 사람은 죽음을 두려워하지 않는다. "그리스도인이라 자부하는 많은 사람이 죽음에 관한 말을 조금만 들어도 마치 그것이 음산하고 비참한 것인 양 떨 정도로, 죽음을 갈망하는 대신 크게 두려워한다는 것은 기괴한 일이다… 우리는 이 땅 어디에도 없는 견고한 상황이 우리의 것이 될, 장차 올 불멸을 존중해야 한다… 만약 신자들이 눈을 돌려 부활의 권능을 바라본다면 그들 마음에서 그리스도의 십자가가 마침내 마귀, 육체, 죄, 악인들을 물리칠 것이다"(*기독교강요* III.9.5.이하). 칼빈 선생은 이런 신앙적 태도를 '죽음에 대한 경멸'(*contemptio mortis*)이라고 부른다. 성찬의 성례를 통하여 '우리 마음을 들어' 영광 중에 계신 우리 주 예수 그리스도를 바라보는 묵상은 이처럼 참된 구원 얻는 신앙을 굳세게 가다듬어 준다. (cf. 필립 홀트롭, *기독교강요연구핸드북*)

III. 교리문답을 따라 드리는 우리의 기도

1\. 성찬 성례에 관한 장로교회의 성경적 교훈을 바르게 가르치고 배우게 해 주시옵소서!

  (1) 우리의 마음의 눈을 열어주셔서, 성례를 통하여 내려주시는 신령한 은혜를 깨닫고 사모하게 하소서!

  (2) 우리 자녀들이 성찬의 성례를 통한 하나님의 은혜를 맛볼 수 있도록 기도하는 부모가 되게 하소서!

2\. 성찬의 성례를 잘 활용하여 참된 경건의 삶을 회복하고 더욱 풍성하게 누리는 교회가 되게 하소서!

  (1) 말씀의 종들이 성찬 성례의 본의를 잘 살리는 예전들을 준비하고 교육하게 하소서!

  (2) 성찬 전후로 그 뜻을 되새기는 경건의 훈련이 잘 실천되게 해 주시옵소서!

> "성경의 가르침에 따라 우리의 생각을 변화시킬 때,
> 교회가 참으로 영적으로 건강해진다." (마크 데버)

제 32장
주기도문 묵상 01

'바른 기도, 열정적 기도'

(딤전 2:1-7)

    사도신경과 십계명 그리고 주기도문은 기독교회가 초창기부터 중요하게 가르쳐 온 신앙의 기초입니다. 예수님의 사도들이 전해준 전통을 본받았던 고대교회(the Early Church)는 종종 이 세 가지 기초를 세례를 받기 전에 꼭 배워 알아야 할 교육 내용으로 삼았습니다. 그 사도적인 고대교회의 바른 전통을 회복하려 힘썼던 16세기 종교개혁(the Reformation)의 후예인 우리 장로교회 역시 웨스트민스터 대/소교리문답을 통하여 자녀들에게 일찍부터 이 세 가지 내용을 가르치도록 격려하였습니다. 이제 우리는 그 가운데 '기도', 특히 '완벽한 기도'(the Perfect Prayer)인 주기도문을 배우고 익히려 합니다. 이 공부를 통하여 우리의 믿음에 굳센 토대가 세워지길 바랍니다.

    주기도문을 묵상할 때마다 제일 먼저 생각나는 성경구절이 있습니다. "주여 (세례) 요한이 자기 제자들에게 기도를 가르친 것과 같이 우리에게도 가르쳐 주옵소서"(눅 11:1)라는 한 제자의 청원입니다. 이 청원에 응답하여 우리 주님께서 제자들뿐만 아니라 모든 시대의 그리스도인들을 위하여 내려주신 기도의 모범이자 전형이 바로 주기도문(the Lord's Prayer)입니다. 그 제자는 왜 그런 청원을 하였을까요? 신실한 유대인들이었던 그들이 '기도'가 무언지 몰라서 그랬을 리는 없습니다. 예를 들어, 예수님의 제자들 중 나다나엘은 그의 기도생활이 일찍부터 모범적이라고 평가받았습니다. 비록 바리새인들과 서기관들, 율법선생들의 눈에는 '무식한 자들'로 보였을지 모르지만, 그들은 모두 하나님에 대한 열심이 있는 사람들이었습니다. 그렇지만, 예수님과 함께 지내면서 그들은 주님이 '기도'를 어떻게 이해하시고 또한 실천하시는지 직접 목격하였습니다. 그리고 자신들이 종래 해왔던 기도생활과 서로 비교할 수 있게 되었습니다. 예수님과 친밀한 교제를 누리면서, 제자들은 자신의 기도가 예수님의 기도와 달랐음을 점점 더 깨닫게 되었습니다! 그러므로 '기도를 가르쳐 달라'는 이 청원은 예수님의 기도생활을 지켜보던 제자들이 자신의 기도생활을 반성하고 겸손하게 주님께 도움을 청한 것이라고 생각됩니다. 그리고 바로 이런 점에서 '우리에게 기도를 가르쳐 달라'는 이 청원이 사실상 기도의 한 가지 중요한 핵심을 드러내고 있습니다. 기도가 왜 필요합니까? 하나님과의 사귐 덕분에, 거룩하신 하나님을 드러내야 할 하나님의 형상으로서 자신의 부족을 깨닫고 하나님의 도움을 구할 필요를 절실히 느꼈기 때문입니다.

이번에 주기도문을 배우면서, 우리 역시 제자들의 이런 '겸손하게 엎드려 배우는' 자세를 본받아야 할 것입니다. 우리 역시 기도생활을 나름대로 열심히 실천하고 있지만, 가만히 스스로 돌이켜 보면 예수님의 제자들과 비교해서도 부족하기 이를 데 없는 형편임을 깨닫습니다. 그러므로 한 제자가 주님께 올렸던 간청을 우리도 이번에 주님께 올려야 할 것입니다. "오늘도 하나님 우편에 살아계신 예수님, 우리에게도 기도를 가르쳐 주시옵소서!" 하는 마음 자세로 주기도문을 묵상해야 할 것입니다. 그런 겸손하게 엎드리는 자들에게 우리 주님은 틀림없이 그 제자들에게 내려 주신 '주님의 기도'의 진수(眞髓)를 아낌없이 우리에게도 깨닫게 해 주실 것입니다. 그 기도의 정신을 배우고 실천하면서, 우리가 '하나님 아버지의 마음을 알아, 그 뜻을 이루기를 소원하는' 참 하나님의 자녀가 되기를 원합니다.

주기도문은 라틴어로 *Paternoster*('우리 아버지')라는 이름으로 널리 알려져 왔습니다. 참 좋은 이름입니다. 우리 주님이 가르치신 기도는 '하늘에 계신 우리 아버지'와 우리가 직접 교제하며 사귈 수 있는 은혜의 수단입니다. 또한 그 하늘 아버지께서 우리에게 내려주신 모든 은혜와 사랑을 '감사합니다' 하고 말씀드릴 수 있는 방법입니다. 이번 주기도문 묵상을 통하여, '아버지' 하나님과 깊은 사귐을 갖는 성도들이 더욱 많아지기를 간절히 소원합니다!

I. 성경 본문 묵상

1. 사도 바울이 소개하는 기도의 종류: (2:1)

    (1) 사도 바울이 기도와 관련하여 사용하는 네 가지 용어는 무엇입니까?

    (2) 그 네 가지 용어의 의미는 각각 무엇일까요?

2. '임금들과 높은 지위에 있는 모든 사람'(정부 당국)을 위한 기도: (2:2-4)

    (1) 다스리는 자들을 위한 기도의 직접적인 목적은 무엇입니까? (2:2)

    (2) 그런 중보의 기도가 하나님의 뜻을 이루는 것과는 어떻게 연결됩니까? (2:4)

3. 우리의 기도를 받으시는 근거: (2:5-6)

   (1) 우리가 드리는 기도를 하나님에게 효과적으로 전달해 주시는 분은 누구인가?

   (2) 왜 우리의 기도는 중보자를 통하여 하나님에게 전달되어야 하는가?

   (3) 그 중보자는 어떤 자격을 가지고 있는가?

모든 사람을 위한 기도

'간구와 기도와 도고와 감사'는 사도 바울의 서신들에 나타나는 기도에 관한 다양한 표현들입니다. 그 가운데 '감사'는 어떤 종류의 기도인지 분명하게 알 수 있습니다. 그런데 '간구 기도 도고'에 대해서는 성경학자들의 의견이 완전히 일치되지 않습니다. 종교개혁자 칼빈은 그 차이점을 잘 알지 못한다고 고백합니다. 일반적으로 주석가들은 기도(*proseuche*)는 모든 종류의 기도를 통칭하는 표현이고, 간구(*deesis*)는 개인의 깊은 필요를 아뢰는 것이고, 도고(*enteuxis*)는 기도를 받으시는 분 앞에 나아가 아뢰는 것이라고 구별하기도 합니다. 그런데, 오늘 본문에서 사도 바울은 기도의 다양한 종류 혹은 형식에 관하여 그다지 강조하지 않는 것 같습니다. 왜냐하면 강조점은 다른 것에, 즉 '모든 사람을 위한' 기도에 주어져 있기 때문입니다. 모든 사람을 위한 기도에는 심지어 기독교인이 아닌 통치자들, 오히려 기독교를 박해하는 로마의 황제와 관리들을 위한 기도도 포함되어 있습니다! 그리고 그런 의외의(?) 권면의 목적에 관한 바울의 언급에서도 '모든 사람'이 강조됩니다: "하나님은 모든 사람이 구원을 받으며 진리를 아는 데에 이르기를 원하시느니라"(2:4). 우리의 기도를 중보하시는 예수 그리스도 역시 '모든 사람을 위하여' 자기를 대속물로 주셨습니다(2:6). 이처럼 바울은 이 단락에서 '모든 사람을 위한 기도'를 일관되게 강조합니다.

우리의 기도와 하나님의 뜻

하나님은 우리의 기도를 들어 사용하십니다. 하나님의 전능하심을 아는 그리스도인에게 이것은 놀라운 일이 아닐 수 없습니다. 오늘 본문에서 바울은 로마제국의 통치자들을 위한 기도를 촉구하는데, 그것은 고요하고 평안한 사회적 환경 속에서 그리스도인들의 덕스러운 삶을 통하여 구원의 복음을 모든 사람들에게 전하려는 목적과 연결되어 있습니다. 모든 사람이 구원을 얻고 진리를 받기를 원하시는 하나님의 뜻을 이루기 위하여 교회는 국가와 사회의 안녕과 질서를 위한 기도를 하도록 권면을 받는 것입니다. 기도를 통하여 하나님의 뜻이 이루어지는데 우리가 기여하는 것을 사도 바울은 '우리 구주 하나님 앞에 선하고 받으실 만한 것'이라고 높이 평가합니다(2:3). 그리스도인의 기도는 이처럼 하나님에게 열납될 만한 중요한 경건의 실천입니다. 기도는 단지 자신의 개인적인 필요를 하나님에게 아뢰고 그 응답을 받아 누리는 종교적인 행위에 그치는 것이 아니라, 하나님의 일에 참여하는 중요한 헌신의 사역입니다.

중보자의 필요와 자격

기도에 관한 가르침에서 사도 바울은 중보자 예수 그리스도의 역할과 의의를 잊지 않고 강조합니다. 그분은 하나님과 사람 사이의 유일한 중보자이시며, 우리를 온전히 대변하시기 위하여 사람이 되신 하나님입니다(2:5). 자신의 생명을 대속물로 주심으로써 죄인이 마땅히 받아야 할 공의로운 형벌을 대신 담당하셨고, 따라서 자신에게 의지하는 모든 사람들을 하나님과 화목하게 해 주실 수 있습니다(2:6). 그 주님이 한때 교회를 박해하였던 바울을 불러 복음을 이방인에게 전파하는 사도와 전도자로 세우셨습니다(2:7). 바울은 자신에게 주어진 소명을 일생토록 열심히 증거하였고, 이제 다음 세대의 지도자인 디모데에게 바로 그 예수 그리스도에 관한 믿음과 진리를 전수합니다. 우리가 앞으로 살펴보겠지만, 바울의 서신들에 나타난 교회를 위한 기도들에도 주께서 가르치신 기도의 정신이 잘 반영되어 있습니다.

II. 교리문답이 가르치는 기도

1. 기도란 무엇입니까?

(1) 기도의 보편성과 성경적 기도의 특수성

기독교가 우리 나라에 전래되기 전에도 '기도'는 우리 민족에게 알려져 있었습니다. '백일치성'(百日致誠)이라는 표현이 잘 말해 주듯이, 다른 종교들에서도 기도는 보편적인 신앙 행위로 존재하고 있었습니다. 자신의 소원을 이루기 위하여 혹은 자신이 처한 곤경에서 벗어나기 위하여, 사람들은 자기보다 능력이 강한 대상에게 엎드립니다. 그리고 간절한 마음을 담아 정성을 다하여 빌면, 기도를 받는 그 대상이 기도하는 사람의 소원을 이루어준다고 생각합니다. '지성감천'(至誠感天), 곧 정성을 다하여 빌면 하늘도 감동을 받는다'는 말이 기도에 관한 보편적인 생각입니다.

기도에 대한 성경의 가르침에도 그런 요소가 포함되어 있습니다. 예를 들어, 예수님도 '항상 기도하고 낙심하지 말아야 할 것'을 가르치셨습니다. 이렇게 기독교 역시 기도의 보편적 성격을 공유하고 있는 부분이 있습니다. 그러나 다른 종교들의 기도와 비교할 때, 성경이 가르치는 기독교 신앙의 실천으로서의 기도는 뚜렷하게 구별되는 점도 있습니다. 그것을 개혁주의 교리문답들을 통하여 살펴봅시다.

(2) 기도의 본질과 필요성

하이델베르크 교리문답은 기도에 관한 첫 번째 교훈으로 '그리스도인에게 기도가 필요한 이유'를 묻고 대답합니다(HC 제116문답). 바로 그 대답의 첫 머리에서 우리는 성경이 가르치는 기도의 독특한 성격을 발견합니다: "기도는 하나님이 우리에게 요구하시는 감사의 가장 중요한 부분입니다." 기도에 대한 일반적인 인식과는 달리, 성경은 기도를 무엇보다도 '감사의 수단'으로 강조합니다(사 50:14-15; 살전 5:17-18). 또한 우리가 간절한 마음으로 쉬지 않고 기도할 때 하나님이 우리에게 주시는 것을 '은혜와 성령'이라고 특정하여 가르치는 것도 개혁주의 관점에서 성경을 이해한, 기도에 대한 독특한 관점입니다. 기도에 관한 일반적인 이해와는 달리, '우리가 구하는 바'를 들어주시는 것이 아니라, 우리에게 유익하다고 하나님이 판단하신 '좋은 것'을 받기 위하여 기도가 필요하다는 것입니다. 이처럼 개혁파 종교개혁자들은 기도에 대한 첫 가르침부터 성경적 관점의 독특성을 분명하게 제시합니다. 그런 관점은 '하나님이 기뻐하시고 들어주시는 기도'의 세 가지 조건들을 설명하는 제117문답에서도 분명하게 나타납니다:

· 첫째, 성경이 계시한 유일하신 참 하나님께, 그분이 구하라고 명하신 모든 것을, 마음을 다하여 간구합니다. (기도의 올바른 대상, 기도의 내용, 그리고 기도의 열정을 말합니다.)

· 둘째, 우리 자신의 부족과 비참함을 똑바로 철저히 깨달아, 겸손하게 간구합

니다. (기도하는 자의 겸비한 태도, 즉 기도할 자격이 없는 죄인임을 깨달아야 한다고 가르칩니다.)

· 셋째, 받을 자격이 없는 우리지만, 말씀의 약속대로 그리스도 덕분에 기도 응답의 확신을 가지고 기도합니다. (하나님과 사람 사이의 유일한 중보자를 의지하는 기도만이 올바르게 하나님에게 상달되는 기도라는 교훈입니다.)

장로교회의 대/소교리문답은 기도의 본질을 가르치면서 '우리의 소원을 하나님께 올리는 것'을 먼저 말합니다. 그러나 그 내용을 찬찬히 살펴보면, 성경적 기도의 성격이 마찬가지로 분명하게 나타나 있습니다: '그리스도의 이름으로, 성령의 도움을 받아'라는 표현이 소원을 아뢰는 것 앞에 나와 있으며, '죄의 고백'과 '하나님의 긍휼(자비)을 감사'하는 것이 명시되어 있습니다(WLC 제178문답, WSC 제98문답). 특히 대교리문답은 그 다음 문답에서 오직 하나님께만 기도를 드려야 하는 까닭을 밝히고 있고(WLC 제179문답), '그리스도의 이름으로 기도하는 것'은 유일한 중보자를 의지하여 기도의 '용기와 담대함과 능력과 응답의 소망'을 갖는 것이라고 설명합니다(WLC 제180문답). 또한 우리의 죄와 그로 인한 하나님과의 엄청난 거리 때문에 우리의 기도를 중보해주실 분이 꼭 필요하다고 가르칩니다(WLC 제181문답). 그러므로 개혁교회의 세 교리문답들은 기도라는 보편적인 종교적 현상 속에서 참된 기도, 곧 하나님이 받으시는 올바른 성경적 기도가 무엇인지 가르치는 점에서 일치합니다.

솔로몬의 일천 번제와 성경적 기도

기도의 보편성과 성경적 기도의 특별한 성격을 주의 깊게 구별하는 것은 장로교회의 경건 생활에 상당히 중요한 의미가 있습니다. '하나님이 기뻐하시고 들어

주시는 기도'는 일반적인 의미의 기도라는 보편적 종교 행위가 아니라, 성경이 가르치는 올바른 기도이기 때문입니다. 이와 관련하여, 주목할 만한 사례가 바로 기브온 산당에서 드린 솔로몬의 일천 번제에 관한 이야기입니다(왕상 3장). 많은 사람들이 '솔로몬의 일천 번제'를 '지성이면 감천'이라는 보편적인 종교적인 관점으로 가르치고 받아들입니다. 심지어 본문에 대한 올바른 주석에 따르면 받아들일 수 없는 방식으로 변형하여, 마치 솔로몬이 매일 1마리의 제물을 1천 일에 걸쳐 바치는 정성을 들였기에, 간구한 바 지혜뿐 아니라 온갖 부귀영화를 누리게 되었다고 가르칩니다.

그러나 개혁주의 교리문답들이 가르치는 기준에 따라 그 본문을 살펴보면, 솔로몬의 기도와 하나님의 응답은 '지성감천'과는 전혀 다른 교훈을 우리에게 깨우쳐 줍니다. 솔로몬은 그의 선친 다윗의 하나님에게 기도를 드렸습니다. 자신이 왕이 된 것은 다윗에게 주신 하나님의 언약에 따른 일이었습니다(3:6). 그분은 참되신 언약의 하나님입니다. 또한 솔로몬은 자기를 하나님 백성의 왕으로 부르신 소명을 잘 이해하였고, 그 소명을 잘 감당하기 위하여 '재판하는 지혜' 곧 하나님의 율법에 따라 선악을 분별하여 하나님의 백성들을 하나님의 뜻대로 올바르게 재판할 수 있는 지혜를 구하였습니다(3:9). 이것이 결정적으로 중요한 차이입니다! 이스라엘 백성의 지도자로 세움받은 솔로몬은 하나님이 자신에게 원하시는 바가 무엇인지 잘 알고, 그것을 위하여 간구하였습니다. 하나님은 솔로몬의 그 간구하는 바를 흡족하게 여기셨습니다(3:10). 그래서 사람들이 일반적으로 구할 법한 다른 축복들도 덤으로 내려 주신 것입니다.

많은 그리스도인 부모들이 솔로몬의 일천 번제에 자극을 받아 자기 자녀에게 '지혜'를 내려달라고 기도합니다. 그런데, 그 '지혜'란 과연 무엇을 하기 위한 지혜입니까? 솔로몬처럼 하나님한테 받은 자신의 소명을 올바르게 받들기 위하여 필요한 지혜입니까? 아니면, 다른 종교인들도 꼭같이 구하는 바, 진학과 입신양명과 출세를 위한 지혜입니까? 그런 우리 부모들의 기도가 과연 하나님이 기뻐하시고 들어주시는 기도의 조건들을 충족시키는 올바른 기도입니까? 우리 모두 알다시피, 솔로몬이 자신의 소명에서 멀어졌을 때, 그에게 풍성하게 내려주신 다른 축복들이 오히려 그의 영혼에 큰 해악을 끼쳤습니다. 하나님의 축복하심이 없으면, 하나님한테서 받은 선물들조차도 우리와 우리 자녀들에게 결코 유익하지 않다는 사실을 솔로몬이 분명하게 증거해 줍니다!

2. 올바른 기도의 준칙: 성경, 특히 주기도문

개혁교회의 교리문답들은 우리가 올바른 기도를 하나님께 드리도록 특별하게 내려주신 지침이 바로 주기도문이라고 가르칩니다: 모든 성경이 우리의 기도를 지도하는데 도움이 되지만, 특별한 법칙으로 주신 것이 '주께서 가르치신 기도'입니다(WSC 제99문답). 하이델베르크 교리문답은 '하나님이 우리에게 간구하라고 명한 바'를 가르치면서 '영혼과 몸에 필요한 모든 것인데, 그것이 주기도문 안에 다 담겨 있다'고 말합니다(HC 제118문답). 이런 문답의 내용은 아주 의미심장합니다. 기도의 필요성을 가르치는 제116문답에서도 간구하는 자에게 '은혜와 성령'을 주신다고 가르쳤는데, 제118문답에서는 '우리에게 영육간에 필요한 것'을 우리 스스로 판단하고 결정하는 것이 아니라, 주기도문에 다 포함되어 있다고 말하기 때문입니다. 이것은 장로교회의 대교리문답이 '우리가 마땅히 기도할 것을 알지 못하므로, 성령께서 우리의 연약함을 도우셔서 누구를 위하여 무엇을 어떻게 기도할 것을 우리에게 깨우쳐주신다'(WLC 제182문답)고 가르치는 정신과 일맥상통합니다. 그러므로 주기도문을 올바른 기도의 지침으로 우리가 깊이 묵상할 필요가 있는 것입니다!

3. 주기도문의 구성

주께서 가르치신 기도는 두 가지 버전으로 우리에게 전해졌습니다. 산상보훈의 한 가운데 수록된 사도 마태의 주기도문(마 6:9-13)은 초대교회 이래로 공식적인 예전적 기도의 형태로 잘 정리된 본문입니다. 반면 누가가 전해주는 주기도문은 그 기원으로 볼 때 예수님에게 기도를 배우길 원하였던 제자들의 청원에서 비롯된, 좀 더 개인적인 형태입니다(눅 11:2-4). 그 당대 유대인들의 통상적인 기도문들을 참조하면서 두 버전의 주기도문을 비교하여 살펴보면, 주께서 가르치신 기도의 핵심적인 특징을 '하나님 나라'와 관련하여 주목할 수도 있습니다.

그런데, 개혁교회의 교리문답들은 마태복음의 주기도문을 본문으로 삼아 그 구성과 교훈을 가르칩니다. 장로교회의 대교리문답은 주기도문을 크게 세 부분으로 나누는데, 각각 머리말과 간구들과 결론으로 분류합니다(WLC 제188문답). 하이델베르크 교리문답도 그와 동일한 관점으로 주기도문의 구성을 설명하며, 중심 내용은 간구들을 여섯 가지로 분류합니다(HC 제199문답). 그 여섯 간구들은 다시 두 부류로 나누어지는데, 앞의 세 간구는 '당신의'(*sou*)라는 헬라어로 시작되는 '하나님의 이름과 나라와 뜻'에 관한 간구들로, 뒤의 세 간구는 이 땅에서 살아가는 '우리'의 필요를 위한 간구들로 나누어집니다.

첫 세 간구들	다음 세 간구들
1. 하나님의 이름	4. 우리의 일용할 양식
2. 하나님의 나라	5. 우리의 죄 사함
3. 하나님의 뜻	6. 우리를 시험에 들지 않게, 악에게서 구원

4. 올바른 기도: 감사와 간구의 균형이 잡힌 기도

기도는 첫째 감사의 수단이자, 또한 간구의 수단입니다. 강조점을 어디에 두든지, 기도에 대한 성경의 가르침은 그 두 가지 요소를 모두 포함합니다. 감사와 간구는 서로 긴밀하게 연결되어 있다는 사실을 알면, 성경적인 기도가 이 두 가지를 함께 강조하는 것은 당연한 일입니다. 하이델베르크 교리문답이 강조하듯이, 기도를 통하여 우리가 얻고자 하는 바는 하나님의 은혜와 성령입니다. 그리고 성령 충만의 은혜를 받은 그리스도인의 기도는 무엇보다도 감사로 넘쳐납니다. 그의 삶 전체가 감사로 특징 지워집니다. 그것이 성령충만한 그리스도인의 올바르고 온전한 모습입니다.

그러므로 감사와 간구의 건강한 균형이 우리의 기도에 꼭 필요합니다. 간구할 것이 별로 없이 감사만이 넘치는 삶은, 일견 행복하고 아주 좋은 삶인 것 같습니다. 그러나 그리스도인의 성화의 본질을 생각하면 그것은 결코 균형 있는 기도 생활이 아닙니다. 왜냐하면 하나님이 원하시는 온전한 삶, 곧 머리되신 예수 그리스도를 본받는 삶을 위해서는 우리는 끊임없이 하나님의 은혜와 성령이 필요하기 때문입니다. 따라서 '감사만이 넘친다'는 기도생활은 자칫 '오직 탄식하는 마음으로 쉬지 않고 간구하는 태도가 없는' 무뎌진 영적 감각을 드러내는 것일 수 있습니다.

반대로 감사는 별로 없이 간구만 가득한 기도생활도 돌아보아야 할 필요가 있습니다. 아마 이런 기도의 모습이 오늘날 한국교회의 더 심각한 문제일 것입니다. 왜냐하면 열정적인 기도는 가득하지만, 올바른 기도가 거의 없어지기 쉽기 때문입니다. 감사가 없는 그리스도인의 간구는 올바른 기도를 통하여 하나님한테서 받아야 할 은혜와 성령 대신, 자신의 필요들에 매몰되기 쉽습니다. 그 결과 그리스도를 본받는 성도의 삶의 목적에서 오히려 멀어지는 결과를 종종 가져다 줍니다.

III. 교리문답에 따라 드리는 우리의 기도

1. 나의 기도는 감사와 간구의 균형이 잘 이루어져 있는지 돌아봅시다.

    지난 주간 혹은 지난 한 달 동안 하나님께 드린 자신의 기도를 돌이켜 반성해 봅시다. 그 기도를 통하여 나는 무엇에 대하여 얼마나 감사 드렸습니까? 또 무엇을 간구하였습니까? 감사와 간구의 양을 한 번 비교해 봅시다. 나의 기도생활은 그 두 가지 기도의 중요한 내용에 있어서 균형 잡혀 있고 건강합니까?

2. 하나님께서 기뻐하시고 들으시는 기도의 조건들에 비추어 볼 때, 나의 기도에 부족한 점은 무엇인지 돌아봅시다.

    한국의 그리스도인들은 대체로 기도에 관한 첫 번째 관심이 '열심'과 연결됩니다. 그런 기도에 대한 열정과 간절한 태도는 한국교회의 자랑이기도 합니다. 그러나, 바로 그 열정을 가지고 올바르게 기도 드리는 것이 매우 중요합니다. '하나님께서 기뻐하시고 들으시는 기도'는 그 열정뿐 아니라 올바른 간구의 내용도 갖추어져야 하기 때문입니다. 나에게 필요한 것은 기도의 열정인지, 아니면 기도의 올바른 자세인지, 혹은 둘 다인지 돌아봅시다.

3. 예수 그리스도께서 우리 기도의 중보자가 되신다는 교훈은, 여러 가지 측면에서 여전히 부족한 점이 많은 우리의 기도에 어떤 위로와 격려를 줍니까? 감히 하나님 앞에 무엇을 구할 자격이 없는데도 '아바 아버지'라고 부르며 우리의 몸과 영혼에 필요한 모든 것을 간구할 수 있게 해 주신 우리 주님께 마음 깊은 곳에서부터 항상 감사를 올립시다.

제 33장
주기도문 묵상 02

'하늘 아버지'에게 드리는 기도
(겔 20:18-26)

기도에 대한 첫 번째 교훈에서 개혁주의 장로교회는 성경이 가르치는 '올바른' 기도를 강조합니다. 그와 관련된 문답들 중 우리의 기도를 하나님께 상달되도록 중보하시는 예수 그리스도의 역할을 다시 한 번 돌아볼 필요가 있습니다. 왜냐하면 '하늘에 계신 우리 아버지여'라고 기도의 부름을 시작할 때부터, 우리는 예수 그리스도의 구속의 은혜와 공로를 의지하기 때문입니다. 예수 그리스도를 나의 주와 구세주로 영접하지 않는다면, 우리는 하나님을 아버지로 모실 수도 없고 그분에게 우리의 몸과 영혼에 필요한 것을 간구할 자격도 없기 때문입니다.

주기도문의 두 번째 본문을 포함하고 있는 오늘 본문은 하늘에 계신 아버지가 어떤 분인지 생생하게 가르쳐주시는 예수님의 비유를 담고 있습니다. 이 말씀의 교훈을 디딤돌로 삼아 주기도문의 서언이 담고 있는 핵심 교훈들을 개혁주의 교리문답들을 통하여 함께 살펴봅시다.

I. 성경 본문 묵상

1. 산상보훈에 기록된 주기도문과 오늘 본문의 주기도문을 비교해 봅시다: 눅 11:1-4

    (1) 주기도문을 가르쳐주신 맥락은 산상보훈과 비교할 때 어떻게 다릅니까? (11:1)

    (2) 마태복음 6장의 주기도문과 비교할 때, 어떤 표현이나 간구들이 다릅니까? (11:2-4)

    (3) 두 주기도문 본문을 종합적으로 볼 때, 주께서 가르치신 기도에서 중요한 내용은 무엇일까요?

2. 하늘 아버지의 기도 응답에 관한 비유: 누가복음 11:5-13

    (1) 첫 번째 비유에서 밤중에 찾아온 벗이 원하는 바를 얻게된 까닭은 무엇입니까? (11:5-8)

    (2) 두 번째 비유에서 대조되는 두 인물은 누구입니까? (11:11-13)

    (3) 우리가 간구할 때 하나님의 응답을 확신할 수 있는 근거는 무엇입니까? (11:13)

    (4) 하늘 아버지께서 약속하신 응답의 내용은 무엇입니까? (11:13; cf. 마 7:11)

누가복음의 주기도문

산상보훈에 기록된 주기도문(마 6:9-13)과 비교해 보면, 의사 누가가 기록한 주기도문은 제자들에게 주신 정황이 확연하게 다릅니다. 예수님의 강설들을 잘 모아 놓은 마태복음에서는 제자 중 하나가 기도를 가르쳐 달라고 주님께 간구한 일화를 전혀 언급하지 않고 있기 때문입니다. 그렇다면 우리 주님은 최소한 두 차례 이상 제자들에게 기도를 가르쳐 주셨다고 우리는 짐작할 수 있습니다. 우리를 구원하시기 위하여 참 사람이 되신 예수님이 몸소 기도에 헌신하신 사실과 더불어 두 차례 이상 올바른 기도의 원칙인 주기도문을 가르쳐주신 사실을 우리는 진지하게 받아들여야 할 것입니다. 개혁주의 교리문답들이 강조하듯이, 하나님의 백성에게 기도는 감사와 간구를 올려드리는 중요한 신앙의 실천입니다.

기도 응답에 관한 비유

벗이 밤중에 찾아와 끈질기게 문을 두드리는 이야기로 시작하는 예수님의 이 비유는 우선 '기도의 끈기' 혹은 '강청함'을 강조하는 말씀으로 이해될 수 있습니다. 다른 곳에서도 예수님은 분명히 '항상 기도하고 낙심하지 말아야 할 것'을 강조하셨습니다. 불의한 과부의 송사에 관한 비유입니다(눅 18:1-8). 이 두 곳에서 공통적으로 강조하는 것은 '간청함'입니다. 비록 벗됨을 인하여는 들어주지 않아도, 그 간청함 때문에 (귀찮아서라도) 친구나 과부의 부탁을 들어준다는 것입니다. 그런데 불의한 과부의 송사에 관한 이야기에서는 의미심장한 비교가 덧붙여져 있습니다. 그것은 불의한 재판관이 한 이야기를 하나님과 대조시키는 내용입니다: "이 과부가 나를 번거롭게 하니 내가 그 원한을 풀어 주리라 그렇지 않으면 늘 와서 나를 괴롭게 하리라 하였느니라 6주께서 또 이르시되 불의한 재판장이 말한 것을 들으라 7하물며 하나님께서 그 밤낮 부르짖는 택하신 자들의 원한을 풀어 주지 아니하시겠느냐 그들에게 오래 참으시겠느냐"(눅 18:5-7). 여기서 '하물며'라는 표현은 불의한 재판장과는 전혀 다른 하나님의 성품을 강조합니다. 하나님을 두려워하지 않고 사람을 무시하는 재판장과는 전혀 다른 좋으신 하나님은, 택한 자들의 밤낮 부르짖는 간구를 속히 들어주신다는 것입니다! (그러므로 우리의 기도에 간절함과 끈기가 필요합니다.)

오늘 본문에서도 그런 강조점이 덧붙여져 있습니다. 육신의 아버지와 하늘 아버지를 대조하는 두 번째 비유입니다. 하나님의 기준으로 볼 때 악한 땅의 부모도 자녀에게 좋은 것을 주려고 하는데, '하물며' 의롭고 선하신 하늘 아버지는 그와 비교할 수 없이 좋은 것으로 우리에게 응답하신다는 메시지를 이런 대조를 통하여 강력하게 전달합니다. 그러므로 기도 응답에 대한 우리의 확신은 궁극적으로 우리의 노력과 끈기와 간절함에 달려 있는 것이 아니라, 세상의 부모나 재판장과는 비교할 수 없이 좋으신 하늘 아버지의 사랑에 달려 있는 것입니다! 그 사랑을 확신한다면 우리는 기도생활에 낙망해서는 안된다는 것입니다!

빠뜨리지 말아야 할 한 가지 중요한 교훈이 더 남아 있습니다. 하늘 아버지께서 간구하는 자녀들에게 기꺼이 주시고자 하는 '좋은 것'(마 7:11)은 바로 '성령'입니다. 왜 성령을 기도의 응답으로 주실까요? 보혜사 성령은 예수 그리스도의 뜻대로 우리를 가르치시고 깨우치시며 인도하시기 때문입니다. 복된 영생의 길을 갈 수 있는 힘을 주시고 때로는 강력하게 우리를 이끌어 가십니다. 우리의 왕이신 예수 그리스도가 우리를 다스리시는 방편이 바로 '말씀과 성령'이기 때문입니다!

II. 교리문답이 가르치는 주기도문 서언의 교훈

하이델베르크 교리문답은 두 문답으로 주기도문의 서언을 다룹니다. 제120문답은 '우리 아버지'라고 부르도록 하신 이유를 설명하고, 제121문답은 '하늘에 계신'이라는 표현의 의미를 소개합니다. 장로교회의 교리문답들은 주기도문의 서언이 가르치는 내용을 각각 한 문답에서 포괄적으로 제시합니다(WLC 제189문답, WSC 제100문답). 개혁교회와 장로교회의 교리문답들을 비교해보면, 공통된 강조점과 더불어 강조의 차이점도 발견할 수 있습니다.

1. 아버지: 공경심과 신뢰

(1) 하나님을 '아버지'라고 부르도록 하신 이유

하이델베르크 교리문답은 기도를 드리는 우리가 기도를 받으시는 하나님에 대하여 '공경심과 신뢰'를 갖게 하기 위하여 제일 먼저 '아버지'라고 부르면서 기도를 시작하게 하였다고 설명합니다. (헬라어 주기도문의 첫 단어는 '아버지'(pater)입니다.) 그런데, 어린아이가 부모님에 대하여 가지고 있는 공경심과 신뢰는 '기도의 기초'라고 덧붙여 설명합니다(HC 제120문답). 장로교회의 소교리문답은 "자녀들이 아버지에게 나아가듯이 우리로 하여금 모든 거룩한 공경심과 확신을 가지고" 나아가도록 주기도문의 서언이 가르친다고 동일하게 설명합니다. 그에 덧붙여 그 하늘의 아버지가 '도와줄 능력과 마음을 가지고 계시는 분'이심을 말합니다(WSC 제100문답). 하나님의 능력과 선하신 의도는 우리의 기도가 응답받을 수 있는 중요한 두 가지 요건입니다. 대교리문답은 하늘에 계신 '아버지'로서의 선하심과 우리에게 주신 유익들을 믿고 하나님 앞에 나아갈 것을 서언이 일깨워준다고 가르칩니다. 한 걸음 더 나아가, 하나님의 주권적인 권세와 위엄을 이해할 뿐 아니라, 우리를 위하여 낮아지신 은혜를 아는 것이 기도의 자리에 나아가는 자에게 필요한 자세라고 말합니다(WLC 제189문답). 이런 표현 역시 하늘 아버지에 대한 공경심과 확신이라는 개념과 일맥상통합니다.

(2) 하나님을 아버지라고 부를 수 있는 자격

하이델베르크 교리문답은 우리가 하나님을 아버지로 부를 수 있는 근거를 분명하게 지적합니다: "그리스도로 말미암아 우리의 아버지가 되셨습니다." 그리고 곧 이어 누가복음 11장 본문의 핵심 교훈을 되새겨 줍니다: "우리가 믿음으로 구하는 것에 대해서는 우리 부모가 땅의 좋은 것들을 거절하지 않는 것보다 훨씬 더 거절하지 않으실 것입니다"(HC 제120문답).

우리가 하나님을 아버지로 부를 수 있는 자격은 두 보혜사의 분명한 증언에서 확인할 수 있습니다. 부활하신 예수님은 막달라 마리아에게 '내 아버지, 곧 너희 아버지, 내 하나님 곧 너희 하나님'이라고 강조하여 말씀하셨습니다(요 20:17 "예수께서 이르시되 나를 붙들지 말라 내가 아직 아버지께로 올라가지 아니하였노라 너는 내 형제들에게 가서 이르되 내가 내 아버지 곧 너희 아버지, 내 하나님 곧 너희 하나님께로 올라간다 하라 하시니"). 두 번째 보혜사이신 성령님도 사도 바울을 통하여 예수님의 성육신의 목적이 우리를 속량하시고 '아들의 명분'을 주시기 위함이며, 따라서 그리스도의 영을 우리 마음에 주셔서 하나님을 '아빠 아버지'라고 부르게 하시고, 또한 아들로서 유업을 받을 자가 되었다고 증거하십니다(갈 4:4-7).

아들된 우리가 하나님 아버지께 기도할 때 마땅히 가져야할 심정

"하나님을 '아버지'라고 부를 때에, 우리는 '그리스도'의 이름을 내놓는다. 확신을 가지고 하나님을 '아버지'라고 부를 사람이 누군가? 하나님께서 그리스도 안에서 우리를 은혜의 자녀로 삼아주시지 않았다면, 누가 감히 하나님의 아들로서의 영예를 주장할 수 있겠는가? … 사도 요한은 하나님의 독생자의 이름을 믿는 사람들에게는 하나님이 자녀가 되는 특권을 주셨다고 말했다(요 1:12).

그러므로 하나님께서는 자신을 우리의 아버지라고 부르시고, 우리가 그를 대할 때에도 이렇게 부르기를 원하신다. 이 한없이 다정한 이름으로 그는 우리 마음에서 모든 불신감(不信感)을 없애려 한다. 하나님의 사랑 이상으로 더 큰 사랑

> 은 아무 곳에서도 찾아볼 수 없기 때문이다. … 땅에 있는 모든 아버지들이 아버지로서의 사랑을 잊으며 자기 자녀들을 버린다 하더라도, 하나님께서는 절대로 우리를 버리시지 않을 것이다(시 27:10; 사 63:16). 그 이유는 하나님께서는 자기 자신을 부인하실 수 없기 때문이다(딤후 2:13). …
> … 그러나 우리의 좁은 마음이 하나님의 무한하신 사랑을 이해할 수 없기 때문에, 그리스도께서는 우리가 양자된 것을 보증하실 뿐 아니라, 이 일에 대한 증거로서 성령을 우리에게 주셔서, 성령을 통해서 우리가 큰 목소리로 '아바 아버지'라고 부르게 하신다(갈 4:6; 롬 8:15).   (칼빈, *기독교강요* II.x.36-40)

2. '하늘에 계신': 위엄과 권능

하이델베르크 교리문답은 제121문답에서 '하늘에 계신'이라는 말이 주기도문의 서언에 덧붙여진 까닭을 다음 두 가지로 설명합니다: 첫째, 하나님의 하늘의 위엄을 땅의 것으로 생각하지 않도록 하기 위하여, 둘째, 우리의 몸과 영혼에 필요한 모든 것을 기대하도록 하기 위하여. 여기서 두 번째 이유는 대교리문답에서 우리가 기도로 하나님 앞에 나아갈 때 그분의 '주권적인 권세와 위엄'을 이해해야 한다고 가르친 내용과 동일합니다. 그런데, 첫 번째 이유에 관해서는 하나님의 거룩하심을 소홀히 다루는 경향이 강한 오늘날 우리가 좀 더 진지하게 새겨볼 필요가 있습니다.

대교리문답에 관한 해설에서 보스(J. Vos)는 주기도문의 서언에 담긴 두 가지 핵심 사상을 다음 두 가지로 요약합니다: 첫째, 하나님께서 자기 백성의 아버지 되심; 둘째, 그럼에도 불구하고 하나님은 그의 백성보다 훨씬 높은 하늘의 위엄과 영광 가운데 계시기 때문에 우리와 구별되신다는 사실.

(1) 구약성경의 교훈

이 두 번째 요점은 성경에서 대단히 강조되는 교훈입니다. 우선 구약성경의 다음 구절들을 묵상해봅시다. 이 구절들은 "하나님께서 하늘에 계시다"라는 말씀을 어떻게 이해하도록 도와줍니까?

· 역대하 6:18-19 "하나님이 참으로 사람과 함께 땅에 계시리이까 보소서 하늘과 하늘들의 하늘이라도 주를 용납하지 못하겠거든 하물며 내가 건축한 이 성전이오리이까 ¹⁹그러나 나의 하나님 여호와여 주의 종의 기도와 간구를 돌아보시며 주의 종이 주 앞에서 부르짖는 것과 비는 기도를 들으시옵소서"

· 전도서 5:2 "너는 하나님 앞에서 함부로 입을 열지 말며 급한 마음으로 말을 내지 말라. 하나님은 하늘에 계시고 너는 땅에 있음이니라. 그런즉 마땅히 말을 적게 할 것이라"

· 이사야 66:1 "여호와께서 이와 같이 말씀하시되 하늘은 나의 보좌요 땅은 나의 발판이니 너희가 나를 위하여 무슨 집을 지으랴 내가 안식할 처소가 어디랴"

솔로몬은 화려하고 웅장한 성전을 건축하였지만, 천지의 창조주이신 여호와 하나님이 사람의 손으로 지은 집에 거하시는, 마치 이방 나라들의 우상들과 같은 분이 아니라는 점을 분명하게 고백합니다. 전도서의 지혜로운 충고는 하나님의 위엄을 깨달아 (특히 기도할 때) 우리의 언행이 신중해야 함을 깨우쳐줍니다. 하나님은 '좋으신 분'이라고 쉽게 가르치고 생각하는 오늘날의 세태와는 아주 다른 태도를 가르치는 것입니다. 선지자 이사야를 통하여 주신 교훈 역시 이 세상의 기준으로 하나님을 섬기려는 태도가 기본적으로 부족하고 잘못된 것임을 경고합니다.

(2) 신약성경의 교훈

주기도문을 가르치기 전에 예수님께서는 두 가지 잘못된 기도를 지적하십니다(마 6:5-8). 그것은 누구의 어떤 기도입니까? 첫 번째는 '외식하는 자의 기도'로서 하나님이 아니라 '사람에게 보이려고' 회당과 큰 거리 어귀에서 드리는 기도입니다. 이 위선자들의 기도는 하나님의 응답보다도 사람의 칭찬에 더 관심이 있는 기도라는 평가를 받습니다(5절, "그들은 자기 상을 이미 받았느니라"). 두 번째 잘못된 기도는 '이방인의 중언부언하는' 기도입니다. 이들은 말을 많이 하여서, 곧 기도에 자신의 정성을 얼마나 많이 기울이는가 하는 여부에 따라 응답이 결정된다고 생각하였습니다. 달리 말하자면, '지성이면 감천'이라는 사고방식이 이방인들의 기도의 중요한 특징입니다. 그러나 예수님은 그들을 본받지 말고, 주께서 가르치신 올바른 기도의 규범에 따라 기도하도록 가르쳤습니다.

이 두 가지 잘못된 기도는 '하늘에 계신' 하나님을 어떻게 오해한 결과입니까? 외식하는 자들은 하나님의 지극히 높은 위엄보다 자신의 명성을 더 추구함으로써 기도를 남용하였습니다. 이방인들은 '구하기 전에 그 자녀들에게 있어야 할 것을 아시는' 하나님 아버지를 신뢰하지 않고, 기도 응답의 근거를 자신의 열심에 두었습니다. 이와 관련하여, 장로교회의 대교리문답이 가르치는 올바른 기도의 태도를 돌아볼 필요가 있습니다.

"우리는 어떻게 기도해야 하는가?

우리는 하나님의 위엄에 대한 엄숙한 이해와 우리 자신의 무가치함과 빈궁함과 죄를 깊이 깨닫고 통회하며 감사하고 열린 마음을 가지고 이해와 믿음, 성실, 열정, 사랑, 인애로서 하나님을 섬기며 그를 기다리며 그의 뜻에 겸손히 복종하려는 겸손한 자세로 기도해야 한다"(WLC 제185문답).

오늘날 기도에는 하나님의 위엄에 대한 경건한 두려움이 없는가?

"그렇다. 하나님의 자녀 된 증거를 가진 자들조차 경건한 두려움으로 하나님께 나아가지 못하는 경우가 있다. 오늘날 공적 기도는 종종 하나님을 너무 친숙하게 대하려는 잘못을 범하고 있다. 이와 같이 잘못된 태도는 오늘날 개신교 전반에 널리 확산되어 있는 하나님의 사랑에 대한 편협한 인식에서 비롯된 것임에 틀림없다. 현대 종교는 하나님의 사랑을 강조함에 있어서 그것이 하나님의 속성 가운데 하나라는 사실을 놓치고 있는 것이다. 우리는 하나님의 위엄과 거룩하심과 공의를 잊지 말아야 한다. 우리는 하나님이 우리가 가끔 만나 어떤 태도로든 기쁘시게 할 수 있는 분이 아니라는 사실을 잊지 말아야 한다. 하나님께서는 무한하시고 영원하시며 변함이 없으신 창조주요 우주 만물을 다스리는 분이시다."
(J. 보스, 웨스트민스터 대교리문답 강해)

99개의 이름, 그러나 '아버지'라는 이름은 없다!

"하나님을 아버지로 부르는 것은 우리에게는 너무나 익숙한 일이라, 그것이 얼마나 특별한 것인지 잘 깨닫지 못한다. 그러나 그것은 정말 특별한 일이다. 예를 들어, 무슬림이 그들의 하나님인 알라(Allah)에 대하여 가르치는 내용과 우리의 믿음을 비교해 보면 그 사실을 깨달을 수 있을 것이다. 무슬림 교도들이 염주(念珠)를 손에 들고 걸어가는 모습을 거리에서 볼 수 있을 것이다. 그 염주는 '수브하'(soebha)라고 하는데, 묵주(默珠, rosary)와 비교할 수 있다. 무슬림 교도들은 그 수브하를 기도할 때 찬양할 일을 헤아리는 데 도움이 되는 도구로 사용한다. 수브하는 대개 99개의 작은 염주알과 하나의 큰 염주알로 이루어져 있다. 왜 99개의 염주알일까? 왜냐하면 알라는 99가지의 깨끗한 이름을 가지고 있기 때문이다. 한 개의 큰 염주알은 바로 '알라'라는 이름을 위한 것이다. 그런데, 알라를 '아버지'라고 부르는 이름이 그 99가지 이름에 빠져 있다는 사실은 아주 시사하는 바가 크다. 어떤 사람이 아랍어 발음을 잘 배우기 위하여, 한 이집트인 무슬림에게 '주기도문'을 아랍어로 낭독하여 녹음해 달라고 부탁하였다. 그 이집트 사람은 그 부탁을 기꺼이 들어주려고 했지만, 그러나 '아버지'라는 칭호를 입에 올릴 수가 없었다. 무슬림들은 이런 식의 친밀하고 신뢰있는 교제를 알라 신과 갖지 못하고 있기 때문이었다.

우리 주 예수님은 하나님을 아버지로 부르도록 우리에게 가르치셨다. 예수님 덕분에 우리는 이제 하나님이 우리에게 어떤(who) 분이신지 알고 있다. 예수님 덕분에 우리는 하나님과 개인적인 관계를 갖고 있다. 하나님께서는 하늘에 계신 우리 아버지이시고, 우리는 그분의 자녀들이다. 바로 그것이 무슬림과의 커다란 차이이다. 그들은 예수 그리스도를 하나님과 사람 사이의 유일한 중보자로 인정하지 않는다. 강력한 힘을 가진 알라가 그들 곁에 있다고는 하지만, 그 알라는 예수 그리스도로 말미암아 그 마음을 사람들에게 열어 놓으신 아버지가 결코 아니다.

(네덜란드 개혁교회 청소년 하이델베르크 교리문답 교재 *Ik Geloof* (I Believe)에서 발췌)

3. '우리의 아버지': 연대성

장로교회의 대/소교리문답은 하이델베르크 교리문답에서 언급하지 않는 주기도문 서언의 또 한 가지 요점을 가르칩니다. 그것은 '우리' 아버지라는 표현입니다: "다른 사람들과 함께 또는 그들을 위하여 기도할 때에도 마찬가지이다"(WLC 제188문답); "또한 우리가 다른 사람과 함께 기도하고 다른 사람을 위하여 기도할 것을 가르칩니다"(WSC 제100문답).

'우리'라는 이 한 단어는 그리스도인들이 한 하나님의 자녀된 자들로서 '형제애'를 가져야 한다는 사실을 깨우쳐줍니다. 이것은 특히 개인주의적 사고방식이 지배하는 현대 사회에서 더욱 중요한 의미가 있습니다. 하나님은 우리 각 사람이 '내 아버지'라고 기도하도록 부르신 것이 아니라는 사실을 주께서 가르치신 기도를 시작할 때마다 마음에 되새길 필요가 있습니다. 우리 주님이 친히 그 머리가 되신 교회는 이 세상의 개인주의적 이기주의적 질서가 배격되고, 사랑의 이중계명을 실천하는 가운데 참된 사랑의 섬김이 드러나 어둡고 부패한 세상의 빛과 소금이 되어야 합니다.

III. 교리문답을 따라 드리는 우리의 기도

"하늘에 계신 우리 아버지여!"

이제 주님께서 가르쳐주신 대로, 새로운 마음으로 '우리 아버지, 하늘에 계신 분이시여'라고 불러봅시다. 그리고 이렇게 기도를 시작하는 우리의 마음에 마땅히 있어야 할 믿음의 바른 자세를 돌아봅시다!

1. 자녀로 불러주신 은혜와 사랑에 감사

이스라엘 각지로 파송된 70인의 제자들이 하나님의 말씀과 능력으로 복음을 전파하며 사탄의 권세를 무찌르고 돌아왔을 때, 예수께서 기쁨에 넘쳐 말씀하신 이 구절에서, 주님은 '하나님께서 숨기신 일'과 '드러내신 일'로 각각 감사를 드렸습니다. 어떤 이들은 하나님을 알고 어떤 이들은 알지 못하는 것은 오직 하나님이 하신 일입니다. "너희가 보는 것을 보는 눈은 복이 있도다 [24]내가 너희에게 말하노니 많은 선지자와 임금이 너희가 보는 바를 보고자 하였으되 보지 못하였으며 너희가 듣는 바를 듣고자 하였으되 듣지 못하였느니라"(눅 10:23b-24). 오직 하나님의 자녀들만이 눈으로 볼 수 없고 과학적으로 탐구하여 찾을 수 없는 하나님 나라에 (기도로) 도달할 수 있습니다. 얼마나 감사한 일입니까!

· 하나님의 자녀된 큰 특권을 주신 은혜를 진심으로 감사하게 하소서!
· 우리의 자녀됨을 보혜사 성령님이 항상 확인해 주시도록, '우리 아버지 하나님'을 잊지 말고 항상 부르며 기도의 자리로 나아가게 하소서!

2. '하늘에 계신' 아버지에 대한 흔들림 없는 신뢰를 잃지 않게 하소서!

사랑은 있으나 자녀의 소원을 들어줄 수 없는 무능력한 아버지, 혹은 힘은 있으나 자녀에 대한 사랑이 없는 아버지와의 관계는 비참한 것입니다. 그러나 우리의 하늘 아버지는 사랑하는 마음과 전능하신 권세를 함께 가지신 분입니다! 그러므로 기도하는 자녀는 하늘 아버지에 대한 신뢰를 잃어서는 안됩니다! 믿음이 없는 기도는 효력 없는 헛된 기도(약 1:6-7)일 뿐만 아니라 하늘에 계신 신실하고 권세 있는 하나님 아버지에 대한 모욕입니다. "오직 우리 하나님은 하늘에 계셔서 원하시는 모든 것을 행하셨나이다"(시 115:3).

3. 하늘 아버지를 생각할 때마다, 교만한 마음을 내버리고 겸비하게 하소서!

하나님의 거룩과 위엄에 대한 생각이 아주 천박해진 오늘날, 우리는 선지자들의 경고를 되새길 필요가 있습니다. "내 이름을 멸시하는 제사장들아 나 만군의 여호와가 너희에게 이르기를 아들은 그 아버지를, 종은 그 주인을 공경하나니 내가 아버지일진대 나를 공경함이 어디 있느냐 내가 주인일진대 나를 두려워함이 어디 있느냐 하나 너희는 이르기를 우리가 어떻게 주의 이름을 멸시하였나이까 하는도다"(말 1:6).

· '하늘에 계신 우리 아버지여'라고 부를 때마다, 하나님에 대한 확신과 사랑, 그리고 겸손과 경외하는 마음으로 우리를 가득 채워 주시옵소서!

· 기도하는 우리의 마음이 좌우로 치우치지 않게 하소서: 혹은 하나님의 거룩하심을 잊어버리거나 혹은 아버지의 따뜻한 사랑을 잊어버리지 않게 하시고, 오직 하나님의 위엄과 능력, 그 크신 사랑과 친밀하심을 기도를 시작할 때마다 항상 우리 마음에 새겨 주소서!

4. '우리' 아버지이심을 이웃 사랑으로 실천하게 하소서!

· 나의 소원과 간구를 하나님 아버지께서 받아주시기를 소원하는 마음으로 온전한 기도를 드리기 위하여, 내가 마땅히 돌아보아야 할 나의 형제 자매, 이웃들을 생각하게 하소서!

· 이 세상의 가난한 사람들에 대하여 우리의 마음이 뜨거워지게 하시고, 그들에게 사랑을 베풀 마음과 길을 열어주소서!

제 34장
주기도문 묵상 03

거룩하신 하나님의 이름
민 20:1-13

주기도문의 여섯 간구들 가운데 첫 번째는 '하나님의 이름을 영화롭게' 해주시기를 구하는 기도입니다. 이 기도는 네 마디 말로 구성되어 있는데(hallowed be thy name), 거기서 핵심은 '이름'과 '거룩'이라는 개념입니다. 하나님의 이름은 하나님을 대표하여 나타내는 수단입니다. 거기에는 삼위 하나님의 구별되는 성호들(위격적 이름: 성부, 성자, 성령)과 야웨, 엘로힘, 예수 그리스도 등의 고유한 이름들, 그리고 하나님의 속성을 표현하는 이름들(속성적 이름: 거룩하신 분,

지극히 높으신 분, 전능하신 분, 영존하시는 분 등)도 있습니다. 그 모든 이름들은 우리 하나님이 어떤 분이며, 자기 백성과 어떤 관계를 맺고 계신지 계시해 줍니다. 특히 우리와 맺은 관계라는 관점에서 '아버지'라는 명칭이 대단히 중요합니다! 우리 주님은 '하늘에 계신 아버지'에게 기도할 내용으로 여섯 가지 간구를 주기도문으로 요약해 주셨습니다. 그 주기도문을 성경 전체의 교훈에 따라 깊이 묵상한 종교개혁의 개혁주의 교회들은 바로 그 주기도문의 여섯 간구들 속에 우리의 몸과 영혼에 필요한 모든 것이 포함되어 있음을 깨닫고 고백하였습니다.

또 하나의 중요한 개념은 '거룩' 혹은 '거룩하게 하다'라는 말입니다. 이 단어는 구약과 신약을 통틀어 가장 근본적이고 의미심장한 개념입니다. 특히 구약의 레위기는 거룩하신 하나님을 섬기는 올바른 방법을 가르치는 '거룩의 교과서'입니다. 신약의 히브리서는 죄인인 인간이 거룩하신 하나님과 사귈 수 있는 길을 예수 그리스도에게서 찾습니다. 이처럼 성경은 거룩한 사람, 거룩한 장소, 거룩한 시간, 거룩한 행위들을 아주 구체적으로 가르칩니다. 하나님은 자기 백성이 하나님을 알지 못하는 이방인들과 구별되는 '거룩한 백성'이 되길 원하십니다: "나는 너희의 하나님이 되려고 너희를 애굽 땅에서 인도하여 낸 여호와라 내가 거룩하니 너희도 거룩할지어다"(레 11:45; 20:26). 그래서 거룩을 위한 여러 가지 규례들을 주셨습니다(레 20:8). 새로운 이스라엘로 부름받은 그리스도인 역시 마찬가지로 거룩의 소명을 받았습니다: "오직 너희를 부르신 거룩한 이처럼 너희도 모든 행실에 거룩한 자가 되라"(벧전 1:15).

그런데, 주기도문의 첫째 간구는 엄밀하게 말하여 '우리를 거룩하게 하소서'가 아니라 '하나님이 그 자신의 이름을 거룩하게 하소서'라는 기도입니다. 예수님은 왜 이런 형식으로 첫째 간구를 가르쳐 주셨을까요? 광야 시절 이스라엘에 일어난 불미스런 한 사건을 통하여 그 이유를 찾아봅시다.

I. 성경 본문 묵상

1. 이 일은 언제 어디에서 일어난 일입니까? (민 20:1)

   (1) 열두 정탐군의 보고로 인한 반역 사건이 일어난지 얼마나 지났습니까? (민 13-14장)

   (2) 이 분쟁을 일으킨 이스라엘 백성들은 출애굽 1세대입니까, 아니면 2세대입니까? (20:3)

2. 분쟁의 원인은 무엇입니까? (20:4-5)

   (1) 이스라엘 백성의 이런 불평은 처음 있었던 일입니까? (출 17:1-7; 민 11:1-6, 33)

   (2) 이스라엘 백성에 대한 모세의 반응이 격하였던 까닭은 어디 있을까요?

3. 모세의 잘못과 엄중한 징계

   (1) 백성의 불평에 대한 하나님의 응답은 무엇이었습니까? (20:7-8)

   (2) 모세는 하나님의 지시를 바르게 이행했습니까? 그렇지 않다면 무엇이 잘못되었습니까? (20:10-11)

   (3) 모세가 하나님을 '믿지 않고 이스라엘 백성 앞에서 하나님의 거룩함을 드러내지 않았다'는 표현은 무슨 뜻입니까? (20:12)

   (4) 모세에게 내린 벌은 무엇입니까? 그것은 모세의 실수에 비하여 지나치게 엄중합니까? (20:12)

4. 하나님의 거룩함을 누가 나타내었습니까? (20:13)

누가 하나님을 거룩하게 합니까?

므리바(민 20:1-13) : 하나님과 다투는 백성들에게 하나님의 거룩을 드러내지 못한 모세

광야 교회에서 일어난 이 사건을 통하여 우리는 하나님을 거룩하게 하는 일에 관하여 중요한 교훈을 배울 수 있습니다. 이 본문의 사건은 이스라엘 백성이 출애굽한지 대략 40년되던 해의 정월에 신 광야에서 일어난 일입니다. 이 사건에는 여호와 하나님, 모세와 아론, 그리고 불평하는 백성들이라는 세 가지 입장이 나타나 있습니다.

마실 물이 없다는 이스라엘 백성들의 불평을 모세는 하나님께 아뢰었습니다. 그에 대한 응답에서 하나님은 그들의 요구를 충족시켜 주라고 모세와 아론에게 지시하였습니다. 주석자들이 주목하듯이, 하나님의 이 응답에는 이스라엘 백성들의 불평에 대한 어떤 책망이나 꾸중이 없습니다. 달리 말하자면, 하나님은 이들의 불평에 진노하신 것이 아니라 오히려 긍휼을 보여주신 것입니다. 그런데, 정작 그 명령을 받들어야 했던 모세는 이스라엘 백성에게 진노하였습니다. 이스라엘 백성들을 '패역(반역)한 무리'라고 책망합니다. 반석을 지팡이로 두 번 친 것도 (하나님의 지시 사항에 없는 일이었으므로) 모세의 분노의 표현으로 여겨집니다. 무엇이 모세를 그렇게 분노하게 만들었을까요? 오늘 본문은 그 이유를 분명하게 밝히지 않습니다. 다만 '반역한 무리'라는 표현에서, 모세는 이들의 부모 세대가 출애굽 이후 거듭하여 보여주었던 패역한 모습을 연상하였던 것 같습니다. 그 결과 출애굽 제1세대는 노예 상태에서 건짐을 받았으나 약속된 낙원으로는 들어가지 못하는 비참한 운명을 맞이했습니다. 그런데 그 다음 세대도 동일한 반역을 저지른다고 생각하였기 때문에 모세는 격분하였을지도 모릅니다.

그러나 모세의 이런 행위는 하나님의 엄중한 책망과 처벌로 이어졌습니다. 그의 어떤 행위가 구체적으로 문제가 되는지 오늘 본문은 명시적으로 가리켜 보여주지 않습니다. 분명한 것은 모세의 행위가 하나님의 거룩하심을 드러내지 못하였고, 오히려 하나님의 영광을 가리웠다는 평가입니다. 그 말은 무슨 의미일까요? 하나님은 물이 부족한 곳에서 어려움을 겪고 불평하는 자기 백성에게 긍휼을 나타내 보이길 원하셨습니다. 모세는 그 지시하신 대로 행하여, 이스라엘의 제2세대에게 하나님의 사랑과 돌보심을 증거해야 했습니다. 불평하는 태도는 결코 올바르지 않지만, 하나님은 항상 꾸짖고 징계하시는 엄한 아버지의 모습만 보이시지 않고, 길이 참으시고 돌보아 주시며 위로하시는 자애로운 아버지의 모습을 또한 보이기를 원하셨습니다. 그러나 모세는 그런 하나님의 뜻을 믿지 못하였고, 그 지시를 온전하게 수행하지 않음으로써 하나님의 거룩함을 가리웠습니다(20:12). 결국, 므리바 사건에서 하나님은 친히 자신의 거룩함을 이스라엘 백성들 앞에서 나타내셨습니다(20:13). 그것은 반석에서 물을 내셔서 이스라엘 백성의 몸의 필요를 채워주시는 일로도 나타났고, 또한 하나님의 마음을 온전히 전하지 못한 지도자들의 불신을 엄중하게 징계하는 일로도 나타났습니다. '거룩하신' 하나님은 '사랑과 공의'의 하나님이십니다!

II. 교리문답이 가르치는 주기도문 첫 간구의 교훈

개혁교회의 교리문답들은 '당신의 이름이 거룩히 여김을 받으시오며'라는 주기도문의 첫 간구에서 (1) 우리가 하나님 앞에 올바르게 헌신할 수 있도록 간구하는 내용과 (2) 하나님이 친히 자신의 이름을 거룩하게 해 달라는 두 가지 내용을 가르칩니다. 장로교회의 대/소교리문답은 사람의 제일되는 목적을 실천할 수 있도록 간구하는 것과 하나님의 주권적 섭리를 간구하는 내용을 첫 간구의 핵심으로 강조합니다. 하이델베르크 교리문답은 '우리가 주님을 바르게 알도록', 또 '우리의 언행심사를 주관해 주시도록' 간구함으로써 '우리의 실천을 위한 간구'라는 목회적 관점을 드러냅니다.

1. 주님을 바르게 알게 해 주옵소서!

하이델베르크 교리문답 제122문답은 첫째 간구의 교훈이 '무엇보다도 우리가 주님을 바르게 알게 해 달'라는 기도라고 설명합니다. '주님이 행하시는 모든 일에서 주님을 거룩하게 여기고 경배와 찬송을 드리게 해 달라' 그 다음 설명은 하나님에 대한 올바른 지식과 긴밀하게 연결되어 있습니다. 왜냐하면 하나님을 바르게 알지 못하면서 올바른 경배를 드린다는 것은 생각하기 힘든 일이기 때문입니다. 하나님이 누구신지 잘 알지 못하는데 어떻게 하나님을 영화롭게 할 수 있을까요? 그러므로 주기도문의 첫째 간구는 특히 교회 안에서조차 하나님의 이름을 (하나님이 누구신지를) 잘 알지 못하는 오늘날 중요한 의미를 갖고 있습니다. 즉 이 기도는 오늘날의 교회 안팎에 만연한 영적 무지에 대항하는 기도입니다. 주기도문을 그 간구의 정신과 교훈에 따라 정성껏 드릴 때, 이 첫 간구부터 우리를 깨우쳐 주어서, 우리가 하나님을 더 잘 알아 가도록 격려해 줄 것입니다.

장로교회의 대교리문답이 이 교훈을 한층 더 분명하게 가르칩니다. 첫째 간구는 '하나님을 올바르게 공경할 수 없는 전적 무능과 부적합이 우리 모든 사람들에게 있다는 사실을 인정'하는 것으로 시작합니다. 그래서 하나님이 그 은혜를 내려주셔서 '우리와 다른 사람들이 하나님과 그분의 직위 속성 규례 말씀 역사 및 모든 자기 계시의 내용을 깨달아 알게 해 주시고 또한 높여 존경할 수 있게 해 주시기'를 간구하는 것입니다(WLC 제190문답). 어떻게 우리가 말과 행실로 하나님의 이름을 높이는가 하는 문제는 그 다음에 언급할 내용입니다. 그전에 하나님에 대한 올바른 지식을 깨우쳐 달라고 간구하는 것이 우선입니다.

다음 성경 구절들은 하나님을 올바르게 아는 것이 하나님의 은혜의 선물이며 또한 그 기뻐하시는 바라는 사실을 분명하게 가르칩니다:

"자랑하는 자는 이것으로 자랑할지니 곧 명철하여 나를 아는 것과 나 여호와는 사랑과 정의와 공의를 땅에 행하는 자인 줄 깨닫는 것이라 나는 이 일을 기뻐하노라 여호와의 말씀이니라"(렘 9:24).

"영생은 곧 유일하신 참 하나님과 그가 보내신 자 예수 그리스도를 아는 것이니이다"(요 17:3).

"예수께서 대답하여 이르시되 바요나 시몬아 네가 복이 있도다 이를 네게 알게 한 이는 혈육이 아니요 하늘에 계신 내 아버지시니라"(마 16:17).

하나님은 우리의 이런 간구에 응답하시기 위하여 두 가지 방법으로 자신을 계시해 주셨습니다. 그것은 시편 19편에 멋지게 표현된 대로 하나님의 모든 피조물을 통한 일반계시와 하나님의 말씀이 대표하는 특별계시입니다.

우리의 영적 무지를 각성하게 하는 기도

"우리가 가지고 있는 것보다 더 많은 지식이나 부나 명예를 가지고 있는 사람을 본다면, 우리는 곧장 그를 쳐다볼 것이다. 그러나 하나님의 피조물들을 보면서 우리는 그 속에서 아무 것도 보지 못한다. 왜냐하면 우리는 창조자의 사랑과 능력과 지혜와 정의를 인정하려고 더 깊이 나아가지 않기 때문이다. 그리고 이것이 바로 하나님의 이름이 사람들 중에 그렇게 적게 영광을 받는 이유이다."

(William Perkins)

우리의 영적 안목이 뜨여지길 간구하는 기도

"'당신의 이름이 거룩히 여김을 받으시오며'라고 말할 때, 우리는 (우리 자신과) 모든 사람들의 눈이 뜨여지기를 기도한다. 하나님은 무소부재하시며 그의 손으로 하신 일들이 그분을 찬양한다. 그러나 사람들은 본성적으로 하나님의 표적들과 손으로 하신 일들과 그림과 조각과 글을 보지 못하고 깨닫지 못하는 장님이다. 우리는 그분을 찬양해야 할 때에 벙어리가 된다. 사람들은 영적으로 핸디캡을 가지고 있다. 그래서 우리는 그들을 위하여 기도해야 한다. 우리의 기도가 응답될 때, 하나님의 이름이 모든 사람들을 통하여 찬양될 것이다."

(Kuyvenhoven, *Comfort & Joy*)

2. 우리와 다른 사람이 하나님을 영화롭게 하는 삶을 살도록 교훈하는 기도

주기도문의 첫째 간구는 또한 우리의 삶이 하나님의 영광이라는 인생의 본분을 실천하게 해 달라는 고백을 포함하고 있습니다. 하이델베르크 교리문답은 '우리의 생각과 말과 행동을 주장하셔서, 우리 때문에 주님의 이름이 더렵혀

지지 않고 오히려 영광과 찬양을 받게' 되기를 간구합니다(HC 제122문답). 장로교회의 대교리문답은 '우리의 말과 행실로 하나님을 영화롭게 하도록, 그리고 하나님의 영광을 가리우는 모든 것을 막아주시고 제거해 주실 것'을 간구합니다(WLC 제190문답). 특별히 언급하는 그런 장애물들은 '무신론, 영적인 무지, 우상숭배, 신성모독'입니다. 오늘 한국교회 안에서도 이런 장애물들이 올바른 경건을 좀먹고 있습니다. 하나님을 인정하면서도 실질적으로는 아무런 신뢰와 순종을 드리지 않는 '실천적 무실론'과 점점 더 심각해지는 성경에 대한 무지 즉 하나님의 뜻을 분별할 줄 모르는 영적인 유치함, 하나님과 더불어 다른 의지할 것을 붙잡고 있는 우상숭배의 여전한 현실, 그리고 하나님의 거룩을 함부로 폄하하는 오만한 사고방식과 언행들이 여전히 교회 안에 남아 있습니다. 이런 것들이 여전히 하나님의 이름(영광)을 가리우고 있습니다. 따라서 장로교회가 주기도문의 첫째 간구를 해설하면서 이런 장애물들을 지적한 것은 참으로 소중한 교훈입니다. 한편, 소교리문답은 아주 요약적으로 '우리와 다른 사람이 하나님을 영화롭게 하도록' 기도합니다(WSC 제101문답).

우선 하나님을 올바르게 알게 해 주시기를 구하고, 나아가 우리에게 알려주신 하나님의 뜻에 따라 생각하고 말하고 살아갈 수 있도록 간구하는 것입니다. 그러므로 첫 간구는 우리의 예배 생활에 직결되는 교훈을 줍니다. 시편 기자가 노래하듯이, 하나님을 거룩하게 하는 것과 우리의 예배와 찬송은 긴밀하게 연결되어 있기 때문입니다: "왕이신 나의 하나님이여 내가 주를 높이고 영원히 주의 이름을 송축하리이다 ²내가 날마다 주를 송축하며 영원히 주의 이름을 송축하리이다 ³여호와는 위대하시니 크게 찬양할 것이라 그의 위대하심을 측량하지 못하리로다 ⁴대대로 주께서 행하시는 일을 크게 찬양하며 주의 능한 일을 선포하리로다"(시 145:1-4).

그러므로 우리가 주기도문을 별 생각없이 외우듯 암송하지 않고, 그 속에 담긴 중요한 교훈들을 깊이 묵상하면서 기도 드리면, 우리의 예배와 설교와 기도가 주님이 기뻐하시는 방향으로 변화될 것입니다! 뿐만 아니라, 바르게 올려 드리는 이 주기도문의 첫째 간구가 온전히 응답될 때, 우리의 일상생활에서도 거룩한 삶의 열매가 나타날 것입니다.

> ### 하나님의 이름(영광)을 위하여 내 삶을 가꾸어가려는 기도
>
> "내 삶의 최악의 일은 어떤 이와 하나님 사이의 관계에 내가 걸림돌이 되는 것이다. 내 삶의 최상의 일은 누군가 나를 통하여 아버지의 집에 이르도록 디딤돌이 되는 것이다. 하나님의 영광을 위하여 기도할 때, 다른 사람들이 우리의 삶을 통하여 하나님을 알기를 소원하게 하도록 우리 자신의 생각과 말과 행실을 잘 가꾸어야 한다고 하이델베르크 교리문답은 가르친다. 그리스도인의 삶은 '하나님의 영광'이라는 분명한 목적을 가진 삶이다. 하나님을 영화롭게 하려는 목적으로 자신을 연단하는 노력이 없이 하나님께 받아들여질 온전한 삶을 살 수 있는 사람은 아무도 없다." (Kuyvenhoven, *Comfort & Joy*)

3. 하나님의 영광을 위하여 친히 처리해 주시옵소서

장로교회의 대/소교리문답은 '하나님이 친히 자신의 영광을 위하여 친히 처리해 주실 것'을 주기도문의 첫째 간구의 내용으로 잊지 않고 언급합니다(WSC 제101문답). 이것은 하나님의 섭리에 대한 신뢰를 담은 간구입니다: "하나님이 주관하시는 섭리로써 자신의 영광을 위하여 모든 것을 지도하시고 처리하실 것을 기도합니다"(WLC 제190문답). 바로 이런 교훈을 우리는 구약성경에 기록된 한

기도에서 잘 살펴볼 수 있습니다.

열왕기하 19장은 앗수르 왕 산헤립의 협박 편지를 받은 유다 왕 히스기야가 드린 기도를 기록하고 있습니다. 그것은 주변의 모든 나라들의 신들 중 그 누구도 산헤립의 손에서 그 백성들을 구원하지 못하였으니, 유다 백성들도 '야웨 하나님을 신뢰하라'는 히스기야의 거짓말을 듣지 말고 항복하라(왕하 18:31-37; 19:10-13)는 거듭된 협박의 메시지를 전해 들은 히스기야의 반응입니다:

"히스기야가 사자의 손에서 편지를 받아보고 여호와의 성전에 올라가서 히스기야가 그 편지를 여호와 앞에 펴 놓고 15그 앞에서 히스기야가 기도하여 이르되 그룹들 위에 계신 이스라엘의 하나님 여호와여 주는 천하 만국에 홀로 하나님이시라 주께서 천지를 만드셨나이다 16여호와여 귀를 기울여 들으소서 여호와여 눈을 떠서 보시옵소서 산헤립이 살아 계신 하나님을 비방하러 보낸 말을 들으시옵소서 17여호와여 앗수르 여러 왕이 과연 여러 민족과 그들의 땅을 황폐하게 하고 18또 그들의 신들을 불에 던졌사오니 이는 그들이 신이 아니요 사람의 손으로 만든 것 곧 나무와 돌 뿐이므로 멸하였나이다 19우리 하나님 여호와여 원하건대 이제 우리를 그의 손에서 구원하옵소서 그리하시면 천하 만국이 주 여호와가 홀로 하나님이신 줄 알리이다 하니라"(왕하 19:14-19).

히스기야는 산헤립의 손에 멸망당한 열방이 섬기던 신들은 거짓된 우상들이며, 이스라엘의 하나님은 천지를 창조하신 유일하신 참된 하나님이심을 고백합니다(15절). 참된 하나님과 거짓 신들의 가장 근본적인 차이점이 바로 여기 있습니다: 창조주 vs. 피조물들. 그리고 히스기야는 자신의 힘과 노력으로는 어떻게 할 수 없는 곤경에서 하늘의 하나님이 친히 구원해 주시기를 간구합니다. 그리고 바로 그런 구원이 하나님의 영광을 친히 드러내는 일이 될 것임을 호소합니다.

산헤립의 교만한 편지를 들고 성전에 들어가 기도한 히스기야 왕의 기도는 본질적으로 주기도문의 첫째 간구의 정신을 잘 반영하고 있습니다! 우리 역시 자신과 가정과 교회 나아가 세상을 위하여 기도할 때, 우리의 구원과 복지를 하나님의 이름과 그 영광을 드러내는 인생의 본분과 잘 연결시킬 줄 알아야 하겠습니다. 주기도문의 첫째 간구에서 그 교훈을 다시 한 번 상기합니다. 우리가 '당신의 이름이 거룩히 여김을 받으시오며'라고 기도할 때, 그 기도는 하나님의 이름이 아직 거룩하지 않아서 드리는 것이 아닙니다. 우리 주님이 이 간구를 가르치신 것은 하나님의 거룩하심을 우리가 깨닫고 인정하기를 원하셨기 때문입니다. 그리스도인은 하나님이 그분의 거룩하심 대로 알려지고, 존경 받고 찬양되기를 원합니다. 이것이 모든 전도와 선교의 목적입니다.

III. 교리문답을 따라 드리는 우리의 기도

'첫 번째 간구의 교훈에 따른 묵상과 기도'

1. 우리의 영적인 눈을 뜨게 해 주시옵소서!

"오 주여,
우리 눈을 열어 주님을 바로 알며, 주님의 권능과 지혜와 공의와 긍휼을 분별하게 하시며, 우리 마음을 넓혀 주님을 우리의 두려움과 사랑과 기쁨과 확신으로 삼아 마음으로부터 주님을 거룩하게 하도록 하시며, 우리 입술을 열어 주님의 한없이 선하심을 송축하게 하소서!

오 주님, 그렇습니다.
우리 눈을 열어 주님이 이루신 일에서 주님을 보게 하시며, 우리 뜻을 그 일에 나타나도록 주님의 이름을 향한 존경으로 채우고 또 그것을 받으셔서 우리가 그 뜻을 온전하고 거룩하게 펼 때, 주님을 경배하게 하소서." (William Perkins)

2. 하나님을 아는 지식에서 자라가게 하소서!

(1) 사도 바울이 골로새 교회의 성도들을 위하여 '하나님을 아는 것에 자라가도록'(골 1:10) 기도했던 것처럼, 우리도 영적 성장을 위한 기도를 배우고 실천하게 하소서!

(2) 교회에 주신 은혜의 방도들(means of grace: 말씀과 성례와 기도)을 소중하게 여기고, 하나님의 뜻을 받들어 살아가는 일에 온 교회가 힘쓰게 해 주시옵소서!

(3) 말씀을 맡아 봉사하는 종들을 지켜주셔서, 항상 말씀 충만, 성령 충만하여 하나님의 뜻을 올바르게 깨닫고 전하고 실천하는 모범을 보이도록 도와주소서!

3. 반성과 회개의 기도: 옛사람을 벗고 새사람으로 살게 하소서!

(1) 나의 생각과 말과 행동으로 하나님의 이름을 더럽히거나 마땅히 받으실 영광을 가리운 일이 무엇인지 돌이켜 보게 하시고, 성령 하나님의 도움을 힘입어 그런 누추한 일들을 깨끗이 벗어버리게 하소서!

(2) 옛사람의 일들을 벗어버리고 다시 그런 더러운 모습으로 돌아가지 않도록, 나의 생각과 말과 행동을 하나님이 기뻐하시는 거룩한 것으로 채울 수 있도록 지혜와 열심을 내려주소서!

4. 천하만인에 하나님의 거룩하신 이름이 선포되고 찬양되는 그 날을 바라봅니다!

여전히 하나님을 알지 못하고 예수 그리스도를 왕으로 인정하지 않는 대다수의 사람들이 우리 그리스도인의 경건한 삶을 이해하지 못하고 조롱하고 무시합니다. 세상 곳곳에는 하나님의 뜻을 무참히 짓밟고 하나님의 형상으로 지음받은 사람들을 죽이고 해치는 악한 일들이 비일비재합니다.

빛과 소금의 역할로 부름받은 우리 그리스도인들의 경건한 삶과 노력으로도 어떻게 할 수 없는 경우가 많이 있습니다. 그러므로 우리는 첫째 간구를 드리면서, '천지의 창조주이시며 모든 일을 섭리하시는 주관자이신 우리 하나님이 친히 자신의 이름을 영화롭게 하시기를 간구'합니다! 그렇게 하시기로 약속한 말씀을 기억하며 낙심하지 않고 계속 기도합니다:

"내 거룩한 산 모든 곳에서 해 됨도 없고 상함도 없을 것이니 이는 물이 바다를 덮음 같이 여호와를 아는 지식이 세상에 충만할 것임이니라"(사 11:9)

"이는 물이 바다를 덮음 같이 여호와의 영광을 인정하는 것이 세상에 가득함이니라"(합 2:14)

제 35장
주기도문 묵상 04

하나님의 나라의 완성을 위한 간구
살후 3:1-5

주기도문의 둘째 간구는 '하나님 나라의 도래'에 관한 기도입니다. 잘 알다시피 예수님은 '회개하라 하나님의 나라가 가까이 왔다'는 메시지로 복음 선포 사역을 시작하셨습니다. 또한 예수님의 교훈과 비유들 가운데 상당수가 하나님의 나라에 관한 메시지를 담고 있습니다(마 13장). 예수님 자신의 존재가 그 하나님 나라의 도래를 증거하는 것이라고 선언하셨습니다(눅 11:20; 17:21). 그러므로 '하나님의 나라' 혹은 천국('하늘들의 나라') 개념은 예수 그리스도의 메시지와 사역의 핵심입니다. 제자들에게 가르치신 기도에서도 바로 그 사실이 뚜렷하게 나타납니다. 예전적으로 잘 구성된 마태복음의 주기도문과 달리, 누가복음의 주기도문은 '뜻이 하늘에서 이룬 것같이 땅에서도 이루어지이다'라는 셋째 간구의 내용이 없습니다. 여러 신학자들은 그 간구의 내용이 사실상 둘째 간구, 곧 하나님의 나라의 도래를 위한 기도에 포함되어 있는 것으로 해석합니다. 하나님의 나라는 하나님의 통치가 이루어지는 영역인데, 하나님의 뜻이 땅에서도 순종 되도록 간구하는 것은 하나님의 통치의 실현을 다른 방식으로 표현한 것으로 볼 수 있기 때문입니다. 이처럼 주기도문의 둘째 간구는 예수 그리스도 복음의 핵심에 맞닿아 있습니다.

오늘 본문은 사도 바울이 데살로니가 교회 성도들에게 부탁하는 두 가지 중보기도의 내용으로 시작하여, 사도가 그들을 위하여 소원하는 내용으로 이어집니다. 이 본문을 발판으로 삼아, 개혁교회의 교리문답들이 주기도문의 둘째 간구에 담겨 있는 교훈들을 어떻게 소개하고 있는지 살펴봅시다.

I. 성경 본문 묵상

1. 존 스토트 목사는 데살로니가후서에 관한 자신의 주석책에서 '역사에 대한 기독교적 관점'이라는 부제를 붙였습니다. 그가 이 서신을 다음과 같이 세 단락으로 구분한 것을 살펴보고, 그런 제목을 붙인 까닭이 무엇인지 생각해 봅시다.

    1:1-12 그리스도의 재림 (그리스도의 재림은 어떻게 이루어질 것인가?)

    2:1-17 적그리스도의 반역 (적그리스도의 정체는 무엇인가?)

    3:1-18 그리스도인들의 책임 (우리는 어떻게 행동해야 하는가?)

2. '교회 생활'에 대한 교훈을 시작하는 본 단락에서 바울이 데살로니가 성도들에게 부탁하는 기도의 제목 두 가지는 무엇입니까?

    (1)

    (2)

3. 그런 기도를 드리는 성도들에게 주는 약속은 무엇입니까? (3:3)

4. 바울이 데살로니가 성도들에 대하여 확신하는 바와 또한 간구하는 바는 무엇입니까? 그리고 그런 확신과 간구의 기초는 무엇입니까? (3:4-5)

그리스도의 재림을 기대하며 살아가는 그리스도인

데살로니가전후서는 예수 그리스도의 재림의 도리를 잘 가르치는 서신들입니다. 초대교회 성도들은 21세기를 살아가는 오늘날의 그리스도인들보다도 재림에 대한 열망이 훨씬 더 강하였습니다. 그들의 삶은 '세상 속에 있으나, 세상에 속하지 않은' 참된 경건으로 특징지워졌고, 따라서 하나님 나라가 온전히 임할 그리스도의 재림을 간절히 바라보는 삶이었습니다. 그런 삶의 정황 속에 있는 데살로니가 교회 성도들에게 사도 바울은 '주의 말씀이 온 세상에 퍼져 나가 영광스럽게 되도록' 중보의 기도를 부탁합니다(3:1). 이방인의 사도로 부름받아 헌신하는 바울의 사역은 주님의 재림에 대한 소망과 긴밀한 연관이 있습니다. 천하 만민에게 복음이 전파될 때, 하나님의 나라가 온전히 이루어질 것이기 때문입니다(마 24:14). 또한 바울은 '부당하고 악한 사람들로부터 건져달라'는 기도의 제목도 부탁합니다(3:2). 예수 그리스도의 오심으로 이미 시작된 하나님의 나라 백성으로서 하늘과 땅을 지으신 대주재 하나님의 섭리 아래 살아가지만, 이 땅에서 그리스도인은 여전히 대적하는 악한 자 마귀와 그 휘하에 있는 악한 자들의 공격을 받으며 살아갑니다. 교회의 머리이신 예수님이 이 세상에서 그런 수난의 삶을 통하여 구원의 길을 열어두셨으며, 자신을 본받는 모든 그리스도인도 그런 고난을 통하여 순종을 배워 온전하게 되는 길을 따라오도록 하셨기 때문입니다 (히 5:8-9). '믿음은 모든 사람의 것이 아니라'는 사도 바울의 권면은 우리가 받은 구원의 은혜가 놀라운 특권임을 알려주는 동시에, 하나님 나라의 완전한 도래에 이르기까지 이 세상에서 우리의 삶은 악한 세력과의 영적인 투쟁이라는 사실을 일깨워줍니다.

신실하신 하나님의 통치 아래 있는 그리스도인

그러나 사도 바울은 환란과 핍박 아래 있는 데살로니가 성도들에게 대하여 확고한 믿음을 가지고 있습니다. 주님이 그들을 굳건하게 붙들어주실 것이고 악한 자들로부터 지켜주실 것입니다! 왜냐하면 우리 주님은 '미쁘신'(trustworthy) 분이기 때문입니다! 우리가 신뢰하고 의지하는 주님은 하나님의 기쁜 뜻을 알려주실 뿐 아니라 우리가 그 명하신 바를 계속하여 실천하도록 인도하시고 도우시는 분입니다. 우리의 구원의 일을 시작하신 주님은 결코 우리를 포기하지 않으시고 우리를 '하나님의 사랑과 그리스도의 인내'에 들어가기까지 인도하실 것입니다 (3:4-5). 이것이 데살로니가 성도들을 비롯한 모든 그리스도인들을 향한 사도 바울의 소원이자 기도입니다.

사도 바울의 시대부터 오늘날에 이르기까지 예수 그리스도의 오심으로 이미 이 땅에서 시작된 하나님의 나라는 그 완성을 바라보며 계속 진행되고 있습니다. '이미 그러나 아직 아니'(already but not yet)이라는 유명한 표현으로 잘 알려진 그런 시대를 우리 그리스도인은 살아가고 있습니다. 하나님의 다스림을 거부하고 여전히 반역하는 사람들이 우리 주위에 허다하게 존재하고 있으며, 그로 인한 갈등과 박해와 핍박이 여전히 일어나고 있습니다. 그러나 사도 바울이 확신에 찬 권면의 메시지로 일깨워주듯이, 우리가 신뢰할 수 있는 주님은 항상 우리 마음을 인도하여 하나님의 나라 백성으로 온전히 살아갈 수 있도록 역사하십니다. 주기도문의 둘째 간구는 바로 그것이 우리의 소원이자 기도가 되어야 한다는 사실을 일깨워줍니다.

II. 교리문답이 가르치는 주기도문의 둘째 간구

하이델베르크 교리문답은 둘째 간구의 메시지를 다음 세 가지로 소개합니다:
제123문답

첫째, 말씀과 성령으로 우리를 다스려주셔서, 우리가 주님께 점점 더 순종하게 하소서!

둘째, 주님의 교회를 보존하시고 흥왕하게 하시며, 반대로 주님의 다스림에 대항하는 모든 악한 세력과 일들과 계획들을 멸하여 주시옵소서!

셋째, 주님의 나라가 온전히 이루어질 때까지 그렇게 해 주시옵소서!

그러므로 '당신의 나라가 임하옵소서'라는 주기도문의 둘째 간구를 드릴 때, 그리스도인이 각 개인으로서 간구하는 일과 교회로서 간구하는 내용을 잘 살펴 묵상해야 하며, 또한 종말론적인 소망을 가지고 끈기 있게 기대해야 합니다. 이 세 가지 기도의 내용을 따라 둘째 간구의 메시지를 차례대로 살펴봅시다.

1. 하나님의 나라, 하나님의 다스림

(1) 왕이신 주님의 통치와 순종

하나님의 '나라' 혹은 '왕국'(kingdom)의 가장 핵심적인 특징은 그 나라의 왕이신 주님의 다스림(통치)입니다. 일반적으로 국가의 필수적인 구성 요소를 주권, 국민, 영토 세 가지로 제시합니다. 이 기준에 따라 표현하자면, 하나님의 나라란 '하나님의 백성'이 '하나님이 주신 땅'에서 '하나님의 말씀을 따라' 살아가는 영역입니다. 역사상 그런 하나님의 나라가 에덴 동산에서, 거룩한 족장들의 텐트에서, 가나안 땅에서 가시적으로 나타났고, 우리 주님의 시대(A.D.)에는 교회를 통하여 대표적으로 나타납니다. 시대와 장소에 따라 그 외형적 모습은 다양하게 나타났지만, 그러나 그 나라의 왕이신 하나님의 다스림에 순종한다는 핵심 개념은 변함없이 유지되었습니다. 반대로, 하나님의 백성의 삶에서 하나님에 대한 언약적 사랑, 곧 왕이신 주님에 대한 신뢰가 순종이 없을 때, 땅 위에 세워진 하나님의 나라는 무너지곤 하였습니다. 그래서 주기도문의 둘째 간구는 '우리가 점점 더 주님께 순종하도록 해 달라'고 간구하도록 교훈하는 것입니다!

말씀과 성령으로

'말씀과 성령'으로 우리를 다스려 달라는 기도의 내용은 우리의 각별한 주목을 끕니다. 이것은 종교개혁의 여러 흐름들 가운데 '오직 성경으로써'(*sola scriptura*)의 원리를 올바르게 강조하는 개혁주의 교회들의 각별한 관심사를 반영한 표현입니다. 이 원리를 성경의 교훈대로 바르게 파수하지 못하고 좌우로 치우치면, 성경과 더불어 전통을 강조하는 로마교회의 잘못된 관습으로 빠져들거나 아니면 성경의 메시지보다도 자신의 신앙적 체험을 더 앞세우는 재세례파의 개인주의적 경향에 휘둘리게 됩니다. 주기도문의 둘째 간구를 드리면서 우리 주님에게 더욱 더 순종할 수 있기를 고백할 때, 우리의 왕이신 예수 그리스도께서 우리를 다스리기 위하여 사용하시는 합당한 방편을 먼저 인정하고 올바르게 받들어야 합니다. 하나님의 참된 선지자이신 예수님의 구원의 메시지를 사도들을 통하여 온전히 기록하게 하신 보혜사 성령님이 '그 말씀과 더불어'(*cum Verbo*) 역사하신다고 개혁주의 신학을 파수하는 장로교회는 강조하여 가르칩니다. 성령 충만을 강조하면서 '성령이 거하시는 교회의 권위'에 빗대어 비성경적인 관습들을 마구 도입한 로마 카톨릭교회와, 역시 성령 충만을 강조하지만 각 사람의 체험을 성경의 권위보다 더 앞세우는 다양한 재세례파 교회들은 주님에게 순종하는 삶이 어떤 것인지 가르치는 성경의 교훈을 왜곡하고 있는 것입니다.

(2) 사탄의 나라 vs. 은혜의 나라

장로교회의 소교리문답은 둘째 간구의 메시지를 해설하면서 우선 '사탄의 나라와 은혜의 나라'를 대조하여 설명합니다: "사탄의 나라가 멸망하고, 은혜의 나라가 흥왕하게 해 주시옵소서'. 그리고 결과로서 '영광의 나라'의 도래를 고대합니다: "우리와 다른 사람들이 거기(은혜의 나라에) 들어가 지켜주심을 받고 영광의 나라가 속히 오게 하여 주시기를 구합니다"(WSC 제102문답).

이 해설을 잘 이해하기 위하여 성경이 가르치는 하나님의 다스림의 세 가지 측면들을 아래와 같이 소개할 필요가 있습니다:

· 능력의 다스림(*Regnum Potentiae*): 창조주 하나님의 피조물 통치

· 은혜의 다스림(*Regnum Gratiae*): 구세주 예수 그리스도의 통치

· 영광의 다스림(*Regnum Gloriae*): 온전히 이루어진 하나님의 나라

능력의 다스림은 이미 하나님의 나라에 들어온 그리스도인들뿐 아니라 믿지 않는 다른 모든 사람들과 모든 피조물들에게까지 미치는 하나님의 통치입니다. 심지어 하나님 나라를 대적하는 사탄조차도 능력의 통치를 벗어날 수 없습니다. 그러나 은혜의 다스림은 오직 그 백성들만 누릴 수 있으며, 이 세상에서는 모든

사람들에게 가시적으로 다 나타나지는 않습니다. 선포된 복음의 메시지를 성령 하나님이 들어 쓰셔서 그 마음속에 믿음과 회개를 불러일으키신 사람들만이 하나님의 은혜의 나라 백성이 됩니다.

그런데, 우리 주님이 씨뿌리는 비유와 가라지 비유 같은 하나님 나라에 관한 비유들에서 이미 가르쳐주셨듯이, 이미 도래한 하나님의 나라는 모든 사람들의 인정을 받지는 못합니다. 오히려 데살로니가 교회 성도들이 체험하였듯이, 이 세상에서 하나님의 백성으로 사는 것은 종종 역경을 체험하는 삶입니다. 그래서 주님께 순종하는 신실한 그리스도인들은 하나님의 통치가 온전히 이루어지는 '영광의 나라'가 속히 오기를 간절히 바라고 기도하는 것입니다. 그것이 바로 이 둘째 간구가 미래형으로 되어 있는 까닭입니다. 장로교회의 대교리문답은 그 점을 구체적으로 지적합니다: "둘째 간구에서 … 우리 자신과 모든 인류가 본질상 죄와 사탄의 주관 아래 있음을 인정하면서, 우리는 죄와 사탄의 나라가 파멸되고 복음이 온 세상을 통하여 보급되고 유대인들이 부르심을 받고 이방인들의 충만한 수가 들어오기를 기도해야 합니다"(WLC 제191문답).

2. 하나님의 나라와 교회

(1) 주님의 교회의 보존과 흥왕을 위한 간구

예수님이 선포하신 하나님의 나라는 사도들을 통하여 '말씀과 성령으로 다스리시는 주님의 다스림에 순종하는 새로운 하나님의 공동체'인 교회로 연결되었습니다. 예수님이 친히 '주는 그리스도시요 살아계신 하나님의 아들'이라는 신앙고백 위에 '내 교회'를 세우신다고 선언하셨습니다(마 16:16-19). 따라서 '당신의 나라가 임하옵소서'라는 간구는 그리스도의 교회를 지켜주시고 번성하게 해

주시기를 간구하는 기도를 포함하고 있습니다(HC 제123문답).

교회의 역사에서 이런 정신을 잘 이해하고 주님의 몸된 교회가 더욱 흥왕하도록 기도하며 헌신한 사례들이 무수하게 많습니다. 그 가운데 구세군의 경우를 아래 글에서 읽어보고, 둘째 간구를 진지하게 올려드리면서 그 기도에 대한 하나님의 응답을 받는 것이 어떤 것인지 함께 생각해 봅시다.

수비하는 교회에서 공격하는 교회로!

"구세군은 그리스도의 통치를 사람들에게 선포하기 위한 목적으로 창설되었다. 또한 갖가지 종류의 사회적 참상을 개선하려는 목적도 있었다. 굶주리는 사람들에게는 먼저 먹을 것을 주어야 한다. 왜냐하면 '배고픈 자는 아무 소리도 들리지 않기' 때문이다."

이런 사명은 사회적인 관심을 가진 사람들의 자발적인 일이 아니라 모든 그리스도인의 사명이다. 이 명령을 잘 수행하기 위하여 구세군이 세워졌다. 이 조직의 창시자이자 첫 번째 장군은 영국인 윌리엄 부스(William Booth, 1829-1912)이다. 그는 교회가 평범한 사람들로부터 너무 멀리 떨어져 있다고 생각하였다. 그에 따르면 교회는 지나치게 '수비에 치중하고' 있고 '공세를 취하는' 일에 있어서는 너무나 약하였다. 아내와 함께 부스는 런던의 가장 가난한 지역으로 들어가 봉사하려고 결심하였다. 그의 모토는 이런 것이었다: '그리스도는 세상을 위하여, 세상은 그리스도를 위하여.' 그는 일군의 협력자들을 얻었다. 많은 남녀 그리스도인들이 그의 일에 동참하였다.

그리스도인이 영적 전투를 위한 무장을 갖추어야 한다고 가르친 사도 바울의 교훈(엡 6장)에 호소하여, 이 조직은 군대의 형태를 취하게 되었다. 그들의 제복은 거리를 지나는 사람들이 손쉽게 그들이 누군지 알아보게 하였다. 그들의 제복에는 '구세군'을 뜻하는 약자 S.A. (Salvation Army)가 새겨져 있다. 그 조직 안에는 일반 사병으로부터 사관, 그리고 장군에 이르기까지 다양한 계급이 있다. 구세군에 가입하려면 그 군대의 규율에 복종해야 한다. 사실상 사도 바울이 그 당대에 최초의 (구세군) 장군이었다고 그들은 말한다.

  이 군대의 공격은 사람들을 죽이는 것이 아니라 그들을 구원하기 위한 것이다. 모든 전선(戰線)에서 마귀를 대항한 전쟁이 벌어져야 한다. 이렇게 구세군 병사들은 사회의 최전선에서 싸운다. 그들은 신앙고백들이나 신학적 질문들에는 별로 관심이 없고, 기독교를 실제 생활에 적용시키려고 노력한다. 이웃을 돕는 일이 그 싸움에서 높은 우선순위를 차지하고 있다. 이제 구세군은 세계적인 조직이 되었고, 아주 가치 있는 일을 수행하고 있다. 예를 들어 네덜란드에서 구세군은 의류를 수집하여 특별한 가게들에서 가난한 사람들에게 아주 저렴한 가격으로 공급하는 사역으로 잘 알려져 있다. 게다가 그런 일을 통하여 수 백 명의 사람들이 일거리를 얻는다. 한 걸음 더 나아가 구세군은 사회의 변두리에 있는 여러 종류의 불쌍한 사람들 – 무주택자, 약물중독자, 죄수, 창녀 – 속에서 사회 사업을 수행하고 있다." (출전: 네덜란드 개혁교회 청소년 교리 교재 *Ik Geloof*)

(2) 교회의 올바른 역할을 위한 간구

  장로교회의 대교리문답 역시 '하나님 나라의 도래'에 관한 주기도문의 둘째 간구가 교회와 직결되어 있다는 교훈을 잘 가르쳐줍니다: "교회는 모든 말씀의 사역자와 규례를 갖추고 부패로부터 정화되고 세상의 위정자들의 칭찬과 지지를 받고, 그리스도의 규례가 순수하게 시행되기를 위하여 기도한다"(WLC 제191문답). 그 간구의 응답을 기대하면서 주님의 도우심을 의지하며 교회는 '죄중에 있는 자들을 회개시키고, 이미 회개한 자들은 바로 세우고 위로하고 믿음이 성장하도록' 노력합니다.

하나님의 나라는 주님이 현재 모든 것을 다스리고 계신다는 사실보다 더 넓은 뜻을 내포하고 있습니다. 하나님의 나라는 현재로서는 우리 눈에 드러나지 않지만, 장차 그 나라에 들어올 수 있는 사람들까지 포함합니다. 아직 하나님을 왕으로 인정하지 않고 있는 사람들 속에도 그 나라의 잠재적 백성들이 존재합니다. 따라서 교회는 하나님의 백성이 모두 그 나라에 들어오기를 간구하며, 또한 이 기도가 응답되도록 개인적으로 또 교회적으로 복음 전도의 사명에 헌신해야 하는 것입니다.

3. 마라나타 (아멘, 주 예수여 오시옵소서!)

둘째 간구는 '주님의 나라가 온전히 이루어질 때까지'(HC 제123문답), 혹은 '영광의 나라가 도래할 때까지'(WLC 제191문답, WSC 제102문답) 계속 드려야 할 그리스도인의 기도입니다. 참된 그리스도인, 하나님 나라의 복된 백성은 하나님을 대적하는 세력이 여전히 활개치고 있는 이 세상의 현 상황에 결코 만족하지 못합니다. 선한 청지기는 주인이 돌아와서 그 맡겨주신 소명을 얼마나 신실하게 감당하였는지 평가하실 때를 고대합니다. 그들은 이 헛된 세상의 유혹들을 단호히 끊어버리고(*contemptio mundi*, '세상에 대한 경멸'), 하나님 나라를 고대하면서 심판하실 주님을 두려워하기는커녕 하나님의 공의가 온전히 이루어지기를 소원합니다(*contemptio mortis*, '죽음에 대한 경멸'). 다만 그 때가 언제인지 알지 못하므로, 신실하게 둘째 간구를 드리면서 '아멘 주 예수여 어서 오시옵소서!'라고 부르짖으며 사는 것입니다.

III. 교리문답을 따라 드리는 우리의 기도

'둘째 간구의 교훈에 따른 묵상과 기도'

　이 둘째 간구를 온전히 드리기 위하여 우리의 삶이 온전해야 합니다. 우리의 삶이 우리의 기도의 진정성을 드러냅니다. 주기도문의 둘째 간구를 습관적으로 드리면서 하나님 나라의 보존과 흥왕에 관련된 일들에 무관심하는 그리스도인은 위선자나 이방인의 기도를 드리는 것과 다를 바 없습니다. 이런 기도는 오히려 우리 자신에게 해로운 것입니다! 그러므로 우리 자신의 기도생활을 신앙적 실천과 연결하여 심각하게 돌아볼 필요가 있습니다.

　"매번 주기도문을 드리면서도, 복음의 사역에는 관심이 없거나 (그런 일은 경건한 자들에게만 해당된다고 말하면서), 성경공부에 참석하기를 원치 않거나 (그러면 사람들이 자신을 광신자가 된다고 생각한다면서), 교회의 발행물에는 눈길도 주지 않는 사람들은, 실제로는 거짓말을 하고 있거나, 아니면 그들이 드리는 주기도문을 전혀 이해하지 못하고 있는 것입니다."

1. 둘째 간구를 통하여 우리는 하나님의 은혜를 열망합니다!

　(1) 우리에게 성령을 보내 주셔서 우리 마음을 다스리시고, 성경으로 계시하신 하나님의 뜻에 전적으로 순종할 수 있게 해주셔서, 우리가 성령님이 거하시는 성전이 되게 해 주시옵소서!

　(2) 이 땅에서 하나님의 은혜의 나라를 가시적으로 드러내는 교회가 그 역할을 잘 감당할 수 있도록 도와주시옵소서! 오늘도 말씀과 기도의 일에 전무해야 할 종들과 그들을 훈련하는 신학교를 주님께서 친히 붙들어 주시옵소서!

(3) 하늘의 성도들과 더불어 '마라나타' 곧 '오 주 예수여 속히 오시옵소서!'라고 간구해야 합니다.

2. 둘째 간구를 묵상하면서 우리는 회개의 기도를 드립니다.

하나님 나라의 도래를 선포하신 예수님의 복음 메시지는 '회개하라'는 촉구로 시작됩니다: "회개하라, 하나님의 나라가 가까왔느니라!" 그 메시지는 하나님 나라의 온전한 도래를 기도하는 주기도문의 둘째 간구를 드릴 때, 오늘 우리에게도 여전히 절실하게 다가옵니다. 종교개혁자 루터가 올바르게 설파하였듯이, "우리들의 주님이시며 선생이신 예수 그리스도께서 '회개하라'(마 4:17)고 말씀하실 때, 그는 신자들의 전 생애가 참회가 되어야 한다는 것을 의미"하기 때문입니다(루터의 1517년 '95개 논제' 중 제1항).

(1) 나는 그 동안 주님께서 가르쳐 주신 이 귀한 간구를 헛되이, 아니 나 자신에게 해로운 방식으로, 언행이 일치하지 않고, 표리가 부동한 방식으로 드리지는 않았습니까? 잘못된 우리의 기도 생활을 하나님 앞에서 뉘우치고 바로 잡기를 원합니다!

(2) 참된 경건의 길에서 벗어나도록 끊임없이 우리를 공격하는 악한 자 마귀과 그 세력들의 공격에서 우리와 교회를 말씀과 성령으로 항상 다스려주시고, 굳게 지켜주시고 더 강건하게 해주시옵소서!

3. 우리의 기도가 주기도문의 정신에 따라 바르게 드려지게 하옵소서!

(1) 주님께서는 나에게 '하나님 나라'와 '세상 나라, 곧 사탄의 나라' 사이에서 분명하게 선택하라고 요구하십니다. 나의 삶을 온전히 주님의 발 아래 두길 원합니다. 말씀과 성령으로 나를 다스려 주시옵소서!

(2) 나의 삶의 영역에서 성령께서 말씀으로 깨우쳐 주시는 교훈과 인도를 따르지 않고, 아직도 세상의 논리에 따르도록 방치하고 있는 부분이 무엇인지 일깨워 주시옵소서! 나의 지혜와 나의 계산을 의지하지 않고 주님의 능력을 의지하는 가운데, 주께서 선한 길로 이끄시도록, 내 삶의 유보된 부분을 하나씩 주님 앞에 맡겨드립니다. 주님 저에게 결단하는 믿음과 헌신을 격려해 주시옵소서!

(3) 복음 증거로 주의 나라가 확장되기를 원합니다. 나의 말과 삶을 통하여 생명의 복음이 증거되게 하시고, 우리 교회를 통하여 구원 얻는 주의 백성들이 점점 더 많아지게 하소서!

제 36장
주기도문 묵상 05

✦

그리스도인의 감사와 순종의 삶
롬 12:1-2

우리는 '하나님 나라가 임하기를' 기도하는 주기도문의 둘째 간구에 관한 묵상에서 그리스도인이 하나님 나라의 좋은 백성이 되어야 한다는 점을 살펴보았습니다. 그런데 그 나라의 좋은 백성이란 그 나라의 왕의 뜻에 순종하는 사람들입니다. 주기도문의 셋째 간구는 바로 그것을 기도합니다. 따라서 셋째 간구는 둘째 간구와 내용상으로 밀접하게 연결되어 있습니다.

셋째 간구의 중요한 첫째 교훈은 우리가 '하나님의 뜻을 실천하게 해 달라'는 기도입니다. 이렇게 도움을 구하는 까닭은 우리 자신의 영적 형편을 살펴보면 분명하게 알 수 있습니다. 하나님의 뜻에 순종하는 것은 그리스도인에게서도 결코(!) 저절로 되는 일이 아니기 때문입니다. 타락한 인간은 본래 자신의 뜻대로 살기를 더 좋아하는 존재입니다. 구원의 은혜를 입은 후에도 우리는 하나님 나라가 온전히 도래할 그 날까지 이런 죄악된 본성을 벗고 새사람으로 사는 영적 투쟁을 계속해야 합니다. 그런 성화의 삶을 도와주시기를 셋째 간구를 통하여 기도하는 것입니다.

오늘 본문은 구원의 큰 은혜를 받은 그리스도인이 자신을 온전히 하나님께 드리는 삶을 왜 그리고 어떻게 살아가야 하는지 가르쳐줍니다. '하나님의 뜻을 분별하라'는 사도 바울의 권면을 주목하여, 개혁주의 교리문답들에서 가르치는 셋째 간구의 교훈들을 함께 묵상해 봅시다.

I. 성경 본문 묵상

1. 로마서 전체의 구조를 살펴보고, 12장에서 시작되는 내용이 무엇인지 생각해봅시다.

　(1) 12:1의 '그러므로'는 그 앞 장들의 내용을 어떻게 받아, 그 다음 내용과 연결합니까?

　(2) '하나님의 모든 자비하심으로 권한다'는 말은 무슨 의미일까요?

　(3) 하나님의 은혜와 사랑으로 말미암아 구원받은 그리스도인들이 마땅히 할 바는 무엇입니까?

　(4) 우리는 어떻게 '우리 몸'을 '거룩한 산 제사'로 드릴 수 있습니까?

2. 사도 바울의 이 교훈은 주기도문의 셋째 간구와 어떻게 연결될까요?

로마서와 하이델베르크 교리문답

개혁교회의 대표적인 교리문답인 하이델베르크 교리문답은 '비참'(Misery) - '구원'(Deliverance) - '감사'(Gratitude)의 순서로 성경의 핵심 교리들을 설명합니다. 잘 알려져 있듯이, 이런 구조는 바로 로마서에서 예수 그리스도의 복음을 체계적으로 설명하기 위하여 사도 바울이 사용한 구조를 그대로 본받아 적용한 것입니다. 개괄적으로 보면 로마서 1-3장이 죄와 비참을 설명하고, 4-11장이 은혜로 말미암은 구원을 제시하며, 12-15장이 구원받은 그리스도인의 감사하는 삶을 가르칩니다. 따라서 오늘 본문은 '감사의 삶'을 시작하는 첫 두 구절에 해당합니다.

감사의 삶(Gratitude)

이 단락의 초두에 나오는 '그러므로'는 그 이전에 바울이 다루었던 내용, 특히 율법의 행위나 선행의 공로로써는 결코 구원에 이를 수 없는 죄인들을 오직 하나님의 은혜로써(*sola gratia*), 그리스도의 공로에 의지하여(*solus Christus*) 우리의 믿음을 은혜를 내려주시는 통로로 삼아(*sola fide*) 구원해주신 하나님의 큰 일을 전제합니다. 영생의 큰 은혜를 값없이 받았으므로, '그러므로' 우리 그리스도인은 그 은혜에 어떻게 반응해야 마땅한지 말하기 시작하는 부분입니다. '하나님의 모든 자비하심으로 권한다'는 표현도 같은 맥락에서 이해할 수 있습니다. 하나님과 원수였던 죄인인 우리를 값없이 구원해주신 하나님의 크신 자비에 관하여 사도 바울은 11장에 이르기까지 자세하게 설명하였습니다. 그 자비하심을 받아 누리는 그리스도인들에게 권유하는 올바른 반응은 '우리 몸, 곧 우리의 삶 전체를 하나님이 기뻐하시는 거룩한 산 제사로 드리는 것'(12:1)입니다. 그것이 자비를 베푸신 하나님께 우리가 마땅히 드려야 할 영적인 (합당한) 예배입니다.

하나님의 선하시고 기뻐하시고 온전하신 뜻을 분별하라!

그 다음 구절에서 사도 바울은 영적 예배, 곧 거룩한 산 제사로 우리의 삶을 드리기 위하여 우리에게 필요한 것이 무엇인지 가르칩니다. 그것은 마음의 변화와 하나님의 뜻을 깨닫는 일입니다. 우선 마음의 변화가 먼저 요청됩니다: "너희는 이 세대를 본받지 말고 오직 마음을 새롭게 함으로 변화를 받아"(Do not conform any longer to the pattern of this world, but be transformed by the renewing of your mind). 그리스도인은 이 세상의 가치관이나 사고방식에 동화되지 않도록 깨어 있어야 하며, 가면 갈수록 성령 하나님의 새로운 능력으로 변화되어야 합니다. 생명의 근원이 나온다고 하는 마음 곧 우리의 삶의 중심에서 우리는 변화되어야 합니다. 마음이 변화되어야 우리의 삶도 변화됩니다. 그런 다음 "하나님의 선하시고 기뻐하시고 온전하신 뜻이 무엇인지 분별하도록 하라"(Then you will be able to test and approve what God's will is - his good, pleasing and perfect will)는 권고가 뒤따릅니다. 하나님의 뜻을 분별하는 것은 단순히 성경에 대한 지식을 쌓는 일로 이루어지는 것이 아닙니다. 그것은 무엇보다도 하나님의 말씀을 따라 살아가는 삶에서 나오는 지혜를 요청합니다. 어떤 구체적인 상황에 직면했을 때, 하나님이 원하시는 바가 무엇인지 알려면, 평소에 그 뜻에 대한 진지한 탐구가 먼저 있어야 합니다. 무엇보다도 성경의 계시를 체계적으로 배우고 묵상하는 일이 개인적으로 가정적으로 그리고 무엇보다도 교회적으로 부지런히 실천되어야 합니다. 장로교회의 신앙의 선진들이 신앙고백서와 교리문답들을 통하여 가르치려고 한 바가 바로 '하나님의 뜻을 올바르게 분별하는 방법'입니다. 사도신경 십계명 주기도문 그리고 구원의 교리를 통하여 성경이 가르치는 하나님의 뜻을 통전적으로 이해하고 가르치는 것이 우리의 신앙 표준이 가지고 있는 엄청난 가치입니다!

II. 교리문답이 가르치는 주기도문의 셋째 간구

하이델베르크 교리문답은 셋째 간구의 핵심을 다음 두 가지로 풀어 설명합니다: 제124문답

(1) 자신의 뜻을 버리고 주님의 뜻에 불평 없이 순종하게 해 주시옵소서!

(2) 하늘의 천사들처럼 우리도 자신의 직분과 소명을 충실하게 수행하게 해 주시옵소서!

장로교회의 소교리문답 "제103문답"은 셋째 간구의 의미를 이렇게 설명합니다:

(1) 하나님의 은혜를 내려주시옵소서: 아래의 일들을 위하여.

(2) 주님의 뜻과 관련하여: 모든 일에 그 뜻을 알고 순종하고 기쁘게 복종하게 하소서.

(3) 하늘의 천사와 관련하여: 우리의 순종의 기준

1. 유일하게 선하신 하나님의 뜻: 감추어진 뜻과 드러난 뜻

(1) 감추어진 하나님의 뜻

"신실한 그리스도인 부부의 한 자녀가 어린 나이에 병원에 누워 있습니다. 입원할 때부터 의사들이 이 아이의 병이 상당히 위중하다고 경고하였습니다. 아이의 병세가 호전되었다가 악화되는 과정을 보면서 부모님은 몇 주 동안 희망과 두려움 속에서 지냈습니다. 그러다가 하루는 전문의 한 분이 부모를 따로 모셨습니다. 조심스럽게 그러나 분명하게, 말하기 힘든 것을 전했습니다. 아이의 회복이 불가능 하다고…

부모는 밤마다 큰 슬픔을 안고 하나님 앞에 기도하러 나아갔습니다. 아이를 살

려주시기를 하나님께 간절히 구했습니다. 하나님은 전능하시므로 이제라도 하나님께서 치료해 주신다면 그 자녀가 살 수 있을 것이라 믿었습니다. 그러나 그 부부는 기도에 이렇게 덧붙이기를 잊지 않았습니다. '그러나 하나님, 주께서 우리가 바라는 것과는 달리 결정하셨다면, 우리의 뜻이 아니라 주의 뜻대로 행하소서!'

여기서 '주의 뜻대로 행하소서'라는 부모의 기도는 무슨 뜻일까요?

우리는 이 사례에서 '주님의 뜻이 이루어지소서'라는 기도의 한 중요한 사례를 발견합니다. 이 기도에서 부모는 하나님의 (감추어진) 뜻을 '신실하게 따를 것'을 고백하였습니다. 여기서 '신실하게'라는 말은 '받아들임'(accept)의 의미입니다." (출전, 네덜란드 개혁교회 청소년 교리 교재 *Ik Geloof*)

(2) 드러난 하나님의 뜻

주기도문에서도 동일하게 '주님의 뜻이 이루어지기를' 간구하는 내용을 찾을 수 있습니다. 하이델베르크 교리문답의 해설에 따르면, 이 간구는 "하나님, 당신께서 결정하신 바를 실행하시옵소서!"라고 기도하는 것이 아닙니다. 이 기도는 '우리가' 하나님의 뜻을 행할 수 있게 해 달라는 간구입니다. 그런데 여기서는 '감추어진' 하나님의 뜻이 아니라 이미 분명히 알려진, 곧 '드러난' 하나님의 뜻을 말합니다.

우리에게 분명히 알려진 하나님의 뜻은 무엇일까요? 무엇보다도 우리는 성경을 통하여 그 분명하게 드러난 하나님의 뜻을 알 수 있습니다.

하이델베르크 교리문답 제124문답에 따르면 '드러난' 하나님의 뜻에 대한 그리스도인의 태도는 무엇이어야 합니까? 그것은 불평 없이 순종하는 것입니다!

2. 하나님의 뜻에 대한 합당한 순종

하나님의 뜻은 두 가지가 아니라 하나입니다. 그러나 우리는 그 하나님의 뜻을 온전하게 다 알지는 못합니다. 그래서 우리는 감추어진 하나님의 뜻과 드러난 하나님의 뜻을 구분하게 됩니다. 우리는 성경말씀을 통하여 하나님의 계시된 (드러난) 뜻을 배워 알 수 있습니다. 그러나 우리는 하나님께서 왜 우리의 인생을 이렇게 인도하시는지, 어떻게 그 하나님의 섭리가 내 삶을 인도하시는지 모두 다 알 수는 없습니다.

앞에서 소개한 부모의 이야기에서 부모들은 계시된 하나님의 뜻을 알고 기도하였으나, 감추어진 하나님의 뜻은 몰랐습니다.

부모가 알고 있었던 하나님의 드러난 뜻	부모가 모르는, 하나님의 감추어진 뜻
하나님은 전능하신 치료자이시다. 하나님은 우리의 기도를 들어주신다.	왜 우리 자녀를 어린 나이에 데려가시려는가?

이처럼 하나님의 뜻이 이렇게 우리에게 '계시된 뜻'과 '감추어진 뜻'의 두 갈래로 구분되므로, "하나님의 뜻이 이루어지도록" 곧 "우리가 하나님의 뜻에 순종하도록" 기도하는 것 역시 두 가지 측면으로 구별할 수 있습니다.

계시된 하나님의 뜻	감추어진 하나님의 뜻
1. 말씀으로부터 배우고 알아야 함	1. 우리의 삶을 인도하시는 하나님의 손길에서 볼 수 있음
2. 우리는 그 뜻에 마땅히 순종해야 함	2. 우리는 믿음으로 그것을 받아들여야 함

하나님의 뜻은 본래 한 가지라고 성경은 가르칩니다. 다만 감추어진 하나님의 뜻까지 우리가 다 알 수 없을 뿐입니다. 그렇지만, 많은 경우에서 우리는 드러난 하나님의 뜻에 따라 감추어진 하나님의 뜻을 미루어 찾을 수 있습니다. 불신 교제와 결혼에 관한 다음의 사례에서 감추어진 하나님의 뜻과 계시된 하나님의 뜻을 어떻게 하나로 조화하여 이해할 수 있는지 살펴봅시다:

"교회에 잘 다니는 철수는 한 여성을 사랑하게 되었다. 부모님은 철수에게 하나님께서는 성도가 불신자와 결혼하는 것을 원치 않으시기 때문에 그 사귐을 중단하여야 한다고 설명하였다. 그러나 철수는 그 여자친구에게 빠져 있었기 때문에 그녀를 놓치기 싫어하였다. 그래서 부모님께 철수는 이렇게 반론을 제기하였다: '내가 그녀를 만난 것은 휴가 기간이었어요. 그것은 우연이 아니잖아요? 그리고 우리는 서로 깊이 사랑하고 있어요. 그것 역시 하나님이 인도하심 아닌가요! 하나님이 그녀를 제 인생 길에 두신 것이라고 생각해요. 아마도 그녀가 나 때문에 교회에 올지도 몰라요. 그런데도 내가 그녀와 절교해야만 하나요?" (출전, *Ik Geloof*)

철수의 주장이 하나님의 뜻을 올바르게 판단하고 있는지 여부를 드러난 뜻과 감추인 뜻의 구분과 일치를 고려하여 평가해 봅시다. 철수는 신자의 이성교제에 관하여 성경에서 분명하게 가르친 하나님의 드러난 뜻에 따라 자신의 삶에서 일어나는 일들을 평가하지 않고, 반대로 자신의 경험을 앞세워 하나님의 감추인 뜻을 자의적으로 판단하려고 합니다. 이 세상에서 살아가면서 우리도 종종 철수와 같은 논리에 빠집니다. 그 밑바탕에는 자신의 뜻을 앞세우고 관철하려는 의도가 깔려 있습니다. 그래서 예수님은 셋째 간구에서 "우리와 모든 사람들이 자기 자신의 뜻을 버리고, '유일하게 선하신 주님의 뜻'에 우리가 불평 없이 순종하도록" 도와달라고 기도하게 가르치신 것입니다.

3. '하늘의 천사'라는 기준

(1) 천사처럼

"뜻이 하늘에서 이룬 것 같이"라는 구절을 개혁주의 교리문답서들은 '하늘의 천사들처럼' 우리 각 사람이 자신의 직분과 소명을 즐거이 그리고 충성스럽게 수행할 수 있게 해 달라는 뜻으로 해설합니다. 즉 천사들이 우리의 순종의 모범으로 제시되어 있습니다. 그렇다면 천사들의 순종은 과연 어떤 것일까요? 장로교회의 대교리문답은 '겸손과 기쁨과 충성과 근면과 열심과 성실과 꾸준함'을 하늘의 천사와 같은 순종의 특징으로 소개합니다(WLC 제192문답). 그리고 우리도 그처럼 범사에 하나님의 뜻을 알고 실천하고 즐겨 복종할 수 있게 해달라고 하나님의 은혜를 구합니다.

(2) 그리 쉽지 않아요!

'하늘에서 천사들이 하듯이' 자신의 뜻을 버리고 하나님의 뜻에 순종하는 것은 결코 쉽지 않은 일입니다. 어쩌면 우리 스스로 할 수 있는 일이 아닙니다. 장로교회의 대교리문답은 "본질상 우리 모든 사람들이 하나님의 뜻을 헤아리기에 전적으로 무능하고 행하려고 하지도 않을 뿐 아니라, 그의 말씀에 대항하여 반역하며 그의 섭리에 대항하여 원망하고 불평하고, 육체와 마귀의 뜻을 전적으로 따르려 한다는 것을 먼저 인정합니다"(WLC 제192문답)라고 지적하고 있습니다. 그래서 주기도문의 셋째 간구가 우리에게 꼭 필요한 것입니다!

요나 선지자의 사례를 들어봅시다. 요나는 니느웨로 가서 회개의 메시지를 전하라는 여호와 하나님의 명령을 어기고 배를 타고 다시스로 도망하였습니다(욘 1:1-3). 하나님의 말씀을 누구보다 먼저 순종하고 따라야 할 선지자 요나가 그런 행동을 한 것은 이스라엘의 적국인 앗수르의 수도 니느웨 사람들이 하나님의 긍휼을 누리기를 추호도 바라지 않았기 때문입니다(욘 4:1-2). 이처럼 유일하게 선한 하나님의 뜻을 받들려면, 우리 자신의 생각과 판단을 앞세울 수 없습니다. 하나님의 특별한 간섭과 훈계가 요나에게 필요했습니다.

하나님의 뜻에 순종하는 일은 오늘 우리에게도 때로 커다란 어려움을 가져다 줄 수 있습니다. 바로 그 때문에 우리 주님은 "하나님, 우리가 당신의 뜻을 행하도록 친히 역사해 주시옵소서"라고 기도하도록 가르치신 것입니다. 우리에게 이 기도는 절실히 필요합니다. 왜냐하면 우리가 본받아야 할 예수님은 하나님의 뜻에 순종하는 이 일에서 우리와 너무나 큰 차이를 보여주시기 때문입니다:

"예수께서 이르시되 나의 양식은 나를 보내신 이의 뜻을 행하며 그의 일을 온전히 이루는 이것이니라"(요 4:34).

"내가 하늘에서 내려온 것은 내 뜻을 행하려 함이 아니요 나를 보내신 이의 뜻을 행하려 함이니라"(요 6:38).

4. 하나님의 도우심을 바라는 기도로서의 셋째 간구

개혁주의 교리문답들은 셋째 간구를 드리는 그리스도인의 '적극적인 실천'을 강조하여 가르칩니다. '자신의 뜻을 버리고 유일하게 선한 주님의 뜻에 순종하는 일, 하늘의 천사들처럼 즐겁고 충성스럽게 순종하는 일'을 말합니다. 그러면서도, 그런 실천이 우리의 의지와 노력에 달려 있지 않다는 사실을 잘 알고 있기 때문에, 우리가 그렇게 할 수 있도록 하나님의 은혜를 간구합니다. 특히 장로교회의 대/소교리문답은 하나님의 뜻을 실천하는 일에서 우리의 무력함을 지적하고 은혜의 필요성을 분명하게 가르칩니다. 그렇게 하나님의 은혜를 간구하는 것은 기도의 본질에 속합니다. 종교개혁자 루터는 주기도문의 셋째 간구를 묵상하면서 이런 '간구'의 성격을 좀 더 강조하여 가르칩니다.

우리에게 잘 알려진 요셉의 이야기를 통하여 그것을 살펴봅시다.

요셉과 셋째 간구

"하나님이 나를 형님들보다 앞서서 보내신 것은, 하나님이 크나큰 구원을 베푸셔서 형님들의 목숨을 지켜주시려는 것이고, 또 형님들의 자손을 이 세상에 살아남게 하시려는 것입니다. 그러므로 실제로 나를 이리로 보낸 것은 형님들이 아니라 하나님이십니다"(창 45:4-8).

'당신들은 악으로 한 일이지만, 하나님은 오히려 그것을 선으로 바꾸셨습니다.' 원한과 배신으로 시작한 이야기가 실은 하나님이 자기 백성을 보존하는 이야기인 것으로 드러난다. 이 이야기의 주인공은 그 버릇없는 꼬마 꿈쟁이가 아니다. 이 이야기의 주인공, 이 이야기를 전할 가치가 있는 이야기로 만들어주는 이는, 또 따른 계획 - 감추어졌으나 확실한 계획을 세우는 위대한 저자이신 하나님이다. 요셉은 자기 형들에게 말한다. "두려워 마소서. 당신들은 나를 해하려 하셨으나 하나님은 그것을 선으로 바꾸사." 하나님의 계획이 승리할 것이다. 그 과정과 방법을 우리는 모른다. 심지어 성경도 말해 주지는 않는다. 우리는 다만 하나님의 계획이 마침내 승리할 것이라는 사실만 알 뿐이다.

… 만일 삶이 전적으로 우리 자신에게 달린 문제라면 우리는 지금 우리 자신과 우리 형제자매에 대해 알고 있는 것만으로도 충분히 절망에 빠져들 수 있다… 그러나 믿음의 눈으로 볼 때, 우리 삶은 어떤 반복되는 패턴과 일관성과 구체적인 모양을 띠게 된다. 우리는 하나님의 계획을 보게 되고, 보이지 않는 손으로 인도

하심을 발견하게 된다. 그때 우리도 바울처럼 고백하게 될 것이다. "하나님을 사랑하는 사람들, 곧 하나님의 뜻대로 부르심을 받은 사람들에게는, 모든 일이 서로 협력해서 선을 이룬다"(롬 8:28) …

"뜻이 하늘에서 이룬 것같이 땅에서도 이루어지이다"라는 기도는, 우리가 무엇을 해야 하는지에 대한 요청이기 이전에, 먼저 하나님이 지금 무엇을 하고 계신지에 대한 선언이다. 루터가 번역한 독일어 성경은 이 구절을 이렇게 번역한다: "당신의 뜻이 나타날 것입니다. 하늘에서처럼, 땅에서도." 이 구절은 하나님의 뜻이 우리 앞에 충만하게 드러나기를 갈망하는, 세상을 다스리는 하나님의 통치가 분명하고 힘있게 나타나기를 고대하는 간절한 염원이다."

(하우어워스 & 윌리몬, 주여, 기도를 가르쳐 주소서)

III. 교리문답에 따라 드리는 우리의 기도

'셋째 간구의 교훈에 따른 묵상과 기도'

1. 우리의 삶에 대한 하나님의 뜻을 바르게 알게 해 주시옵소서!
 · 성경말씀으로 성령께서 깨우쳐 주시는 나의 삶에 관한 하나님의 뜻을 분명하게 깨우쳐 주시옵소서!
 · 하나님의 뜻을 깨우쳐 주시는 은혜의 수단들 – 말씀, 성례, 기도를 한층 더 유익하게 활용할 수 있게 해 주시옵소서!

2. 깨닫게 해 주신 그 뜻을 순종할 수 있게 도와주소서!
 · 셋째 간구의 요점은 하나님의 뜻을 아는 일에 있는 것이 아니라, 그 뜻을 순종하도록 은혜를 베풀어 달라는 요청입니다. "하나님께 '예'라고 대답하는 것은 보통 우리 자신의 소원들에 대하여 '아니오'라고 대답하는 것을 의미한다"는 뜻깊은 지적이 있습니다. 예수님을 따르는 자기 부인의 삶은 우리 자신에게서 나올 수 없는, 성령으로 새로워진 새사람의 일입니다. 순종의 삶에는 하나님의 은혜가 반드시 필요합니다!
 · 주님께서 우리에게 순종을 원하실 때마다, 우리의 옛 사람을 벗어버리고 성령님의 인도하심을 온전히 따를 수 있도록 도와주소서!

3. 회개의 기도
 우리는 하나님의 계시된 뜻을 따르지 않을 때마다 습관적으로 불평(혹은 반론)을 늘어놓습니다. 다음의 여러 변명들 가운데 자신이 혹시 자주 사용하는 것이 무엇인지 반성해 봅시다. 이런 변명들을 버리고 유일하게 선하신 주님의 뜻에 '불평없이' 순종합시다.

- 다들 (다른 교회에서도) 그렇게 하잖아!
- 내가 하는 일은 그래도 약과야, 훨씬 더 심한 경우도 많은데…
- 그래도 의도는 좋았어… (본래 이러려고 한 것은 아니니까…)
- 내 경우는 (다른 사람들과) 사정이 달라…
- 그래, 잘못했어. 그렇다고 내가 예수 안 믿는 것은 아니잖아? (이건 신앙의 본질과는 다른 문제야!)
- 야, 다들 죄인들인데, 뭐 그런 것 가지고 자꾸 따지냐?

4. 하나님의 뜻을 받드는 일에서 교회가 하나되게 해 주소서!

막 3:34-35에서 예수님은 하나님의 뜻을 행하는 자가 자신의 형제요 모친이라고 말씀하셨습니다. 하나님께 대한 순종은 교회의 형제됨을 만들어냅니다. 교회의 하나됨은 순종하는 교제로 이루어집니다!

- 우리 교회가 하나님의 뜻을 알고 순종하는 일에 하나되는 공동체가 되게 하소서!
- 우리의 교회에 어떤 세상적인 기준의 차별도 주 안에서 물리칠 수 있도록 도와주셔서, 그리스도인인 우리가 먼저 이 사회의 빛과 소금의 삶을 살게 하소서!

제 37장
주기도문 묵상 06

아굴의 기도가 전해주는 지혜
잠 30:7-9

　십계명이 하나님 사랑, 이웃 사랑의 큰 두 부분으로 나누어지듯이, 주기도문의 여섯 간구들도 '당신의'라는 단어로 시작하는 첫 세 간구들과 '우리'라는 단어가 반복되는 뒷 세 간구들로 구분될 수 있습니다. 지난 세 과에서 우리는 그 첫 세 간구를 묵상하였는데, 흥미롭게도 세 번째 간구에서 거슬러 올라가면서 살펴보면 그 뜻을 좀 더 분명하게 기억할 수 있습니다: 하늘의 천사들이 주님의 뜻을 받들어 순종하듯 땅에서 하나님의 백성인 우리 그리스도인들이 그 뜻에 순종하게 해 주시옵소서! (셋째 간구) → 그렇게 순종하는 하나님의 백성들의 공동체인 교회에서 장차 온전히 나타날 하나님의 다스림이 지금 이곳에서부터 실현되게 하소서! (둘째 간구) → 그리하여 하나님의 이름이 온 세상 속에서 인정되며 그 영광이 높이 찬양되게 하소서! (첫째 간구)

이번 과부터 주기도문의 두 번째 부분, 곧 '우리' 간구들을 살펴보기 시작합니다. 하나님의 이름과 그 나라와 그 뜻을 간구하며 살아가는 땅 위의 하나님의 백성들의 영육간의 필요를 채워달라는 간구들입니다. 일용할 양식, 죄 사함, 그리고 악한 자로부터의 보호하심이 우리에게 꼭 필요한 것으로서 주님이 우리에게 기도하도록 권면하신 내용들입니다. 우선 오늘 본문에 소개된 '아굴의 기도'를 통하여 '일용할 양식'을 구하는 주기도문의 넷째 간구의 의미가 무엇인지 함께 살펴봅시다.

I. 성경 본문 묵상

1. 아굴이 자신의 지혜로운 기도에서 간구하는 바는 무엇입니까?

   (1) 허탄과 거짓말에 대하여:

   (2) 오직 필요한 양식만을 구하는 까닭:

2. 기도의 근본 원리에 따르면 '먼저 하나님, 그 다음에 우리'입니다. 그런데 아굴은 그 자신을 위한 간구를 드리는 것 같습니다. 그러면 아굴은 기도의 대원칙을 지키지 않은 것일까요?

3. 아굴의 기도는 주기도문의 넷째 간구의 정신을 어떻게 반영하고 있습니까?

아굴이 간구하는 두 가지

여러 주석가들은 아굴이 두 가지를 구한다고 말하지만(30:7), 실상은 세 가지를 구하고 있다고 해설합니다: 헛된 것과 거짓말을 멀리 하게 해 달라는 것, 가난하게도 말고 부하게도 말게 해 달라는 것, 그리고 필요한 양식으로 먹여 달라는 것(30:8). 외형적으로 보면, 과연 세 가지 간구로 나누어 볼 수 있습니다. 그러나 그 내용을 살펴보면, 가난하게도 부하게도 말게 해 달라는 간구와 오직 필요한 양식으로 먹여 달라는 것은 동일한 내용을 다른 표현으로 반복하여 강조한 것입니다. 그것은 그 다음 절에서, 너무 가난하거나 혹은 지나치게 부유하여 참된 경건에서 멀어질 것을 염려하는 아굴의 동기를 통하여 뚜렷하게 드러납니다(30:9).

'헛된 것' 혹은 '허탄함'은 하나님 앞에서나 사람들 앞에서의 속임과 가식을 가리킵니다(출 20:7). 이 첫 번째 간구 역시 아굴의 신앙적인 동기를 잘 표현합니다. 그는 하나님 앞에서 올곧게 살아가는 경건을 잃어버리지 않기를 간구합니다. 신앙 생활을 그르치는 위험을 아굴은 대표적으로 헛된 거짓말과 지나친 빈부의 문제로 파악하였던 것입니다.

먼저 그의 나라와 그 의를 구하라, 그리하면…

산상보훈에서 주기도문을 가르쳐주신 다음에 우리 주님은 기도의 대 원칙으로서 "먼저 그의 나라와 그의 의를 구하라, 그리하면 이 모든 것을 너희에게 더하시리라"(마 6:33)라는 유명한 말씀으로 가르쳐주셨습니다. 그런데, 형식적인 관점에서 보면, (좋은 기도의 모범으로 높이 평가받는) 아굴의 기도는 '그 나라와 그 의'에 관한 언급은 없는 것 같습니다. 그것은 한때 미국과 한국의 교회에서 열광적으로 소개되었던 야베스의 기도의 경우에도 마찬가지입니다: "야베스가 이스라엘 하나님께 아뢰어 이르되 주께서 내게 복을 주시려거든 나의 지역을 넓히시고 주의 손으로 나를 도우사 나로 환난을 벗어나 내게 근심이 없게 하옵소서 하였더니 하나님이 그가 구하는 것을 허락하셨더라"(대상 4:10). 이 기도에도 하나님의 나라와 그 의에 관한 언급이 없이, 축복을 구하는 간구만이 나타나 있습니다. 이것은 구약의 기도와 신약의 기도의 차이점일까요?

아굴의 두 가지 간구의 내용에서 우리는 올바른 기도의 변함 없는 원리를 발견할 수 있습니다. 앞서 언급한 대로, 아굴이 간구한 바는 모두 '경건한 삶의 실천'을 위하여 필요한 은혜였습니다! 그는 하나님한테서 멀어지지 않기를 원하는 심정에서 두 가지 위험을 면하게 해 달라고 간구하였습니다. 그의 기도는 자기중심적인 이기적 간구가 아니라, 하나님 앞에 거룩하고 경건하게 살아가기 위한 헌신의 기도였습니다. 따라서, 비록 하나님의 나라와 그 의에 관한 내용을 명시적으로 언급하지 않았을 뿐, 그의 두 간구는 예수님이 가르치신 기도의 대원칙에 맞닿아 있는 것입니다! 무엇보다도 그의 두 번째 간구는 주기도문의 넷째 간구, 곧 일용할 양식을 구하는 기도의 정신과 일맥상통합니다. 우리는 그것을 개혁주의 교리문답들을 통하여 좀 더 깊이 살펴볼 것입니다.

(*한편, 야베스의 기도의 경우에는 좀 더 깊은 이해가 필요합니다. 조엘 비키(Joel Beeke)는 야베스의 기도가 응답받은 까닭을 구약성경의 전체적인 맥락에서 찾아야 한다고 주장합니다. 야베스가 하나님과 맺은 언약에 충실하였기 때문에, 하나님이 언약의 약속대로 그를 축복하셨다는 것입니다. 이런 이해는 성경의 전반적인 교훈을 근거로 한 것이므로 설득력이 있을 뿐 아니라, 야베스의 기도를 기복적 기도의 전형으로 오해하는 한국교회의 상황에서 '올바른 기도'의 원리를 분명하게 가르치는 데도 큰 도움이 됩니다.) 장로교회는 우리의 기도를 지도하시려고 하나님이 주신 기도의 법칙을 특별히 주기도문에서 찾습니다(WSC 제99문답)!

II. 교리문답이 가르치는 주기도문의 넷째 간구

1. 넷째 간구의 핵심 메시지

(1) 하이델베르크 교리문답은 넷째 간구의 내용을 다음 세 가지 요점으로 정리하여 가르칩니다: 제125문답

- 직접적인 간구의 내용: '우리의 몸에 필요한 모든 것을 내려주시옵소서!'
- 그 결과 우리가 깨달아야 할 바: '오직 주님이 모든 좋은 것의 근원이시며, 주님의 축복이 없으면 우리가 누리는 좋은 것들이 아무런 유익이 되지 못한다는 사실을 알게 하옵소서!'
- 궁극적으로 배워야 할 교훈: '어떤 피조물도 의지하지 않고 창조주 하나님을 의지하게 하소서!'

'일용할 양식'(daily bread)를 구하는 간단한 간구를 통하여 개혁주의 신학자들은 성경 곳곳에 제시된 우리의 경제적인 삶과 마음가짐에 관한 하나님의 뜻을 이렇게 깊이 묵상하여 풀어줍니다. 가장 깊은 차원에서 주기도문의 이 넷째 간구는 '우상 숭배'를 배격하는 신앙을 간구하는 기도입니다!

(2) 장로교회의 소교리문답은 넷째 간구의 내용을 다음 두 가지로 요약합니다: 제104문답

- 이생의 좋은 것들 중 충분한 분깃을 하나님의 값없는 선물로 내려주시옵소서!
- 그와 더불어 하나님의 복 주심을 누리게 해 주시옵소서!

하이델베르크 교리문답과 비교하면, 일용할 양식을 내려주시는 것은 '하나님의 값없는 선물'이라는 점을 소교리문답은 강조하여 가르칩니다. 이것은 우리의

노동의 대가로 임금을 받고, 그 돈으로 생계를 유지하는 것이라는 일반 상식을 깨뜨리는 가르침입니다!

과거에 비하여 자연에 대한 의존도가 크게 줄어든 현대인들은 오히려 자연을 정복하고 조작하고 개량하려고 합니다. 일기와 기후에 크게 의존하던 농부의 마음과 유전자 조작을 통하여 수퍼 옥수수를 개발하여 기아를 해결하려는 농학자의 심정은 상당히 차이가 있을 것입니다. 그렇다면, 과학 기술이 발달할수록 우리가 하나님께 의존하고 있다는 사실을 고백하는 이 넷째 간구는 우리의 생각에서 점점 희미해지고 신앙생활에서 그 위치가 퇴색될 수 있습니다. 이와 관련하여, 우리가 살아가는 이 세상이 얼마나 창조주 하나님의 은혜로운 섭리에 의존하고 있는지 성경이 가르치는 바를 진지하게 돌아볼 필요가 있습니다. 오늘날에도 사람들은 사실 많은 것들을 의지하면서 살아갑니다. 그런데, 우리가 의존하는 것으로 언급하는 모든 것이 다 하나님이 지으신 피조물입니다. 근본적으로 우리는 창조주이자 섭리하시는 분이신 하나님에게 의존하여 살아가고 있습니다. 사람들은 다만 그 사실을 잊어버리고 감사하지 않으며 살아갈 뿐입니다.

(3) 대교리문답이 제기하는 근본적인 반성: 제193문답

대교리문답은 넷째 간구에 관한 해설에서, 타락하고 반역한 인간은 하나님의 축복을 받을 권리를 박탈당한 죄인이라는 사실을 일깨워줍니다: "아담의 원죄와 우리의 자범죄로 말미암아 우리는 현세에 나타나는 모든 축복을 받을 권리를 상실하였으므로 … 그것을 받을 공로도 없고 우리 자신의 노력으로 그것을 얻을 수도 없으며 다만 불법적으로 그것을 갈망하며 얻어 쓰기를 원하는 것임을 인정합니다." 이런 반성은 하나님을 인정하지 않는 사람들의 사고방식과 근본적으로 대조되는 입장을 표현하고 있습니다. 개혁주의 신학에 따라 성경을 이해하는 장로교회는 타락한 세상이 유지되는 현 상태가 근본적으로 하나님의 '일반은혜'에 근거하고 있다고 고백합니다. 만일 하나님이 그 공의의 속성에 따라 우리를 대하신다면, 즉 그 크신 긍휼하심으로 선인과 악인에게 차별없이 내려주시는 자연환경과 사회 질서 등의 선물을 거두어가신다면, 우리가 누리는 삶의 질서는 결코 유지되지 않을 것입니다. 하나님을 알지 못하는 사람들은 이 사실을 인정하지 않겠지만, 하나님의 자녀가 된 우리는 성경이 가르치는 이 사실을 이해하고, 그 하나님의 은혜에 감사드려야 마땅합니다!

바로 그런 마음으로 우리는 대교리문답이 넷째 간구를 설명하듯이 '하나님이 주신 선물을 거룩하게 잘 사용하도록' 간구해야 하며, '참된 평안에서 멀어지는 모든 일에서 우리를 억제하여 주시기'를 기도해야 합니다.

2. '일용할 양식'

(1) 보기 드문 단어 '에피우시오스'(*epiousios*)

'일용할'이라고 번역된 '에피우시오스'는 주기도문 이외에서는 거의 찾아볼 수 없는 단어입니다. 아마도 예수님이 사용한 아람어(Aramaic)에서 번역한 그리스어로 보이는 이 말의 의미는 대체로 다음과 같은 의미로 이해되어왔습니다:

- '에피 + 우시아': 삶에 필요한, 삶을 가능하게 하는
- '헤 에피우이온 헤메란': 오는 날, 다음 날

그런데, 예수님의 가르침은 언제나 구약성경에 근거를 두고 있습니다. 예수님은 율법을 완성하러 오신 분이므로 그분의 말씀을 바르게 이해하기 위하여 우리는 구약을 살펴볼 필요가 있습니다.

(2) 구약적 배경

분명한 사실은, 이 간구에서 예수님이 의도한 것은 천주교에서 말하는 소위 '초자연적 양식'(*panis supersubstantialis*) 곧 '성찬'을 의미하는 것이 아니라는 것입니다. 넷째 간구에서 말하는 것은 우리의 생활에 필요한 '일상적인 양식'입니다. '일용할'이라는 보기 드문 단어의 의미를 바르게 이해하기 위해서는 예수님이 항상 전제하셨던 구약의 가르침을 살펴보면, 제일 먼저 광야의 이스라엘에게 일용할 양식으로 내려주셨던 '만나'(*manna*)에 주목하게 됩니다: "그 때에 여호와께서 모세에게 이르시되 보라 내가 너희를 위하여 하늘에서 양식을 비 같이 내리리니 백성이 나가서 일용할 것을 날마다 거둘 것이라 이같이 하여 그들이 내 율법을 준행하나 아니하나 내가 시험하리라"(출 16:4).

만나의 사례에 비추어볼 때, '일용할' 것을 구하라고 하신 주님의 뜻은 무엇입니까?

출애굽기 16장의 기록은 만나를 통한 하나님의 영적인 교훈을 잘 드러내 보여줍니다. 이스라엘 사람들 중에는 하루치 이상의 만나를 거두어 들인 사람들도 있었습니다. 그러나 먹고 남은 나머지는 그 다음날 벌레가 생기고 부패해서 먹지 못하게 되었습니다. 그래서 이스라엘 백성은 매일매일 만나를 주시는 하나님을 의지하고, 한 오멜(*omel*)이라는 하루치 이상의 만나를 축적하여 두는 일을 그만두었습니다. 그 이후로는 많이 거둔 사람이나 적게 거둔 사람이나 균등하게 나누어 가졌습니다. 이렇게 하나님은 광야의 교회에게 '우리에게 일용할 양식을 주시는 하나님'을 신뢰하는 법을 배우도록 훈련하였습니다.

만나의 교훈: 일용할 양식을 구하는 기도

"하나님의 말씀을 듣지 않고 순종하지 않을 때, 우리는 생명을 소유한 것이 아닙니다. '사람이 떡으로만 사는 것이 아니요, 하나님의 입에서 나오는 모든 말씀으로 사는 것입니다'. 이스라엘은 광야의 40년 생활에서 이 진리를 배우지 못했습니다 … 이스라엘 백성들은 떡을 진리보다 앞세웠습니다. 우리 역시 일용할 양식을 최우선에 두는 사고방식의 유혹에 직면합니다. 그러나 하나님은 인간에게 필요한 것들의 목록에서 음식을 최상위에 두지 않으셨습니다. 하나님은 그분 자신과 그분의 말씀을 최상위에 두셨습니다. 하늘에 계신 우리 아버지에게 불순종할 때만 먹을 것을 얻을 수 있다면, 차라리 굶주리는 것이 낫습니다. 하나님께 대한 충성, 그의 입에서 나오는 말씀에 귀를 기울이는 것 - 바로 그것이 최상의 우선순위입니다."

(Kuyvenhoven, *Comfort & Joy*)

3. 아담과 그리스도: 인류를 대표한 두 사람의 대조적인 삶의 방식

인류를 대표하는 '두 번째 아담'으로 이 땅에 오신 예수님은 공생애의 첫 무대로 광야 40일 금식기도 이후에 유혹하는 자의 세 가지 시험을 받으셨습니다. 인류의 시초에 첫 아담은 유혹하는 자의 말에 넘어가 불순종과 타락으로 빠져들어갔지만, 그와 동일한 '인간의 조건'에서 두 번째 아담이신 예수님은 자신의 판단보다 하나님의 말씀을 의지함으로써 그 시험을 물리치셨습니다. '기록되었으되'로 시작된 예수님의 대답은 신명기에 기록된 하나님의 말씀에 대한 신뢰와 순종, 곧 사랑의 표현이었습니다. 그 첫 번째 유혹이 '양식'과 관련된 것은 의미심장한 사실입니다.

이처럼 예수님의 광야 40일은 구약 이스라엘의 광야 40년과 연결될 뿐 아니라, 좀 더 근본적으로는 첫 사람 아담의 길과 연결됩니다. "한 사람이 순종하지 아니함으로 많은 사람이 죄인 된 것 같이 한 사람이 순종하심으로 많은 사람이 의인이 되리라"(롬 5:19)는 사도 바울의 언급은 아담과 예수 그리스도 사이의 밀접한 연관을 보이는 동시에 완전히 대조되는 선택을 강조합니다. 아담은 자신의 안녕과 행복을 스스로 확보하려 하였습니다. 하나님의 말씀보다도 자신의 판단이 더 유익할 것이라고 결정하였습니다. 그러나 하나님의 피조물로 지음받은 자신의 본분을 망각한 이런 어리석은 결정은 그 자신과 그가 대표하는 모든 인류를 영육간의 결핍 상태로 빠뜨렸습니다. 생명의 근원이며 모든 좋은 것의 유일한 근원이신 하나님과의 관계를 스스로 끊어버린 결과는 '죽음'이었습니다. 그야말로 죄의 삯은 사망이었습니다(롬 3:23). 반대로 예수님은 자신의 생명조차도 하나님의 손에 맡기셨습니다. "사람이 떡으로만 살 것이 아니요, 하나님의 입에서 나오는 모든 말씀으로 살 것이라"는 하나님의 뜻을 공생애의 시작인 40일의 광야에서뿐 아니라 십자가를 앞둔 겟세마네에서도 신실하게 붙잡았습니다. 초지일관 하나님을 신뢰하고 그 뜻에 순종하였습니다. 그렇게 하나님을 온전히 사랑함으로써, 우리에게 다시 영생의 소망을 가져다 주셨습니다: "죄의 삯은 사망이요 하나님의 은사는 그리스도 예수 우리 주 안에 있는 영생이니라"(롬 6:23)

4. 넷째 간구와 맘몬 숭배와 안식일

(1) 어리석은 부자의 비유

주기도문의 간구들을 묵상하면서, 우리는 십계명이나 사도신경의 교훈들이 주기도문의 교훈과 긴밀하게 연결되어 있다는 사실을 발견합니다. 이것은 성경의 유기적인 성격을 생각하면 당연한 일입니다. 그 모든 교리와 교훈들이 다 한 분 하나님한테서 나왔기 때문입니다. 그래서 혹자는 '주기도문의 여섯 간구들 안에 성경의 교훈 전체가 다 포함되어 있다'고 강조하기도 합니다. 같은 맥락에서 종교개혁자 루터는 '십계명을 통하여 자신의 죄를 깨닫고, 사도신경으로 삼위 하나님의 은혜를 받아들인 그리스도인은 주기도문을 드리며 살아간다'고 표현하기도 하였습니다.

일용할 양식을 구하는 넷째 간구는 특히 십계명의 제4계명, 곧 안식일을 거룩하게 지키라는 말씀과 연결됩니다. 그것은 또한 안식일을 어기게 만드는 대표적인 유혹인 맘몬주의와 연결됩니다. 예수님의 비유들 가운데 '일용할 양식'을 간구하는 자세와 대조되는 맘몬주의의 표상을 '어리석은 부자' 이야기에서 발견합니다(눅 12:16-21). 여러 해 쓸 물건을 곳간에 쌓아두고, 그것에 의지하여 마음의 평안을 기대하는 이 부자를 예수님은 '자기를 위하여 재물을 쌓아 두고 하나님께 대하여 부요하지 못한 자'(12:21)라고 평가하십니다. 정작 하나님이 그 생명을 찾으실 때, 부자가 의지하던 것들은 아무런 도움을 줄 수 없기 때문에, 그의 맘몬주의는 어리석은 짓이었습니다.

바보 부자의 비유와 예수님의 교훈

"하나님이 항상 부자들을 경고하신 참된 이유, 예수님이 우리에게 오직 필요한 것들만 구하라고 가르치신 참된 이유는, 우리의 아버지이신 하나님만을 신뢰해야 하며 우리의 소유가 주는 거짓된 안도감(false security)을 의지해서는 안 되기 때문입니다. 만일 우리가 하나님을 어린아이와 같이 의지하지 않는다면, 우리는 그리스도인일 수가 없습니다 … 돈을 소유하면 우리는 독립심을 갖습니다. 그러나 '나는 내 자신의 것이 아닙니다!'라는 (HC 제1문답의) '의존의 선언'(declaration of dependence)에 서명하지 않는다면, 그는 결코 그리스도인일 수 없습니다."

(Kuyvenhoven, Comfort & Joy)

안식일과 맘몬주의 배격

"그러므로 안식일을 지킨다는 것은 아담적 삶을 중지하는 것을 의미합니다. 아담적 실존이 올바른 삶이 아니기 때문입니다. 자기가 자기에게 하나님 노릇 하겠다는 태도는 자기가 자신의 일로 자기의 생명을 얻으려는 것으로, 결국 자력 구원이기 때문입니다. 안식일을 지킨다는 것, 즉 종말에 이루어질 안식을 고대한다는 것은 아담적 삶이 가능하지도, 올바르지도 않은 어리석은 태도임을 고백하는 것입니다 … 이것은 안식일 하루에만 그렇게 고백하며 사는 것이 아니라 나머지 엿새 동안도 안식일적 태도로 산다는 것을 의미합니다 … 내가 내 일로 말미암아 나의 생명을 얻을 수 밖에 없는 타락의 질서 속에 지금 살고 있다 하더라도, 나의 일을 절대화하지 않고 물질을 우상화하지 않는 삶으로 나타납니다."

(김세윤, 주기도문 강해)

(2) 내게 필요한 것들(needs)과 내가 바라는 것들(wants)을 구별하는 지혜

하이델베르크 교리문답은 일용할 '양식'(bread)이 우리의 '물질적 필요'(our physical needs)를 뜻하는 것이라고 설명합니다. 그런데, 우리의 삶을 위하여 '필요한 것들'이란 무엇이며, 그 한계를 어디까지 설정할 수 있을까요? 지난 시대를 돌아보면, 예전의 '사치품'이 지금은 '필수품'이 되어버린 현상을 무수히 찾아볼 수 있습니다. 그래서 오늘의 '사치스런 일'이 장래에는 모든 사람들이 마땅

히 즐길 '권리'로 변할 수 있으리라고 예상할 수도 있습니다.

일용할 양식을 구하는 기도는 바로 이 점에서, 곧 우리가 종종 '꼭 필요한 것'과 '바라는 것'을 혼동하기 때문에 우리를 불편하게 만듭니다. 아마도 그 불편함은 어느 정도는 피할 수 없을 일 같습니다. 따라서 우리는 '물질적 필요'를 오늘날의 관점에서 잘 분별할 필요가 있습니다.

5. 일용할 양식을 '우리'에게!

야고보서는 음식과 의복을 이웃과 나누는 것을 믿음의 증거로 봅니다. 이런 하나님의 선물들을 이웃과 나누길 거절하는 것은 그 사람의 신앙이 죽었다는 분명한 증거입니다: "만일 형제나 자매가 헐벗고 일용할 양식이 없는데 너희 중에 누구든지 그에게 이르되 평안히 가라, 덥게 하라, 배부르게 하라 하며 그 몸에 쓸 것을 주지 아니하면 무슨 유익이 있으리요. 이와 같이 행함이 없는 믿음은 그 자체가 죽은 것이라"(약 2:15-17).

궁핍한 사람들에게 필요한 물질을 주기를 꺼려 하는 사람들은, 스스로 무어라고 주장한들, 사실은 그들이 하나님의 사랑을 알지 못하는 이방인이라는 사실을 증거하는 것입니다: "누가 이 세상의 재물을 가지고 형제의 궁핍함을 보고도 도와줄 마음을 닫으면 하나님의 사랑이 어찌 그 속에 거하겠느냐?"(요일 3:17).

우리가 살아가는 이 세상은 부유와 빈곤이 균등하게 배분되어 있지 않습니다. 지구의 한 쪽에서는 먹고 남은 음식을 내어버리는 반면에, 다른 한 쪽에서는 무수한 사람이 기아로 죽어갑니다. 부유한 나라의 수많은 사람들이 월드컵을 즐기기 위하여 비행기로 다른 나라에 찾아가는 이면에는 가난한 나라의 아이들은 하루종일 그 가죽 축구공을 손으로 기워서 간신히 몇 푼의 돈을 얻습니다. 그러므로 이 세상이 돌아가는 형편을 조금이라도 아는 사람은 '기독교가 번성한 나라는 경제적으로 축복을 받고, 그렇지 못한 나라는 저주를 받는다'는 식의 단순한 사고방식이 얼마나 현실을 가리우는 어리석은 생각인지 알 수 있습니다. 왜냐하면 이 세상에 존재하는 풍부와 결핍 사이의 극심한 불평등은 하나님의 축복과 저주에 근거하기보다, 인간의 악한 탐욕과 무자비함에 기인하는 측면이 더 크기 때문입니다. 만일, 다국적 스포츠 기업이 서유럽의 기준대로 네팔의 아이들에게 임금을 준다면, 그 어린이들의 빈곤은 어렵지 않게 해소될 수 있기 때문입니다.

그러므로 이런 현실 속에 함께 살아가는 그리스도인들은 넷째 간구를 드릴 때마다 '우리에게' 일용할 양식을 달라고 기도하게 하신 주님의 뜻을 되새겨야 할 것입니다.

III. 교리문답을 따라 드리는 우리의 기도

'넷째 간구의 교훈에 따른 묵상과 기도'

1. 하이델베르크 교리문답의 넷째 간구의 해설에 따라 기도 드립니다:

    (1) 우리의 몸에 필요한 모든 것들을 내려 주시옵소서!

    (2) 오직 주님만이 모든 좋은 것의 근원임을 깨닫게 하옵소서!

    주님의 복 주심이 없으면 그 모든 좋은 선물들도 아무런 유익이 되지 않음을 알게 하옵소서!

    (3) 피조물을 의지하는 우상 숭배를 떨쳐 버리고 오직 창조주 우리 주님만을 신뢰하게 하소서!

2. 우리에게 넉넉하게 주신 축복의 의미를, 같은 시대를 살아가는 가난한 이웃들과 함께 나눌 수 있는 믿음과 실천을 통하여 하나님의 이름을 영화롭게 하는 자녀가 될 수 있게 은혜 내려 주소서!

제 38장
주기도문 묵상 07

하나님의 나라와 용서
마 18:21-35

   주기도문, 즉 주께서 우리의 기도를 지도하기 위하여 주신 완벽한 기도의 마지막 세 간구는 '그리고'(and)라는 접속사로 서로 연결되어 있습니다. 즉 이 세 간구들은 하나의 긴 문장으로 이루어져 있습니다. 이것은 '당신의'라는 말로 시작되는 첫 세 간구들이 각각 독립된 문장으로 되어 있는 것과 뚜렷하게 대조됩니다. 왜 예수님은 주기도문의 뒷 부분, 즉 '우리'에 관한 간구들을 하나로 묶어 내려주셨을까요? 이것에 관한 신학자들의 묵상 가운데 의미 있는 해석을 하나 소개합니다. 만일 하늘의 하나님 아버지께서 우리에게 필요한 그 세 가지 가운데 어느 하나를 주시지만, 다른 것은 주시지 않는다면, 그 받은 바는 우리에게 큰 의미가 없기 때문이라는 것입니다. 예를 들어, 우리에게 일용할 양식을 내려주시지만, 그와 함께 죄 사함을 베풀어주시지 않는다면 우리는 여전히 아무 것도 갖지 못한 것과 다를 바 없습니다. 이 세상의 삶에 필요한 것을 넉넉히 누리지만,

정작 하나님과의 온전한 사귐을 누리지 못하는 삶은 참된 은혜와 평강을 맛보는 삶과 거리가 먼 것입니다. '허물의 가림을 받지 못하고 죄의 용서함을 얻지 못하던' 시절의 다윗이 그 사실을 절실하게 깨닫고 고백하였습니다. 사죄하시는 은혜가 우리의 삶을 진정 복되고 감사한 삶으로 이끌어 줍니다(시 32:1-5). 이처럼 하나님과의 사귐은 이 땅에서 살아가는 우리에게 '일용할 양식'만큼이나 소중합니다. 하나님과의 온전한 관계의 회복을 위한 다섯째 간구는 이 땅에서 하나님 나라를 바라보며 살아가는 모든 그리스도인의 매일의 삶에서 진지하게 드려져야 할 소중한 기도입니다.

그런데 다섯째 간구는 우리가 받은 은혜를 나타내 보여야 한다는 중요한 교훈을 함께 가르치고 있습니다: "우리가 우리에게 죄지은 자를 사하여 준 것 같이." 용서에 관한 베드로의 질문과 예수님의 대답에 관한 기록을 통하여, 이 말씀의 의미가 무엇인지 살펴봅시다. 그리고 개혁주의 교리문답들에서 이 다섯째 간구를 통하여 성경이 가르치는 바가 무엇인지 함께 묵상합시다.

I. 성경 본문 묵상

1. 용서에 관한 베드로의 기준과 예수님의 기준

    (1) 베드로가 생각한 충분한 용서의 기준은 무엇입니까? (18:21)

    (2) 예수님은 어떻게 대답하셨습니까? (18:22)

    (3) 일곱 번을 일흔 번까지라도 용서하라는 말씀은 무슨 뜻입니까? (참고, 18:35)

2. '하나님 나라'에 관한 비유: "천국은 그 종들과 회계하려 하던 어떤 임금과 같으니"(18:23)

(1) 임금에게 일만 달란트를 탕감받은 종의 태도:

· 두 금액의 차이는 얼마나 될까요?

· 예수님은 왜 두 사람의 빚진 액수를 그토록 크게 차이 나게 말씀하셨을까요?

(2) 임금이 거액을 빚진 종을 용서한 까닭은 무엇입니까? (18:27)

(3) 임금은 그 종이 동료에게 어떤 태도를 취하기를 기대하였습니까? (18:33)

(4) 그 악한 종의 말로는 무엇입니까? (18:34)

3. '자신에게 죄를 지은 형제를 용서하는 한계'에 관한 베드로의 질문으로 시작된 이 말씀을 통하여, 예수님이 우리에게 궁극적으로 가르치시려는 용서의 교훈은 무엇일까요? (18:35)

일만 달란트 vs. 일백 데나리온

일만 달란트의 빚은 엄청난 액수입니다. 당대의 화폐 가치를 평가할 때, 흔히 1데나리온은 노동자의 하루 품삯, 곧 그 돈으로 자신의 가족을 먹여살릴 수 있는 금액입니다. 그런데, 1달란트는 1만 데나리온입니다. 즉 '1만 명의 인부들의 하루 품삯' 혹은 '한 노동자가 1만 일을 일해야 벌 수 있는 돈'입니다. 그러므로 예수님의 비유에서 '일만 달란트' 빚진 종은 1만 명의 인부가 약 27년을 일해야 모을 수 있는 거액을 빚지고 있었던 것입니다. 이것은 그의 동료가 빚진 1백 데나리온의 백만 배나 더 많은 것입니다. 예수님은 의도적으로 이 비유에서 두 사람의 빚진 액수를 그토록 크게 차이나게 말씀하신 것처럼 보입니다. 그런 막대한 차이는 자신이 받은 용서의 은혜를 망각하는 악한 종의 행실을 뚜렷하게 부각하는 효과가 있습니다. 그런데, 이런 차이는 단순히 강조하기 위한 문학적 수사로만 보이지 않습니다. 왜냐하면 하나님을 반역한 죄인들이 마땅히 받아야 할 죄값은 일만 달란트와 비교할 수 없을 정도로 막대하기 때문입니다. 죄의 삯은 사망입니다!

용서받고 용서하고: 긍휼을 체험한 사람의 마땅한 태도

이 비유는 '용서'에 관한 것입니다: 용서에서 시작하고 용서로 끝납니다. 그런데 그 용서는 '임금님'과 아주 밀접하게 관련되어 있습니다. 도무지 갚을 길이 없는 막대한 빚을 진 종을 불쌍히 여겨서 아무런 조건 없이 탕감해 준 그 임금님은 자신이 베풀어준 긍휼을 그 종도 다른 사람에게 마땅히 베풀기를 원하십니다. 백만 분의 일에 지나지 않는 빚을 탕감하거나 혹은 기다려주지 않고 무자비하게 자신의 권리 주장을 한 이 악한 종에 대하여 임금님은 '긍휼을 입은 자답지 않다'고 책망하고 노여워 하십니다. 그리고 악한 종이 그 빚진 동료에 대하여 주장한 바로 그런 권리에 따라 임금님이 그를 '공의'대로 처벌하면 과연 어떻게 되는지 보여주셨습니다. '그 몸과 아내와 자식들과 모든 소유를 다 팔아도' 갚을 길이 막연한, 그 자신으로는 결코 감당하거나 해결할 수 없는 짐을 지도록 옥에 가두어 버렸습니다(18:25, 34).

'용서의 한계'에 관한 베드로의 질문으로 시작된 이 이야기의 결론에서, 예수님은 그를 따르는 제자들에게 "너희가 각각 마음으로부터 형제를 용서하지 아니하면 나의 하늘 아버지께서도 너희에게 이와 같이 하시리라"(18:35)라는 교훈으로 대답하십니다. 하나님이 크신 긍휼을 베풀어 주셔서 마땅히 죽어야 할 우리를 용서하여 주셨듯이, 우리에게 빚진(죄 지은) 자들에 대한 우리의 용서에도 한계가 없어야 한다는 말씀입니다. 임금님의 큰 긍휼로 표현된 하나님의 용서하심을 기억하여, 일곱 번씩 일흔 번이라도, 곧 우리의 마음에서부터 용서할 줄 알아야 한다는 것입니다.

주기도문의 다섯째 간구는 이런 용서의 교훈을 매일 우리에게 일깨워줍니다.

II. 교리문답이 가르치는 주기도문의 다섯째 간구

1. 우리 죄를 사하여 주시옵소서!

(1) 죄(sin), 죄책(guilt), 빚(debt)

주기도문의 다섯째 간구를 드릴 때, 아마도 제일 먼저 머리에 떠오르는 것은 우리들이 저지른 구체적인 죄악들일 것입니다. 죄는 하나님과 그분의 말씀과 뜻에 대항하는 행위입니다. 쉽게 말해서 십계명을 비롯하여 하나님이 내려 주신 계명들을 어기는 것입니다. 좀 더 엄밀하게 말하자면, 하나님의 뜻에 '순종하는데 부족'하거나 혹은 '그 뜻을 어기는' 일입니다(WSC 제14문답). 거기서 그치지 않습니다. 성경은 '우리가 직접 행하거나 아니면 행하지 않은 것'(자범죄)뿐 아니라 '원죄'(original sin)도 있다고 가르칩니다(WSC 제18문답). 모든 자범죄가 흘러나오는 근원이 되는 원죄는 우리가 체험적으로 저지른 일이 아니기 때문에, 종종 그 원죄의 책임을 내가 져야 한다는 사실을 실감하지 못할 때가 많습니다. 그러나 장로교회의 대교리문답은 성경의 엄중한 가르침을 따라 '우리 모든 사람들이 원죄와 자범죄의 책임을 지고 있으므로 하나님의 공의에 빚진 자가 되었다'고 분명하게 선언합니다(WLC 제194문답)

정확하게 표현하자면 다섯째 간구에서 우리는 '우리 죄'(sin)를 사하여 주옵소서라고 간구하지 않고, '우리 죄책'(guilt) 혹은 '빚'(debt)을 사하여 주시기를 간구합니다. (한글 주기도문에서는 그 차이를 잘 구별하지 않은 채로 번역했습니다.) '죄책'이라는 말은 뜻이 깊습니다. 다른 사람들에게 나쁘게 대하거나 혹은 뒤에서 헐뜯었을 때, 당신은 죄책을 느낄 수 있습니다. 한편, 사도 바울은 '사랑의 빚' 외에는 아무에게든지 아무 빚도 지지 말라'(롬 13:8)고 가르쳤는데, 이 구절에서 사용된 '빚'이라는 말은 '하나님과 이웃에 대한 사랑이 부족함'을 뜻합니다. 그러므로 다섯째 간구에서 말하는 '죄'(빚)는 하나님의 계명을 어긴 작위적 행위뿐만 아니라, 적극적으로 실천해야 할 일을 하지 않은 부작위의 일까지 포함합니다.

그러므로, '우리 죄'를 사하여 주옵소서라고 기도할 때, 우리는 죄악된 우리의 본성이 증거하는 '원죄'와 십계명을 어기는 '자범죄' 및 적극적으로 실천해야 할 일을 등한시 하는 '사랑의 부족'까지 포함하여 용서를 간구하는 것입니다.

(2) 사죄의 근거

개혁주의 교리문답들은 하나님께서 우리의 죄를 용서해주시는 근거를 일관되게 예수 그리스도의 대속의 공로에서 찾습니다. 하이델베르크 교리문답은 '그리스도의 보혈'을 사죄의 근거로 지적합니다: "그리스도의 보혈을 보시사 우리의 모든 죄과와 아직도 우리 안에 있는 부패를 불쌍한 죄인인 우리에게 돌리지 마옵소서"(HC 제126문답). 장로교회의 소교리문답은 "하나님께서 그리스도를 보시고 우리의 모든 죄를 '값없이' 용서하여 주시기를 간구합니다"(WSC 제105문답). 그렇게 오직 예수 그리스도의 대속의 공로만을 의지해야 할 이유를 분명하게 제시합니다. 다섯째 간구를 드릴 때, "우리나 다른 아무 피조물이라도 그 죄의 짐을 조금도 갚을 수 없다는 것을 먼저 인정합니다 … 하나님께서 거저 주시는 은혜로 말미암아 믿음에 의해서만 이해되고 적용되는 그리스도의 순종과 속죄를 통하여 우리를 죄책과 형벌에서 풀어주시고 그의 사랑하시는 자 안에서 우리를 받으시고 그의 은총과 은혜를 계속 내려주시기를 기도합니다"(WLC 제194문답).

우리는 날마다 죄를 저지르는 반면 하나님과 이웃을 사랑하는 일에는 턱없이 부족합니다. 그런데, 과연 우리는 평소에 이 사실을 충분히 깨닫지 못하고 지낼 때가 많습니다. 우리 자신의 죄악됨을 돌아보고 깊이 깨닫는 것은 사실 자기중심적인 죄악된 본성으로는 결코 쉽지 않은 일입니다. 따라서 우리가 말씀과 성령의 인도를 따라 새사람으로 살아가는 노력을 게을리 할 때 쉽사리 그 사실을 잊어버립니다. 이스라엘 역사에서 가장 위대한 왕으로 손꼽히는 다윗의 경우도 마찬가지였습니다. 하나님과 동행하는 경건의 삶이 흐트러졌을 때, 그는 간음과 살인의 죄에 깊이 빠져들어갔습니다. 나단 선지자의 책망하는 메시지를 듣고 돌이키기 전에 그에게는 하나님과의 교제가 주는 평강(샬롬)이 없었습니다. 그런데 참된 회개를 통하여 회복되기를 소원한 그의 시편 51편의 기도는 인간의 죄악됨과 오직 하나님의 은혜에 근거한 회복을 깊이 깨닫고 고백합니다: "⁵내가 죄악 중에서 출생하였음이여 어머니가 죄 중에서 나를 잉태하였나이다 … ¹⁰하나님이여 내 속에 정한 마음을 창조하시고 내 안에 정직한 영을 새롭게 하소서." 또한 자격이 없는 자이지만 오직 하나님의 긍휼을 바라보면서 '상하고 통회하는 심령'으로 사죄의 은혜를 간구하는 올바른 심정을 다윗은 잘 표현합니다: "하나님께서 구하시는 제사는 상한 심령이라 하나님이여 상하고 통회하는 마음을 주께서 멸시하지 아니하시리이다"(51:17). 이처럼 우리는 겸비한 마음으로, 낮아진 자세로 하나님 앞에 서야만 합니다. 그때에 비로소 올바르게 사죄의 기도를 드릴 수 있습니다.

하나님은 빛입니다. 그 앞에 가까이 갈수록 우리는 자신의 죄와 허물을 더 똑똑히 볼 수 있습니다. 그렇게 우리 자신의 무가치함과 무능력함을 더욱 깊이 깨닫습니다. 바로 그런 올바른 자기 인식이 우리의 눈을 유일하신 중보자 예수 그리스도를 향하게 합니다! 오직 십자가 공로에 의지하는 유일하게 합당한 회개의 자세를 바로 갖추게 됩니다!

2. '우리에게 죄 지은 자를 사하여준 것같이'

사죄의 근거가 오직 예수 그리스도의 공로에 있다면, '우리가 우리에게 죄지은 자를 사하여 준 것 같이'라는 구절은 우리가 하나님에게 사죄의 은혜를 간구하는 '전제 조건' 혹은 '공로'로 이해될 수 없습니다. 그렇다면 이 구절을 통하여 예수님이 우리에게 가르치려는 뜻은 무엇일까요?

(1) 그분의 성품을 우리가 반영하기를 원하시는 하나님 아버지

하나님께 사죄를 구하는 사람은 그 자신이 다른 사람에게 용서를 베풀어야 합니다. 그런데, 이 일은 쉬운 일이 아닙니다. '하나님께 용서를 구하는 일은 다른 사람을 용서해 주는 일보다 훨씬 더 쉽습니다.' 다른 사람을 용서하는 일은 때로는 끔찍할 정도로 어렵습니다. 누군가 나를 아주 못살게 굴고 괴롭혀서 아주 힘든 시간을 겪은 경우에, 우리는 쉽사리 그런 기억을 떨쳐버릴 수 없습니다. 그런 경우, 나의 원수 같은 상대를 용서하기란 결코 쉬운 일이 아닙니다. 그럼에도 불구하고 예수님은 우리에게 "우리가 우리에게 죄지은 자를 사하여준 것 같이 우리 죄를 사하여 주옵소서!"라고 기도하기를 가르치셨습니다. 그런데 이런 가르침은 주님의 일관된 메시지입니다:

"너희가 사람의 잘못을 용서하면 너희 하늘 아버지께서도 너희 잘못을 용서하시려니와 15너희가 사람의 잘못을 용서하지 아니하면 너희 아버지께서도 너희 잘못을 용서하지 아니하시리라"(마 6:14-15).

오늘 본문에 나오는 예수님의 비유에서 갚을 길 없이 일만 달란트라는 거액을 빚진 종을 불쌍히 여겨주신 임금님은 그 탕감받은 종도 그 긍휼을 그의 동료에게 베풀어주기를 기대하였습니다. 하나님에게 불쌍히 여김을 받은 자는 '마땅히' 자신에게 빚진 이웃을 불쌍히 여겨주어야 합니다. 그렇게 하지 않았을 때, 그 악한 종은 진노의 대상이 되었습니다!

(2) 우리 안에 있는 주님의 은혜의 증거

용서하는 일은 용서받는 일과 이처럼 밀접하게 연결되어 있습니다. 왜 그럴까요? 하이델베르크 교리문답 제126문답은 이렇게 해설합니다: "주의 은혜의 증거가 우리 안에 있어서 우리가 이웃을 용서하기로 굳게 결심하는 것처럼." 이것을 쉽게 풀어 쓰면 다음과 같습니다: '남을 기꺼이 용서하려 하는 우리의 마음이, 하나님의 은혜가 우리 마음 속에 거한다는 증거이다!' 장로교회의 소교리문답도 이 구절을 동일한 관점으로 해석하는데, 그 은혜의 증거가 우리에게 사죄의 간구를 더욱 담대하게 올려드릴 수 있게 한다고 강조합니다: "주님의 은혜로 말미암아 우리가 다른 사람들을 진심으로 용서할 수 있기 때문에 더욱 담대히 그렇게 구할 수 있습니다"(WSC 제105문답). 여기서 '그렇게'는 우리의 모든 죄를 값없이 용서하여 주시기를 간구하는 기도를 드릴 수 있게 해준다는 뜻입니다.

3. 우리는 어떻게 사죄의 간구를 드려야 하는가?

(1) 하나님의 긍휼하심을 바라보는 태도

다섯째 간구를 올려드리는 우리의 올바른 태도에 관한 이 질문의 첫째 대답은 '가련한 죄인들로서'입니다. 이것은 장로교회의 대교리문답이 잘 강조하는 내용입니다. 그 질문에 대한 두 번째 답변은 '하나님의 사죄하심의 기적을 체험한 사람들로서 그리고 하나님의 은혜가 우리 안에 있다는 사실의 증거로서 우리는 다른 사람을 용서하는 일을 실천하는 자로서 기도해야 한다'는 것입니다. 이것이 다섯째 간구에서 가르치는 바 하나님의 죄사하심을 간구하는 올바른 자세입니다.

죄사함을 요청하는 다섯째 간구는 우리가 마땅히 받을 것을 요구하는 것이 아니라 하나님의 크신 긍휼에 호소하여 받기를 소원하는 기도입니다. 따라서 주기도문이 이 대목에서 우리의 마음이 참으로 겸비한 자세로 가다듬어지지 않는다면, 우리는 이 기도를 헛되이 드리는 것입니다. 만일 우리가 '이신칭의'의 놀라운 은혜를 마치 기득권처럼 생각하고, 우리를 구원하신 하나님의 그 은혜가 계속하여 우리를 양육해 주셔서 옛사람을 벗고 새사람으로 사는 경건의 삶(딛 2:11-14)을 살아가지 않는다면, 우리의 기도는 하나님이 듣지 않으시는 가증한 기도가 될 것입니다!

자기 반성과 겸손으로 드려야 할 간구

"이 기원은 죄의식을 느끼는 것과 그것을 회개하며 인정하는 것과 그리스도를 위해 베푸시는 하나님의 긍휼을 구하는 것과 하나님이 그 의를 좇아 우리를 용서해주실 수 있다는 것에 대한 깨달음을 함축하고 있다. 이 기원을 드리기 위해서는 항상 자기 반성과 겸손이 앞서야 한다."

(A.W. Pink, *팔복과 주님의 기도*, 133-34).

우리가 의지하는 놀라우신 하나님의 긍휼

"나의 생각은 너희의 생각과 다르며 너희의 길은 나의 길과 다르다"는 이사야 55:8의 말씀은 흔히 오해됩니다. 사람들은 보통 하나님의 신비로우며 초월적인 섭리의 방식을 말할 때 이 말씀을 언급합니다. 그 행하시고 허용하시는 바에 있어서, 하나님은 우리의 이해를 초월하는 그분 자신의 뜻이 있다는 뜻으로 새겨집니다 … 그러나 이 구절이 나오는 문맥은 사죄에 관하여 말하고 있습니다: '악인은 그 길을, 불의한 자는 그 생각을 버리고 여호와께로 돌아오라. 그리하면 그가 긍휼히 여기시리라. 우리 하나님께로 나아오라 그가 널리 용서하시리라'(사 55:7). 반역자들에게 이렇게 관대하게 죄를 용서하시는 하나님의 태도는 그 다음 구절에서 설명됩니다: '내 생각은 너희 생각과 다르며, 내 길은 너희 길과 다르다.'

이사야의 이 구절은 하나님의 너그러우신 긍휼을 말합니다. '너희 생각'은 탕자의 비유에서 나오는 형의 생각에 비유할 수 있습니다. 그는 아버지가 '유산을 창기와 더불어 말아먹은' 동생을 용서한 것에 대하여 불같이 화를 내었습니다: '아버지의 살림을 창기와 함께 먹어 버린 이 아들이 돌아오매 이를 위하여 살찐 송아지를 잡으셨나이다.' 그것은 불공평합니다! 그러나 하나님은 말씀하십니다. 그것이 '너희' 길이고 '너희' 생각이다. 그러나 내 생각과 내 길은 다르다: '네 동생이 죽었다가 이제 다시 살았고, 잃어버렸다가 다시 찾았으니, 잔치를 열어 기뻐하자!'(cf. 눅 15:11-32)"

(Kuyvenhoven, *Comfort & Joy*)

(2) 우리에게 빚진 자를 긍휼하게 여기는 각오와 결심

다섯째 간구는 주님의 은혜가 우리 안에 있는 것을 드러내는 서원의 의미를 포함하고 있습니다. 하나님의 은혜는 우리를 일깨워서 우리가 받은 엄청난 긍휼하심을 마음에 새기고 자신에게 빚진 자들을 대하도록 만들어 줍니다. 자기중심적인 옛사람의 본성에 따라 제 잇속을 철저히 따지면서 살아가는 것은 일만 달란트 탕감받았으나 그 백만 분의 일도 용서하지 않으려고 한 악한 종과 꼭같은 모습임을 하나님의 은혜가 계속하여 우리에게 깨우쳐 줍니다. 만일 우리가 하나님의 구원의 은혜를 받은 자라면, 우리에게 빚진 자에 대한 태도는 분명히 달라져

야 합니다!

그런 옛사람의 모습을 벗어던지고, 우리를 긍휼하게 여겨주신 하나님 아버지를 본받는 삶을 조금이라도 실천할 때 우리는 다섯 번째 간구를 드릴 때 담대함과 용기를 가지게 됩니다. 나의 기도를 들어주실 아버지 하나님에 대한 기대와 신뢰가 커지게 됩니다: "이것은 다른 사람의 죄를 마음속에서 용서한다는 증거가 우리에게 있을 때 우리가 담대히 구하게 되고 기도할 용기가 생기기 때문입니다"(WLC 제194문답). 왜냐하면 그런 우리의 경건의 실천이 우리가 하나님의 자녀임을 증거하기 때문입니다!

> "하나님께서 자기 백성들에게 이웃을 사랑하고 용서하는 마음을 요구하시는 것은 구약시대나 오늘날이나 마찬가지입니다. 우리는 용서를 받았기 때문에 용서하라는 '권면'을 받을 뿐 아니라, 마땅히 해야 할 의무로서 용서하라는 '명령'을 받았습니다. 우리가 만일 다른 사람을 용서하고 싶은 마음이 들지 않는다면, 그리스도인으로서 자신의 정체성에 대해 의문을 가져야 합니다. 우리의 삶이 구원의 열매를 맺지 못한다면 어떻게 구원의 확신을 가질 수 있겠습니까? 이웃에 대한 진정한 사랑은 참된 구원의 증거가 됩니다. "우리가 형제를 사랑함으로 사망에서 옮겨 생명으로 들어간 줄 알거니와 사랑하지 않는 자는 사망에 거하느니라"(요일 3:14). 형제를 용서하지 않는 사람은 사망에 거한다는 말씀입니다. 그러므로 성경은 형제를 용서하지 않는 사람은 하나님의 용서를 받지 못한다고 가르치는 것입니다. 물론 그것이 하나님의 용서를 받는 조건은 아닙니다. 오히려 그것은 하나님께서 우리를 용서하셨다는 증거입니다. 뿌리가 없으면 열매도 없습니다. 반대로 열매가 없다면 뿌리도 없는 것입니다."
>
> (J. 보스, *웨스트민스터 대교리문답 강해*)

III. 교리문답을 따라 드리는 우리의 기도

'다섯째 간구의 교훈에 따른 묵상과 기도'

1. 하나님의 은혜를 바르게 깨닫는 마음

(1) 나에게 빚진 자, 곧 하나님께 빚진 자에 대하여 우리는 어떻게 하나님의 생각, 그 분의 길을 따를 수 있을까요? 나를 '용서'하신 아버지의 은혜를 바르게 깨달아, 그 뜻과 그 길을 본받게 해 주시옵소서!

(2) "너희가 사람의 잘못을 용서하면 너희 하늘 아버지께서도 너희 잘못을 용서하시려니와 15너희가 사람의 잘못을 용서하지 아니하면 너희 아버지께서도 너희 잘못을 용서하지 아니하시리라"(마 6:14-15).

나에게 빚진 자를 대할 때, 이 말씀을 마음에 새기게 하셔서, 하나님의 크신 사죄의 은혜를 받은 자로 살아가게 하소서!

(3) "누가 누구에게 불만이 있거든 서로 용납하여 피차 용서하되 주께서 너희를 용서하신 것 같이 너희도 그리하고 14이 모든 것 위에 사랑을 더하라 이는 온전하게 매는 띠니라"(골 3:13-14).

사도의 이 교훈을 힘써 실천하는 우리 교회가 되게 하소서!

2. 영생으로 이끄는 말씀의 거울로 자신을 돌아보게 하는 기도

예수 그리스도의 십자가의 의미를 날이 갈수록 더욱 깊이 깨닫고, 사랑하고, 의지하게 해 주시옵소서! 오늘도 하나님 우편에서 나를 위하여 중보 하시는 예수 그리스도를 믿음의 눈으로 바라보게 하소서! 비록 나는 이 땅 위에서 살아가지만, 시시때때로 '내 마음을 들어'(*sursum corda*) 주를 바라보며, 주의 은혜를 구하는 삶을 살게 하소서!

3. 사죄를 구하는 청원은 동시에 용서하는 삶의 서약!
우리의 기도가 우리의 순종하는 헌신으로 온전해지게 하시옵소서!

제 39장
주기도문 묵상 08

악한 자와의 영적 전투를 위한 간구
눅 22:31-34

지난 과에서 우리는 '죄 사함'에 관한 간구를 묵상하였습니다. 이것은 하나님이 우리에게 주시는 가장 아름다운 선물들 가운데 하나입니다. 우리는 매일 하나님의 사죄하심이 필요합니다. 왜냐하면 우리는 날마다 죄를 짓기 때문입니다: "만일 우리가 범죄하지 아니하였다 하면 하나님을 거짓말하는 이로 만드는 것이니 또한 그의 말씀이 우리 속에 있지 아니하니라"(요일 1:10). 그러나 참된 그리스도인이라면 '그래 나는 죄인이야!' 하고 체념하고 말 일이 결코 아닙니다. 회개하지 않고 그냥 죄 가운데 계속 거하는 그리스도인은 '진리를 행하지 않는 거짓말쟁이'입니다(요일 1:6). 그리스도인은 끊임없이 그 죄에 대항하여 싸워야 합니다. 주기도문의 여섯째 간구는 바로 이것을 우리에게 가르쳐 줍니다.

시험(유혹)은 마귀의 일입니다. 마귀는 온갖 방법을 동원하여 우리를 죄로 유혹합니다. 돈으로, 잘못된 친구로, 우리의 인격적 약점으로, 또 그 밖에 가능한 수단을 총동원하여 우리를 유혹합니다. 과학적인 기초 위에 세워진 여러 가지 합리적인 이론들로 마귀는 우리를 유혹하여 성경이 가르치는 어떤 교훈들을 의심하게 만들 수도 있습니다. 그러므로 우리가 '악으로부터', 문자적으로 표현하자면, '악한 자 곧 마귀로부터' 구하여 주시옵소서! 하고 간구할 때, 우리는 하나님께 이런 끝없는 유혹으로부터 보호해 달라고 간구하는 것입니다.

주기도문의 여섯째이자 마지막 간구가 우리에게 얼마나 소중하며, 그 응답을 받는 것이 얼마나 복된 일인지 베드로를 위한 예수님의 중보기도를 통하여 살펴봅시다. 그리고 개혁주의 교리문답들에서 성경의 교훈들을 어떻게 이 간구와 연결하여 설명하는지 함께 묵상해 봅시다.

I. 성경 본문 묵상

1. 시몬 베드로와의 이 대화는 언제 어디에서 나눈 말씀입니까? (22:1-12)

2. 예수님 수난과 제자들의 연약함:

(1) 예수님은 자신이 수난당할 때 베드로를 비롯한 제자들의 연약함이 어떻게 드러날 것이라고 예언하셨습니까? (22:31-34; cf. 마 26:31-36)

(2) 베드로는 악한 자의 시험에 자신의 무력함을 어떻게 드러내었습니까? (눅 22:54-62; 마 26:69-75)

(3) 베드로의 죄악은 예수님을 배반한 가룟 유다의 죄악과 비교하여 상대적으로 가벼운 것입니까?

3. 죽을 죄에 빠져 악한 자의 먹이가 될 위기에서 베드로를 구원한 것은 무엇입니까? (22:32, 61)

4. 예수님의 중보 기도로 회개한 후에 베드로가 해야 할 일은 무엇입니까? 베드로는 그 일을 어떻게 신실하게 수행하였습니까? (참고, 벧전 5:8)

최후의 만찬 석상에서의 심각한 대화들

본문의 대화는 십자가를 앞둔 마지막 유월절 식사 자리에서 있었던 일입니다. 예수님은 이 땅에서의 사역 기간 중 그 제자들과 함께 보내는 이 최후의 만찬을 고대하셨고, 이 식사의 자리에서 성찬의 성례를 제정하셨습니다(22:14-20). 예수님을 배반할 제자에 대한 언급도 있었고(22:21-23), 서로 누가 큰 자인가 논쟁하는 모습을 보시고 '섬기는 자가 오히려 큰 자가 되는 하나님 나라의 질서'에 관해서도 가르치셨습니다(24-30절). 나중에 하나님의 나라가 온전히 임하게 될 때 이스라엘의 12지파를 다스릴 재목들이 될 것이라고 제자들을 격려하기도 하셨지만(22:29-30), 그러나 임박한 핍박에 직면하여 그 자신의 힘으로는 잠시도 설 수 없는 제자들의 연약함을 또한 분명히 지적하셨습니다. 특히 다른 제자들이 다 주님을 버릴지라도, 감옥에 갇히거나 심지어 목숨을 잃더라도 주님을 배반하지 않을 것이라고 장담하였던 베드로에게 예수님은 '닭이 두 번 울기 전에 그가 세 번이나 주님을 부인할 것'을 예언하셨습니다(22:31-33; cf. 마 26:33-35).

사탄이 체질하여 베드로를 쭉정이로 가려내다

예수님은 시몬 베드로에게 "보라 사탄이 너희를 밀 까부르듯 하려고 요구하였으나"(31절)라는 경고의 말씀을 주셨습니다. 밀을 체질하여 알곡과 껍질을 가려 내듯이, 사탄이 제자들의 믿음을 흔들어 놓고 그들이 과연 구원받을 자격이 있는 자인지 검증할 것이라는 예언입니다. 죽기까지 주님을 따르겠노라 목청을 높였던 제자들이 겟세마네에서 다 주님을 버리고 도망하였습니다. 그리고 베드로는 예수님이 잡혀가서 심문을 받던 대제사장의 집에서 세 번이나 주님을 알지 못하노라고 부인하였습니다. 마태복음의 기록을 보면, 세 번째 예수님을 모른다고 할 때 그는 '저주하며 맹세하여' 부인하였습니다(마 26:74). 이것을 유대인의 관습에 따라 설명하자면, 베드로는 '만일 자신이 나사렛 예수를 안다고 말한다면, 하나님께서 자신을 벌하실 것이라'는 강조적인 표현입니다! 하나님의 저주를 자초하면서 예수 그리스도를 부인한 베드로의 이 행동을 우리는 어떻게 이해할 수 있을까요? 이런 엄중한 언행을 놓고 보면, 과연 시몬 베드로는 가룟 유다에 비하여 구원받을 자격이 더 있는 사람이라고 할 수 있을까요? 우리는 여기서 오직 은혜로 구원 받는 진리를 다시 한 번 확증합니다. 하나님의 은혜로 유일하신 중보자 예수 그리스도의 구속의 공로를 힘입지 않았다면, 시몬 베드로 역시 가룟 유다와 마찬가지로 영원히 잃어버린 자가 될 것입니다.

예수님의 중보 기도

가룟 유다와 마찬가지로 예수님을 배반한 시몬 베드로의 회복을 누가복음은 예수님의 중보 기도에서 찾습니다: "내가 너를 위하여 네 믿음이 떨어지지 않기를 기도하였노니"(22:32). 베드로가 다시 사도의 직분을 맡아 주님을 섬길 수 있었던 것은 그의 죄가 가룟 유다와 비교하여 좀 더 가벼웠기 때문이 아닙니다. 그것은 오직 하나님의 은혜에 달려 있었습니다. 예수님은 사탄의 체질에서 쭉정이로 드러난 베드로가 속절없이 아궁이로 던져지지 않도록 중보 기도하셨고,

자신을 세 번이나 부인한 베드로를 재판을 받는 자리에서 돌아보아주셨습니다(22:61). 그 놀라운 사죄의 은혜에 힙입어 베드로는 다시 '사람을 낚는 어부'의 복된 소명을 감당할 수 있었습니다. 예수님이 잡히시던 그 밤에 있었던 일은 베드로의 남은 평생에 깊은 묵상의 재료가 되었을 것입니다: "근신하라 깨어라 너희 대적 마귀가 우는 사자 같이 두루 다니며 삼킬 자를 찾나니 ⁹너희는 믿음을 굳건하게 하여 그를 대적하라"(벧전 5:8-9a). 하나님의 은혜가 없으면, 우리는 잠시도 사탄의 유혹을 견딜 수 없는 연약한 죄인입니다! 주기도문의 마지막 간구는 이런 영적인 진리를 우리에게 늘 일깨워 줍니다.

II. 교리문답이 가르치는 주기도문의 여섯 째 간구

하이델베르크 교리문답은 주기도문의 마지막 간구의 내용을 '우리의 영적 무능력'과 우리를 둘러싼 적대적인 환경 곧 '불구대천의 원수들의 끊임없는 공격'이라는 엄중한 현실 인식에 기초하여 '성령의 능력에 힙입어 영적 전쟁에서 승리하게 해 달라'는 간구로 잘 정리하여 가르쳐줍니다(HC 제127문답). 우리도 그 순서를 따라 이 간구의 메시지를 함께 묵상해 보려고 합니다.

1. 우리 자신의 영적인 무능력을 고백하는 기도

(1) '우리 자신만으로는 한 순간도 스스로 설 수 없는 연약함'

하이델베르크 교리문답의 이 구절은 '풀과 꽃과 같은 인생의 연약함'을 가르치는 시편 103:14-16 말씀과 포도나무와 가지의 비유에서 '예수님을 떠나서는 아무 것도 할 수 없다'는 요한복음 15:5의 교훈에 그 기초를 두고 있습니다. 성경이 분명히 가르치는 진리이지만, 실제로 우리의 삶에서는 그다지 철저하게 인식하고 온 마음으로 받아들이지는 않는 교훈입니다. 옛사람의 교만한 성품은 이 말씀이 '지나치다'고 판단하게 합니다. '그래도 우리 스스로 할 수 있는 일이 많이 남아 있다'고 반발하게 합니다. '불신자들은 성령의 도우심이나 인도 없이도 나름대로 잘 살아가고 있지 않는가' 하고 반문하게 만듭니다. 그러므로 이런 문제에 관하여 우리는 그리스도 밖에 있는 삶의 본질을 성경에 따라 분명히 가르치고 배울 필요가 있습니다: 그것은 허물과 죄로 죽어 있는 상태이며, 공중의 권세 잡은 자를 따라 이 세상 풍조에 휩쓸려 살아가는 삶이며, 하나님을 거역하는 육체의 욕심을 따라 살아가기 때문에 하나님의 공의로운 진노를 받아 마땅한 사람입니다(엡 2:1-3)!

심지어 그리스도인이 된 이후에도 우리 자신만으로는 하나님을 기쁘시게 하는 삶을 살 수 없습니다. 장로교회의 대교리문답은 우리가 죄사함을 받은 후에도 '부패성과 연약과 방심' 때문에 시험을 받을 뿐 아니라, 스스로 시험에 내어주기도 하고, 시험 받을 때에 저항하거나 거기서 빠져 나오거나 뉘우칠 힘과 의지가 없다고 지적합니다(WLC 제195문답). 매일 이 여섯째 간구를 드리면서 우리는 '그리스도 밖에서는 어떤 신령한 열매도 맺을 수 없다'는 성경의 분명한 선언을 바르게 인식하고 점점 더 깊이 체험할 필요가 있습니다!

(2) 집 안에까지 들어온 '세상'

모순된 일로 생각합니다. 왜냐하면, TV를 통하여 우리는 그리스도인으로서 우리의 주님이신 예수 그리스도의 뜻을 받들어 살아가는데 크게 방해가 되는 '세상적인 것들'을 집 안에서 일상적으로 접하게 되기 때문입니다. TV의 많은 프로

그램들을 통하여 십계명을 직접적으로 그리고 노골적으로 어기는 많은 내용들이 여과 없이 그리스도인의 가정에 파고 들어옵니다: 욕설, 거짓말, 도적질, 살인, 간음, 그리고 탐욕을 불러일으키는 것. 즉 성경에서 금하고 있는 많은 것들이 TV 프로그램에는 흥미를 유발하는 소재로 둔갑됩니다. 그러므로 TV를 통하여 '세상'이 우리 집 안에 파고 들어와 있다고 말하는 것은 과장된 표현이 아닙니다.

그러나 다른 그리스도인들은 TV 자체를 정죄하지 않고 - 단순히 수단에 불과한 것이니까! - 오히려 좋은 프로그램을 가려서 시청할 우리의 책임을 강조합니다. 이런 입장은 아주 균형 잡힌 견해인 것 같습니다. 그러나 실상은 그렇지 않습니다. 소위 '좋은 프로그램들'의 인기는 그리스도인들 사이에서도 그다지 높지 못합니다. 그리고 신앙적으로 볼 때 그리스도인이 삼가야 마땅한 TV프로그램이나 영화를 많은 그리스도인들이 보고 있다는 사실은 쉽게 알 수 있습니다. TV의 사용법에 있어서 그리스도인과 비그리스도인의 차이는 별로 없는 것이 현실입니다. 각자 자신을 한 번 돌아봅시다: '시험에 들게 마옵소서'라는 자신의 간구와 TV 시청 혹은 영화 관람 사이에서 모순을 느끼지는 않습니까? 아니면 경건한 삶과 잘 조화되는 방식으로 선용하고 있습니까? 어떻게 하면 우리 집에서 TV를 올바르게 이용할 수 있을까요? 이것 역시 여섯째 간구를 드리면서 항상 주님의 은혜와 인도하심을 구해야 할 중요한 주제입니다.

2. 불구대천의 원수들의 끊임없는 공격: 그리스도인이 처한 영적 현실

(1) 타협할 수 없는 원수들의 끊임없는 공격

우리의 거룩한 삶의 행로를 결코 그대로 내버려두지 않는 세 가지 영적 원수들을 하이델베르크 교리문답은 '불구대천의 원수'(mortal or sworn enemy)라고 표현합니다. 한자로는 '같은 하늘을 이고 살 수 없는 대적'이라는 뜻입니다. 달리 말하자면, 우리 그리스도인은 경건하게 살아가려고 할 때 이 세 원수들과 결코 타협할 수 없습니다. 이 세 원수들은 서로 연합하여 끊임없이 우리의 약점을 찾아 공격합니다. 이 세 원수가 과연 무엇인지 먼저 살펴봅시다:

● 사탄: 하나님을 대적하는 자입니다. 타락한 천사로서, 하나님한테서 나오는 모든 좋은 것들을 망치는 일에 골몰합니다. 과거의 어떤 때에 하늘에서 쫓겨났고, 이제 이 세상을 활동 무대로 삼고 영원히 파멸의 운명을 앞두고 할 수만 있으면 '하나님의 택한 자라도 넘어뜨리기 위하여' 아주 냉혹하게 설치고 있습니다.

● 세상: 이것은 하나님께서 창조하신 선한 피조물을 의미하는 것이 아니라, 죄 가운데 살아가는 사람들의 활동 무대를 말합니다. 따라서 이것은 하나님의 계명들을 전혀 신경 쓰지 않고 살아가는 인간 사회, 곧 우리가 몸 담고 있는 곳의 악한 교만과 정욕과 쾌락을 가리킵니다. 사탄은 교묘하게 세상의 어떤 것들을 활용하여 하나님의 백성을 유혹합니다. 때로는 독한 술이나 도박이나 음란한 춤과 같이 성경에서 분명하게 경고하는 것들을 가지고 유혹하기도 하고, 때로는 음악과 미술같은 예술의 아름다움이나 과학적인 진리와 같이 그 자체로는 비난받을 수 없는 것을 가지고 그리스도인을 시험할 때도 있습니다.

● 우리의 육신: 성경에서는 이 말이 우리의 죄악된 본성(our sinful nature)을 가리킬 때 사용됩니다. 참된 회개를 통하여 끝까지 계속하여 벗어버려야 할

'옛사람'입니다. 사탄은 그리스도인에게 여전히 남아 있는 옛사람의 부패한 본성을 자극하여 거듭 죄에 빠져들도록 유혹합니다.

이 세 불구대천의 원수들은 거의 언제나 연합 전선을 펼칩니다. 그러므로 그리스도인이 유혹에 빠져 죄 가운데 타락했을 때, 우리는 그것을 사탄의 탓으로 혹은 주변 환경 탓으로만 돌릴 수 없습니다. 항상 우리 자신의 타락한 본성, 곧 육신이 그 유혹에 동조하기 때문입니다. 그렇기 때문에 우리의 영적 전쟁의 중요한 한 부분은 '자기'를 부인하고 '자기' 십자가를 지고 주님을 따르는 것입니다. 또한 우리의 자신만으로는 도무지 감당할 수 없는 수준도 항상 같이 있습니다: 사탄을 이길 수 있는 '힘 있는 장수'가 나와 우리를 대신하여 싸워주셔야 합니다!

(2) 시험과 연단

여섯째 간구를 잘못 이해하면, 마치 하나님이 우리를 시험에 들게 하시는 것 같습니다: "우리를 시험에 들게 하지 마옵시며". 그러나 우리가 시험에 빠졌을 때, 실제로 우리에게 작업하고 있는 자는 사탄입니다. 물론 그런 사탄의 유혹과 시험도 하나님의 통제 밖에서 일어나는 것은 아닙니다. 욥의 이야기를 생각해 보면, 그런 사실을 분명히 알 수 있습니다. 욥기에서 사탄은 이렇게 주장합니다: '사람은 하나님한테서 무엇을 얻기 때문에 하나님을 섬기는 것이지, 아무것도 얻지 못하면 결코 하나님을 섬기지 않는다.' 그리고 욥을 상대로 자신의 주장이 옳다는 사실을 입증하려고 노력하였습니다. 그러나 하나님은 바로 그 욥을 통하여 오히려 사탄의 주장이 잘못된 것임을 입증하려고 하였습니다. 그래서 하나님은 사탄이 욥을 유혹하여 죄를 짓도록 시험하는 것을 허락하였습니다. 사탄은 그야말로 욥에게서 모든 것을 빼앗았습니다. 그러나 욥은 끝까지 참고 견디었고 하나님에 대한 자기의 믿음을 포기하지 않았습니다. 그러므로 욥의 경우에는 하나님과 사탄이 동시에 그를 시험하였다고 말할 수 있습니다. 그러나 하나님의 경우에는 욥이 죄를 짓도록 유혹하기 위하여 시험을 하신 것이 아니었습니다. 오히려 욥의 신앙이 사탄의 시험을 능히 견디고 이길 수 있을 만큼 굳세다는 사실을 증명하기 위한 테스트였습니다. 그러므로 우리는 '시험'(혹은 유혹, temptation)과 '연단'(ordeal)을 구별하여야 합니다. 시험과 연단은 그것을 주시는 주체가 다르며, 또한 그 목적도 완전히 다릅니다:

	그것을 일으키는 주체	우리로 그것을 겪게 하는 목적
시험(temptation)		
연단(ordeal)		

시험과 연단을 구별할 수 있는 또 하나의 사례는 다윗 왕의 말년에 일어난 인구조사 때문에 하나님이 다윗과 그 백성을 크게 치신 일입니다. 다음 두 구절을 비교해 봅시다:

"여호와께서 다시 이스라엘을 향하여 진노하사 그들을 치시려고 다윗을 격동시키사 가서 이스라엘과 유다의 인구를 조사하라 하신지라"(삼하 24:1)

"사탄이 일어나 이스라엘을 대적하고 다윗을 충동하여 이스라엘을 계수하게 하니라"(대상 21:1)

동일한 인구조사 사건의 원인으로 하나님과 사탄을 각각 언급하고 있습니다. 만일 다윗이 인구조사를 강행하면 하나님이 그를 치실 것입니다. 왜냐하면 인구조사는 다윗이 하나님을 의지하기보다는 자신의 강력한 군대를 더욱 의지한다는 불신앙을 드러내는 것이기 때문입니다. 그런데 다윗의 마음을 유혹하여 인구조사를 강행하게 만든 세력은 사탄이었습니다. 다윗은 어떻게 처신해야 옳았을까요? 자신의 결정과 그 결과에 대하여 하나님을 탓할 수 있을까요? 시험과 연단을 잘 구별하면, 우리는 그에 대한 올바른 대답을 발견할 수 있을 것입니다.

3. 성령의 능력으로 영적 전쟁에서 승리하도록 도와주시기를 구하는 기도!

(1) 그러므로…

우리의 연약함, 불구대천의 세 원수들의 끊임없는 공격이라는 곤경에 처한 그리스도인이 주기도문의 여섯째 간구에서 구체적으로 구하는 바는 무엇입니까? 하이델베르크 교리문답은 두 가지 간구의 내용을 소개하는데, 우선 성령 하나님의 능력으로 우리를 지키시고 강하게 해주시기를 구하며, 두 번째로는 그 결과 그리스도인의 영적 전쟁에서 패배하지 않고 승리할 때까지 굳세게 싸울 수 있도록 도와주시기를 기도합니다(HC 제127문답).

장로교회의 대/소교리문답은 여섯째 간구의 구체적인 내용을 시험을 당하기 전과 시험 아래 있을 때로 나누어서 설명합니다: WLC 제195문답; WSC 제106문답

· 시험을 당하기 전: '하나님의 섭리로 죄의 시험에 빠지지 않도록 지켜주시옵소서!'

· 시험 아래 있을 때: '성령으로 강력히 붙잡아 주셔서 다시 일으켜 주시옵소서!'

(2) 우리의 육신을 쳐서 복종시킬 수 있도록 드려야 할 기도

사탄의 끊임없는 유혹에 맞서려면 우리의 옛사람의 죄악된 습관을 단호하게 끊을 수 있어야 합니다. 여섯째 간구를 드릴 때, 우리는 그럴 힘과 지혜를 달라고 간절히 기도드려야 합니다. 썩어져가는 구습을 쫓아 세상을 즐기는 삶을 포기하

지 않으려고 하면서 사탄의 유혹으로부터 지켜달라고 기도하는 것은 헛된 일이며 또한 하나님 앞에서 가증스런 일입니다. 그래서 사도 바울은 고린도 교회 성도들에게 성적인 부도덕을 피하고 우상 숭배도 피하라고 권면하였습니다(고전 6:18; 10:13-14). 그런 경건의 훈련은 우리가 주님 안에 있으면서 그 뜻대로 간구할 때, 반드시 열매를 맺을 수 있습니다. 왜냐하면 하나님의 권면에 순종하는 것이 마귀를 이기는 비결이기 때문입니다: "그런즉 너희는 하나님께 복종할지어다 마귀를 대적하라 그리하면 너희를 피하리라"(약 4:7).

여섯째 청원을 날마다 드리면서 동시에 음란한 동영상을 즐기거나 혹은 외설적이고 폭력적인 영화들을 보는 일은 참으로 지각없는 일입니다. 반면에 술과 담배, 그리고 돈 문제와 같은 것을 아주 주의 깊게 다루는 것은 분별 있는 일입니다. 왜냐하면 많은 사람들이 이런 문제로 멸망의 길에 빠져 들어갔기 때문입니다. 반대로, 건강하고 가치 있는 일에 관심을 기울이고 적극 참여하는 것은 죄의 유혹을 극복하는데 도움이 됩니다. '바쁘게 살아가는 것이 나를 죄의 해악들로부터 벗어나도록 도왔다'는 고백은 일리 있는 말입니다.

(3) 우리를!

여섯째 간구를 드리면서 우리의 삶을 돌아보는 것은 개인적인 문제일 뿐만 아니라 공동체의 관심사입니다. 이 마지막 간구에서도 주님은 '우리를' 시험에 들지 말게 하옵소서! 라고 기도하도록 하셨습니다. 부부간에, 가정에서, 그리고 무엇보다도 교회에서 서로 돌아보고 기도하는 일은 하나님의 백성들에게 주신 큰 도움의 수단입니다. 하나님의 백성들은 지금 당면한 영적 위험을 피하기 위하여, 그리고 한 걸음 더 나아가 그리스도의 다시 오심을 깨어 맞이하기 위하여 서로 돌아보고 기도해야 합니다(막 13:33; 눅 21:36; 엡 6:18).

사도 바울은 마귀의 간계를 능히 대적하고 영적 전투에서 이길 수 있도록 '전신갑주'를 소개합니다(엡 6:10-17). 그리고 이 '하나님의 전신갑주'로 무장하고 영적 전투에 임하는 그리스도인에게 사도 바울은 '끊임없는 기도'를 잊지 말도록 충고합니다. 그런데 그 기도는 함께 이 전쟁에 나가는 모든 성도들을 위한 기도이기도 합니다: "모든 기도와 간구를 하되 항상 성령 안에서 기도하고 이를 위하여 깨어 구하기를 항상 힘쓰며 여러 성도를 위하여 구하라"(엡 6:18).

IV. 교리문답을 따라 드리는 우리의 기도

'여섯째 간구의 교훈에 따른 묵상과 기도'

1. 영적 전쟁의 현실을 올바르게 깨닫게 하옵소서!

   (1) 그리스도인으로서 우리는 영원한 생명을 놓고 불구대천의 원수들과 치열한 전쟁을 벌이고 있다는 사실을 깨닫고 항상 영적으로 깨어 있게 해주시옵소서!

   (2) 나 자신의 힘으로는 항상 원수들의 공격에 취약하다는 사실을 겸손하게 인정하고, 성령 하나님의 도우심을 간절히 구하고 의지하게 해주시옵소서!

2. 하나님의 다스리심을 간구합니다!

   (1) 유혹에 직면했을 때, 마귀의 간계를 물리치고 하나님의 다스리심을 선택하도록 도우소서!

   (2) 항상 말씀과 기도로 무장하며, 우리의 일상생활에서 주님을 따르는 거룩한 삶을 살게 하소서!

(3) 가정과 교회가 항상 깨어, 세상의 유혹을 이기고 하나님의 뜻을 받들도록 서로 돕게 하소서!

3. 천국 복음의 '능력'에 대한 바른 이해가 필요합니다!

"요즘 미국에서 우리 한국으로 들어오는 재미없는 사상이 하나 있습니다. 사탄과 귀신의 왕국에 대한 것입니다 … 풀러 신학교 선교대학원 교수였다가 지금은 은퇴한 피터 와그너 교수의 최신 이론을 소개합니다 … 이것을 허용하면 부작용이 많이 일어납니다. 첫 번째 부작용은, 하나님 나라 복음에 대한 신뢰가 약해지는 것입니다 … 두 번째 부작용은 … 나의 믿음의 결단의 실패로 말미암아 발생하는 잘못을 항상 사탄과 귀신에게 전가시킨다는 것입니다." (김세윤, *주기도문 강해*)

(1) "그런즉 너희는 하나님께 복종할지어다 마귀를 대적하라 그리하면 너희를 피하리라"(약 4:7)는 교훈을 가슴에 새기며, 항상 주를 의지하며 순종하는 삶으로 시험을 이기게 하소서!

(2) "만일 우리가 우리 죄를 자백하면 그는 미쁘시고 의로우사 우리 죄를 사하시며 우리를 모든 불의에서 깨끗하게 하실 것이요"(요일 1:9)의 말씀을 의지하고, 우리의 연약으로 말미암은 죄악을 회개하며 하나님께로 항상 돌아와서 새로운 순종의 삶을 살 수 있도록 도우소서!

(3) '영적 전쟁이란 복음에 신실하게 순종하는 것이다'는 바른 교훈을 명심하고, 나 자신과 우리 가정과 교회가 성령의 전신갑주를 입고 항상 거룩한 삶을 위하여 싸우는 그리스도의 군사가 되게 하소서!

제 40장
주기도문 묵상 09

교회의 아멘
(겔 20:18-26)

주기도문의 마지막 부분은 이전의 6가지 간구와는 성격이 다릅니다. 이것은 주께서 가르치신 기도의 내용에 들어 있는 것이 아니라, 하나님에 대한 우리의 신뢰를 고백하는 신앙고백입니다: '하나님께서는 천지의 주재이시므로 우리가 드리는 주기도문의 여섯 가지 간구를 들어주실 능력이 있을 뿐만 아니라, 또한 우리의 아버지이시므로 기꺼이 우리의 간구들을 들어주시려고 한다'는 사실을 고백하는 것입니다. 주께서 가르치신 기도에 대하여 교회는 '아멘'으로 화답하는 것입니다.

주기도문의 송영은 하나님에 대한 신뢰를 표현하는 신앙고백일 뿐만 아니라, 그분에게 영광을 돌리는 찬송입니다. 바로 이런 점에서 주기도문의 마무리 말은 '기도의 목적'을 잘 달성하고 있습니다: "기도는 하나님께서 우리에게 요구하시는 감사의 가장 중요한 부분입니다"(HC 제116문답). 주기도문 송영의 '영광이 영원토록 하나님께 있습니다'라는 찬송은 하나님께 대한 우리의 감사의 마음을 잘 표현하고 있습니다. 감사하는 마음으로 하나님께 찬송을 올려드리는 것은 구약 시절부터 하나님의 신실한 백성들 사이에서 면면히 내려온 전통입니다. 모세와 미리암은 하나님의 놀라우신 구원의 역사를 노래했습니다(출 15:1, 21). 선지자 이사야는 만군의 여호와 하나님의 영광을 높이는 천사들의 찬송을 우리에게 들려줍니다(사 6:3). 시편 136편의 기자는 하나님의 인자하심을 거듭 반복하여 찬송합니다: "그 인자하심이 영원함이로다." 예수 그리스도의 탄생을 축하하는 천사들 역시 하나님의 영광을 높이 찬송하였습니다(눅 2:14). 사도 요한은 천국의 예배를 이상 중에 보고 우리에게 전하는데, 그 예배에 참여한 성도들은 "보좌에 앉으신 이와 어린 양에게 찬송과 존귀와 영광과 능력을 세세토록 돌릴지어다"(계 5:13) 하고 찬송합니다.

I. 성경 본문 묵상

1. 다니엘의 기도의 정황과 올바른 간구의 성격

   (1) 다니엘이 이스라엘의 언약적 불신실함을 고백하고 회개하면서 하나님의 구원을 바라는 이 기도를 드리게 된 계기는 무엇입니까? (9:2-3)

   (2) 다니엘은 하나님을 어떤 분으로 알고 기도합니까? (9:4, 9, 14, 18)

   (3) 이스라엘의 회복을 위한 간구를 드릴 때, 다니엘은 하나님의 어떤 성품에 의지합니까? (9:18)

2. 하나님은 다니엘의 기도에 언제 응답하셨습니까?

(1) 기도 응답의 사자(messenger)로 누가 다니엘에게 찾아왔습니까?

(2) 하나님은 다니엘의 기도에 얼마나 신속하게 응답하셨습니까? (9:21, 23)

(3) 다니엘의 기도가 신속하게 응답된 까닭은 무엇일까요?

하나님의 뜻에 합한 기도

본문에 기록된 다니엘의 기도는 성경 묵상에서 비롯되었습니다. 예레미야 선지자를 통하여 주신 하나님의 예언의 뜻을 깨달은 다니엘은 무너진 하나님의 나라 이스라엘, 곧 구약 시대의 교회를 다시 세워주실 것을 간구하기로 굳게 결심하였습니다. 그의 기도는 개인적인 문제를 해결하기 위한 것이 아니라, 그야말로 '하나님의 나라와 그 뜻'을 위한 간구였습니다.

다니엘의 기도는 '언약의 하나님'을 올바르게 알고 그분의 공의 앞에 겸비하게 엎드려 죄악을 뉘우치는 회개의 기도였고, 긍휼하신 하나님을 의지하여 '하나님의 이름을 위하여' 구원과 회복을 간구하는 신앙의 기도였습니다. 하나님의 놀라운 구원의 은혜를 저버린 이스라엘이 그 공의로우신 심판에 따라 처하게 된 바벨론 포로 상황을 달게 받으면서도, 언약의 하나님의 '큰 긍휼'을 의지하여 그리고 이스라엘을 통하여 궁극적으로 하나님의 이름이 높아지기를 기원하면서 '주의 얼굴 빛을 황폐한 성소에 비추어 주시기를 간구합니다(9:17-18).

신속한 기도의 응답

다니엘의 기도에 하나님이 얼마나 신속하게 응답하셨는지 본문은 뚜렷하게 밝혀줍니다. 하나님의 응답의 메시지를 전달한 천사 가브리엘은 다니엘이 '기도를 시작할 즈음'에 하나님의 명령이 내렸다고 말합니다(9:23). 그리고 그 하나님의 대답을 신속히 전하기 위하여 '빨리 날아서' 다니엘에게로 왔다고 기록합니다 (9:21). 하나님은 다니엘의 기도를 진정으로 기뻐하셨던 것 같습니다. 마치 그의 기도를 기다리고 계셨던 것처럼, 기도를 시작하자마자 천사를 통하여 그 응답을 내려주셨습니다. 하나님의 뜻을 잘 받드는 천사 가브리엘은 신속하게 그 메시지를 전해주었습니다!

성경에 기록된 기도 응답의 여러 가지 사례들 가운데, 다니엘의 이 경우는 하나님이 성도들의 기도를 얼마나 열심히 들어주시며 또 기꺼이 응답하시는지 가장 뚜렷하게 보여줍니다. 그러므로 우리는 '아멘' 하면서 기도드릴 수 있습니다. 우리가 그 뜻대로 하나님 앞에 엎드려 구할 때, 우리의 기도는 속히 응답될 것입니다!

II. 교리문답으로 본 주기도문의 맺음말

1. 주께서 가르치신 기도에 대한 교회의 응답

주기도문의 맺음말은 신앙고백(amen)이자 송영(doxology)이라고 앞서 언급하였습니다. 그런데, 이런 교회의 반응은 주기도문의 여섯 가지의 간구들과 내용상 밀접하게 연결되어 있습니다. 사실상 여섯 간구들을 올려드릴 때, 그 기도를 받으시는 하나님 아버지에 대한 신앙고백이 우리 마음 속에서 함께 일어납니다. 예를 들어, 하나님의 나라가 임하기를 기도할 때 우리는 동시에 그 나라가 하나님의 소유된 나라임을 믿는 신앙을 고백하며, 일용할 양식을 구하는 간구를 드릴 때 하늘의 하나님께서 우리의 생활을 지탱해 주실 능력이 있을 뿐 아니라 기꺼이 우리를 도와주실 아버지로 믿고 신뢰하는 믿음을 함께 고백하는 것입니다.

하이델베르크 교리문답은 주기도문의 맺음말에 담겨 있는 이 두 가지 함축의 미를 '만물에 대한 권세를 가지신 우리 왕'이라는 믿음과 그 간구를 들어주심으로 '주님의 거룩한 이름'이 영광을 받기를 기원하는 송영으로 표현합니다(HC 제128문답). 우리가 올린 간구들이 응답받을 것이라는 굳건한 신뢰는 그 기도를 들으시는 하나님이 전능하실 뿐 아니라 우리를 사랑하시는 분이라는 사실에 기초하고 있습니다. 그래서 이 맺음말은 또한 우리에게 기도할 용기를 줍니다: "주기도문의 맺음말은 우리로 하여금 기도할 담력을 오직 하나님한테서 얻고, 나라와 권세와 영광을 하나님께 돌림으로써 기도할 때 하나님을 찬송할 것을 가르칩니다"(WSC 제107문답).

주기도문의 여섯 간구들과 그에 대한 교회의 반응을 다음 표로 정리해 봅시다:

여섯 가지 간구들	신앙고백과 송영
1. 이름이 거룩히 여김을 받으시옵소서	그 '나라'가 하나님의 것입니다!
2. 나라이 임하옵소서	
3. 뜻이 이루어지이다	
4. 일용할 양식을 주옵소서	그 '능력'이 하나님께 있습니다!
5. 우리 죄를 사하여 주옵소서	
6. 시험에 들게 마옵소서	

2. 주기도문의 맺음말: 그 유래와 의의

(1) 맺음말의 기원

누가복음의 주기도문에는 맺음말이 포함되어 있지 않습니다. 마태복음의 산상수훈에 포함되어 전해지는 주기도문의 경우에도 대부분의 유력한 헬라어 사본에는 맺음말이 포함되어 있지 않습니다. 안디옥 교회에서 사용하던 주기도문 본문에 처음으로 이 맺음말이 첨가되었고, 이어서 비잔틴 사본에도 이 부분이 포함되어 있습니다. 여러 가지 증거들을 볼 때, 이 맺음말은 주님께서 가르치신 기도의 원문에 들어 있었던 것이 아니라, 그 기도의 정신을 깊이 묵상한 교회가 예전문으로 포함시킨 것입니다. 종교개혁자들은 이런 사본학적 결론을 받아들였지만, 주기도문에 맺음말을 첨가하여 드리는 것을 대체로 지지했습니다. 왜냐하면 그 맺음말의 의미가 성경의 메시지를 올바르게 반영하고 있기 때문입니다. 마치 '사도신경' 자체는 성경에 기록되어 있지 않지만, 그 열두 조항들로 고백하는 내용은 분명히 사도적인 교훈이기 때문에 지지받는 것과 마찬가지입니다. 이 점은 오늘날에 광범위하게 인정되고 있습니다. 대부분의 개신교 신학자들뿐 아니라 로마 카톨릭 신학자들도 주기도문의 맺음말이 담고 있는 신학적인 의미를 성경적인 것으로 평가합니다.

(2) 맺음말의 성경적 성격

역대상 29장에는 성전 건축을 위한 이스라엘 온 백성의 헌신을 기뻐하며 감사하는 다윗의 기도가 기록되어 있습니다. 하나님의 종으로 일생을 바친 다윗의 생애에서 아마도 가장 기쁜 날로 손꼽힐 수 있는 이 대회에서 다윗은 하나님에 대한 굳센 신뢰와 함께 송영을 올려드리고 있습니다: "다윗이 온 회중 앞에서 여호와를 송축하여 이르되 우리 조상 이스라엘의 하나님 여호와여 주는 영원부터 영원까지 송축을 받으시옵소서 ¹¹여호와여 위대하심과 권능과 영광과 승리와 위엄이 다 주께 속하였사오니 천지에 있는 것이 다 주의 것이로소이다 여호와여 주권도 주께 속하였사오니 주는 높으사 만물의 머리이심이니이다 ¹²부와 귀가 주께로 말미암고 또 주는 만물의 주재가 되사 손에 권세와 능력이 있사오니 모든 사람을 크게 하심과 강하게 하심이 주의 손에 있나이다 ¹³우리 하나님이여 이제 우리가 주께 감사하오며 주의 영화로운 이름을 찬양하나이다." 이 성경구절은 주기도문의 맺음말이 내포하고 있는 송영의 성경적 기초들 가운데 하나로서 중요하게 언급됩니다(WSC 제107문답의 증거구절들 참고).

우리의 기도에 대한 응답의 확신을 표현하면서, 하나님께 영광을 돌리는 것은 신약성경에도 뚜렷하게 나타나 있습니다. 사도 바울은 예수 그리스도 안에서 온전하게 성취된 하나님의 약속들을 상기시키며, 교회의 아멘은 하나님께 돌리는 우리의 영광송이라고 가르칩니다: "하나님의 약속은 얼마든지 그리스도 안에서 예가 되니 그런즉 그로 말미암아 우리가 아멘 하여 하나님께 영광을 돌리게 되느니라"(고후 1:20). 이처럼 주기도문의 맺음말은 성경의 교훈을 잘 반영하고 있으므로, 우리의 공적인 예배와 기도에서 함께 고백 드리기에 아무런 문제나 부족함이 없습니다.

3. 맺음말의 시작과 끝: '대개'와 '아멘'

주기도문의 맺음말은 '대개'라는 얼핏 보면 무슨 뜻인지 잘 알 수 없는 단어로 시작합니다. 그 헬라어 원어인 '호티'(*hoti*)는 '왜냐하면'이라는 뜻을 가지고 있고, 그래서 영문 번역의 주기도문에서는 그런 뜻을 가진 'For'라는 단어로 번역합니다. 네덜란드어 주기도문에서도 역시 '왜냐하면'이라는 뜻의 단어('want')

를 사용합니다. 따라서 이 맺음말의 첫 단어는 그 뒤에 나오는 신앙고백을 근거로 우리가 주기도문의 여섯 간구를 믿음으로 드린다는 의미를 강조하는 역할을 합니다: '왜냐하면, 나라와 권세와 영광이 영원히 하나님께 있기 때문에' 우리가 이런 간구들을 주님의 가르침에 따라 확신을 가지고 담대히 기도 드립니다! 비록 이 세상에서 경건하게 살아가려는 우리를 대적하는 악한 자의 공격과 시험이 끊임없이 다가오지만(여섯째 간구), 그럼에도 불구하고 우리는 하나님이 이 세상을 온전히 주관하시고 섭리하심을 믿기 때문에 이렇게 주기도문을 따라 기도를 올립니다! 바로 이런 의미를 장로교회의 대교리문답이 강조하여 올바르게 가르칩니다: "여기에서 가르치는 것은 우리가 우리의 기원들을 간절히 아뢰되 우리 자신이나 다른 어떤 피조물에 의지하지 않고 오직 하나님의 약속에만 의지해야 한다는 것입니다. 오직 하나님께만 영원한 주권과 능력과 탁월한 영광을 돌려드리는 찬양과 함께 기도를 드리니, 하나님께서 우리를 도우실 수 있고 또 도우시길 즐겨하시므로 우리의 간구를 이루어주실 것을 믿음으로 당당히 아뢰고 조용히 그분만을 신뢰해야 합니다"(WLC 제196문답). 따라서 '대개'라는 말은 기도 응답의 확신을 표현하는 첫 마디입니다.

주기도문의 맺음말은 '아멘'으로 끝이 납니다. 히브리어에서 유래한 이 단어는 신약성경에서 약 100회 정도는 '진실로'(truly)라고 번역되었고, 약 50회는 그대로 음역(音譯)되어 '아멘'으로 표시되어 있습니다. 예수님이 자신의 가르침을 강조하실 때, '진실로 진실로 내가 너희에게 이르노니'라는 표현을 종종 사용하셨는데, 이때 헬라어 원문에는 '아멘 아멘'이라고 말씀하신 것입니다. 이처럼 이 단어에는 '진실로'라는 의미가 내포되어 있으므로, 주기도문의 맺음말을 이 단어로 마무리하는 것은 기도 응답에 대한 소원과 확신을 표현하는 것입니다: "우리의 기도를 들어주시리라는 소원과 확신의 표시로 우리는 '아멘'

이라고 합니다"(WSC 제107문답). 하이델베르크 교리문답은 그런 간절한 심정을 한결 더 강조하여 표현합니다. 참되고 확실하다는 뜻의 '아멘'으로 주기도문을 마칠 때, '내가 하나님께 이런 것들을 소원하는 심정보다 더 확실하게 하나님은 내 기도를 들으신다'는 신뢰를 담아 기도를 마무리하는 것입니다(HC 제129문답). 이것은 오늘 본문에서 다니엘의 기도가 즉각 응답된 사실에서 잘 뒷받침됩니다. 그리고 이사야 선지자를 통하여 주신 말씀, 곧 "그들이 부르기 전에 내가 응답하겠고, 그들이 말을 마치기 전에 내가 들을 것이며"(사 65:24)라는 증거구절에서도 그것을 뒷받침하고 있습니다.

주기도문 맺음말이 내포하는 신학적 목회학적 의의

"이는 우리의 근본이다. 복음이 명하는 바에 의하면 우리는 인간의 선행이나 우리 자신의 온전함을 주시하지 않는다. 오히려 약속의 하나님 자신, 중보자이신 그리스도 자신을 주시한다 … 또한 이것은 우리의 신학이 신학적인 확실성을 얻는 방도가 된다 … 이는 우리의 능력과 양심, 경험과 인격, 그리고 업적에 의지하지 않도록 하기 위해서 그렇다. 오히려 우리가 우리 밖에 존재하는 거기에 의지하도록 하기 위해서이다. 우리 밖에 있는 것이란 우리를 속일 수 없는 하나님의 약속이다. 그분의 진리이다." (루터)

"이는 우리의 신앙에서 깰 수 없는 확실한 안식을 뜻한다. 우리의 기도가 우리 자신의 진심에 의해 하나님 앞에 용납되는 한 그렇다. 누가 감히 하나님 앞에서 불평을 감행할 수 있단 말인가? 우리가 모든 이들 가운데서 가장 비참한 사람이든 아니든, 가장 무가치한 사람이든 그렇지 않든, 자랑할 만한 무엇인가를 가지고 있든 없든, 결국 분명한 것은 기도할 명분을 우리에게서 차단하지 못한다는

> 사실이다. 기도에 대한 확신을 빼앗아가지 못한다. 왜냐하면 우리는 우리 아버지로부터 그분의 나라와 권세와 영광을 빼앗을 수 없기 때문이다." (칼빈)
>
> (J.M. 로호만, *기도와 정치, 주기도문 강해*)

4. '아멘'과 응답 받지 못한 기도

주기도문의 맺음말이 가르치는 바 '하나님께서 우리의 기도를 들어주신다는 확신'에 걸림돌이 되는 문제는 '응답 받지 못한 기도'의 체험입니다. 우리는 각자 나름대로 오랜 시간 간절하게 기도를 드렸는데도 그 응답을 받지 못하는 경험이 있습니다. 때로는 보통 이상의 헌신과 노력으로 기도와 간구를 올렸는데도 그 간구하는 바를 받지 못하여, 낙심하고 믿음이 약해지거나 심지어 신앙에서 멀어지는 사례도 없지 않습니다. 이것은 '아멘'이라는 말과 모순되는 현실인 것 같습니다. '왜냐하면 나라와 권세가 다 하나님의 손에 있습니다'라는 고백이 나에게는 큰 의미가 없는 말처럼 들립니다. 응답받지 못한 기도의 체험과 아멘이라는 고백이 모순되는 이런 경우를 우리는 어떻게 이해하고 받아들여야 할까요?

종교개혁의 올바른 신앙적 근본 원리는 '오직 성경으로써'(*sola scriptura*)입니다. 우리는 응답받지 못하는 기도라는 당혹스러운 체험도 성경에 비추어 돌이켜 보는 태도를 견지해야 합니다. 성경에도 이런 곤란한 문제들이 적지 않게 기록되어 있는데, 기도에 대한 하나님의 서로 다른 응답들의 사례와 그 이유들을 발견할 수 있습니다. 오늘 본문으로 살펴본 다니엘의 기도처럼 하나님이 그 간구하는 바를 즉각 응답해주신 사례들과 더불어, 다른 두 사례들을 먼저 살펴봅시다. 기도 응답의 다양한 방식들을 보여주는 이런 사례들에서 우리는 '아멘'과 '응답 받지 못한 기도' 사이의 모순(?)을 이해할 수 있기를 바랍니다.

(1) 예수님의 겟세마네 기도

우리가 간구한 대로 응답 받지 못한 기도에 가장 두드러진 성경적 사례로서 우리 주님의 겟세마네 간구를 들 수 있습니다. 우리가 잘 알고 있듯이, 마지막 유월절 식사를 마치시고 겟세마네 동산에서 예수님은 홀로 간절히 기도하셨습니다. 예수님의 첫 번째 간구는 '가능하다면 십자가의 형극의 길을 면하게 해 달라'는 것이었습니다: "아버지여 만일 아버지의 뜻이어든 이 잔을 내게서 옮기시옵소서"(눅 22:42). 우리 주님은 '땀이 땅에 떨어지는 핏방울 같이' 될 정도로 그 간구를 아주 간절하게 드리셨고, 제자들에게도 중보 기도를 부탁하셨습니다(눅 22:44, 46). 그런데, 예수님의 이 간절한 기도는 응답되었습니까? 아닙니다. 사랑하시는 아버지 하나님은 그 아들의 간절한 기도를 그대로 응답하지 않으셨습니다. 그러나, 우리가 주목해야 할 중요한 사실이 그 본문에 기록되어 있습니다. 다니엘의 경우와 마찬가지로 하나님은 곧바로 천사를 보내어 예수님을 도우셨습니다: "사자가 하늘로부터 예수께 나타나 힘을 더하더라"(눅 22:43). 그래서 예수님의 겟세마네 기도는 결국 '내 원대로 마시옵고 아버지의 원대로 되기를 원하나이다'(42절)라는, 하나님이 기뻐 받으실 간구가 온전히 부각되었습니다! 다시 한 번 물어봅시다. 예수님의 겟세마네 기도는 응답되었습니까? 예, 그렇습니다. 하나님의 기뻐하시는 뜻이 하늘에서뿐 아니라 땅에서 이루어지기를 소원하는 그 참된 기도가 응답되었습니다!

우리의 기도가 응답되지 않을 때, 우리는 종종 주님의 겟세마네 기도에서 교훈을 찾아야 할 필요가 있습니다. 하나님이 원하시는 바, 곧 나를 위해서도 더 좋고 올바른 길을 소원하고 간구하는 대신 다른 것을 허락해 달라고 우리가 간구하고 있지는 않은지! 주기도문이 일관되게 가르치는 기도의 본질을 다시 한번 되새

길 필요가 있습니다: 기도는 본질적으로 "주님, 나에게 가장 좋고 선한 길을 주님께서 나를 위해 찾아 주시지 않겠습니까? 그리고 주님께서 제시하신 그 길을 가장 좋고 선한 길로 알고 내가 순종하며 걸어가도록 해 주시지 않겠습니까?" 하는 요청입니다!

(2) 사도 바울의 기도

응답 받지 못한 기도의 또 다른 주목할 만한 성경적 사례는 '오랫동안 고통스럽게 겪고 있는 질병'을 낫게 해 달라고 간구한 바울의 사례입니다. 바울은 그 병을 '육체의 가시, 자신을 치는 사탄의 사자'라고 표현할 정도로 힘들어 하였습니다. 그래서 그 질병에서 낫게 해 달라고 바울은 세 차례나 기도하였습니다. 그러나 하나님은 바울이 원하는 바를 들어주지 않았습니다(고후 12:7-9). 이것은 참으로 주목할 만한 사례입니다. 바울은 무수한 사람들의 질병을 하나님의 은혜로 고쳤고, 귀신들린 사람들을 깨끗하게 하였으며, 심지어 죽은 자를 일으키기도 하였습니다. 이런 놀라운 은사들을 발휘하였던 바울이 정작 그 자신의 질병을 기도로 낫게 하지 못하였다는 말입니다! 하나님은 세 차례나 간구한 바울에게 그 간구한 바를 허락하지 않았습니다. 그러나 하나님은 분명히 바울의 기도에 응답하셨습니다: "내게 이르시기를 내 은혜가 네게 족하도다 이는 내 능력이 약한 데서 온전하여짐이라 하신지라." 달리 말하자면, 바울이 간구한 신유의 은사를 '거절'하신 것이 하나님의 기도 응답이었습니다. 그렇게 육체의 아픔을 가지고 살아가는 것이 바울의 경건에 오히려 유익하다는 것이 하나님의 판단이었고 바울에게 주신 대답이었습니다. 바울은 그 응답을 기쁘게 받아들였습니다. 자신의 질병과 연약함이 하나님을 위한 삶에 걸림돌이 되지 않는다는 사실을 깨닫고 오히려 그것들을 자랑하였습니다. 자신이 약한 그 때에 오히려 강하다는 역설적인 영적 진리를 깨달았습니다(12:10).

하나님은 이처럼 우리가 간구하는 것을 거절하심으로써 우리 기도에 응답해 주시기도 합니다. 왜냐하면 우리의 구하는 바가 우리에게 유익하지 않다는 사실을 우리보다 더 잘 아시기 때문입니다. 응답이 없는 기도의 체험을 우리 각자 돌아봅시다. 우리를 사랑하시는 아버지 하나님께서 '아니다'라고 대답하신 것을 우리는 깨닫지 못하고 있는 것은 아닐까요?

(3) 기도 응답의 방식

그러므로 하나님께서는 다니엘의 기도, 예수님의 기도, 바울의 기도 모두 분명히 들으셨습니다. 그리고 각각 대답도 주셨습니다. 그러나 하나님은 항상 우리가 간구한대로 응답해 주시지는 않는다는 사실을 세 가지 사례들을 통하여 분명히 알 수 있습니다. 다니엘이 구한 것은 하나님의 뜻과 일치한 것이므로 즉각 그 구한 바대로 응답이 왔습니다. 겟세마네의 예수님은 기도를 통하여 하나님이 원하는 것과 자신의 간구가 정반대라는 사실을 알고, 하나님의 뜻을 받들 수 있게 해 달라고 기도하였습니다. 이렇게 우리 주님은 주기도문으로 가르치신 교훈을 친히 실천하시는 모범을 보여주셨습니다. 사도 바울은 자신이 당하는 고통을 통하여 오히려 하나님의 깊은 뜻이 이루어진다는 사실을 기도 응답을 통하여 (자신이 기대한 대로 응답되지 않은 결과를 통하여) 알게 되었습니다. 이처럼 기도 응답이라는 것은 '하나님께서 보시기에' 우리에게 가장 좋은 방법을 따라 베풀어 주시는 것입니다.

기도 응답을 분별하는 지혜

"바울의 기도의 기초는 하나님의 목적에 대한 그의 지식이다. 하나님이 그리스도 안에서 행하시고 바울에게 계시하신 것 때문에 그는 기도하는 데 필요한 근거를 갖게 되었다. 모든 간구에 필수불가결한 서론은 하나님의 뜻에 대한 계시이기 때문이다. 우리에게는 하나님이 그분의 뜻이라고 계시하지 않으신 것은 어떤 것도 기도할 권한이 없다. 그 때문에 성경 읽기와 기도가 언제나 결합되어야 한다. 성경 안에서 하나님은 그분의 뜻을 나타내시며, 기도 안에서 우리는 하나님께 그렇게 해 달라고 구하기 때문이다."

(존 스토트, *에베소서 강해*)

III. 교리문답을 따라 드리는 우리의 기도

'주기도문의 맺음말의 교훈에 따른 묵상과 기도'

1. '전능하신 하나님, 사랑하시는 아버지'를 굳게 신뢰하고 기도의 자리에 나아가게 하소서!

2. 우리의 기도가 아멘과 송영으로, 감사와 찬송으로 점점 더 풍성해지게 하옵소서!

3. 기도생활에 낙심하지 않고, 우리에게 가장 좋은 길이 무엇인지 아시는 주님의 신실한 인도하심을 굳게 붙잡게 하옵소서!